DEVOCIONAL O CÉU EM CASA

JOSUÉ & ROUSEMARY GONÇALVES

DEVOCIONAL O CÉU EM CASA

365 DEVOCIONAIS PARA A FAMÍLIA

Vida

Vida
Editora Vida
Rua Conde de Sarzedas, 246 – Liberdade
CEP 01512-070 – São Paulo, SP
Tel.: 0 xx 11 2618 7000
atendimento@editoravida.com.br
www.editoravida.com.br
@editora_vida /editoravida

O CÉU EM CASA

■

Exceto em caso de indicação em contrário, todas as citações bíblicas foram extraídas da *Nova Versão Internacional* (NVI) ©1993, 2000, 2011 by *International Bible Society*, edição publicada por Editora Vida. Todos os direitos reservados.

Todas as citações bíblicas e de terceiros foram adaptadas segundo o Acordo Ortográfico da Língua Portuguesa, assinado em 1990, em vigor desde janeiro de 2009.

■

As opiniões expressas nesta obra refletem o ponto de vista de seus autores e não são necessariamente equivalentes às da Editora Vida ou de sua equipe editorial.

Os nomes das pessoas citadas na obra foram alterados nos casos em que poderia surgir alguma situação embaraçosa.

Todos os grifos são do autor, exceto os indicados.

Direção: Renan Menezes
Editora-chefe: Sarah Lucchini
Editor responsável: Maurício Zágari
Assistente responsável: Jaqueline Angélica
Revisão de provas: Bárbara Bie, Eliane Viza, Jacqueline Mattos, Thaís P. Gomes
Coordenadora de design gráfico: Claudia Fatel Lino
Projeto gráfico: Philipe Santos
Diagramação: Carolina do Prado, Claudia Fatel, Marcelo Alves, Philipe Santos e Willians Rentz
Capa: Lira Lira

1. edição: ago. 2025
1ª reimp.: dez. 2025

Dados Internacionais de Catalogação na Publicação (CIP)
(Câmara Brasileira do Livro, SP, Brasil)

Gonçalves, Josué
O céu em casa : 365 devocionais para a família / Josué Gonçalves, Rousemary Gonçalves. -- São Paulo : Editora Vida, 2025.

ISBN 978-65-5584-811-3
e-ISBN 978-65-5584-810-6

1. Família - Aspectos religiosos 2. Literatura devocional 3. Vida cristã I. Gonçalves, Rousemary. II. Título.

25-290562 CDD-242

Índice para catálogo sistemático:

1. Livros devocionais : Cristianismo r242
Cibele Maria Dias - Bibliotecária - CRB-8/9427

Aos meus pais, Zico Gonçalves *(in memoriam)* e
Marina Fernandes, por terem ensinado os filhos
a amar a Palavra de Deus.

Josué Gonçalves

Dedico este devocional aos meus pais,
Joaquim e Maria Helena *(in memoriam)*, que me
ensinaram, com a vida, o valor da fé, do trabalho
e do amor incondicional.

Rousemary Gonçalves

INTRODUÇÃO

“

Assim como um
arquiteto projeta uma
casa com cuidado,
cada casal precisa
edificar o seu lar com
paciência e zelo.
E a grande questão que
deve ecoar em nosso
coração é: estamos,
de fato, construindo
o Céu em casa?

”

O que vem à sua mente quando você ouve a palavra "Céu"? Para nós, surgem imagens de paz, amor, alegria, justiça, graça, harmonia, Deus, anjos, adoração, perdão, esperança e glória. O Céu representa tudo aquilo que há de mais sublime, puro e perfeito. Por outro lado, ao pensar na palavra "Inferno", a mente é preenchida por imagens de guerra, dor, desespero, tristeza, angústia, sofrimento, escuridão, ódio, isolamento, medo, pecado e condenação. São contrastes profundos, duas realidades que evocam sentimentos opostos e nos levam a refletir sobre o ambiente que estamos criando dentro dos nossos lares.

Acredito que toda família sensata deseja que sua casa seja uma extensão do Céu. Ninguém sonha com um lar repleto de desunião, dor e conflitos. Ninguém se casa ou constrói uma família com o propósito de viver em um ambiente que se assemelhe ao Inferno. Entretanto, fazer do lar um pedacinho do Céu exige esforço, comprometimento, dedicação, entrega e, acima de tudo, renúncia. Exige uma disposição para aprender, perdoar e recomeçar quantas vezes forem necessárias.

Costumamos dizer que casamento não vem pronto; ele é construído dia após dia. Assim como um arquiteto projeta uma casa com cuidado, cada casal precisa edificar o seu lar com paciência e zelo. E a grande questão que deve ecoar em nosso coração é: estamos, de fato, construindo o Céu em casa?

Infelizmente, para muitas pessoas, o retorno ao lar não é motivo de alegria. Há lares onde reina o desrespeito, a falta de perdão e a ausência de diálogo. Esses ambientes se tornam pesados, como se uma nuvem de escuridão pairasse sobre eles. O pastor Hernandes Dias Lopes diz algo profundo sobre isso: "O maior campo missionário que temos é a nossa casa". Não há como falar sobre o amor de Deus ao mundo se não vivemos esse amor dentro da própria família. O lar deve ser o primeiro lugar onde o Evangelho é vivido.

Na conhecida oração do Pai-Nosso, Jesus nos ensinou a clamar: "Venha o teu Reino; seja feita a tua vontade, assim na terra como no céu" (Mateus 6.10, NAA). Essa oração não é apenas um desejo para o mundo externo, mas começa dentro de nosso próprio lar. Quando permitimos que o Reino de Deus se manifeste em nossa casa, criamos um ambiente onde o amor, o perdão e a paz são reais.

Transformar a casa em um reflexo do Céu é um desafio, mas é possível. Em Romanos 12.18, o apóstolo Paulo nos encoraja a fazer "[...] todo o possível para viver em paz com todos". Contudo, a paz não acontece por acaso; ela é fruto de escolhas diárias, de palavras brandas e de atitudes cheias de amor.

Em Provérbios 15.1, encontramos um conselho precioso: "A resposta calma desvia a fúria, mas a palavra ríspida desperta a ira". Nossas palavras têm o poder de construir ou destruir, de aproximar ou afastar.

É importante lembrar que um lar celestial não é perfeito, mas é um lugar onde o perdão é constante. Escrevendo aos colossenses, Paulo nos exorta: "Suportem-se uns aos outros e perdoem as queixas que tiverem uns contra os outros. Perdoem como o Senhor lhes perdoou" (Colossenses 3.13, NVI). O perdão é a chave que abre as portas para a restauração dos relacionamentos e impede que mágoas se transformem em barreiras intransponíveis.

O teólogo Dietrich Bonhoeffer ressaltou que é na vida comum do lar que Deus começa a nos ensinar sobre amor verdadeiro, sacrifício e serviço. Essa verdade ecoa na prática diária de quem busca construir um lar onde Deus é o centro. Quando entregamos nossa família aos cuidados de Deus e buscamos Sua sabedoria, somos capazes de superar desafios e transformar até os momentos mais difíceis em oportunidades de crescimento.

Além disso, é essencial cultivar o amor incondicional dentro de casa. O apóstolo Paulo descreve as características do amor verdadeiro: "O amor é paciente, o amor é bondoso. Não inveja, não se vangloria, não se orgulha. Não maltrata, não procura seus interesses, não se ira facilmente, não guarda rancor" (1Coríntios 13.4-5, NVI). Esse amor não é baseado em sentimentos passageiros, mas em uma decisão firme de servir e edificar uns aos outros, mesmo nos momentos difíceis.

Não podemos esquecer, porém, que construir um ambiente celestial exige a presença de Deus. Sem Ele, todo esforço humano será insuficiente. Em Josué 24.15, lemos: "Eu e a minha casa serviremos ao Senhor" (ARA). Essa declaração deve ser o alicerce de toda família cristã. Quando Deus é o centro, o lar se torna um lugar onde a paz de Cristo reina, como descrito em Filipenses 4.7: "E a paz de Deus, que excede todo entendimento, guardará os seus corações e as suas mentes em Cristo Jesus" (NVI).

O Espírito Santo é nosso ajudador nesse processo. Ele nos capacita a identificar áreas que precisam ser ajustadas e nos dá força para agir. Transformar a casa em um reflexo do Céu requer humildade para reconhecer erros e coragem para fazer mudanças. O pastor Charles Spurgeon certa vez disse que um lar onde Cristo é amado e honrado é um pedaço do Céu na Terra.

Este devocional tem como objetivo guiá-lo nesse caminho. Nosso desejo é que, a cada página, você se sinta encorajado e desafiado a transformar o ambiente da sua casa em um reflexo do Reino de Deus. Que o Espírito Santo lhe revele o que precisa ser corrigido, ajustado ou melhorado, para que você e sua família experimentem plenamente os planos do Eterno.

Convidamos você a refletir sobre o estado atual do seu lar e a buscar, com todo o seu coração, viver os princípios divinos em sua família. Lembre-se de que não se trata de perfeição, mas de progresso. Cada passo dado na direção de Deus traz mais luz, paz e alegria para dentro de casa.

Que esta leitura seja um instrumento nas mãos de Deus para trazer transformação, renovação e esperança à sua família. Que Ele capacite você a construir um lar onde todos que entrem sintam a presença de Deus, onde o amor é vivido na prática e onde a paz é palpável.

Boa leitura. Que o Espírito Santo o conduza nesta jornada para construir o Céu em casa.

prjosuegoncalves
pra.rousegoncalves

“

Quando Deus é o
centro, o lar se torna
um lugar onde a
paz de Cristo reina,
como descrito
em Filipenses 4.7:
‘E a paz de Deus,
que excede todo
entendimento,
guardará os seus
corações e as
suas mentes em
Cristo Jesus’.

”

JANEIRO

01/12

1º

DE JANEIRO

Devocional • 01 de 365

Brandura que vence a fúria

A resposta moderada neutraliza a ira, mas a língua afiada põe mais lenha na fogueira.
Provérbios 15.1, AM

É necessário sabedoria para transformar uma briga em um suave pedido de desculpas.

Destaque:
Temperança

Notas

Para trazermos o Céu para nosso lar precisamos de sabedoria. A sabedoria é a capacidade não só de saber o que é certo, mas de escolher e ter poder para realizar o certo. Para tal, precisamos de um poder que está além de nós: o poder de Deus. Quanto mais nos aproximamos de Deus, mais parecidos com Ele nos tornamos e, consequentemente, mais sabiamente agimos e pensamos.

As palavras têm grande impacto em nossa vida. Deus criou tudo o que existe com a palavra. Jesus é identificado como Palavra (logos) e nós fomos feitos à imagem e conforme a semelhança de Deus. Assim, precisamos falar como Deus fala para trazermos a presença e o clima do Céu para a nossa casa. Sempre que alguém estiver irado, com ou sem motivo, devemos responder de forma que a tensão emocional causada pela ira diminua e seja anulada.

Não se apaga fogo com gasolina e não se acalma uma discussão com mais estupidez. É necessário sabedoria para transformar uma briga em suave pedido de desculpas. Assim, é importante que você se comprometa a não responder precipitadamente. Espere as emoções esfriarem e, então, traga uma palavra branda que neutralize a ira e traga o Céu para sua casa.

Vamos orar

Deus, ajuda-nos a dissipar toda ira e grosserias por meio de palavras brandas e gentis.
Pedimos Teu poder e Tua paz em nosso coração, para que o Céu seja o ambiente da nossa família, ainda hoje. Em nome de Jesus, amém.

A iniciativa dos pais

A Sabedoria grita nas ruas; nas praças, levanta a sua voz. Do alto das muralhas clama, à entrada dos portões e nas cidades profere as suas palavras: Até quando vocês, ingênuos, amarão a ingenuidade? E vocês, zombadores, até quando terão prazer na zombaria? E vocês, tolos, até quando odiarão o conhecimento?

Provérbios 1.20-22, NAA

2

DE JANEIRO

Devocional · 02 de 365

Pais que se importam têm a iniciativa de falar. Exposição e vulnerabilidade são inevitáveis. Quando a mãe ensina, o filho pode tratá-la como inconveniente. Quando o pai repreende, pode ser tido por desagradável e antiquado. Mesmo assim, os pais amam a ponto de se dar ao trabalho de "gritar" nas "praças" do convívio para que os filhos não sejam "ingênuos" alvos da maligna cultura de massa.

A sabedoria desafia, convida, chama, "perturba", insiste e não desiste, porque ama mais os filhos do que o próprio sossego. Um bom pai não pode amar o conforto e ser ausente. Criar filhos dá trabalho. Uma boa mãe não pode ficar tão concentrada nas redes sociais, que não perceba o desvio dos filhos. Diante de Deus é inaceitável que a casa tenha "prazer na zombaria".

O confronto amoroso e equilibrado é o clamor de um coração que mostra a futilidade da vida sem Deus, voltada para dinheiro, vanglória e prazer. Os pais devem ser sábios e representar o próprio Deus no cuidado da casa. Devem incorporar a sabedoria, praticar os mandamentos e buscar um relacionamento íntimo com Deus, diária e intensamente.

A sabedoria desafia, convida, chama, "perturba", insiste e não desiste, porque ama mais os filhos do que o próprio sossego.

Destaque:
Iniciativa

Notas

Vamos orar

Deus amado, ajuda-nos, como pais, a estar presentes, prestar atenção, perguntar, investigar, orar, escutar, e a sentir os prazeres e as dores dos nossos filhos, colocando-nos no lugar deles. Ajuda-nos a admoestá-los e a perguntar: "Até quando vocês amarão a ingenuidade e terão prazer na zombaria?". Senhor, que Teu padrão sirva para conduzi-los a Ti mesmo. Em Cristo, amém.

@prjosuegoncalves
@pra.rousegoncalves

3

DE JANEIRO

Devocional • 03 de 365

Não basta ser fiel

Jardim fechado és tu, minha irmã, noiva minha,
manancial recluso, fonte selada.
Cântico dos Cânticos 4.12, ARA

A fidelidade não se sustenta somente com o dever, ela se fortalece com a intimidade amorosa do convívio intenso e da cumplicidade entre os cônjuges.

Destaque:
Companheirismo

Notas

Na cultura celestial da família, a fidelidade é essencial e desejável. Ela protege o coração do relacionamento. No versículo acima, a esposa é comparada a um "jardim" repleto de cores, texturas e perfumes. Um "jardim fechado", exclusivo e particular, que só expõe suas belezas ao seu marido.

Além de um jardim exclusivo, a mulher é comparada a uma fonte selada. Um manancial de água pura e cristalina, suficiente para abastecer uma cidade, utilizado por um só homem, que dele desfruta. Assim é a esposa fiel, um jardim, uma fonte exclusiva. Muitos podem admirá-la e desejá-la, mas ela pertence somente ao seu cônjuge.

Fidelidade é honrar na ausência. Então, mesmo quando o marido está distante, ele deve guardar seu coração para aquela que lhe é exclusiva, que lhe é companheira e amiga.

Mas nem só de fidelidade vive o casamento. O marido se refere à esposa como "minha irmã, noiva minha". Não é somente uma relação contratual, nem uma obrigação formal, mas, sim, um relacionamento de amor – uma amizade apaixonada. A fidelidade não se sustenta somente com o dever, ela se fortalece com a intimidade amorosa do convívio intenso e da cumplicidade entre os cônjuges.

Muitos relacionamentos acabam por falta de fidelidade, por falta de compromisso e por falta de fibra de caráter; outros, não suportam o abandono e desfalecem na secura da solidão. Estão casados, mas isolados. O compromisso é estabelecido com honra e fortalecido com amor. Ambos devem operar juntos para que o cordão não se rompa jamais.

Vamos orar

Pai, ajuda-nos a vigiar nosso coração e nossas atitudes. Que possamos ser intencionais, investindo em nosso relacionamento. Ajuda-nos a promover encontros e conversas, a desligar os eletrônicos e a ouvir um ao outro. Traga, Senhor, o Céu para dentro desta casa. Em nome de Jesus, amém.

Você interpreta tudo errado?

4

DE JANEIRO

Devocional · 04 de 365

Portanto, tenham cuidado com a maneira como vocês vivem, e vivam não como tolos, mas como sábios, aproveitando bem o tempo, porque os dias são maus. Por esta razão, não sejam insensatos, mas procurem compreender qual é a vontade do Senhor.
Efésios 5.15-17, NAA

A melhor maneira de aproveitar o tempo é sendo sábio nos seus pensamentos, na maneira como enxergamos a realidade. Quanto tempo as pessoas perdem pensando mal dos outros, ou interpretando equivocadamente a intenção das pessoas?

Precisamos de inteligência emocional para não interpretar as pessoas e suas palavras negativamente, sempre achando que elas não gostam de nós, ou que fizeram ou disseram algo somente com o intuito de agredir. Quem age assim é chamado de insensato, sem bom senso, pois a sua maneira de julgar está errada e manchada pelas próprias dores emocionais que carrega.

A pessoa sábia e que manifesta inteligência emocional busca se colocar no lugar do outro antes de formular qualquer juízo ou interpretação. Será que ela está tendo um dia ruim? Como está a família dela? Como Deus está olhando para essa pessoa hoje? Qual "a vontade do Senhor" para essa situação? Quando não interpretamos corretamente, corremos o risco de acreditar nas mentiras de Satanás e, em vez de compreender e cumprir "a vontade do Senhor", acabamos fazendo a vontade do Inimigo.

Quando interpretamos erroneamente, sentimo-nos mal; o fato fica voltando à nossa mente, e ficamos brigando internamente. Nessa briga interna, enchemo-nos de ira, de amargura e, por vezes, até perdemos o sono. Por isso, aprenda a ser sábio, interprete positivamente.

Precisamos de inteligência emocional para não interpretar as pessoas e suas palavras negativamente.

Destaque:
Positividade

Notas

Vamos orar

Deus bondoso, desejamos profundamente aprender a ressignificar os acontecimentos, as conversas e até os conflitos. Concede-nos Tua ótica, repleta de misericórdia e ternura. Que sejamos capazes de nos colocar no lugar do outro e cumprir Tua vontade. Que vivamos com a leveza de quem anda no Espírito, cheios de paz e alegria. Em nome de Jesus, amém.

prjosuegoncalves
pra.rousegoncalves

5
DE JANEIRO

Devocional • 05 de 365

Casado ou aprisionado?

Porque vocês, irmãos, foram chamados à liberdade. Mas não usem a liberdade para dar ocasião à carne; pelo contrário, sejam servos uns dos outros, pelo amor.
Gálatas 5.13, NAA

O casamento não é o sepultamento da individualidade, mas um ambiente único de celebração da mutualidade.

Destaque:
Liberdade

Notas

A saúde do casal está no equilíbrio entre individualidade e mutualidade. Individualidade é o respeito que alguém nutre por si, mutualidade é o respeito que alguém nutre pelo outro. No casamento, deve haver respeito pelo espaço e pela individualidade do outro, enquanto ambos buscam desfrutar da mutualidade que surge daquilo que os cônjuges desejam compartilhar.

Somos chamados à liberdade. No casamento, o exercício da liberdade deve acontecer sem dar ocasião à carne, ao egoísmo, à exploração, ao ciúme, ao controle, etc. O casamento não é o sepultamento da individualidade, mas um ambiente único de celebração da mutualidade.

No casamento, não deve haver individualismo, mas individualidade. Nada de egoísmo, mas a confiança de incentivar o cônjuge a desfrutar de sua privacidade e peculiaridades. Posso não gostar de montar quebra-cabeças, mas não preciso ser desagradável com meu cônjuge, que aprecia essa atividade. Ela pode não gostar de futebol, mas pode apoiar o esporte do marido.

Devemos nos proteger mutuamente, confiando liberdade ao outro, agindo com responsabilidade e amando profundamente o cônjuge. Devemos ouvir os avisos e admoestações para que não haja motivo para desconfiança. Nunca devemos confiar na carne. Ore sempre – seja antes de conversar com seu cônjuge sobre alguma área que demande cuidado, seja ao ouvi-lo. É o Senhor quem nos convence do pecado.

Vamos orar

Senhor, torna-nos verdadeiramente livres; que vivamos em liberdade, e que, juntos, desfrutemos da mutualidade responsável que o Senhor preparou para nós. Em nome de Jesus, amém.

Cumplicidade que traz estabilidade

6

DE JANEIRO

Devocional • 06 de 365

Vendo, pois, Abigail a Davi [...] Lançou-se-lhe aos pés e disse: [...] de fato, o Senhor te fará casa firme, porque pelejas as batalhas do Senhor [...]E há de ser que, usando o Senhor contigo segundo todo o bem que tem dito a teu respeito e te houver estabelecido príncipe sobre Israel [...] quando o Senhor te houver feito o bem, lembrar-te-ás da tua serva. Então, Davi disse a Abigail: Bendito o Senhor, Deus de Israel, que, hoje, te enviou ao meu encontro.

1Samuel 25.23,28,30-32, ARA

Um casamento estável começa e se mantém com cumplicidade a respeito dos planos divinos. Antes mesmo de se casarem, Davi e Abigail se alinharam, pois a sábia mulher conseguia ver com clareza o chamado de Deus na vida de Davi em uma época em que ele era desprezado e perseguido. Ela pôde perceber e declarar que Davi lutava em favor do povo de Deus e que ele carregava promessas de Deus em sua vida. Ela cria tanto que essas promessas se cumpririam, que pediu a Davi que se lembrasse dela quando estivesse em uma posição favorável!

Pouco tempo depois, eles estavam casados, alinhados com as promessas de Deus e unidos no propósito do chamado de Davi. Um casal que concorda, que é cúmplice um do outro para viver as promessas divinas, é uma bênção para o Reino de Deus e traz o Céu para a Terra.

Um casamento estável começa e se mantém com cumplicidade a respeito dos planos divinos.

Destaque:
Cumplicidade

Notas

Vamos orar

Senhor, ajuda-nos a enxergar claramente o Teu chamado para nós como casal. Alinha nosso coração ao Teu, para que estejamos em concordância, encorajando um ao outro e vivendo a concretização do Teu sonho para a nossa família. Em nome de Jesus, amém.

@prjosuegoncalves
@pra.rousegoncalves

7

DE JANEIRO

Devocional • 07 de 365

Doçura que atrai o Céu

Palavras agradáveis são como favo de mel: doces para a alma e remédio para o corpo.
Provérbios 16.24, ARA

Maridos, que cada um de vocês ame a sua esposa e não a trate com amargura.
Colossenses 3.19, NAA

Devemos utilizar as palavras com sabedoria, para curar e encorajar a pessoa com quem fizemos aliança.

Destaque:
Doçura

Notas

O casamento é o resultado da ação de duas pessoas: marido e esposa. Cada um tem a sua parte a desempenhar, e, dependendo de como se engajam nessa missão, o convívio pode se tornar uma expressão visível do amor que há entre Deus Pai, Filho e Espírito Santo.

Jesus se referia ao Pai com honra e admiração. O Pai se dirigia a Jesus como Filho Amado, em quem Ele tinha prazer. Jesus defendia o Espírito Santo e afirmava que, quem falasse contra Ele, não seria sequer perdoado.

A maneira como usamos as palavras em casa determina o clima emocional e espiritual da família. Deus, falando por meio do livro de Provérbios, explica que as palavras agradáveis são doces e fazem bem para o coração. Posteriormente, abordando o lado negativo, Paulo recomenda que o marido não trate a esposa com amargura.

Devemos utilizar as palavras com sabedoria, para curar e encorajar a pessoa com quem fizemos aliança. Se o marido ferir a esposa com amargura, ele também sofrerá, pois ambos são uma só carne. Por outro lado, se ele for carinhoso, sábio e souber usar as palavras, será usado por Deus para restaurar a alma da esposa, tão atingida pelas agruras da vida deste mundo caído.

Vamos orar

Senhor, alerte-nos sempre que estivermos prestes a usar palavras amargas, sarcásticas, duras ou de julgamento injusto. Que nossas palavras sejam de edificação carinhosa. Em nome de Jesus, amém.

Do que você tem medo?

8

DE JANEIRO

Devocional • 08 de 365

Ainda que eu ande pelo vale da sombra da morte,
não temerei mal nenhum, porque tu estás comigo;
o teu bordão e o teu cajado me consolam.
Salmos 23.4, NAA

O medo é uma reação natural que opera nas emoções e se manifesta fisicamente quando a pessoa percebe estar diante de um perigo potencial. Nessa situação, o organismo entra em estado de alerta, e o cérebro libera hormônios, como adrenalina e cortisol, na corrente sanguínea. A frequência cardíaca aumenta, a respiração se acelera, alguns músculos se contraem, e a pessoa está pronta para combate ou fuga.

Em sua essência, o medo é benéfico, pois foi instituído por Deus como um mecanismo de proteção diante de situações de risco. Porém, não devemos nos entregar ao pavor, pois, se assim fizermos, ficaremos fora de combate. O medo torna-se prejudicial quando assume um caráter opressor, abusivo e aprisionador. Deus não deseja que Seus filhos vivam sofrendo sob domínio desse sentimento.

Ele é o remédio. Seja o medo razoável de andar pelo "vale da sombra da morte", seja o medo imaginário, a essência do remédio é a confiança em Deus. Quando o salmista diz "Tu estás comigo", Deus interrompe a escalada e não deixa o medo se tornar pânico. Assim como uma criança que abraça as pernas do pai quando está com vergonha ou receio, nós podemos abraçar as pernas do Bom Pastor! Nos momentos de dificuldade, relembre as promessas infalíveis de Deus, como aquela trazida por Jesus: "E eis que estou com vocês todos os dias até o fim dos tempos" (Mateus 28.20, NAA).

Diante de um medo extremo e inexplicável, sinta os pés no chão, busque ouvir o coração, mexa a boca, volte-se para a realidade inegável do seu corpo e, em seguida, lembre-se de que Deus habita em você. Tão seguro como o seu corpo é a presença do Espírito Santo em você.

Seja o medo razoável de andar pelo "vale da sombra da morte", seja o medo imaginário, a essência do remédio é a confiança em Deus.

Destaque: Confiança

Notas

Vamos orar

Deus, agradecemos ao Senhor pelo presente e pelo corpo. Queremos nos conectar Contigo. Abre os nossos olhos e enche-nos de gratidão. A Tua paz é maravilhosa. Ajuda-nos a viver sem medo, lembrando-nos da Tua Palavra. Em nome de Jesus, amém.

@prjosuegoncalves
@pra.rousegoncalves

9

DE JANEIRO

Devocional • 09 de 365

Limites na medida certa

Quem não corrige seu filho não o ama; ame seu filho, não deixe de discipliná-lo!
Provérbios 13.24, AM

Pais, não provoquem seus filhos, sendo duros demais com eles. Tratem de segurá-los pela mão para guiá-los no caminho do Senhor.
Efésios 6.4, AM

Uma boa analogia do trabalho do pai é a do técnico de futebol, que treina e acompanha, mesmo durante o jogo, corrigindo e torcendo.

Destaque:
Limites

Notas

A tarefa de criar filhos é desafiadora. A ordem é educá-los para que conheçam a Deus. Os pais são desafiados a conduzir os pequenos para o Senhor, mas não têm o poder de mudar o coração deles, o que gera temor e dependência.

As estratégias de Deus para a criação dos filhos dão bastante trabalho. Se, por um lado, precisamos corrigir e disciplinar os filhos, por outro, não podemos exagerar, sendo duros demais.

Filhos com muitos abraços, mas sem limites, tornam-se delinquentes; enquanto filhos que só experimentam limites, sem afeto, acabam revoltados. Existe uma medida certa de atenção e limites que precisa ser observada durante o processo de educação.

Uma boa analogia do trabalho do pai é a do técnico de futebol, que treina e acompanha, mesmo durante o jogo, corrigindo e torcendo. Um bom profissional do esporte encontrará o momento certo de corrigir e incentivar.

Apresente o padrão de Deus e, em seguida, aponte para o único que pode trazer poder para o seu filho acertar no jogo da vida. Por meio de Jesus, seu filho terá acesso ao Pai celestial, terá a sua alma saciada internamente e terá poder para obedecer, já que contará com a presença do Espírito Santo nele.

Vamos orar

Senhor, precisamos fazer o que for necessário: santificar-nos, dar exemplo, mostrar o caminho, corrigir e disciplinar até que nossos filhos vão ao Senhor pelas próprias pernas e repitam o processo com os filhos deles. Ajuda-nos a trazer o Céu para dentro da nossa casa ao equilibrarmos limites e atenção. Em nome de Jesus, amém.

prjosuegoncalves
prajosuegoncalves

A feliz humildade do lar

10
DE JANEIRO
Devocional • 10 de 365

Bem-aventurados os humildes de espírito,
porque deles é o reino dos céus.
Mateus 5.3, ARA

Bem-aventurado pode ser traduzido como feliz. Diante disso, felicidade não é um lugar aonde se chega, mas a maneira como se caminha. O Sermão da Montanha começa com a descrição de um perfil de caráter, declarando que são felizes, bem-sucedidos ou abençoados aqueles que detêm tais atributos em seu caráter.

Assim, o humilde é mais feliz que o arrogante. Não existe felicidade plena no lar quando um dos cônjuges é orgulhoso e precisa dar a última palavra, pois esta vem com o amargo gosto do fel da arrogância. Se o outro ficou ferido, não há plenitude, pois o casal é uma só carne.

Como, então, podemos ser felizes em casa? Podemos servir, ajudar, trabalhar, cumprindo alegremente as nossas obrigações, e até realizar tarefas que seriam dos outros. Precisamos servir para "praticar" a humildade e sondar o que brota da alma enquanto o fazemos.

Considere o tempo do seu cônjuge mais precioso que o seu. Considere a obrigação da sua filha tão importante quanto a sua. Considere a necessidade de ouvir a sua mãe tão importante quanto a de ouvir o seu chefe. Viva o presente e desfrute da felicidade humilde de ajudar aqueles a quem você ama.

Durante esse exercício, você terá dois tipos de pensamento contraditórios. Um deles poderá ser o orgulho, exigindo ser servido. O outro, antagônico ao primeiro, é o do Espírito Santo, que se espalha em seu interior com ondas de paz e contentamento, enquanto você se une a Ele na tarefa de servir. Foi Jesus quem deu o exemplo ao lavar 24 pés sujos antes da ceia. Esse ato não O diminuiu – pelo contrário.

Viva o presente e desfrute da felicidade humilde de ajudar aqueles a quem você ama.

Destaque:
Humildade

Notas

Vamos orar

Senhor, queremos praticar a humildade no lar, para que o Teu governo — o Reino dos Céus — se estabeleça no ambiente desta família, trazendo o Céu para dentro desta casa, com toda a plenitude da Tua harmonia e da felicidade que nasce da humildade. Em nome de Jesus, amém.

@prjosuegoncalves
@pra.rousegoncalves

11
DE JANEIRO

Devocional • 11 de 365

Chorando os pecados

Bem-aventurados os que choram,
porque serão consolados.
Mateus 5.4, ARA

"Está tudo bem", Jesus diz, "pode chorar, porque Eu consolo quem chora, e o Meu consolo é extraordinário".

Destaque:
Lamento

Notas

Parece uma contradição dizer que quem chora é feliz. Temos a tendência inicial de afirmar que felizes são os que riem, que gargalham, que aproveitam e se divertem. Mas Jesus inverte a ordem e alcança em cheio o nosso coração que, muitas vezes, chora, sofre e se ressente neste mundo caído. "Está tudo bem", Jesus diz, "pode chorar, porque Eu consolo quem chora, e o Meu consolo é extraordinário".

Há quem chore pelo time que perdeu, pelo cachorrinho que morreu, pela prova em que não foi aprovado, pelo parente querido que partiu. São razões legítimas de dor e, na maioria dos casos, encontraremos conforto ao apresentá-las em oração ao Senhor, para que Ele nos fale, nos acolha e suavize a nossa dor.

Contudo, o choro que realmente importa é aquele pelos pecados – os nossos e os da nossa nação. Quando o choro é sinal de sincero arrependimento, torna-se um lamento capaz de trazer cura. A sequência apresentada no salmo 103 é: perdão, cura (v.3), restauração, graça (v.4) e multiplicação (v.5). Todos queremos a bênção, mas, para alcançá-la, devemos chorar. Podemos orar assim: "Hoje, faço confissão pelos pecados dos filhos do Brasil: corrupção, imoralidade, traição e deslealdade. Confesso os pecados de mentira, roubo, tráfico e prostituição. Pai, hoje choro pelos pecados da nossa nação. Em nome de Jesus, perdoa-nos e abençoa-nos".

Vamos orar

Pai, confessamos ainda os nossos pecados familiares: a falta de amor, a indiferença, o exagero no lazer — que se torna um ídolo —, o amor ao mundo, as bebedices, as palavras duras, as sentenças proferidas inadvertidamente, as traições e as fofocas. Senhor, perdoa-nos e restaura-nos. Sim, ó Pai, perdoa-nos a todos. Lava-nos com o Teu sangue. Obrigado pelo Teu perdão

O manso controle da força

Bem-aventurados os mansos, porque herdarão a terra.
Mateus 5.5, ARA

12
DE JANEIRO
Devocional · 12 de 365

Felizes os mansos, que são fortes e mantêm a força sob controle. Ser manso não é ser fraco, mas, deliberadamente, manter a força à disposição da paciência e da bondade de Deus. Cultivamos a mansidão usando quatro estratégias:

1) Moderando nossas expectativas com o desempenho do outro. "Pois Deus [...] se compadece dos que o temem. Pois ele conhece a nossa estrutura e sabe que somos pó" (Salmos 103.13-14). Lembre-se de quanto Deus já perdoou você, então não seja tão exigente com o seu próximo.

2) Encontrando alegria nas evidências de graça na vida do outro. Depois que um irmão é salvo, ele entra no processo de santificação, no caminho de se tornar como Jesus. Alegre-se ao perceber as áreas em que Cristo já reina nele e tenha paciência com as demais, que ainda não foram transformadas; afinal, você também não está 100% igual a Jesus.

3) Lembrando-nos do quanto Deus já nos perdoou. Pedro lista as marcas de uma caminhada crescente com Jesus Cristo; ele fala sobre amor, firmeza e domínio próprio, pois: "[...] aquele que não tem estas coisas é cego, vendo só o que está perto, e se esqueceu da purificação dos seus antigos pecados" (2Pedro 1.9, NAA). Sempre que refletimos sobre o quanto Deus já nos perdoou, crescemos em mansidão e passamos a ter mais paciência e tolerância com o outro.

4) Não irando-nos precipitadamente. "[...] Cada um esteja pronto para ouvir, mas seja tardio para falar e tardio para ficar irado" (Tiago 1.19, NAA). Todos nós precisamos fazer uma pausa quando a ira nos visita, pois não temos a pureza de Deus para manifestar uma ira santa. Nesse caso, a mansidão é uma expressão de sabedoria. Em Cristo, temos tudo o que é necessário para uma jornada vitoriosa.

Todos nós precisamos fazer uma pausa quando a ira se apresenta, pois não temos a pureza de Deus para manifestar uma ira santa.

Destaque:
Autocontrole

Notas

Vamos orar

Senhor, dá-nos força e clareza de mente para perdoar, afinal Tu perdoas nossas falhas diariamente. Pedimos em nome de Jesus, amém.

13

DE JANEIRO

Devocional • 13 de 365

Justiça saciada em Cristo

Bem-aventurados os que têm fome e sede de justiça, porque serão saciados.
Mateus 5.6, NAA

Devemos promover a justiça em casa, na igualdade, no respeito, na piedade e no amor.

Destaque:
Justiça

Notas

Sede e fome são faltas, são necessidades que geram dor e aflição quando não saciadas. Mesmo assim, o nosso Senhor afirma que são felizes "os que têm fome e sede de justiça, porque serão fartos". De fato, tomar água fresca com muita sede traz grande prazer, assim como saborear um almoço depois de uma manhã de trabalho duro. Quem assim vive é bem-aventurado.

Uma boa dona de casa prepara alimento e bebidas para a família. Um bom pai de família enche a despensa com itens essenciais – e até com guloseimas. Filhos adolescentes cumprem o seu papel, devorando as refeições oferecidas.

No entanto, Jesus aponta para uma sede diferente: a expectativa do celestial, o desejo do padrão divino, da perfeição, da bondade e da nobreza transcendente.

Por meio de Jesus, pela fé no nome d'Ele e na obra que Ele realizou, fazendo as pazes entre nós e Deus, podemos desfrutar da justiça de Deus. Somos adotados, santificados, recebemos herança, somos comprados e resgatados! Sim, feliz é a casa cujo Deus é o Senhor.

Outra sede que nos acomete neste mundo caído é quando há injustiça e somos tomados de assombro e indignação. E a quanta injustiça assistimos, sem que, na maioria das vezes, possamos interferir! Devemos promover a justiça em casa, na igualdade, no respeito, na piedade e no amor, ainda que, fora do nosso lar, nem sempre possamos interferir.

Quem tem sede de justiça será saciado no final dos tempos, quando Jesus vier julgar vivos e mortos. Que a sua casa seja habitação de cristãos saudáveis, que têm sede de Deus, fome da Sua Palavra, e que aguardam a manifestação do Reino de Cristo sobre a Terra. Vivam, em família, a justiça de Deus: Jesus.

Vamos orar

Senhor, temos tido dificuldade em esperar na Tua justiça, ora querendo tomá-la em nossas mãos, ora nos queixando do governo, ora ansiando por um justiceiro. Perdoa a nossa tolice. Tu és o Justo Juiz, que julgará todo mal no tempo certo. Obrigado, em nome de Jesus, amém.

@prjosuegoncalves
@pra.lidusegoncalves

A semente da misericórdia

Bem-aventurados os misericordiosos,
porque alcançarão misericórdia.
Mateus 5.7, NAA

14
DE JANEIRO
Devocional · 14 de 365

Misericórdia significa sentir no coração (cardia) a miséria do próximo; absorver a dor de quem sofre e ser movido a ajudar. O Deus onipotente conhece todas as aflições humanas, Jesus já as experimentou como homem, e agora, no Céu, intercede por nós. "Porque não temos sumo sacerdote que não possa compadecer-se das nossas fraquezas [...]" (Hebreus 4.15, ARA). Esse Jesus, que se compadece, espera que também nos compadeçamos do próximo. Na verdade, Ele deseja nos usar como instrumentos da Sua misericórdia.

Sempre que somos bênção de Deus na vida de alguém, lançamos uma semente de misericórdia. "Quem se compadece do pobre empresta ao Senhor, e este lhe retribuirá o benefício" (Provérbios 19.17, NAA), assim somos desafiados a assumir uma vida de misericórdia, um caráter semelhante ao de Jesus – misericordioso.

Misericórdia é também não trazer juízo sobre quem o merece, mas tratá-lo como gostaríamos de ser tratados. Não exija da sua esposa o que não gosta que exijam de você no seu ambiente de trabalho. Todos cometemos muitos erros, somos tão frágeis e tomados de antagonismos e contradições. Assim como desejamos ardentemente a misericórdia de Deus e das pessoas, devemos também oferecê-la. E não existe lugar mais excelente para praticar a misericórdia que no contexto da família. Assim, "abençoados são vocês, que se preocupam com o bem-estar dos outros. Na hora em que precisarem de ajuda, também receberão cuidado" (Mateus 5.7, AM).

O Senhor é misericordioso e busca gente como a gente para se expressar.

Sempre que somos a bênção de Deus na vida de alguém, lançamos uma semente de misericórdia.

Destaque:
Misericórdia

Notas

Vamos orar

Eis-nos aqui, Pai, usa-nos para exercer misericórdia. Que não sejamos excessivamente duros, mas que olhemos o próximo através dos Teus olhos de amor. Que exerçamos a mesma misericórdia que temos recebido de Ti. Que Tu possas contar conosco e com este lar para manifestar a Tua bondade. Em nome de Jesus, amém.

prjosuegoncalves
pra.rousegoncalves

15

DE JANEIRO

Devocional • 15 de 365

Deus se sente bem na sua casa?

Bem-aventurados os limpos de coração, porque verão a Deus.
Mateus 5.8, NAA

Você já pensou que Deus assiste tudo o que você vê e nem sempre aprecia?

Destaque:
Purificação

Notas

Quando a Bíblia fala de coração, na grande maioria das vezes, não se refere ao músculo do corpo que bombeia sangue, mas refere-se à realidade invisível existente em cada pessoa. O coração é o núcleo da vida, das emoções, das decisões, dos planos, dos julgamentos, das paixões e de todo esse universo que povoa a nossa alma e o nosso espírito.

Jesus afirma que os que forem "limpos de coração" O verão. Ter o coração limpo significa ter o seu mundo interior organizado, para que ele funcione conforme a mente de Deus, com as preferências de Jesus, deleitando-se com a justiça e a bondade d'Ele. Aqueles que assim estiverem verão a Deus.

Embora o Espírito Santo habite em nosso coração, nem sempre O percebemos ou reconhecemos o Seu mover. Mas, quando limpamos a casa interior, somos capazes de vê-Lo claramente – sentado no "sofá" da nossa alma, pronto para ter comunhão conosco.

Para limparmos a casa e mantê-la limpa, precisamos impedir a entrada de "lixo" – seja proveniente da internet, da televisão ou de quaisquer outras fontes que promovem valores contrários aos de Deus. A decisão de não colocar "coisa injusta" diante dos nossos olhos, de rejeitar condutas em desarmonia com a Palavra de Deus e de evitar que elas se apeguem a nós, conforme lemos no salmo 101.3, é imprescindível. Além disso, devemos filtrar amizades e influências que se aproximam do nosso lar. Quando preservamos a pureza do que entra em nossa casa, a voz que ressoa é a de Deus, e nos tornamos mais sensíveis à presença do Espírito Santo.

O que você assiste, curte, acompanha e aprecia que não combina com o Deus que habita em você? Já pensou que Ele assiste tudo o que você vê e nem sempre aprecia? Vamos limpar a casa de Deus, o seu coração, e depois limpar a de toda a família?

Vamos orar

Senhor, queremos colocar ordem no nosso mundo interior, tendo mente e coração na Tua palavra. Queremos ver-Te e pedimos em nome de Jesus, amém.

Filhos da paz

Bem-aventurados os pacificadores, porque serão chamados filhos de Deus.
Mateus 5.9, NAA

16
DE JANEIRO
Devocional • 16 de 365

De quem você gostaria de ser filho? Qual título lhe traria alegria ao se imaginar sendo chamando por ele? Não há honraria maior do que ser chamado filho de Deus. Imagine-se um dos filhos do Criador, do CEO, do Comandante Máximo, do Rei Supremo, d'Aquele que detém o Universo na palma da mão! Filho de Deus.

Para sermos reconhecidos como filhos de Deus, devemos ser pacificadores, agentes de paz. Jesus é o Príncipe da Paz, e somente o Espírito d'Ele em nós traz a verdadeira paz. Ela pode ser ausência de conflitos internos, de medo, ansiedade, ciúmes, ira e de previsões sombrias. A paz é resultado da reconciliação com Deus.

Quem está de bem com Deus, está bem. Nada temerá. Imagine: "Deus gosta de mim"; "o Criador me ama"; "o Pai celestial me adotou e me fez filho d'Ele"! Acredite, toda a Terra pertence ao seu Pai. A paz que excede todo entendimento vem do Espírito e se espalha por todo o seu ser, que tem certeza de ser amado, cuidado e protegido eternamente.

O pacificador ama a paz, promove a paz e trabalha por ela a ponto de exalar, de espalhar essa ausência de conflitos internos ao redor, para os relacionamentos próximos, e contrabalancear os mal-entendidos, sendo reconciliador. Nós precisamos de pacificadores na família, gente que foi pacificada pelo Príncipe da Paz e que deseja promover a paz.

No lar, nós devemos sempre apostar no melhor do outro. "Até que se prove o contrário, a intenção dele era agradar, embora tenha sido infeliz". "Ela não fez por mal, afinal, está buscando viver bem em família". O pacificador decidiu previamente não se ofender. Quanto mais facilmente nos ofendemos, mais voltados para nós, mais autocentrados, mais egoístas e orgulhosos somos.

No lar, devemos sempre apostar no melhor do outro. Até que se prove o contrário, a intenção dele era agradar.

Destaque:
Pacificação

Notas

Vamos orar

Senhor, queremos ser pacificadores, pessoas que pedem perdão rapidamente, pois sabemos que ainda pecamos. Que tenhamos facilidade para pedir desculpas. Que o Teu nome seja honrado quando perceberem isso em nós. Em Cristo, amém.

prjosuegoncalves
pra.rousegoncalves

17 DE JANEIRO

Devocional • 17 de 365

Perseguição inevitável

Bem-aventurados os perseguidos por causa da justiça, porque deles é o Reino dos Céus.
Mateus 5.10, NAA

A luz que brilha incomoda os olhos de quem vive nas trevas. Esse é o padrão, e Jesus nos diz que é até bom!

Destaque:
Perseguição

Notas

Seu filho já foi atormentado na escola por ser cristão? Alguma professora já repreendeu a sua filha porque ela defendeu um valor do cristianismo? Já zombaram de você, impondo apelidos por ser cristão? Alguns já perderam o emprego, a liberdade e até a vida.

A simples presença de uma família cristã é subversiva para o mundo, que se lança em pecado e devassidão. A luz que brilha incomoda os olhos de quem vive nas trevas. Esse é o padrão, e Jesus nos diz que é até bom! Não gosto de saber que estão atormentando meu filho! É ruim ser perseguido no trabalho! Então, por que Jesus afirma que os perseguidos são felizes e abençoados?

Quando seu filho é importunado na escola por ser um mau aluno ou inconveniente, ele não é bem-aventurado. Mas se ele for importunado por ser cristão, por se recusar a falar palavrão, por não querer beber ou ficar com alguém, então ele é feliz e abençoado! A fé que ele tem está sendo sedimentada, amadurecida; é uma oportunidade de testemunhar a respeito do Salvador.

"Bem-aventurados são vocês quando, por minha causa, os insultarem e os perseguirem, e, mentindo, disserem todo mal contra vocês. Alegrem-se e exultem, porque é grande a sua recompensa nos céus; pois assim perseguiram os profetas que viveram antes de vocês" (Mateus 5.11-12, NAA).

Se pudéssemos escolher, talvez nunca buscássemos ser perseguidos e não iríamos querer que nossos filhos sofressem. Porém, Deus providencia o ambiente adequado para edificar e fortalecer nossa fé e a de nossa família. Quem esteve ao lado de Deus, no passado, sempre foi perseguido. O próprio Senhor Jesus foi perseguido! Acredite, a recompensa durará muito mais do que a ofensa.

Vamos orar

Senhor, é tão difícil alegrar-nos ao sermos perseguidos injustamente, mas queremos contar com o Teu Espírito. Que não desanimemos e nos lembremos da Tua companhia constante. Em Cristo, amém.

Seja sal e luz

Vocês são o sal da terra; ora, se o sal vier a ser insípido, como lhe restaurar o sabor? [...] Vocês são a luz do mundo. Não se pode esconder uma cidade situada no alto de um monte.
Mateus 5.13-14, NAA

18
DE JANEIRO
Devocional • 18 de 365

A sua casa é como um luzeiro? Sua família funciona como sal, trazendo discreto sabor? Se você nasceu de novo, anda com Deus e obedece a Ele, então, a resposta é um sonoro sim para ambas as indagações.

O sal evita que os alimentos estraguem, traz sabor aos momentos simples e atua discreta e humildemente, sem que o percebam. O sal fala do caráter.

Quem é você quando ninguém está olhando?

O seu caráter pode ser medido pela resposta que deu a essa pergunta. A sua reputação é o que dizem a seu respeito, mas o seu caráter é o que Deus diz sobre você, o que Ele sabe que você de fato é quando não está sendo observado. Cedo ou tarde tudo será conhecido, seja a boa obra, o sabor discreto do sal, seja o rato morto sob o assoalho.

"Os pecados de alguns são notórios, mesmo antes do juízo, mas os de outros só se manifestam mais tarde. Do mesmo modo também as boas obras se evidenciam e aquelas que ainda não são manifestas não poderão ficar escondidas" (1Timóteo 5.24-25).

A luz não é tão discreta como o sal, pois todos a percebem. O olho humano é atraído pela luz, assim como as pessoas são atraídas a uma família de gente que pertence a Deus, pois ela não consegue se disfarçar, já que a presença de Cristo transborda pelos poros, brilha pelos olhos. A luz fala das obras. Jesus espera que obedeçamos e façamos obras de justiça, de misericórdia e de poder.

Ele diz: "Assim brilhe também a luz de vocês diante dos outros, para que vejam as boas obras que vocês fazem e glorifiquem o Pai de vocês, que está nos céus" (Mateus 5.16). O resultado é que reconhecerão que somente Deus poderia realizar os milagres que a sua família experimenta. Ele será conhecido e engrandecido. As pessoas verão a maneira como vocês vivem e elogiarão o Deus do Céu.

A sua reputação é o que dizem a seu respeito, mas o seu caráter é o que Deus diz sobre você, o que Ele sabe que você de fato é quando não está sendo observado.

Destaque:
Caráter

Notas

Vamos orar

Senhor, queremos estar atentos à Tua recompensa secreta e não aos louvores dos homens. Que Tu realizes os milagres, enquanto nos alegramos em obedecer-Te. Em nome de Jesus, amém.

19

DE JANEIRO

Devocional · 19 de 365

Discernindo a ira

Eu, porém, lhes digo que todo aquele que se irar contra o seu irmão estará sujeito a julgamento; e quem insultar o seu irmão estará sujeito a julgamento do tribunal; e quem o chamar de tolo estará sujeito ao inferno de fogo.
Mateus 5.22, NAA

"O tolo derrama toda a sua ira, mas o sábio se domina e a reprime."
(Provérbios 29.11)

Destaque:
Autocontrole

Notas

A o contrário da ira do Senhor, nossa ira quase nunca é justa. Se a ira "aparecer", você já estará "sujeito a julgamento". Normalmente, a ira surge quando um desejo ou objetivo é interrompido ou frustrado. "Havia planejado chegar na hora, mas o veículo da frente dirige muito devagar"; ou: "Meu filho está demorando para se arrumar e chegarei atrasado novamente". Ou ainda: "Planejei viajar nesse final de semana, mas o meu colega de trabalho ficou doente e devo ficar no lugar dele"; "Minha esposa me contrariou na frente dos meus amigos". As razões para eu ficar irado são inúmeras, mas dificilmente alguma delas entrará na lista de motivos que sejam, de fato, santos, isto é, um motivo que não ofenda a Deus e Sua glória.

Assim, tenha muito cuidado com a maneira como reagirá diante da ira, já que, dificilmente, a sua ira será justificada. Já que "vocês sabem estas coisas, meus amados irmãos. Cada um esteja pronto para ouvir, mas seja tardio para falar e tardio para ficar irado. Porque a ira humana não produz a justiça de Deus" (Tiago 1.19-20). A manifestação intempestiva baseada na raiva trará consequências desastrosas para si e para quem o rodeia. Uma palavra proferida nunca poderá ser apagada. Um pai que amaldiçoa um filho pode se arrepender depois, mas o que foi dito ficará na memória do filho. Se o pai disser o contrário irá atenuar, porém, nunca mais será como se ele não tivesse dito.

Assim, a ira é um indicativo de perigo e deve ser recebida com cautela, pausa e prudência. Palavras destrutivas e de julgamento, ofensas e maldições não devem ser emitidas, pois destruirão a quem você mais ama e tenta edificar. "O tolo derrama toda a sua ira, mas o sábio se domina e a reprime" (Provérbios 29.11). Ficou irado? Dê uma pausa. Ore, acalme-se e resolva a questão na hora e da maneira corretas.

Vamos orar

Senhor, precisamos do Teu poder em nós, para que a medida certa de emoções possa brotar. Que nos contenhamos quando necessário e que a glória seja de Cristo. Amém.

A devastação do adultério

20

DE JANEIRO

Devocional · 20 de 365

Vocês ouviram o que foi dito: "Não cometa adultério."
Mateus 5.27, NAA

O pecado mais destruidor de casamentos é o adultério, pois ele tem o poder de explodir os vínculos familiares, de exterminar a confiança e de atrair diversas catástrofes para o seio do lar. Quatro consequências podem atingir quem pratica o adultério.

1) *A certeza do castigo*. Salomão colocou assim: "[...] andará alguém sobre brasas, sem que os seus pés se queimem? Assim será com o que se aproximar da mulher do seu próximo; *não ficará sem castigo* todo aquele que tocar nela" (Provérbios 6.28-29, NAA).

2) *Perda da honra e da integridade física*. Ter pessoas olhando para você e para sua família com desdém é devastador, pior ainda é ser agredido fisicamente. "Quem comete adultério não tem juízo; só mesmo quem quer arruinar-se é que pratica tal coisa. Achará açoites e desonra, e a sua vergonha nunca passará" (Provérbios 6.32-33, NAA).

3) *Exposição do cônjuge ao mesmo pecado*. Esposas traídas se encontram debaixo de forte pressão para trair também, a vulnerabilidade aumenta muito. Que você "beba a água da sua própria cisterna e das correntes do seu poço [...] Que sejam para você somente *e não para os estranhos que estão com você*" (Provérbios 6.15-17, NAA).

4) *Extrema dificuldade de se arrepender*. "Todos os que se dirigem a essa mulher não voltarão e *não atinarão com as veredas da vida*. (Provérbios 2.19, ARA). A união de uma só carne fora do casamento sabota a consciência. Há uma dificuldade enorme de entender que está errado e se arrepender. Por isso, é comum o adúltero criar desculpas e continuar nesse caminho até a morte.

Se já estão nesse caminho, confessem seus pecados e orem uns pelos outros, para que sejam curados.

"Assim será com o que se aproximar da mulher do seu próximo; não ficará sem castigo todo aquele que tocar nela."
(Provérbios 6.28-29)

Destaque:
Adultério

Notas

Vamos orar

Senhor, precisamos buscar uma vida de pureza, santidade e fidelidade, para que Tu enchas esta casa de paz e alegria. Em nome de Jesus, amém.

@prjosuegoncalves
@pra.rousegoncalves

21

DE JANEIRO

Devocional • 21 de 365

Lealdade no coração

Vocês ouviram o que foi dito: Não cometa adultério. Eu, porém, lhes digo: todo o que olhar para uma mulher com intenção impura, já cometeu adultério com ela no seu coração.
Mateus 5.27-28, NAA

A lealdade do coração agrada ao Senhor, atrai o Céu e apimenta o relacionamento do casal que namora em santidade diante do Altíssimo.

Destaque:
Integridade

Notas

O que acontece na imaginação é como se fosse um filme que o Espírito Santo assiste. Não há segredos para Deus. Além do mais, quando imaginamos situações e cenas, nossas emoções reagem como se fossem verdade. Fantasiar a respeito de qualquer pessoa e situação é um treinamento para que aconteça de verdade. Muito perigoso! "Quem pisca os olhos imagina o mal; quem morde os lábios o executa" (Provérbios 16.30).

Com a explosão de dispositivos com tela, os filmes, jogos, séries e anúncios exploram a sensualidade para reter atenção e seduzir seus ouvintes e/ou seguidores. Facilmente o coração se acostuma a olhar com malícia, a desejar e a imaginar. São centenas de cenas, de flertes, de desejos e de microfantasias, nos quais o corpo entra em um estado de estímulo indesejável e prejudicial.

O primeiro passo é pedir perdão e confessar ao Senhor o adultério do coração. Em seguida, deve-se clamar ao Espírito Santo que nos alerte prontamente quando a mente entrar novamente em modo malicioso, para que possamos rejeitar essa inclinação de imediato e voltar ao caminho de santidade. Cabe a nós gerenciarmos os estímulos que entram em nosso coração, cortando, evitando e estabelecendo propósitos até que o interior fique limpo. "Não porei coisa injusta diante dos meus olhos. Detesto a conduta dos que se desviam. Nada disto se pegará em mim" (Salmos 101.3, NAA).

"Seja bendito o seu manancial, e alegre-se com a mulher da sua mocidade, corça amorosa e gazela graciosa. Que os seios dela saciem você em todo o tempo; embriague-se sempre com as suas carícias" (Provérbios 5.18-19, NAA).

Vamos orar

Senhor, queremos ser puros de coração. Que sempre tenhamos desejo um pelo outro, e que a Tua paz nos cubra. Que Te agrademos com lealdade de coração. Em nome de Jesus, amém.

@ prjosuegoncalves
@ pra.rousegoncalves

Resistência pacífica

Vocês ouviram o que foi dito: "Olho por olho, dente por dente." Eu, porém, lhes digo: Não resistam ao perverso. Se alguém lhe der um tapa na face direita, ofereça-lhe também a face esquerda.
Mateus 5.38-39, NAA

22
DE JANEIRO
Devocional · 22 de 365

Poucas passagens geram um susto tão grande quanto essa! Como assim? Dar a outra face? Qual a lógica de Jesus ao recomendar tal comportamento? Será que há algum proveito em dar a outra face no contexto da família? Existe algum limite?

O mandamento era justo. Machucou alguém, deve ser machucado igualmente. Porém, quem retribui exatamente como lhe foi feito? Acaso não aumentamos um pouco a força, não cobramos um pouco mais, não pesamos mais a mão? Na sequência de agressões, a temperatura sobe e os ferimentos se multiplicam, de ambas as partes. Mas, na matemática divina, quem leva dois tapas apanha menos que quem fica meia hora trocando golpes, levando dezenas de bofetões. Quando não revidamos, a briga acaba.

A violência costuma gerar mais agressões. Assim como não apagamos um incêndio usando um lança-chamas, não interrompemos o ciclo insano de ofensas e gritaria com mais do mesmo. A proposta de Jesus é absurdamente ousada. Ao ceder a outra face, comunico ao meu ofensor que eu coloco a segurança dele acima da minha, que eu me importo com ele e estou disposto a sofrer para que ele entenda o meu amor.

O resultado costuma ser de arrependimento por parte do ofensor. Isso não quer dizer que deva me expor ao agressor, mas se o conflito for inevitável, devo interromper o processo com uma palavra branda ou com um golpe de bondade. Nesses momentos, a graça e o poder de Deus são liberados, e a situação costuma ser revertida com o arrependimento, trazendo o clima do Céu para a família. Contudo, ninguém é obrigado a permanecer em um ambiente de violência. Se esse for o seu caso, procure ajuda policial, da igreja ou da família, e providencie outra moradia até que o agressor demonstre sinais reais de arrependimento e mudança.

Assim como não apagamos um incêndio usando um lança-chamas, não interrompemos o ciclo insano de ofensas e gritaria com mais do mesmo.

Destaque:
Resistência

Notas

Vamos orar

Pai Santo, desejamos abrigar-nos debaixo das Tuas asas seguras. Mostra-nos o caminho da paz. Em nome de Jesus, amém.

prjosuegoncalves
pra.rousegoncalves

23
DE JANEIRO

Devocional • 23 de 365

Amar o inimigo

Vocês ouviram o que foi dito: "Ame o seu próximo e odeie o seu inimigo." Eu, porém, lhes digo: amem os seus inimigos e orem pelos que perseguem vocês.
Mateus 5.43-44, NAA

Deus vê as pessoas de modo diferente de nós. Ele as vê por dentro, com a perspectiva da Eternidade.

Destaque:
Graça

Notas

Deus vê as pessoas de modo diferente de nós. Ele as vê por dentro, com a perspectiva da Eternidade. Na nossa justiça humana e falha, nunca conversaríamos com Caim nem o protegeríamos colocando uma marca nele. Também não entendo por que o Senhor aliviou o rei Acabe, mesmo após ele ter cometido tantas barbaridades. Ainda assim, o Senhor reconheceu o arrependimento dele!

Deus nos amou quando ainda éramos inimigos d'Ele. Quando não queríamos a companhia d'Ele, somente os benefícios, e éramos cheios de ingratidão e presunção. Não somos muito melhores que Caim ou que o terrível rei Acabe. Aos olhos de Deus, todos pecaram e estão destituídos da graça de Deus. Um homicídio seria punido com a morte, assim como uma maldição aos pais.

A graça de Deus nos alcançou, e Ele deseja alcançar o mais vil pecador, o mais zombador e até aquele que persegue você. Confie no Senhor e una-se a Ele na missão de alcançar as pessoas. Mesmo que o seu cônjuge esteja agindo como inimigo e lhe causando males, procure perdoar e orar por ele. Deus ouvirá a sua oração. Deus é o justo juiz. Se precisar se proteger, não hesite. Ainda assim, procure orar, falar bem e abençoar o seu inimigo, porque, agindo dessa forma, Deus terá elementos para realizar milagres que só acontecem no solo da obediência radical.

Vamos orar

Pai Santo, Tu és o único capaz de nos amar tanto, que ficamos abastecidos pelo Teu amor a ponto de amar até quem nos persegue. Precisamos de Ti, não conseguimos fazer sozinhos. Temos dificuldade até para amar quem nos ama! Enche-nos do Teu amor, e daremos louvores a Ti. Pedimos isso em nome de Jesus, amém

Perfeição, só no Perfeito

Portanto, sejam perfeitos como é perfeito o Pai de vocês, que está no céu.
Mateus 5.48, NAA

24

DE JANEIRO

Devocional • 24 de 365

O Pai celestial nos adota e coloca em nós a Sua natureza divina, um novo interior, um novo poder, uma Pessoa – o Espírito do Filho perfeito de Deus – que habita em nós e capacita-nos na busca da plenitude.

Parece impossível – e de certa forma é – atingir a estatura e o caráter de Cristo. Por outro lado, à medida que nos rendemos a Ele e caminhamos em Sua presença, podemos experimentar um poder extraordinário. Esse poder se manifesta em amor, em uma inclinação que entra em ação sempre que passamos pela Cruz e declaramos nossa incapacidade.

A partir daí, mudamos nosso olhar, nossa maneira de pensar e sentir; passamos a ter a mente de Cristo e a agir como Ele. Na verdade, Ele age em nós e através de nós. Tudo o que Ele faz através de Seus filhos é maravilhoso. A vitória na família nasce da rendição e no reconhecimento da nossa fraqueza, mas não termina aí. Quando compreendemos que Jesus está em nós e que Ele é maior do que nossas limitações, permitimos que Ele viva, abrace, olhe e manifeste Seu amor por intermédio de nós. É nesse momento que percebemos que é possível buscar a perfeição.

Deus nunca rebaixa o Seu padrão, pois o padrão de Deus é Cristo, o Perfeito. Ao nos compararmos com Ele, reconhecemos nossos pecados, confessamos cada um deles e, então, o poder da ressurreição se manifesta, conduzindo-nos à perfeição, exalando a esperança, trazendo o Céu para dentro da casa de quem ousou aceitar o desafio da perfeição.

O Espírito do Filho perfeito de Deus habita em nós e nos capacita na busca da plenitude.

Destaque:
Perfeição

Notas

Vamos orar

Pai Santo, queremos aproximar-nos de Ti a todo instante. Só Tu és santo! Que a Tua glória emane sobre nós, que Tu ames através de nós, pois sabemos que és poderoso para nos aperfeiçoar. Pedimos em nome de Jesus, amém.

25

DE JANEIRO

Devocional • 25 de 365

A recompensa certa

Evitem praticar as suas obras de justiça diante dos outros para serem vistos por eles; porque, sendo assim, vocês já não terão nenhuma recompensa junto do Pai de vocês, que está nos Céus.
Mateus 6.1

Para receber a recompensa da paz, da companhia e da cumplicidade do Altíssimo, precisamos vigiar nosso coração e dedicar a Ele cada movimento.

Destaque:
Recompensa

Notas

Todo ser humano busca algum tipo de recompensa. Não acredite quando disserem que uma boa obra para ser válida não pode ter uma recompensa em vista. Isso é impossível, porque Deus nos fez desejosos de retorno, de feedback, de recompensas.

Quem dá um presente a uma criança pobre recebe sua recompensa ao ver o rostinho animado abrindo a caixa, ou imaginando como deve ter sido. Está tudo bem buscar recompensas e querer agradar. A questão principal é de quem você busca o retorno.

Uma dona de casa que se dedica ao marido e aos filhos pode se frustrar se não receber o retorno de gratidão e cuidado que gostaria. Um filho estudioso pode se entristecer se não receber o elogio do pai depois de mostrar a boa nota que tirou.

Existe uma recompensa para quem busca a Deus, para quem a Ele se dedica. Jesus explica que podemos orar com a intenção errada, que podemos jejuar sem esperar a recompensa da pessoa certa e podemos até ajudar os outros esperando retorno de pessoas que, simplesmente, não podem nos satisfazer.

Para receber a recompensa da paz, da companhia e da cumplicidade do Altíssimo, precisamos vigiar nosso coração e dedicar a Ele cada movimento, cada pensamento, cada ação. A melhor maneira de orar é sozinho, pois não há alguém para impressionar. Na hora de ajudar, a melhor maneira de fazê-lo é em segredo. Deus sempre recompensa extraordinariamente. Vale a pena investir n'Ele nosso tempo, dinheiro, energia, pensamentos, afetos e expectativas! Sirva ao Senhor de coração no lar e Ele o recompensará.

Vamos orar

Deus, como é bom saber que um dia Tu nos recompensarás! Nós nem sequer merecíamos ser salvos, mas Tu nos adotaste e nos deste o Teu Santo Espírito. Muito obrigado. Em nome de Jesus, amém.

Trabalho secreto

Mas, ao dar esmola, que a sua mão esquerda ignore o que a mão direita está fazendo, para que a sua esmola fique em secreto. E o seu Pai, que vê em secreto, lhe dará a recompensa.
Mateus 6.3-4

26
DE JANEIRO

Devocional · 26 de 365

Já podemos imaginar as pessoas elogiando: "Nossa, como é generoso!". "Ele se converteu de verdade; é um rapaz tão bom". Os devaneios mentais produzem prazer temporário e roubam a companhia e a recompensa do Pai celestial. Precisamos vigiar, prestar atenção aos pensamentos que aparecem para, então, redirecioná-los ao lugar certo, à pessoa certa.

É muito fácil uma dona de casa, um pai de família ou um filho trabalharem esperando reconhecimento e elogios da família. Aliás, sempre ensino que devemos honrar uns aos outros em casa. A esposa precisa de reconhecimento do marido, que deve ser admirado pelo seu trabalho. Ele precisa amar o filho e lhe trazer encorajamento.

Podemos elogiar e devemos encorajar as pessoas, mas a recompensa só deve ser esperada de Deus. Se ela vier da esposa, dos filhos, dos colaboradores ou dos irmãos, ótimo. Mas se não vier, estará tudo bem, porque o verdadeiro reconhecimento precisa vir do Senhor, de quem esperamos ouvir naquele dia: "Muito bem, servo bom e fiel; foste fiel no pouco, sobre o muito te colocarei; entra no gozo do teu senhor" (Mateus 25.21, ARA).

Procure ajudar alguém que não tenha meios de retribuir. Comece em sua casa, amplie essa prática para o ambiente de trabalho, à igreja e aos necessitados. Porém, mantenha-se conectado ao Senhor, ouça a Sua direção e aguarde o galardão que só Ele pode dar. Ninguém supera a generosidade de Deus. Ele sempre surpreende com uma colheita abundante.

Procure ajudar alguém que não tenha meios de retribuir. Comece em sua casa, amplie para o ambiente de trabalho, à igreja e aos necessitados.

Destaque:
Discrição

Notas

Vamos orar

Pai, Tu derramas bênçãos sobre maus e bons, e nós vivemos querendo reconhecimento por qualquer coisa que fazemos. Que esperemos a nossa recompensa de Ti, que tudo vês. Que a Tua graça e vida jorrem da nossa família, para a Tua glória. Em nome de Jesus, amém.

prjosuegoncalves
pra.rousegoncalves

27

DE JANEIRO

Devocional • 27 de 365

Oração não é show

E, quando orarem, não sejam como os hipócritas, que gostam de orar em pé nas sinagogas e nos cantos das praças, para serem vistos pelos outros. Em verdade lhes digo que eles já 7receberam a sua recompensa.
Mateus 6.5, NAA

[...] precisamos atentar para os nossos pensamentos e as nossas motivações, conduzindo calmamente nossos afetos ao Pai celestial.

Destaque:
Segredo

Existe um aspecto de profunda intimidade na oração, e fazê-la a sós com Deus é a melhor maneira de abrir o coração e perceber a resposta de Deus. A oração pública é necessária e, por vezes, exala a intimidade do secreto. Ela talvez seja a mais difícil, porque o coração humano busca glória para si e reconhecimento sempre que pode.

Facilmente podemos pensar em como será nossa imposição de voz, o que impressiona mais, o que é politicamente correto e como causaremos o efeito desejado. Na verdade, deveríamos simplesmente fechar os olhos e falar com Pai, imaginando-O sentado à nossa frente, ouvindo o que dizemos.

Devemos orar em casa, com os filhos e ao dormir. A hora das refeições, à mesa, é uma excelente oportunidade para agradecer ao Pai celestial e estabelecer uma cultura familiar que pode se estender por gerações. Na saída e na chegada das viagens, devemos orar com a família. Quando doentes, uma oração consola e, por vezes, cura. Devemos orar na presença dos filhos, da esposa e da igreja. Porém, precisamos atentar para os nossos pensamentos e as nossas motivações, conduzindo calmamente nossos afetos ao Pai celestial. Ele é a melhor companhia que podemos ter e nosso relacionamento com Ele se estenderá pela Eternidade.

Notas

Vamos orar

Senhor, às vezes, nossa mente nos prega peças. Quando menos esperamos, estamos fantasiando homenagens, elogios a nós mesmos e toda sorte de pensamentos vãos. Desejamos compartilhar nossos sonhos Contigo, para que o nosso interior seja purificado. Concede-nos graça para isso. Em nome de Jesus, amém.

prjosuegoncalves
pra.rousegoncalves

A graça da presença

É assim que eu quero que vocês façam: encontrem um local tranquilo e isolado, de modo que não sejam tentados a interpretar diante de Deus. Apenas fiquem lá, tão simples e honestamente quanto conseguirem. Desse modo, o centro da atenção será Deus, não vocês, e vocês começarão a perceber sua graça.
Mateus 6.6, AM

28
DE JANEIRO
Devocional • 28 de 365

Um dos maiores legados que você pode deixar para o seu filho é ter uma vida de oração. Uma das maiores seguranças que você pode passar para o seu cônjuge é ter a prática da oração no seu dia a dia. Quem se expõe a Deus sai do ambiente da Presença mais parecido com Ele. Quem ouve a voz de Deus tem o seu interior renovado, os pensamentos são reciclados, redirecionados e purificados.

O que mais precisamos neste mundo é perceber o Senhor e Sua graça perto de nós. Um misto de assombro, admiração e afeto nos envolve – aquilo que o autor de Provérbios chama de "temor do Senhor". Existe um caminho já trilhado por muitos homens e mulheres de Deus, e a maioria deles mantinha um lugar específico para orar, reservando, sempre que possível, um horário fixo. Marcavam encontros diários com Deus – e não falhavam.

Precisamos disto: entrar no secreto, abrir o coração, perceber a graça do alto e sair de lá diferentes. Organize sua agenda para privilegiar o seu tempo com Deus. Faça desse o seu hábito principal em torno do qual todos os outros se apoiarão. Encontre um local, e lembre-se de avisar a família de que está em seu tempo com Deus e não gostaria de ser interrompido.

O que mais precisamos neste mundo é perceber o Senhor e Sua graça perto de nós.

Destaque:
Graça

Notas

Vamos orar

Senhor, queremos desfrutar da graça de poder nos conectar a Ti, Criador dos céus e da Terra, que nos amou a ponto de sacrificar o Teu único Filho. Agradecer não é suficiente, mas faz muito bem. O louvor convém a Ti, por isso Te louvamos. Em Cristo, amém.

prjosuegoncalves
pra.rousegoncalves

29

DE JANEIRO

Devocional • 29 de 365

O Pai já sabe

E, orando, não usem vãs repetições, como os gentios;
porque eles pensam que por muito falar serão ouvidos.
Não sejam, portanto, como eles; porque o Pai de vocês sabe
o que vocês precisam, antes mesmo de lhe pedirem.
Mateus 6.7-8, NAA

O Pai até gosta que você venha a Ele na necessidade.

Destaque:
Onisciência

Notas

Que esperança maravilhosa saber que o Pai celestial – ou, como Jesus diz, "o Pai de vocês" – sabe de tudo o que acontece no meu cotidiano. O meu Pai conhece as minhas fraquezas, debilidades, carências e sonhos mais profundos. Ele sabe! O meu Pai sabe melhor que eu mesmo. Vale para mim, mas vale igualmente para você. Ele sabe perfeitamente quais são as suas necessidades.

Deus deseja que você peça, pois quer se relacionar com você, e é importante que você saiba de onde veio o presente – d'Ele, do seu Pai. Deus quer ouvir você, por isso Ele nos manda orar no secreto. O Diabo dirá que você não pode orar, porque só ora quando precisa. Quem se importa? O Pai até gosta que você venha a Ele na necessidade. Talvez Ele tenha permitido aquela carência para despertar em você a lembrança de Sua presença e restaurar um relacionamento que, silenciosa e gradativamente, esfriava-se.

O texto recomenda que não usemos de vãs repetições, de rezas decoradas, de sons sequenciais que não brotam do profundo, mas somente de lábios acostumados a produzir sons sem a devida reflexão, sem sentir e, talvez, sem saber, de fato, o que está dizendo. Saiba que ondas sonoras e vibrações não ajudam e, parece, irritam o Pai que as ouve.

Quando for orar, tenha em mente a quem você está dirigindo os seus pedidos. Primeiro, Ele é o seu Pai e, como um bom pai, um pai perfeito, está bem-informado a seu respeito e se importa. Ele conhece sua necessidade melhor do que você mesmo. Assim, quando for pedir algo a Ele, considere sua oração como uma solicitação enviada, como um e-mail que chegou na caixa postal do Céu e que será respondido no tempo certo.

Vamos orar

Pai, ensina-nos a orar com intimidade e, ao mesmo tempo, com reverência. Tu és nosso Pai, mas também és o grande Deus de toda a Terra. Desejamos aproximar-nos em gratidão e assombro, por meio de Jesus. Em Cristo, amém.

O Pai é Deus

30

DE JANEIRO

Devocional • 30 de 365

Portanto, orem assim: "Pai nosso, que estás nos céus, santificado seja o teu nome [...]".
Mateus 6.9, NAA

Jesus nos ensina a orar. Ele nos recomenda orar "assim". Ele não diz: ore "isso". A oração conhecida como a "Oração do Pai-Nosso" não precisa ser repetida uma dezena de vezes, mas deve nos servir de trilho, de roteiro para quando formos orar. O Filho de Deus começa a orar com a palavra "Pai"! Deus é o pai perfeito. Se imaginarmos vários pais exemplares que conhecemos ao longo da vida, e juntarmos as virtudes deles, teremos uma pequena amostra de quem é Deus, o Pai.

Um pai é maior que seu filho. Ele protege, provê e se relaciona. O Pai celestial é a melhor companhia que alguém pode ter. Deseja relacionar-se com Seus filhos exclusivamente para o bem deles. Devemos nos aproximar de Deus com a plena convicção de que Ele nos ama. Não é um amor falho, humano e egoísta, mas um relacionamento abundante, exuberante, dotado de todos os recursos emocionais, afetivos, financeiros e relacionais; Ele tem todos os recursos e muita influência (infinitamente maior que qualquer empresário ou político poderoso).

Em vez de iniciar suas orações dizendo "eu" e focando em expressar como se sente – o que, evidentemente, também é válido –, experimente iniciá-las contemplando a majestade de Deus, reconhecendo-O como seu Pai perfeito, amoroso e atento, sempre disposto a ouvir, compartilhar, alegrar-se ou entristecer-se. O seu melhor amigo. Nesta Terra, onde não há perfeição, os pais falham, e o seu pai, por melhor que tenha sido, certamente não acertou o tempo todo. O Pai celestial é o único que pode suprir a sua carência paterna.

O Pai celestial é a melhor companhia que alguém pode ter. Deseja relacionar-se com Seus filhos exclusivamente para o bem deles.

Destaque:
Paternidade

Notas

Vamos orar

Pai celestial, sabemos que Tu és maior do que os nossos problemas. Tu gerencias as galáxias, orquestras a história, julgas os povos e existes de geração em geração. Nossas questões não parecem tão complexas diante do Teu poder. Tu és bom e tens o melhor para nós. Muito obrigado. Oramos para que tragas o Céu a esta casa. Em nome de Jesus, amém.

31

DE JANEIRO

Devocional • 31 de 365

O Pai é nosso

Portanto, orem assim: Pai nosso, que estás nos céus, santificado seja o teu nome [...].
Mateus 6.9, NAA

Não somos o centro do Universo. Precisamos desenvolver a cultura do Corpo de Cristo, a cultura do coletivo, de compartilhar o Pai que é nosso.

Destaque:
Compartilhar

Notas

Gosto de pensar que Deus é meu pai, e faço isso baseado nas Escrituras. Ele, de fato, é meu Pai. Eu fui adotado em Cristo e faço parte da família de Deus! Essa família é numerosa, cheia de filhos adotivos, como eu. Por isso, ao orar e direcionar para o Céu a minha oração, começo dizendo "Pai" e acrescento o pronome possessivo "nosso".

A mentalidade ocidental individualista não combina com essa oração, que, logo no início, traz a consciência de que o Deus que me ama é o mesmo que também aprecia o meu cônjuge e os meus filhos. Sim, o Pai é nosso. Ele também se importa com o pastor da igreja onde congrego e com os irmãos que se reúnem ali. Muitos motoristas que passam por mim no trânsito são filhos de Deus.

Se existe alguém que é o centro do Universo é Jesus, aliás, um dia, tudo convergirá para Ele, Céus e Terra, todo ser que está vivo e que já viveu, tudo será dedicado e estará sujeito a Ele. Portanto, nós não somos o centro do Universo. Precisamos desenvolver a cultura do Corpo de Cristo, a cultura do coletivo, de compartilhar o Pai que é de todos nós.

Um desafio que você pode fazer hoje é tentar não dizer "eu", mas "nós", prestando atenção se o que você diz beneficia a nós ou só a você. Se Jesus, sendo o Filho Unigênito de Deus, compartilhou o Seu Pai com todos nós, devemos também pensar uns nos outros, começando pela nossa família.

Vamos orar

Espírito Santo, ajuda-nos a colocar o "nós" antes das frases, demandas, pedidos, comentários, reclamações, homenagens e louvores. Que tudo o que sair dos nossos lábios seja pensando também em nossa família. Ajuda-nos a pensar em nossos pais e em nossos filhos. Senhor, que pensemos nas famílias dos outros, lembrando-nos de orar por elas. Em Cristo, amém.

@ prjosuegoncalves
@ pra.rousegoncalves

FEVEREIRO

02/12

1º

DE FEVEREIRO

Devocional • 32 de 365

O Pai é rei

[...] Pai nosso, *que estás nos céus*,
santificado seja o teu nome.
Mateus 6.9, NAA

Esse querido Pai está nos Céus - o lugar que abriga a "central de comando" do Universo, que a Bíblia nomeia de "o Trono de Deus".

Destaque:
Governo

Notas

Você já sonhou ser filho de um empresário famoso, de um político influente ou de um orador extraordinário? Imagine ser filho de um homem tão rico que questões financeiras seriam superadas independentemente do valor.

O início da oração que Jesus nos ensina estabelece o Deus a quem nos dirigimos como Pai. Em seguida, Ele acrescenta que o Pai pertence a mim e a muitos irmãos. Esse querido Pai está nos Céus – o lugar que abriga a "central de comando" do Universo, que a Bíblia nomeia de "o Trono de Deus".

O profeta Daniel viu "[...] até que foram postos uns tronos, e o Ancião de Dias se assentou; sua veste era branca como a neve, e os cabelos da cabeça, como a pura lã; o seu trono eram chamas de fogo, e suas rodas eram fogo ardente. Um rio de fogo manava e saía de diante dele; milhares de milhares o serviam, e miríades de miríades estavam diante dele; assentou-se o tribunal, e se abriram os livros" (Daniel 7.9-10, ARA). O Pai todo-poderoso está sentado em um trono, com majestade, um trono de fogo ardente; e é servido por milhões – e até bilhões – de criaturas. Ele tem todo poder sobre o Universo e há de julgá-lo no tempo que determinou.

Esse Deus é o seu pai! É o Pai nosso. O que devemos fazer diante de tamanha grandeza, riqueza, poder e bondade? A Escritura responde: "[...] aproximemo-nos do trono da graça com confiança, a fim de recebermos misericórdia e encontrarmos graça para ajuda em momento oportuno" (Hebreus 4.16, NAA). A sua casa não está desamparada, você não está órfão. Você pode dirigir-se Àquele que está no controle de cada detalhe do Universo, do Planeta: um pássaro, uma folha que cai de uma árvore, os fios de cabelo da sua cabeça, sua família, sua casa e sua vida. Ore com ousadia, confie, renda-se e traga o Céu para dentro da sua casa.

Vamos orar

Deus, sempre quisemos ter um pai rico e famoso, poderoso e justo. Em Cristo, o Senhor nos adotou — e por isso lhe damos graças. Que vivamos com confiança e muita gratidão pela salvação recebida. Em Cristo, amém.

O Pai é único

Portanto, orem assim: Pai nosso, que estás nos céus, *santificado* seja o teu nome.
Mateus 6.9, NAA

2
DE FEVEREIRO

Devocional • 33 de 365

O mundo seria um lugar melhor se Deus fosse conhecido como Ele é. Mesmo os nascidos de novo não entendem plenamente o Senhor. Ele é diferente de tudo o que conhecemos. Deus é incomparável, muito grande, um gigante que detém as galáxias na palma da mão e que chama as estrelas pelo nome.

Entretanto, além de não entendermos a grandeza do poder do nosso Deus, não entendemos a nobreza de Seu caráter! Nosso Pai é insondável e único. Jesus nos mostrou as características paternas do Pai celestial, que nunca saberíamos se não nos tivesse revelado.

Ele está fora do tempo e do espaço, já que foi Ele quem criou tudo o que existe. Ninguém se compara ao Altíssimo, Ele é único e separado. Um ser assim, nas Escrituras, é chamado de Santo! A santidade é um dos atributos do Senhor. "Santo, santo, santo é o Senhor dos Exércitos; toda a terra está cheia da sua glória" (Isaías 6.3). Os seres viventes que O rodeiam, depois de contemplar o Todo-Poderoso, analisam, estudam, pensam e refletem, somente para dizerem estarrecidos: "Santo, santo, santo é o Senhor Deus, o Todo-Poderoso, aquele que era, que é e que há de vir" (Apocalipse 4.8, ARA).

O conhecimento de Deus e de Suas características únicas atraem aqueles que, tendo passado pela obra salvadora de Jesus, ganham acesso ao Senhor para O contemplar. Qualquer um que O contemple é transformado, torna-se mais parecido com Ele e passa a se alinhar ao grandioso projeto do Pai "de fazer convergir nele, na dispensação da plenitude dos tempos, todas as coisas, tanto as do céu como as da terra" (Efésios 1.10, NAA).

Nosso Pai é insondável e único. Jesus nos mostrou as características paternas do Pai celestial, que nunca saberíamos se Ele não nos tivesse revelado.

Destaque:
Santidade

Notas

Vamos orar

Pai, que nesta casa o Senhor seja santificado, que o Teu nome seja conhecido em toda a Terra, pois Tu és maravilhoso. Em nome de Jesus, amém.

@prjosuegoncalves
@pra.rousegoncalves

3
DE FEVEREIRO

Devocional · 34 de 365

Venha reinar

[...] venha o teu Reino; faça-se a tua vontade,
assim na terra como no céu.
Mateus 6.10, ARA

Ao mesmo tempo em que aspiramos ao controle absoluto de Jesus sobre a Terra, sujeitamos ao controle d'Ele o nosso mundo interior.

Destaque:
Reinado

Notas

Desde que Jesus começou o Seu trabalho em Israel, convidou as pessoas a se arrependerem e explicou que o Reino havia chegado à Terra. O Rei veio para a Sua propriedade, portanto, o Seu reinado começou e ainda está vigente. Ele se estabelece em duas partes: uma é presente e invisível, no interior dos cristãos; e outra, futura, que será visível, geográfica, militar e universal. Vivemos a primeira parte, na qual Jesus está recrutando súditos para fazerem as pazes com o Grande Rei e viverem na dignidade desse Rei até que Ele venha estabelecer a segunda parte do Seu reinado.

Ao mesmo tempo em que aspiramos ao controle absoluto de Jesus sobre a Terra, sujeitamos ao controle d'Ele o nosso mundo interior: pensamentos, sonhos, fantasias, desejos, julgamentos, sentimentos, projetos, emoções, dores, desafios e tudo o que povoa o nosso coração. Queremos nos render de tal maneira que nos apaixonemos pela companhia do Rei, na pessoa do Espírito Santo, e possamos amá-Lo com todo o coração, a alma, a força e o entendimento. O primeiro nível onde o Reino de Deus deve vir é em nós. Um Rei governa, e nosso pedido é que Ele governe esse universo oculto que é o nosso coração.

O aspecto seguinte é a família. Que o Reino do Senhor venha sobre a família – esposa e marido, filhos e filhas, genros e noras, sogros e sogras, mães e pais, avôs e avós. Reina, Senhor, e que a Tua vontade seja obedecida nesta casa e nesta família!

Vamos orar

Pai, ajusta o nosso coração à vontade do Senhor e enche-o de graça e favor, amolece o nosso íntimo e ajuda-nos a ver o nosso próximo como o Senhor o vê! Quero perdoar, porque o Teu Reino é de gente que foi graciosamente perdoada e aceita. Sim, ó Pai, faça a Tua vontade nesta casa, para que ela seja uma "franquia do Céu", uma legítima embaixada do Teu Reino.

A minha casa é d'Ele

4

DE FEVEREIRO

[...] venha o teu Reino; faça-se a tua vontade, assim na terra como no céu.
Mateus 6.10, ARA

A família é um complexo projeto, com especificações que devem ser observadas para que funcione bem e possa espelhar o amor e a unidade da Trindade. Em primeiro lugar, a família precisa saber que é incompleta sem Deus e, portanto, deve buscá-Lo para que seus membros tenham plenitude individual. Quanto mais perto estiverem de Deus, mais perto estarão uns dos outros.

Nesse projeto, cada um tem funções determinadas. A família começa quando o jovem casal se desliga dos pais em busca de autonomia e multiplicação. Eles desenvolvem uma nova cultura, resultado daquelas que trouxeram de suas respectivas famílias de origem, e geram filhos. Depois de muitos anos, o processo se repete quando esses filhos também se desligam de seus pais. Conhecendo a característica principal dos homens, Deus lhes confiou o trabalho pesado de prover e proteger. As mulheres, com seus atributos físicos e instintos maternos, cuidam dos filhos.

Cabe ao filho admirar seus pais, obedecer a eles e honrá-los, pois se dedicam a alimentá-los e a criá-los na "disciplina e na admoestação do Senhor" (Efésios 6.4, NAA). O marido deve amar, sem reservas, a esposa que o Senhor lhe deu. A mulher deve seguir a liderança dele e admirá-lo. Cada um fazendo o seu papel, na dependência do Espírito Santo, estabelece uma representação do reinado de Deus no lar. Essa é vontade de Deus, que é feita no Céu, onde Suas instruções são seguidas à risca e onde a glória do amor transborda.

Cada um fazendo o seu papel, na dependência do Espírito Santo, estabelece uma representação do reinado de Deus no lar.

Destaque:
Fusão

Notas

Vamos orar

Paizinho, orienta-nos, que vivamos conforme o Teu projeto. Que sejamos plenos e felizes nos planos que tens para nós, e que o nome de Jesus seja homenageado para sempre. Em Cristo, amém.

@ prjosuegoncalves
@ pra.rousegoncalves

5

DE FEVEREIRO

Devocional · 36 de 365

O pão vem do Pai

[...] o pão nosso de cada dia dá-nos hoje.
Mateus 6.11, NAA

Mesmo os mais abastados e poderosos precisam reconhecer que a misericórdia de Deus está por trás do pão que nos alimenta.

Destaque:
Provisão

O verso 11 está na oração do Pai-Nosso, inserida no Sermão da Montanha, que nos ensina a buscar o Reino e a justiça de Deus em primeiro lugar, sabendo que as demais coisas nos serão concedidas (cf. Mateus 6.33). Depois de orar pela glória de Deus, pelo Seu Reino e pela Sua vontade, oramos pelo suporte e pela provisão para nossa vida diária.

Cada palavra da oração traz consigo lições. Pedimos *pão*, o que nos traz sobriedade e temperança, já que buscamos somente o necessário, não desejos supérfluos. Pedimos pão *nosso*, o que nos ensina sobre trabalho e honestidade. Não pedimos pelo pão dos outros, pelo pão do engano, nem o da preguiça, mas pelo que é honestamente adquirido.

Pedimos o pão de *cada dia* e dependemos da providência divina constantemente. Rogamos a Deus que nos *dê* o pão, não que nos venda ou empreste. Mesmo os mais abastados e poderosos precisam reconhecer que a misericórdia de Deus está por trás do pão que nos alimenta. Como nós o recebemos graciosamente do Pai celestial, devemos ter compaixão dos pobres e agir com graça.

Notas

Vamos orar

Pai celeste, agradecemos pelo pão que nos sustenta e une nossas famílias. Que a cada dia o desejo de estar na Tua presença se renove em nosso coração, lembrando que não vivemos só de pão, mas de toda palavra que procede da Tua boca. Alimenta, não apenas nossos corpos, mas também o nosso interior, fortalecendo-nos na Tua graça. Que em nossa casa haja sempre a cultura do Céu, refletindo o Teu amor e a Tua bondade. Amém.

Preciso de perdão

6
DE FEVEREIRO

Devocional · 37 de 365

[...] e perdoa-nos as nossas dívidas [...].
Mateus 6.12, NAA

Já aconteceu com você de estar bem com determinada situação, achando que agiu corretamente, mas, durante seu período de oração, perceber que a atitude foi errada e que você envergonhou o Evangelho? Um justo sentimento de culpa se impõe e uma angústia clama no seu íntimo: "E agora, a bobagem já foi feita, o que fazer?". Para isso serve o perdão.

Quem ora e contempla o Santo permite que a luz da perfeição o ilumine. Ao orar, a pessoa olha para Deus e, em seguida, para si. Inevitavelmente, perceberá o próprio pecado e admitirá que errou o alvo. O caráter de Deus é tão excelente que, mesmo sendo guiados pelo Espírito d'Ele, ficamos aquém do padrão do nosso Pai e, vez ou outra, metemos os pés pelas mãos.

Isso, porém, não é razão para desqualificação, eliminação ou desistência. Jesus pagou pelos nossos pecados e nos tornou filhos de Deus. Isso não se desfaz assim. O Pai estabeleceu uma maneira de nos limparmos a cada dia. Assim como é cotidiano tomarmos refeições e banhos, também deve ser comum, depois de ouvir a Palavra do Senhor em oração, reconhecer nossos erros e pedir perdão; afinal, "Se confessarmos os nossos pecados, ele é fiel e justo para nos perdoar os pecados e nos purificar de toda injustiça" (1João 1.9, NAA) e "Quem encobre as suas transgressões jamais prosperará; mas o que as confessa e abandona alcançará misericórdia" (Provérbios 28.13, NAA).

O caráter de Deus é tão excelente que, mesmo sendo guiados pelo Espírito d'Ele, ficamos aquém do padrão do nosso Pai e, vez ou outra, metemos os pés pelas mãos.

Destaque:
Quitação

Notas

Vamos orar

Pai celeste, obrigado pelo perdão que o Senhor nos garante por meio do sacrifício perfeito do Teu Filho. Na cruz, Ele tomou sobre Si todas as nossas falhas — as mentiras, os roubos, as traições, as torturas e os desejos de vinganças e, até, algumas vinganças, de fato. Os mais sombrios atos humanos foram lançados sobre Ele, e a nossa dívida foi paga quando Ele declarou: "Está consumado". Pai de amor, que o perdão, tão essencial para que o Céu se estabeleça em nosso lar, seja sempre buscado com humildade e fé na Tua infinita graça. Em nome de Jesus, amém.

7

DE FEVEREIRO

Devocional • 38 de 365

Perdoar é preciso

[...] e perdoa-nos as nossas dívidas, assim como nós também perdoamos aos nossos devedores.
Mateus 6.11, NAA

Alguns nos atingem deliberadamente; outros, por negligência. Os que estão mais perto nos acertam cotoveladas sem perceber e a dor clama por vingança, por restituição.

Destaque:
Perdão

As pessoas têm o poder de nos ferir. No mundo criado, elas podem abraçar ou apunhalar traiçoeiramente; podem auxiliar ou usurpar. Somos feridos a todo instante. Alguns nos atingem deliberadamente; outros, por negligência. Os que estão mais perto nos acertam cotoveladas sem perceber e a dor clama por vingança, por restituição. Guardar a mágoa e esperar o momento para revidar tem sido uma estratégia amarga da humanidade, que segue ferindo e sendo ferida.

Na família, os amados nos atingem onde mais dói. Relacionamentos mal resolvidos tendem a render momentos de dor e angústia. Às vezes, temos a sensação de que guardar mágoa nos protege de novas feridas, mas não é assim que as coisas funcionam. O perdão é dádiva do Senhor para a humanidade marcada pela natureza rebelde herdada de Adão. Erramos o tempo todo e, por isso, precisamos ser perdoados, até porque tememos as consequências de nossos erros!

O Pai só promete nos perdoar se também perdoarmos. Queremos o perdão do Pai, mas, sendo egoístas, queremos vingança quando somos ofendidos. Assistimos a horas de filmes em que o ator principal se vinga e tem prazer em causar sofrimento a quem o magoou. Tal prazer é maligno. Temos de escolher se queremos o prazer da carne ou a paz de Deus, e, se queremos a paz, precisamos perdoar. Perdoar é preciso justamente porque, do contrário, ficaremos amargurados e nos identificaremos com o Diabo, que adora uma confusão. Ele traz amargura, fofoca, maledicência e toda sorte de maldade.

Para trazer o Céu para a nossa casa, temos de perdoar.

Notas

Vamos orar

Senhor, [mencione aqui o nome de quem os magoou] feriu-nos, causando profunda dor e grande prejuízo. Contudo, assim como recebemos graciosamente o Teu perdão, decidimos, por obediência, perdoar essa pessoa. Ela não nos deve mais nada; não a cobraremos mentalmente nem voltaremos a mencionar o assunto. Peço-Te que nos sustentes nessa resolução e que a Tua paz reine em nosso coração, pois sem ela não conseguimos viver. Em nome de Jesus, amém.

Guarda-nos de nós

8
DE FEVEREIRO
Devocional • 39 de 365

[...] não nos deixes cair em tentação;
mas livra-nos do mal [...].
Mateus 6.13, NAA

Assisti a um vídeo curto, no qual uma ovelha é retirada com muito esforço de uma vala e, imediatamente após ser liberta, dá dois saltos e cai, novamente, na mesma vala. Infelizmente, somos mais parecidos com as ovelhas do que gostaríamos de admitir. Saímos do médico, depois de meses de medicação e dieta, felizes porque as taxas se equilibraram e, para comemorar, lançamo-nos loucamente às refeições proibidas. Precisamos ser guardados e protegidos de nós mesmos.

Gosto muito de um trecho do verso 4 do salmo 23, que afirma: "[...] Tua vara e teu cajado me protegem" (NVT). Os pastores usavam esses dois objetos para proteger as ovelhas – tanto dos predadores quanto delas mesmas. O cajado era pesado e servia para afugentar ou até neutralizar os inimigos do rebanho, podendo partir o crânio de um predador, se necessário. Já a vara, mais leve e utilizada com precisão, causava dor momentânea à ovelha, levando-a a retornar ao caminho certo, afastando-a dos perigos e restaurando sua segurança e a do rebanho.

Precisamos de proteção contra nós mesmos, por isso, rogamos: "não nos deixes cair em tentação". Não permita que estejamos diante de situações em que estejamos vulnerabilizados e nas quais seremos tentados. Rogamos por nós e pelos nossos. Que o Senhor guarde-nos de cair em tentação! Pedimos que livre-nos das propostas desonestas, da tentação do dinheiro fácil, das promessas ilícitas do poder, dos prazeres proibidos da pornografia e das pessoas maldosas que oferecem o corpo para seduzir e destruir.

[...] livre-nos das propostas desonestas, da tentação do dinheiro fácil, das promessas ilícitas de poder, dos prazeres proibidos da pornografia e das pessoas maldosas que oferecem o corpo para seduzir e destruir.

Destaque:
Tentação

Notas

Vamos orar

Senhor Soberano, rogamos a Tua proteção sobre os nossos filhos contra as mentiras sutis e elaboradas do Inimigo e contra as filosofias que, embora travestidas de sabedoria, trazem morte e escravidão. Pedimos que Tu nos guies, mostre-nos o caminho certo, aponte-nos os perigos e livre-nos deles. E, se necessário, corrije-nos com a Tua vara de amor, para que não venhamos a cair e ficar à mercê do Maligno e de seus seguidores. Que o Céu venha para nossa casa, enchendo-a com Tua presença, paz e proteção. Em nome de Jesus, amém.

@prjosuegoncalves
@pra.rousegoncalves

9

DE FEVEREIRO

Devocional • 40 de 365

Jejum

Mas você, quando jejuar [...].
Mateus 6.17, NAA

Embora o jejum não fosse obrigatório pela Lei de Moisés, Jesus jejuava regularmente, assim como os discípulos da igreja primitiva. Jesus mergulha, guiado pelo Espírito Santo, em uma jornada de quarenta dias de jejum no deserto. Paulo e Barnabé estavam orando e jejuando quando foram chamados para o serviço missionário. O próprio Jesus, no texto lido inicialmente, diz "quando jejuar" e não "se jejuar". O jejum aparece na lista das disciplinas espirituais apresentadas por Jesus no Sermão do Monte, ao lado das ofertas e da oração.

Jejum combina com solitude e oração. Ficar simplesmente sem se alimentar não é o jejum bíblico que Jesus recomenda e tem pouco efeito, se é que tem algum benefício. O jejum também não é uma dieta ou abstenção de certos tipos de alimentos, muito embora tal abstenção possa ser usada como preparação para um jejum total mais prolongado.

O jejum é a abstenção voluntária de alimentos com o objetivo de se voltar para Deus, priorizando a comunhão com Ele, considerando a necessidade de ouvir Sua Palavra como superior à necessidade de receber alimento para o físico. Quando Satanás propôs a Cristo que transformasse as pedras em pães, Jesus, que estava jejuando para buscar a Deus, respondeu simplesmente: "[...] O ser humano não viverá só de pão, mas de toda palavra que procede da boca de Deus" (Mateus 4.4, NAA). Talvez ele dissesse: "Se eu quisesse comer pão eu iria para casa, estou jejuando para ouvir a palavra do meu Pai, que vale muito mais que um punhado de massa feita de farinha".

Estou jejuando para ouvir a palavra do meu Pai, que vale muito mais que um punhado de massa feita de farinha.

Destaque:
Jejum

Notas

Vamos orar

Pai celeste, ajuda-nos a buscar a Tua recompensa com humildade, reconhecendo que Tua Palavra é nosso sustento. Que, em família, possamos dedicar momentos à obediência e ao temor, aprendendo a depender do Senhor. Venha o Céu para nossa casa, guiando-nos em amor e reverência. Em nome de Jesus, amém.

@prjosuegoncalves
@prarouseegoncalves

Tesouros de areia

10

DE FEVEREIRO

Devocional • 41 de 365

Não acumulem tesouros sobre a terra, onde as traças e a ferrugem corroem e onde ladrões escavam e roubam; mas ajuntem tesouros no céu, onde as traças e a ferrugem não corroem, e onde ladrões não escavam, nem roubam. Porque, onde estiver o seu tesouro, aí estará também o seu coração.
Mateus 6.19-21

Tudo o que o dinheiro pode adquirir é barato. O que realmente importa o dinheiro não pode comprar. Podemos ter um excelente plano de saúde, mas a saúde mesmo vem do Senhor. Podemos cultivar muitos relacionamentos – de negócios ou até mesmo familiares – mas quantos resistem à falência? "De que adianta uma pessoa ganhar o mundo inteiro e perder a sua alma? Que daria uma pessoa em troca de sua alma?" (Marcos 8.36-37).

C. S. Lewis afirma: "Tudo o que não é eterno é eternamente inútil". Jesus deseja para nós o verdadeiro tesouro – eterno, seguro e precioso.

Para saber se o seu coração está apegado ao tesouro errado, basta se perguntar: ele pode ser roubado por um ladrão experiente ou por um governo desonesto? Pode ser corroído pela ferrugem ou destruído por traças? Se a resposta for sim, então esse "tesouro" vale muito pouco. Não é digno da sua adoração. É um tesouro de areia.

Como Calvino afirmou: "O coração humano é uma fábrica de ídolos". Com incrível facilidade, nos curvamos diante de quem promete segurança, felicidade, realização e propósito. Mas qualquer um que ofereça essas recompensas fora de Deus está mentindo. O único capaz de satisfazer eternamente as necessidades do coração humano é o Criador e Salvador!

Para saber se o seu coração está apegado ao tesouro errado, basta se perguntar: ele pode ser roubado por um ladrão experiente ou por um governo desonesto?

Destaque:
Tesouros

Notas

Vamos orar

Pai, ajuda-nos a confiar no Senhor, pois és o dono de toda Terra e de tudo o que nela habita (cf. Salmos 24.1). Que possamos colocar nossas expectativas no Senhor, conscientes de Tua fidelidade e de Tua capacidade de suprir cada uma das nossas necessidades. Que o Senhor nos guie com sabedoria e fé. Em nome de Jesus, amém.

@prjosuegoncalves
@pra.rousegoncalves

11

DE FEVEREIRO

Devocional • 42 de 365

As lentes da vida

Os olhos são a lâmpada do corpo. Se os seus olhos forem bons, todo o seu corpo será cheio de luz; se, porém, os seus olhos forem maus, todo o seu corpo estará em trevas. Portanto, se a luz que existe em você são trevas, que grandes trevas serão!
Mateus 6.22-23, NAA

Precisamos renovar a mente com as Escrituras e contar com a intimidade do Espírito Santo para nos mostrar quando estamos sendo maus ao interpretar as situações cotidianas.

Destaque:
Ponto de vista

Notas

Os olhos são o meio pelo qual enxergamos a realidade. Funcionam como lentes através das quais julgamos o que acontece. Uma imagem que ilustra bem essa ideia é a de tijolos de vidro: quando estão limpos, permitem a passagem da luz, iluminando o ambiente interno e evitando que alguém tropece. Outra comparação poderia ser a de um farol potente que ilumina o interior de uma caverna. No entanto, se ele estiver coberto por lama e sujeira, a caverna ficará em completa escuridão.

Os olhos precisam ser "bons", precisam enxergar a vida pela ótica amorosa do Criador. A parábola dos trabalhadores da vinha ilustra bem essa verdade: "O proprietário, respondendo, disse a um deles: Amigo, não te faço injustiça; não combinaste comigo um denário? [...] Porventura, não me é lícito fazer o que quero do que é meu? Ou são maus os teus olhos porque eu sou bom?" (Mateus 20.13-15).

A maneira como o trabalhador interpretou a situação fez com que ele ficasse aborrecido sem razão. Ele havia combinado de receber um denário pelo dia de trabalho e recebeu esse valor. Porém, depois de ver que o funcionário que trabalhou menos tempo também recebeu um denário, ele alimentou a expectativa de receber mais. Com a visão de alguém que tinha "olhos maus", ele trouxe a si mesmo aborrecimento e angústia. Além disso, aborreceu o dono da fazenda e, possivelmente, outros trabalhadores.

Vamos orar

Senhor, que renovemos nossa mente com as Escrituras, diariamente, e que o Espírito Santo nos mostre quando erramos por egoísmo e injustiça. Que o Senhor nos ajude a ter bons olhos, para que nossa família possa experimentar o Céu em nosso lar. Em nome de Jesus, amém.

prjosuegoncalves
pra.rousegoncalves

Coração exclusivo

12

DE FEVEREIRO

Devocional • 43 de 365

Ninguém pode servir a dois senhores; porque ou irá odiar um e amar o outro, ou irá se dedicar a um e desprezar o outro. Vocês não podem servir a Deus e às riquezas [Mamom, na ARC].
Mateus 6.24, NAA

Jesus estabelece com clareza uma lei: não conseguimos servir ao Deus verdadeiro e a outro deus ao mesmo tempo. O Senhor sabe que é o único capaz de cuidar bem de nós. Somente Ele pode atender às demandas do coração humano, que foi projetado para viver em conexão com o Criador.

Homens e mulheres são incompletos sem Deus. Eles dependem da ligação com a Fonte da vida para experimentar plenitude, paz, realização, provisão, esperança e significado. O ídolo das riquezas, conhecido na Bíblia como Mamom, faz promessas vazias que não cumprem. O Senhor determinou que só Ele pode ocupar o lugar legítimo e exclusivo no templo de adoração do nosso coração.

Essa exigência do Pai, explicada por Jesus, é expressão do Seu amor por nós. Ele nos ama tanto que não admite que sejamos enganados. Toda a experiência humana precisa ser vivida tendo Cristo como mediador. O Deus que se fez carne, que pagou a dívida da nossa rebeldia e nos reconduz à verdade perdida no Éden: só Deus satisfaz, só n'Ele há sentido e esperança.

Se houver aflição no seu interior, pergunte a si mesmo: estou confiando no Senhor ou nas riquezas? A angústia é porque não tenho dinheiro suficiente ou porque estou distante do Senhor? Geralmente, a ansiedade surge da adoração a Mamom. O oposto é a paz de quem mantém a mente no Céu e os pés na Terra; de quem não gasta energia imaginando o pior, de quem trabalha duro, cheio de gratidão, trazendo o Reino de Deus a cada hora de esforço e dedicação.

[A exigência de exclusividade] do Pai, explicada por Jesus, é expressão do Seu amor por nós. Ele nos ama tanto que não admite que sejamos enganados.

Destaque: Exclusividade

Notas

Vamos orar

Senhor, ajuda-nos a servir com dedicação, lembrando que nossa provisão não depende do emprego ou da falta dele, mas do Senhor, o Pastor que nunca deixa faltar nada. Em Cristo, amém.

prjosuegoncalves
pra.rousegoncalves

13

DE FEVEREIRO

Devocional • 44 de 365

Sem preocupações

Por isso, digo a vocês: não se preocupem com a sua vida, quanto ao que irão comer ou beber; nem com o corpo, quanto ao que irão vestir. Não é a vida mais do que o alimento, e não é o corpo mais do que as roupas?
Mateus 6.25, NAA

É verdade, o mundo é complexo, mas não precisamos controlar tudo.

Destaque:
Confiança

Notas

A lógica de Jesus parece inalcançável. "Como não me preocupar?". Pensamos: "O mundo caótico ameaça, destrói e mata a todo instante. Parece que só o mais forte sobrevive. Sabe quanto gastamos com compras no mercado semanalmente?".

É verdade, o mundo é complexo, mas não precisamos controlar tudo. Conseguimos controlar tão pouco! Porém, a vida é muito mais do que tudo isso. Um dia deixaremos esse corpo e para quem ficarão as roupas e os calçados? O mesmo Deus que sustenta as aves do Céu, os leões e as águias também cuida de nós. Além do mais, nós temos mais valor que os animais! Primeiro, porque fomos feitos à imagem e conforme a semelhança do Criador; segundo, porque fomos adotados por Ele, que se tornou nosso Pai!

Ao conhecer o Pai e a Sua bondade, a lógica de Cristo faz todo sentido. Ao entender a grandeza e o poder do Altíssimo, não tem cabimento viver preocupado! Jesus garante: "todas estas coisas lhes serão acrescentadas" (Mateus 6.33, NAA)! Para não ficarmos ociosos, podemos nos unir a Ele na implantação de Seu Reino aqui na Terra, por isso o Senhor nos dá uma ordem: "[...] busquem em primeiro lugar o Reino de Deus e a sua justiça, e todas estas coisas lhes serão acrescentadas" (Mateus 6.33, NAA). Enquanto estivermos ligados ao Senhor, investindo o melhor de nossas energias em ouvi-Lo e para obedecer a Ele, estaremos cooperando com a implantação do governo d'Ele na Terra. "Portanto, não se preocupem com o dia de amanhã, pois o amanhã trará os seus cuidados; basta ao dia o seu próprio mal" (Mateus 6.34).

Vamos orar

Pai, ajuda-nos a confiar no Senhor e a não nos preocuparmos exageradamente pelo fato de vivermos em um mundo caótico. Que possamos buscar o Teu Reino e a Tua justiça, sabendo que Tu cuidas de nós e provês tudo de que necessitamos. Que nossa família viva em paz, experimentando o Céu em casa. Em nome de Jesus, amém.

Sentenças precipitadas

14
DE FEVEREIRO
Devocional · 45 de 365

Não julguem, para que vocês não sejam julgados. Pois com o critério com que vocês julgarem vocês serão julgados; e com a medida com que vocês tiverem medido vocês também serão medidos.
Mateus 7.1-2, NAA

Quantos problemas são aumentados e até criados simplesmente porque julgamos o que levou o outro a agir de determinada maneira: "fez de propósito"; "ela é má, queria me atingir"; "ele não liga para família, não se importa"?

Quantos julgamentos realizamos e quantas sentenças precipitadas emitimos! Somos tão rápidos em declarar a maldade alheia que nos esquecemos de que o parâmetro que usamos para medir o outro também se aplica a nós.

Jesus vai além e diz que o julgamento precipitado é como uma semente que lançamos no solo: ela florescerá e se multiplicará. A semeadura é voluntária, mas a colheita é obrigatória e, geralmente, abundante.

Devemos ser capazes de diferenciar ação de intenção. As ações devem ser julgadas — por exemplo, um assalto, está em desacordo com as Escrituras e, portanto, é errado. Precisamos exercitar o discernimento, distinguindo o certo do errado. O que a Bíblia proíbe é o julgamento passional, aquele que condena o outro com rótulos e sentenças definitivas!

Um casal que adota esse tipo de julgamento precipitado acaba tratando o cônjuge conforme o rótulo que estabeleceu. Cedo ou tarde o rótulo brotará do coração por meio de palavras e afetará os filhos. Quantos filhos tratam a mãe com desprezo porque o pai é excessivamente exigente e a despreza? Quantas filhas olham para o pai com desdém porque a esposa o considera fraco? Devemos evitar julgar; porém, quando for necessário fazê-lo, que seja da mesma forma como gostaríamos de ser julgados.

Somos tão rápidos em declarar a maldade alheia que nos esquecemos de que o parâmetro que usamos para medir o outro também se aplica a nós.

Destaque:
Cautela

Notas

Vamos orar

Senhor, que sejamos cuidadosos ao julgar, lembrando que a colheita de nossas palavras e ações é inevitável. Ajuda-nos a discernir o certo do errado sem precipitação e a tratar os outros com justiça e compaixão, para que possamos refletir o Teu amor em nossa vida. Em nome de Jesus, amém.

15

DE FEVEREIRO

Devocional · 46 de 365

Será que estou certo?

Hipócrita! Tire primeiro a trave do seu olho e então você verá claramente para tirar o cisco do olho do seu irmão.
Mateus 7.5, NAA

O tom de voz ríspido e impaciente pode sinalizar uma trave de egoísmo, orgulho e impaciência.

Destaque:
Atenção

Notas

Uma senhora que dirigia à minha frente parou repentinamente em uma conversão à esquerda, cuja preferencial eu pensava ser minha. Eu tive que frear rapidamente e senti muita vontade de reclamar, mas me segurei. No dia seguinte, ao passar pelo mesmo trecho, percebi que a engenharia de trânsito da cidade havia mudado a preferencial daquele trecho dias antes e para isso repintaram o asfalto.

Se eu tivesse reclamado, estaria duplamente errado. Primeiro, por não ser tolerante; segundo, porque a mulher estava certa e eu, errado! Quando a ira se manifesta, precisamos desacelerar e conter a reação até que possamos olhar para a situação sob uma nova ótica. Quantas vezes o meu cônjuge estava com a razão, e eu reclamei sem razão!

Quando nos sentimos impelidos a corrigir os membros da família, precisamos dar um tempo e buscar a real motivação dessa correção. A "trave no olho", mencionada por Jesus, é uma atitude tanto egoísta quanto hipócrita, porque pode parecer moral e educativa, mas, na verdade, pode estar apenas protegendo nosso conforto egoísta ou preservando nossa reputação.

O tom de voz ríspido e impaciente pode sinalizar uma trave de egoísmo, orgulho e impaciência. Correções feitas nesse espírito dificilmente contribuirão para o crescimento de um membro da família. Por isso, antes de reclamar ou corrigir, pergunte a si mesmo: por que estou tão exaltado?

Vamos orar

Senhor, ajuda-nos a olhar para dentro e tratar nossos pecados antes de julgar os outros. Que possamos reconhecer nossos erros e discernir corretamente o que é pecado e o que é questão de preferência. Que escolhamos o momento certo para falar e evitemos chamar a atenção do cônjuge diante de outros. Que evitemos gentilmente os rótulos e abordemos um ao outro com humildade. Em nome de Jesus, amém.

@ prjosuegoncalves
@ pra.rousegoncalves

Orar é melhor do que brigar

Peçam e lhes será dado; busquem e acharão; batam, e a porta será aberta para vocês.
Mateus 7.7, NAA

16 DE FEVEREIRO

Pais não gostam de ver seus filhos em desentendimento, brigando e se ferindo. De igual modo, Deus, o nosso Pai celestial, também não se agrada quando seus filhos vivem em conflito. Ele nos criou para espelharmos a unidade amorosa da Trindade – Pai, Filho e Espírito Santo. Por isso, Jesus orou: "[...] Pai santo, guarda-os em teu nome, que me deste, para que eles sejam um, assim como nós somos um" (João 17.11, NAA).

O Pai celestial deseja que marido e mulher sejam um, assim como Ele e o Filho são um. O Filho deseja que os filhos estejam em unidade com os pais, uma unidade de amor e apreço. E, sabendo que o Pai celestial está engajado na unidade, podemos pedir que Ele nos ajude nos conflitos. Se o meu filho está pecando, vou conversar com ele, mas, antes, vou buscar sua salvação, pedir graça sobre sua vida e orar até que o Senhor misericordioso o convença.

Antes de nos recomendar à oração, Jesus fala de "cães" que não compreendem a santidade e de "porcos" que reagem com hostilidade (cf. Mateus 7.6). Até que se convertam, não adiantará falar, pregar ou exortar. É necessário clamar – por isso, precisamos reencontrar o caminho da intercessão. Em vez de gastar horas em entretenimento ou em discussões inúteis, precisamos investir mais tempo em oração, no conhecimento de Deus e de Sua Palavra, buscando ser melhores dentro do lar. Orar é melhor que brigar.

[...] sabendo que o Pai celestial está engajado na unidade, podemos pedir que Ele nos ajude nos conflitos.

Destaque: Intercessão

Notas

Vamos orar

Senhor, ensina-nos a resolver conflitos por meio da oração, buscando Tua orientação e graça. Ajuda-nos a viver em unidade e amor, refletindo a Tua paz em nosso lar. Que dediquemos mais tempo em oração e menos em disputas, confiando no cuidado e na provisão do Senhor. Em nome de Jesus, amém.

@prjosuegoncalves
@pra.rousegoncalves

17

DE FEVEREIRO

Devocional • 48 de 365

Deus sempre responde

Peçam e lhes será dado; busquem e acharão; batam, e a porta será aberta para vocês. Pois todo o que pede recebe; o que busca encontra; e, a quem bate, a porta será aberta.
Mateus 7.8

A base da nossa certeza de que Deus responderá está no caráter paternal d'Ele.

Destaque:
Certeza

Notas

Que promessa maravilhosa: se pedir, Deus concederá; se buscar, Ele mostrará o caminho; se bater, abrirá as oportunidades! Esse Deus é fiel, e quando estamos alinhados com Ele, pedindo o que deseja realizar, tendo as mesmas emoções e motivações d'Ele, viveremos milagres.

Jesus nos contou o segredo para relacionamentos saudáveis: oração e humildade. Ele começou o capítulo dizendo para não sermos cruéis e injustos condenando nossos queridos e colocando rótulos neles. Em seguida, instruiu-nos a desconfiar de nós mesmos antes de desconfiar da esposa. Suspeitar da nossa intenção, antes de suspeitar da motivação do marido ou dos filhos: isso é humildade.

Jesus também explicou que, enquanto as pessoas não nascerem de novo – enquanto não tiverem um encontro com Deus –, pouco adiantará falar e ensinar. Por isso, Ele nos desafia a orar, revelando que o Pai está comprometido em converter corações e convencer nosso cônjuge, filho, pai ou mãe. Ele pode realizar o que nós não conseguimos, por mais que falemos, lutemos, briguemos e surtemos.

A base da nossa certeza de que Deus responderá está no caráter paternal d'Ele. Como Jesus afirmou: "[...] se vocês, que são maus, sabem dar coisas boas aos seus filhos, quanto mais o Pai de vocês, que está nos céus, dará coisas boas aos que lhe pedirem?" (Mateus 7.11, NAA). Ele é mais generoso que o melhor pai humano que existe. Ele é o Deus maravilhoso.

Vamos orar

Senhor, ajuda-nos a orar mais e a falar menos. Quando surgirem problemas, que não julguemos o coração alheio, mas nos coloquemos no lugar dele e não o condenemos. Que sejamos capazes de olhar com humildade e desconfiança para nossas intenções e, só então, falar, reconhecendo e confessando nossas imperfeições. Quando nada parecer resolver ou os resultados forem pequenos, que nos dediquemos à oração, pois o Senhor certamente agirá e trará o Céu para nossa casa. Em nome de Jesus, amém.

A fórmula do amor

18
DE FEVEREIRO

Portanto, tudo o que vocês querem que os outros façam a vocês, façam também vocês a eles; porque esta é a Lei e os Profetas.
Mateus 7.12, NAA

Marido, quando tiver dúvidas a respeito do que fazer, coloque-se no lugar de sua esposa. Esposa, se não souber como agir, troque de lugar com ele. Imagine-se sendo o seu marido e, então, faça o que acha que ele gostaria que fosse feito.

É importante, contudo, agir com sabedoria, pois, se o marido for comprar um presente para a esposa e pensar: "O que eu gostaria de ganhar de aniversário? Ah, sim, uma bola de futebol de campo e um jogo de caneleiras", ele não a agradará. Obviamente, ao aplicarmos a fórmula do amor que Jesus ensinou, precisamos nos pôr no lugar do outro, usando a imaginação.

O marido deveria perguntar-se: "Se eu fosse a minha esposa, o que eu gostaria de receber?". E vice-versa.

Se houver alguma dúvida de como agir ou de como o outro se sente, peça ajuda ao Espírito Santo que habita em você e no seu cônjuge. Ele conhece profundamente vocês dois. Aliás, esse auxílio é fundamental. Muitas vezes, Ele revelou algo do coração da minha esposa e pude perceber como eu estava sendo egoísta.

Vamos aplicar a fórmula do amor em nosso lar. Vamos investir nossas energias em agradar aos outros, antes de agradarmos a nós mesmos. Vamos buscar poder de Deus para amar os queridos que moram conosco até que o Céu possa ser sentido na nossa casa.

Marido, quando tiver dúvidas a respeito do que fazer, coloque-se no lugar de sua esposa. Esposa, se não souber como agir, troque de lugar com ele.

Destaque:
Fraternidade

Notas

Vamos orar

Senhor, ajuda-nos a agir com sabedoria e empatia em nossos relacionamentos. Que possamos nos colocar no lugar do outro, buscando agradar e servir com amor, seguindo o exemplo de Cristo. Que o Espírito Santo nos guie e fortaleça, trazendo paz e harmonia para nosso lar. Em nome de Jesus, amém.

19

DE FEVEREIRO

Devocional • 50 de 365

A estreita porta do Reino

Entrem pela porta estreita! Porque larga é a porta e espaçoso é o caminho que conduz para a perdição, e são muitos os que entram por ela. Estreita é a porta e apertado é o caminho que conduz para a vida, e são poucos os que o encontram.
Mateus 7.13-14, NAA

Mas, nesse fluxo contínuo de mentiras e atrações, existe uma porta, uma saída, um descanso.

Destaque:
Foco

Notas

A porta para entrar e fazer parte do Reino de Deus é estreita de fato. Tem a largura dos ombros de um homem e a altura do nosso Senhor Jesus Cristo, que disse: "Eu sou a porta. Se alguém entrar por mim, será salvo; entrará, sairá e achará pastagem" (João 10.9, NAA). Todas as outras promessas e filosofias de salvação são mentirosas. Em bom português: são enganação. Jesus aponta o destino de quem se deixa enganar: a perdição.

No sistema do mundo comandado por Satanás, existe uma tendência, uma espécie de forte corrente marítima, que empurra a humanidade para o destino reservado para o Diabo e seus anjos. O movimento da maré facilita o nado e diminui a força, bastando deixar-se levar para ficar em movimento. Quem é empurrado se sente incluído, na moda, na vanguarda, parte desse século, e segue buscando as realizações e os confortos que prometem felicidade.

Jesus, então, lança um aviso importantíssimo: a corrente do mundo conduz à perdição, à morte, à destruição, à condenação eterna. Um lugar de onde não se pode mais sair, onde se estará aprisionado eternamente.

Mas, nesse fluxo contínuo de mentiras e atrações, existe uma porta, uma saída, um descanso. Em meio a um oceano de possibilidades, em meio às fortes correntezas das inúmeras filosofias e religiões vigentes, o escape da verdade se apresenta: "Porque há um só Deus e um só Mediador entre Deus e a humanidade, Cristo Jesus, homem!" (1Timóteo 2.5, NAA).

Vamos orar

Pai de amor, que o Senhor nos ajude a priorizar a passagem pela Porta Estreita e não nos distrair com os enganos de Satanás. Que possamos organizar nossa vida ao redor da eternidade, nadando contra a correnteza deste mundo com o poder do Criador e Salvador. Em nome de Jesus, amém.

@ prjosuegoncalves
@ pra.rousegoncalves

A camuflagem do lobo

20

DE FEVEREIRO

Devocional • 51 de 365

Cuidado com os falsos profetas, que se apresentam a vocês disfarçados de ovelhas, mas por dentro são lobos vorazes.
Mateus 7.15, NAA

Há perigos por toda parte. O mundo, que jaz no Maligno, é chefiado pelo Diabo, auxiliado por seus demônios, e conta com a cumplicidade da nossa carne, que deseja toda sorte de perversões.

Vivemos em guerra, mas, em nós, habita o próprio Deus, que avisa, perdoa, resgata, encoraja e conduz. Essa presença é suficiente para nos levar a salvo pela vida até a eternidade. Na igreja, a congregação dos alcançados, tais cuidados se materializam, as verdades são verbalizadas e temos companhia, que encoraja os esforços de salvação e edificação da humanidade.

Contudo, mesmo entre cristãos, há quem nunca tenha vivenciado um encontro real com Deus. São pessoas que se agradam do ambiente cristão, mas cujo interior nunca foi, de fato, transformado. Na verdade, ainda são "lobos vorazes".

Os lobos são mentirosos e podem se disfarçar de líderes, pastores, diáconos, conselheiros, músicos e mulheres sedutoras, mas não precisam ficar camuflados, pois podemos localizá-los e avisar ao restante do rebanho. Para tal, basta observarmos seu comportamento. Como é a família deles? Eles agem da mesma maneira quando estão em público e quando estão na intimidade, ou têm duas caras? Demonstram desonestidade, ainda que sutil, nos negócios? Apresentam desvios sexuais? São propensos à ira? Racionalizam o pecado?.

Ninguém consegue fingir 24 horas por dia. O lobo, inevitavelmente, revelará sua natureza. Devemos estar atentos para reconhecer a árvore pelos frutos, conforme outra analogia apresentada por Jesus (cf. Lucas 6.44). Proteja sua família, ore para que o Senhor lhe dê discernimento para identificar os falsos profetas, alertar os outros e afastar-se deles!

Ninguém consegue fingir 24 horas por dia. O lobo, inevitavelmente, revelará sua natureza. Devemos estar atentos para reconhecer a árvore pelos frutos.

Destaque:
Camuflagem

Notas

Vamos orar

Deus de graça, que o Senhor nos proteja dos falsos profetas e nos dê discernimento para reconhecer os lobos em pele de ovelha. Que possamos vigiar e proteger nossa família, confiando em Tua orientação e força. Em nome de Jesus, amém.

@prjosuegoncalves
@pra.rousegoncalves

21 DE FEVEREIRO

Devocional • 52 de 365

Só entram os obedientes

Nem todo o que me diz: "Senhor, Senhor!" entrará no Reino dos Céus, mas aquele que faz a vontade de meu Pai, que está nos céus.
Mateus 7.21, NAA

Quem nasceu de novo estará em constante aperfeiçoamento. Sempre. O salvo seguirá em obediência a Deus e mantendo comunhão com Ele.

Destaque:
Obediência

Notas

Não basta dizer que é cristão, é necessário praticar. Alguém que decidiu "ser crente", ou "se tornar evangélico", passando a frequentar cultos e fazer parte da vida comum da igreja, não é necessariamente "nascido de novo", em especial se seu comportamento depois dessa decisão permanecer o mesmo de antes.

Quando conversava com um religioso sério e praticante, Jesus explicou: "[...] se alguém não nascer de novo, não pode ver o Reino de Deus" (João 3.3). Ele não disse que o rabino deveria estar presente em todos os cultos, nem que deveria dar o dízimo, pois já fazia isso. Mas afirmou que ele precisava nascer de novo, um fenômeno espiritual e invisível que ocorre no interior de quem crê, adere, entende e se entrega.

"Porque Deus amou o mundo de tal maneira que deu o seu Filho unigênito, para que *todo o que nele crê* não pereça, mas tenha a vida eterna" (João 3.16, NAA). O primeiro passo é crer, entender e decidir fazer parte. Depois, a pessoa precisa "assinar o contrato" verbalmente: "Se com a boca você confessar Jesus como Senhor e em seu coração crer que Deus o ressuscitou dentre os mortos, você será salvo" (Romanos 10.9, NAA).

Quem nasceu de novo estará em constante aperfeiçoamento. Sempre. O salvo seguirá em obediência a Deus e mantendo comunhão com Ele. Portanto, se você não tem certeza de que nasceu de novo, ore e entregue-se ao Senhor. Se foi salvo, permita que o Espírito realize Suas obras por meio da sua obediência. Quem crê obedece.

Vamos orar

Senhor Deus, Pai de amor e graça, ajuda-nos a compreender que ser cristão vai além de palavras e rituais. Transforma nosso coração para que possamos nascer de novo, crendo verdadeiramente em Jesus, confessando-O como Senhor e vivendo em obediência. Que o Teu Espírito opere em nós, moldando nossa vida segundo a Tua vontade. Amém.

A consistência da obediência

Todo aquele, pois, que ouve estas minhas palavras e as pratica será comparado a um homem prudente que construiu a sua casa sobre a rocha. Caiu a chuva, transbordaram os rios, sopraram os ventos e bateram com força contra aquela casa, e ela não desabou, porque tinha sido construída sobre a rocha.

Mateus 7.24-25, NAA

22

DE FEVEREIRO

Ao longo da vida, enfrentamos momentos complexos de tomada de decisão. A filha adolescente engravidou. E agora? Decidiremos pelo aborto, permitindo que a menina siga a vida sem empecilhos, ou preservaremos a vida do bebê e faremos as adaptações necessárias? Um negócio que pode salvar a empresa da falência está para ser fechado, mas, para se concretizar, será necessário subornar algumas pessoas. Salvaremos a empresa nos valendo do "jeitinho brasileiro" ou abriremos falência por manter a integridade?

As decisões se somam ao longo da vida e estabelecem um padrão, uma base, uma fundação. Quando a família escolhe agir de acordo com os ensinos de Jesus, estabelece uma parceria com Deus, o Pai, que passa a apoiar e fortalecer o caráter de cada membro. A obediência conta com os milagres. A menina que não abortou, casou-se e teve outros filhos dá testemunho da graça e da bondade de Deus. O homem que não aceitou o suborno abriu falência, mas, em seguida, foi contratado por uma grande empresa, na qual é valorizado financeiramente.

A obediência gera experiência e a repetição desse padrão estabelece um caráter semelhante ao de Jesus: consistente, constante, firme. Uma base sólida, com fundamentos que perduram para a eternidade. A casa da família que obedece não cairá.

A obediência gera experiência e a repetição desse padrão estabelece um caráter semelhante ao de Jesus: consistente, constante, firme.

Destaque:
Consistência

Notas

Vamos orar

Pai amoroso, fortalece cada coração para a tomada de decisões difíceis, com integridade e baseadas nos ensinos de Jesus. Que a obediência gere caráter, milagres e testemunho da Tua bondade, firmando lares em bases eternas que resistam às tempestades da vida. Seja sempre a base de nossas escolhas. Em nome de Jesus, amém.

prjosuegoncalves
pra.rousegoncalves

23
DE FEVEREIRO

Começando pela família

[...] mas, de preferência, procurai as ovelhas perdidas da casa de Israel.
Mateus 10.6, ARA

Para quem é casado, a decisão é clara: o cônjuge é prioridade máxima, conforme já estabelecido por Deus.

Destaque: Preferência

Notas

Todos precisam do Evangelho. Todos precisam de ajuda e de cuidado. Contudo, devemos escolher por onde começar, já que temos limitações inerentes ao fato de sermos humanos. A expressão-chave do versículo é "de preferência" e remete a prioridade. Jesus estava multiplicando o seu alcance por meio de seus doze apóstolos, a quem Ele, mais tarde, enviaria para anunciar as boas novas do Reino de Deus. Eles deveriam ser o mais precisos e cirúrgicos que pudessem; assim, o Senhor recomendou que eles buscassem as pessoas do povo de Israel, que já estavam aguardando o Messias, que celebravam as festas e os feriados, que conheciam Moisés e tinham toda a preparação para entender quem era Jesus.

Também precisamos priorizar onde investir com mais dedicação, identificando quais pessoas estão mais abertas ao Evangelho e quais dependem mais de nós. Para quem é casado, essa decisão é clara: o cônjuge é prioridade máxima, conforme já estabelecido por Deus. Ao traçar um paralelo entre o amor de Cristo pela Igreja e o amor do marido pela esposa, o apóstolo Paulo afirma que ele deve amá-la e purificá-la "por meio da lavagem de água pela palavra" (Efésios 5.26, NAA). Dessa forma, os maridos são convocados a exercer liderança espiritual no lar, abençoando sua esposa. Elas também, por sua vez, são desafiadas a pregar sem palavras ao marido não convertido (cf. 1Pedro 3.1).

Depois do cônjuge, pai e mãe precisam investir nos filhos. Criá-los como Deus determinou e contar com a graça d'Ele para salvação da prole. Nossa parte é investir todos os recursos de tempo e dinheiro para conduzi-los ao Reino e a Cristo. Deus é fiel e fará Sua obra.

Vamos orar

Senhor Deus, ensina-nos a priorizar com sabedoria, começando pela nossa casa. Ajuda-nos a investir tempo e recursos em nosso cônjuge, em nossos filhos e nossa família, conduzindo-os ao Reino e a Cristo. Concede-nos graça, disposição e dependência para sermos instrumentos das Boas-Novas em nosso lar. Em nome do Senhor Jesus, amém.

@ prjosuegoncalves
@ pra rousegoncalves

Caminhando e pregando

[...] e, à medida que seguirdes, pregai que está próximo o reino dos céus.
Mateus 10.7, ARA

24 DE FEVEREIRO

Devocional • 55 de 365

Jesus estava prestes a enviar Seus doze apóstolos pelas cidades vizinhas para contar a todos que o governo de Deus estava se estabelecendo, e a pregação era acompanhada por sinais de curas e libertação. Eles tinham esse objetivo, e Jesus explicou como deveriam agir: pregar "à medida que seguirdes".

Como filhos de Deus, também fomos todos enviados por Jesus, que, depois de ressurreto, comissionou-nos a fazer discípulos, batizá-los e ensiná-los a guardar os ensinamentos do Reino (cf. Mateus 28.18-20). No contexto do lar, isso deve ser feito constantemente, "à medida" que seguimos. Deus explicou isso melhor em Deuteronômio 6.6-7, que diz: "Estas palavras que hoje lhe ordeno estarão no seu coração. Você as inculcará a seus filhos, e delas falará quando estiver sentado em sua casa, andando pelo caminho, ao deitar-se e ao levantar-se".

A tarefa de transmitir os mandamentos do Senhor na Lei de Moisés deveria ser cumprida no cotidiano, a todo instante. Ainda hoje, a fim de transmitir as Boas-Novas do Reino de Deus, precisamos pregar à medida que seguimos.

Pregue que o Rei já veio e já pagou o preço para nossa reconciliação com Deus. Pregue que quem crê é feito filho de Deus, torna-se irmão de Jesus e herdeiro de tudo o que Ele conquistou. Anuncie as boas-novas da identidade que recebemos em Cristo. Tudo isso é real e está muito próximo. O Rei já veio, Ele está presente em nós pelo Espírito Santo e voltará, em breve, para nos dar corpos novos e estabelecer, visivelmente, o seu Reino.

Pregue que quem crê é feito filho de Deus, torna-se irmão de Jesus e herdeiro de tudo o que Ele conquistou.

Destaque: Processo

Notas

Vamos orar

Senhor Deus, ajuda-nos a anunciar o Teu Reino constantemente — em nosso lar e em cada aspecto do cotidiano. Que preguemos com amor e verdade, ensinando os Teus mandamentos aos nossos filhos e vivendo como testemunhas do Rei que já veio, habita em nós e voltará em breve. Fortalece nossa fé e compromisso. Em nome de Jesus, amém.

@prjosuegoncalves
@pra.rousegoncalves

25
DE FEVEREIRO

Devocional • 56 de 365

A graça é de graça

Vocês receberam de graça;
portanto, deem de graça.
Mateus 10.8, NAA

A família é um excelente ambiente para aprender a hospitalidade, a dar e a receber.

Destaque:
Generosidade

Notas

O dinheiro não pode comprar a vida, a reconciliação com Deus, a paz que vem do Alto nem a certeza da salvação em Cristo. O dinheiro não pode comprar um dia a mais de existência. O que vem do Alto não está à venda. Dinheiro não compra perdão. Ouro e prata não são suficientes para tornar alguém justo diante de Deus.

Os recursos de Deus – a cura, a libertação, a purificação e o anúncio das Boas-Novas – não estão à venda. Quem deles se beneficia o faz pela graça e, ao transmiti-los a outros, deve também fazê-lo pela graça, compartilhando-os de forma generosa e graciosamente. Quem serve a Deus é sustentado pelo próprio Deus, cujos recursos são infinitos.

Na passagem que estamos estudando, os apóstolos não poderiam trocar ou vender os dons espirituais por dinheiro, mas Deus usaria pessoas abençoadas para, direta ou indiretamente, sustentar os Seus enviados com os recursos de que necessitassem: abrigo, comida e bebida. Assim, nosso ensino tem dois alcances. Quando estivermos anunciando a Palavra de Deus, orando e sendo usados por Ele, não devemos cobrar ou exigir pagamento em dinheiro; recebemos de graça e devemos dar graciosamente.

Quando estivermos sendo abençoados por servos de Deus que anunciam graciosamente as Boas-Novas do Reino de Deus, devemos ser generosos e ofertar o que eles precisam. A família é um excelente ambiente para aprender a hospitalidade, a dar e a receber. Precisamos uns dos outros. Devemos abençoar de graça e ofertar generosamente, sempre que pudermos, oferecendo estadia em nossa casa, refeições, caronas ou ofertas em dinheiro.

Vamos orar

Senhor, Pai de amor que ensina a generosidade, ajuda-nos a compartilhar de graça o que recebemos do Senhor. Capacita-nos a partilhar com alegria, a acolher com hospitalidade e a ofertar com gratidão. Que possamos servir ao Teu Reino com coração aberto, confiando sempre nos Teus recursos infinitos. Em nome de Cristo, amém.

Em busca da dignidade

E, em qualquer cidade ou aldeia em que vocês entrarem, perguntem quem nelas é digno; e fiquem ali até saírem daquele lugar.
Mateus 10.11, NAA

26

DE FEVEREIRO

Anunciamos a todo tipo de pessoa, mas buscamos conviver com os filhos de Deus. Estamos disponíveis a todos, mas os nossos amigos são parecidos com Jesus. Há uma canção que afirma que Cristo é amigo de pecadores. É uma frase perigosa. Durante Sua vida terrena, Jesus investia a maior parte de seu tempo entre os judeus, principalmente entre os discípulos. Ele chega a deixar de receber os irmãos de sangue afirmando que Sua família eram os obedientes. O jantar oferecido por Levi (Mateus) tinha um bom número de pessoas a serem evangelizadas, e Cristo era um dos convidados. Mateus era um cobrador de impostos que acabara de abandonar esse posto desprezível, segundo os padrões da época, para seguir o Mestre – hoje, diríamos que "ele se converteu" – e preparou uma festa para comemorar seu novo nascimento.

Os convidados para a festa eram seus amigos de "tempo de mundo", que Mateus queria apresentar a Jesus. O Mestre não anunciava preferencialmente nas tabernas ou nos prostíbulos, mas nas sinagogas. Assim, quando Ele envia os Seus, instrui-os a descobrirem alguém digno na cidade, em cuja casa deveriam se hospedar. Da mesma maneira, em nossa família devemos buscar conviver e dar prioridade aos que são da família da fé.

Marido, esposa, filho e filha farão bem em conviver com quem "é digno", quem foi justificado. Sim, podemos – e devemos – buscar os perdidos e comparecer a eventos com pessoas que ainda não conhecem o Senhor, principalmente da nossa própria família, porém, a preferência é estar entre os cristãos.

O Mestre não anunciava, preferencialmente, nas tabernas ou nos prostíbulos, mas nas sinagogas.

Destaque:
Dignidade

Notas

Vamos orar

Senhor, Pai de amor, ensina-nos a anunciar as Boas-Novas com graça e a valorizar a convivência com os filhos de Deus. Que façamos o bem a todos, mas prioritariamente aos da família da fé, buscando viver em comunhão com quem deseja agradar ao Senhor. Em nome de Jesus, amém.

@prjosuegoncalves
@pra.rousegoncalves

27
DE FEVEREIRO

Devocional • 58 de 365

A prudente dependência

Eis que eu os envio como ovelhas para o meio de lobos. Portanto, sejam prudentes como as serpentes e simples como as pombas.
Mateus 10.16, NAA

A segurança das ovelhas de nossa família está no Bom Pastor.

Destaque:
Prudência

Notas

Consigo imaginar a cena cinematográfica: uma alcateia numerosa posicionada em volta da carcaça da última presa. Duas ovelhas se aproximam corajosamente, passando bem no meio deles. Ovelhas não são dotadas de "equipamentos" vindos do Criador para lutar. Elas não têm garras nem presas poderosas. Não são ágeis, não sabem se organizar, têm um péssimo senso de direção e, por vezes, travam diante do perigo, sem conseguir correr.

Os lobos, por outro lado, são o oposto. Caçadores hábeis, grandes, inteligentes, organizados, fortes, rápidos e muito eficientes em matar. Esta cena ilustra muito bem o envio dos seguidores de Jesus. O nosso Senhor enviou seus discípulos como "ovelhas para o meio de lobos"! Para quê? Como assim? No passado, todos nós vivíamos como lobos, pois estávamos deformados em nossa identidade devido ao pecado. Mas o Senhor nos resgatou do meio dos lobos e nos fez retornar à nossa essência: somos ovelhas. Ele ainda hoje busca as muitas ovelhas que ainda vivem como lobos, para torná-las o que foram criadas para ser: ovelhas. Deus conta com você e comigo.

Quando a filha pega a mochila e vai para a escola, também temos a sensação de que a estamos enviando para o meio da alcateia. Quando o marido e a esposa chegam ao ambiente de trabalho, mergulham no meio dos lobos. Precisamos entender que a nossa segurança não está em nossa capacidade de lutar contra os lobos desse mundo, mas na confiança que temos em quem nos enviou. Nossa segurança é responsabilidade d'Ele. Devemos ser prudentes, sim, evitar o mal, mas, neste mundo tenebroso, a segurança das ovelhas de nossa família está no Bom Pastor.

Vamos orar

Senhor, Pai celeste, ensina-nos a viver como ovelhas em meio a lobos, confiando plenamente no cuidado do Bom Pastor. Ajuda-nos a ser prudentes como as serpentes e simples como as pombas, sabendo que nossa segurança não está em nossas forças, mas em Teu poder e em Tua proteção. Em nome de Jesus, amém.

@ prjosuegoncalves
@ pra.rousegoncalves

Temer mais a Deus

Não temam os que matam o corpo, mas não podem matar a alma; pelo contrário, temam aquele que pode fazer perecer no inferno tanto a alma como o corpo.
Mateus 10.28, NAA

28
DE FEVEREIRO
Devocional • 59 de 365

O assaltante aponta uma arma e diz: a bolsa ou a vida. Sim, a escolha é fácil: leve a bolsa. Nossa vida é o bem mais precioso que podemos ter na Terra, mas Jesus nos desafia a entender que, para Deus, a vida não termina quando o corp o é separado da alma. Fomos criados semelhantes a Deus, mas com uma distinção: Ele nunca teve início nem terá fim; nós tivemos início, mas, assim como Ele, nunca teremos fim. Fomos criados para a eternidade e a passaremos ao lado d'Ele ou longe de Sua presença.

Terrível e maravilhoso. Terrível, porque passar a eternidade em sofrimento é difícil até de imaginar; maravilhoso, porque desfrutar da companhia do Criador para sempre é mais incrível do que podemos imaginar. Precisamos ter a perspectiva certa para viver em família. Seu cônjuge é eterno e passará a eternidade em algum lugar – próximo ou distante de Deus. Seus filhos também são eternos, criados para viver para sempre. A questão é: onde eles passarão a eternidade?

Crie seus filhos para a eternidade. Cuide do seu cônjuge para a eternidade. Ame as pessoas ao seu redor ciente de que, um dia, estaremos todos diante do grande Juiz, e aqueles que não estiverem em Cristo passarão a eternidade separados de Deus.

Seu cônjuge é eterno e passará a eternidade em algum lugar.

Destaque:
Temor

Notas

Vamos orar

Senhor, Deus eterno, ensina-nos a viver com os olhos voltados para a eternidade. Ajuda-nos a criar nossos filhos e cuidar de nossa família para estarem sempre próximos do Senhor. Que temamos a separação do Senhor mais que qualquer ameaça terrena, confiando na salvação em Cristo. Amém.

@prjosuegoncalves
@pra.rousegoncalves

“

Ore com
ousadia, confie,
renda-se e
traga o Céu
para dentro
da sua casa.

”

MARÇO

03/12

1º

DE MARÇO

Devocional · 60 de 365

A perda estratégica

Quem acha a sua vida perdê-la-á; quem, todavia, perde a vida por minha causa achá-la-á.
Mateus 10.39, ARA

No lar, o caminho para uma vida abundante está em viver para Deus e para o próximo.

Destaque:
Perda

Notas

Jesus está enviando doze de Seus discípulos para pregar o Evangelho com autoridade, curar, expelir demônios e até ressuscitar mortos. Eles devem anunciar as Boas Novas do Reino de Cristo. Nesse contexto, o Mestre explica que devem se hospedar na casa de quem for digno e que são como ovelhas no meio de lobos. Haveria boa recepção em alguns lugares, mas rejeição e até perseguição em outros.

A vida de quem representa Jesus e vive em seus caminhos pode ser difícil. Se for ativo na proclamação do Reino, pode ser perseguido de diversas formas. Jesus então apresenta uma fórmula extraordinária. Quem desiste de buscar a felicidade nesta vida, encontrará uma nova muito mais excelente. Quem busca a felicidade neste mundo não consegue encontrar, pois nossa felicidade surge quando buscamos o bem-estar de outrem.

A proposta de Jesus é que busquemos a verdadeira "felicidade" – a que vem de Deus. O Senhor nos convida a nos envolver em Seus projetos de implantação de Seu Reino, que recruta gente para ser resgatada, comprada, adotada, salva e aperfeiçoada.

Quando perdemos a vida para servir a Deus, surge a vida de Cristo, ela se espalha na alma, como um perfume que exala de um jarro quebrado. A vida repleta de amor, de alegria, de paz e de paciência passa a ser experimentada com integridade, marcada pela bondade que vem de Deus, por uma fidelidade possível, por mansidão sem esforço e por domínio próprio (cf. Gálatas 5.22-23)! É, de fato, uma surpresa maravilhosa para quem havia desistido de "ser feliz" e "perdido a vida" por causa do Senhor. Deus nunca fica devendo. Generoso e riquíssimo em abençoar, Ele sabe como encher o coração do homem de verdadeira alegria, capacitando-o a servi-Lo com o coração inteiro e sincero.

Vamos orar

Senhor, Pai generoso, que ensinas a viver em plenitude, ajuda-nos a perder a vida pelo Teu propósito, para encontrar a verdadeira vida em Cristo. Que vivamos para Ti e para o próximo, experimentando a paz e a alegria do Teu Espírito. Torna-nos servos fiéis e íntegros. Em nome de Jesus, amém.

Medalha, medalha, medalha

E quem der de beber, ainda que seja um copo de água fria, a um destes pequeninos, por ser este meu discípulo, em verdade lhes digo que de modo nenhum perderá a sua recompensa.
Mateus 10.42, NAA

2
DE MARÇO

Devocional • 61 de 365

Quem foi criança nas décadas de 1970 e 1980 certamente se lembra dos desenhos animados transmitidos pela TV. Em um deles, o vilão, Dick Vigarista, aparecia sempre acompanhado de seu cachorro, chamado Muttley. O cão não desperdiçava oportunidades de ser reconhecido por suas ações. Sempre que fazia algo, pedia insistentemente: "Medalha, medalha, medalha".

O ser humano, como Muttley, gosta de ser reconhecido, e Deus sabe disso. Jesus nunca disse que deveríamos realizar as boas obras sem esperar qualquer retorno. Devemos, sim, esperar recompensas, mas de Deus! Ele é o único que pode nos recompensar generosa e eternamente.

Cremos que haverá dois julgamentos: das más obras e da entrega de condecorações. O primeiro, seria um julgamento para os ímpios, aqueles que não foram salvos, e se compara a um tribunal que condena à prisão. O segundo, assemelha-se a uma banca que examina um atleta da ginástica olímpica enquanto realiza seus movimentos, pontuando sua performance. Um dia, todos seremos julgados. Os cristãos fiéis passarão pelo segundo tipo de julgamento; alguns receberão medalhas e troféus; outros, a condenação eterna.

As promessas de Deus têm valor infinitamente superior a qualquer garantia humana de pagamento. Superam as melhores oportunidades profissionais e até mesmo as glórias deste mundo. Diferente das promessas de homens, as de Deus são estáveis e imutáveis. Ele sempre cumpre o que promete.

Devemos, sim, esperar recompensas, mas de Deus! Ele é o único que pode nos recompensar generosa e eternamente.

Destaque:
Recompensa

Notas

Vamos orar

Pai, que a nossa família se envolva com o Teu Reino, servindo a grandes e pequenos com humildade e dedicação. Que apoiemos Tua obra com alegria, lembrando que todos têm valor para o Senhor, especialmente aqueles que servem discretamente. Que a nossa casa seja honrada no futuro, recebendo as recompensas de quem dedicou a vida a Ti. Amém.

3
DE MARÇO

Devocional • 62 de 365

Excesso de informação

A todos os que ouvem a palavra do Reino e não a compreendem, vem o Maligno e arrebata o que lhes foi semeado no coração. Este é o que foi semeado à beira do caminho.
Mateus 13.19, NAA

Para que a Palavra de Deus vivifique o nosso interior, ela precisa de espaço livre.

Destaque:
Excesso

Notas

Jesus contou uma parábola em que há quatro tipos de solo, todos recebem o mesmo tipo de semente – a Palavra de Deus. Temos: "à beira do caminho", o "solo rochoso", o "entre os espinhos" e a "boa terra". Dos quatro, somente um frutificou adequadamente.

Em Mateus 13.19, lemos sobre o solo batido, ou "à beira do caminho". Esse tipo de terra é endurecido pelo constante trânsito de pessoas, animais e veículos. Para ser propício ao cultivo, o solo deve estar fofo, com espaço entre os grãos – por isso o uso do arado, e também a contribuição das minhocas e formigas, que ajudam nesse processo de arejar a terra.

Já no primeiro século, havia pessoas que se abasteciam com mentiras, resistentes à verdade. Hoje, o cenário piorou: sobrecarregamos nosso cérebro com estímulos e informações em excesso, o que afeta a memória, prejudica a concentração e compromete o raciocínio.

Para que a Palavra de Deus vivifique o nosso interior, ela precisa de espaço. Se passamos o dia imersos em celular, redes sociais, vídeos, jogos e mensagens, o coração torna-se duro, e a Palavra não penetra. Ela apenas toca a superfície dura do coração e é levada pelos enganos do Diabo que, por sua vez, oferece prazeres intensos e vazios, obrigando-nos a buscar cada vez mais enquanto ignoramos a Palavra, que precisa ser acolhida em meditação profunda para crescer.

Precisamos desacelerar, cortar estímulos viciantes e reservar um tempo apropriado à Palavra de Deus.

Vamos orar

Senhor, prepara o nosso coração como boa terra, removendo o excesso de estímulos e distrações que endurecem a alma. Ajuda-nos a desacelerar, acolher e meditar na Tua Palavra, para que ela cresça, frutifique e nos transforme conforme a Tua vontade. Que sejamos férteis para o Teu Reino. Em nome de Jesus, amém.

Superficial

O que foi semeado em solo rochoso, esse é o que ouve a palavra e logo a recebe com alegria. Mas ele não tem raiz em si mesmo, sendo de pouca duração. Quando chega a angústia ou a perseguição por causa da palavra, logo se escandaliza.
Mateus 13.20-21, NAA

4
DE MARÇO

Devocional · 63 de 365

Ontem lemos sobre a parábola que Jesus contou, em que, de quatro tipos de solo, três deles não frutificam; apenas um frutificou adequadamente. Vimos que a mente sobrecarregada de estímulos não tem espaço para entender.

Hoje, refletiremos sobre a terra com pedras embaixo. Um solo raso, no qual a semente é acolhida e lança raízes, que encontram as pedras, sendo obrigadas a interromper o aprofundamento e crescer para cima.

Quem não tem o hábito de refletir se torna superficial, prático em excesso e tende a ouvir com má vontade, rejeitando o esforço do raciocínio. Aceitam o convite da salvação sem reflexão, agradam-se da convivência com os santos, tornam-se "crentes" entusiasmados rapidamente. Acreditam que, após o encontro com Cristo, nada dará errado em sua vida.

Há quem pense que a vida com Deus e na igreja local será livre de mal-entendidos, sem esforço; que não precisarão lutar contra o pecado. Quando a situação aperta, quando ficam enfermos, quando perdem um ente querido, quando fracassam profissionalmente ou quando o casamento fica difícil, abandonam a fé, declarando que "esse negócio de igreja não funciona para mim".

Fica pior quando chegam, "como cristãos", no ambiente escolar ou de trabalho e são rotulados de fascistas e homofóbicos, e recebem tratamento abjeto. Em circunstâncias assim, o "cristão" superficial, que não removeu os ídolos de pedra do coração, que se "converteu" em busca da felicidade transitória, simplesmente desiste, abandona a fé em Cristo. Que não aconteça assim conosco.

Quando a situação aperta, quando ficam enfermos [...] ou quando o casamento fica difícil, abandonam a fé.

Destaque:
Superficialidade

Notas

Vamos orar

Senhor, remove as pedras do nosso coração para que possamos aprofundar nossas raízes na verdade. Ajuda-nos a refletir, pensar e conhecer o Evangelho, afastando-nos das promessas superficiais. Que sejamos boa terra, frutificando para a eternidade e permanecendo firmes em Cristo, mesmo nas dificuldades. Em nome de Jesus, amém.

prjosuegoncalves
pra.rousegoncalves

5

DE MARÇO

Devocional • 64 de 365

Ocupado e improdutivo

O que foi semeado entre os espinhos é o que ouve a palavra, porém as preocupações deste mundo e a fascinação das riquezas sufocam a palavra, e ela fica infrutífera.
Mateus 13.22, NAA

Em algum momento, o que foi semeado entre os espinhos fez a separação entre a vida com Deus e a vida do trabalho.

Destaque:
Agitação

Notas

Os quatro tipos de solo descritos na Parábola do Semeador são o solo batido da beira do caminho, o que tem pedras embaixo, o solo com espinhos e a boa terra. Uma semente que nasce entre os espinhos superou as dificuldades da mente superocupada e do pensamento simplista e superficial.

A semente vingou, lançou raízes profundas e a pessoa passou a ter vida com Deus, nasceu de novo, porém vive aflita, apertada e espremida pelos espinhos deste mundo, pelas promessas e desafios que o sistema apresenta. Quem foi plantado entre os espinhos quer tudo: o melhor desta Terra e a vida abundante de Cristo. Porém, não dá frutos para Deus.

Alguns usam a expressão: "tenho que matar um leão por dia" para referir-se à pressão para permanecer no emprego ou no mercado. O que foi semeado entre os espinhos separa a vida com Deus da vida do trabalho. "Eu adoro a Deus no domingo, dou o dízimo, mas no trabalho tenho que 'fazer por onde' ".

O trabalho, que poderia ser redimido e transformado em serviço a Deus, torna-se motivo de preocupação. Impressionar os colegas vira prioridade; crescer na carreira, um ideal de vida que promete felicidade e realização. Assim, a planta – que representa a vida espiritual – é drenada pelos ídolos deste mundo. A energia que poderia ser investida no Reino é desviada para ilusões passageiras. Como resultado, essa vida não produz frutos: nem mudança de caráter, nem família abençoada, nem vidas alcançadas para o Céu.

Analise sua agenda. Cheque seu coração. Consagre ao Senhor o seu trabalho, reconhecendo que a provisão vem d'Ele. Trabalhe para agradar a Deus, e não ao patrão ou aos clientes. Priorize o Senhor, remova os ídolos do prazer, das posses e da popularidade. Entregue sua vida por completo a Ele e frutifique.

Vamos orar

Senhor, ajuda-nos a remover os espinhos que sufocam nossa fé e nos afastam do Teu Reino. Ensina-nos a consagrar nosso trabalho a Ti, reconhecendo que nossa provisão vem de Ti. Que saibamos priorizar a Tua vontade, rejeitar os ídolos deste mundo e viver de forma frutífera para a Tua glória. Em nome de Jesus, amém.

@prjosuegoncalves
@pra rousegoncalves

Frutificando

Mas o que foi semeado em boa terra é o que ouve a palavra e a compreende; este frutifica e produz a cem, a sessenta e a trinta por um.
Mateus 13.23, NAA

Existe um tipo de solo que frutifica, multiplica a semente e traz lucro ao agricultor. Deus semeia Sua Palavra no coração dos homens. Alguns estão ocupados e não a entendem; outros se animam, mas logo desistem; há quem creia, mas se tornam improdutivos pela ilusão da idolatria deste mundo. Mas o que é semeado em boa terra multiplica muito!

Para sermos boa terra, precisamos ouvir e compreender, ou como diz Lucas: ouvir de "bom e reto coração" (8.15). Habitamos em um mundo barulhento e, para ouvir a Palavra de Deus, precisamos nos concentrar e valorizar cada palavra, colocando-a em contato com as palavras armazenadas no "bom coração". Na Bíblia, coração pode significar mente, memória, local de decisões, julgamentos, escolhas, emoções e conexão com Deus.

Precisamos valorizar o relacionamento com Deus, por meio de Jesus Cristo, para que ouçamos, entendamos, nos convertamos e sejamos curados. Esse processo deve ser diário. Existe a primeira vez, quando nascemos de novo, mas se repete quando nos expomos à Palavra e recebemos graça para ter o entendimento aberto. Temos o *insight*, somos iluminados, e a vida de Deus brota em nosso coração. Passamos a condução da nossa história para o Senhor, que, com Seu poder, realiza o sobrenatural em nossa família, nos negócios, na igreja e em nosso interior.

Quando o Senhor assume o controle da nossa vida, sempre multiplicamos. Ele é um Deus pródigo, rico, generoso, que traz crescimento a trinta, a sessenta e até a cem por um!

Que nossa família seja essa boa terra, que valoriza a Palavra de Deus e investe tempo e recursos para ouvir, entender e multiplicar pelo poder da Vida de Deus agindo em nós e por nosso intermédio.

Habitamos em um mundo barulhento e, para ouvir a Palavra de Deus, precisamos nos concentrar e valorizar cada palavra [...].

Destaque:
Frutificação

Notas

Vamos orar

Senhor, inclina o nosso coração à Tua Palavra. Alinha o nosso coração à Tua Palavra. Queremos pensar, sentir e decidir de forma a Te agradar. Multiplica a vida de Cristo em nós e conduz nossa família a frutificar no Teu poder, para a glória do Teu Reino. Em nome de Jesus, amém.

prjosuegoncalves
pra.rousegoncalves

7
DE MARÇO

Devocional • 66 de 365

Humildade infantil

Portanto, aquele que se humilhar como esta criança, esse é o maior no Reino dos Céus. E quem receber uma criança, tal como esta, em meu nome, é a mim que recebe.
Mateus 18.4-5

Jesus os surpreende, afirmando que precisam se converter e entender que não se entra no Reino por merecimento.

Destaque:
Humildade

Notas

Tudo começou com a disputa entre os discípulos, que afirmavam que um era mais importante que o outro. "Jesus gosta mais de mim", "Eu ajudo mais", "Sou mais inteligente", "Tenho mais força". Queriam a proeminência, queriam ser "chefes", dar ordens, serem obedecidos e servidos. Perguntaram a Jesus: "Quem é o maior no Reino dos Céus?" (Mateus 18.1, NAA).

Treinamos os filhos para tirarem boas notas, serem bem-sucedidos, bons nos esportes e buscarem medalhas. No trabalho, queremos promoção e destaque. No mundo, funciona assim. Cargos de chefia são mais bem remunerados.

Quando os discípulos perguntam a Jesus sobre promoções e recompensas no Reino dos Céus, Jesus os surpreende, afirmando que precisam se converter e entender que não se entra no Reino por merecimento. Devemos admitir que não temos condições de atender às elevadas demandas de um Deus santo. Somente por meio de Jesus e Sua obra redentora podemos ter acesso ao Reino.

Para termos "boa colocação" no Reino, devemos servir. Quem mais ajuda e reconhece sua dependência da graça será mais bem avaliado no Reino.

Em nossa casa, precisamos viver para servir. Como cônjuges, devemos amar. Como pais, devemos criar os filhos servindo como treinadores dedicados. Como profissionais, devemos buscar a excelência para representar o nosso Deus perfeito. Assim, seremos grandes.

Vamos orar

Senhor, ensina-nos a servir com humildade, reconhecendo que dependemos da Tua graça. Ajuda-nos a amar nosso cônjuge, a criar nossos filhos com dedicação e a buscar a excelência para glorificar o Teu nome. Que vivamos para o Reino, sendo competentes em servir. Em nome de Jesus, amém.

prjosuegoncalves
pra.rousegoncalves

Nunca fazer tropeçar

E, se alguém fizer tropeçar um destes pequeninos que creem em mim, seria melhor para esse que uma grande pedra de moinho fosse pendurada ao seu pescoço e fosse afogado na profundeza do mar.

Ai do mundo por causa das pedras de tropeço! Porque é inevitável que elas existam, mas ai de quem é responsável por elas!

Mateus 18.6-7

8

DE MARÇO

Devocional · 67 de 365

Este texto é assustador! Ele trata da gravidade de levar outros a pecar – especialmente as crianças a perderem a fé e novos convertidos a desistirem. Seria melhor a morte rápida de ser lançado de um barco com uma pedra amarrada ao pescoço. É pior que isso! Esse "Ai" foi usado para Judas também: "O Filho do Homem vai, como está escrito a seu respeito; mas *ai* daquele por quem o Filho do Homem está sendo traído! Melhor seria para ele se nunca tivesse nascido!" (Mateus 26.24, NAA, grifo nosso). Fico absolutamente aterrorizado diante da possibilidade de receber uma advertência semelhante a que foi direcionada a Judas! Quando um homem se casa, passa a ter influência sobre a esposa, que divide com ele o destino da vida. Quando eles têm filhos, a influência se multiplica. Quando marido e mulher brigam na frente dos filhos, um abismo se abre sob os pés dos pequenos.

O mundo dos filhos está estruturado sobre o relacionamento dos pais e quando eles brigam, agridem-se, separam-se, divorciam-se e entram em guerra, os filhos tropeçam. Assim, se você é casado e "[...] um dos seus olhos leva você a tropeçar, arranque-o e jogue fora; pois é melhor você entrar na vida com um só dos seus olhos do que, tendo os dois, ser lançado no inferno de fogo" (Mateus 18.9, NAA). Faça o que estiver ao seu alcance para estruturar o seu casamento. Se você não puder evitar os conflitos, invista pesado no apoio aos filhos. Se você foi o causador do conflito, arrependa-se, volte atrás, remova todas as pendências e tudo o que prejudica o seu casamento e edifique a sua casa, para que o Céu ali se estabeleça. Arranque sem pena o que leva outros a tropeçar.

O mundo dos filhos está estruturado sobre o relacionamento dos pais e quando eles brigam, se agridem, se separam, se divorciam [...] os filhos tropeçam.

Destaque:
Tropeço

Notas

Vamos orar

Senhor, ajuda-nos a viver com responsabilidade, evitando causar tropeços a outros, especialmente aos pequenos e à família. Restaura relacionamentos, traga arrependimento e força para remover o que prejudica nossa casa. Que nossos lares sejam moradas do Céu, lares guiados pelo Teu amor. Em nome de Jesus, amém.

@prjosuegoncalves
@pra.rousegoncalves

9

DE MARÇO

Deus quer o seu filho

Fiquem atentos, para não desprezarem nenhum destes pequeninos! Porque eu afirmo a vocês que os anjos deles, lá nos céus, veem incessantemente a face de meu Pai celestial. Porque o Filho do Homem veio salvar o que estava perdido.
Mateus 18.10-11, NAA

Na correria da vida, os filhos podem se tornar somente mais uma obrigação, outra tarefa para sobrecarregar ainda mais a agenda.

Destaque:
Atenção

Notas

Você já parou para pensar que Deus está profundamente interessado na salvação do seu filho? Permita-me repetir, Deus quer salvar o seu garoto, a sua princesa! Jesus descortina o Céu para nós e conta que as crianças têm anjos específicos, que prestam contas constantemente ao próprio Deus!

Jesus veio salvar o que estava perdido. Nossos filhos nascem contaminados pelo pecado. Adão passou o "vírus" do pecado para todos os seus descendentes e Jesus veio trazer o antídoto. Nossos filhos precisam ter um encontro pessoal e verdadeiro com o Salvador Jesus Cristo.

Em seguida, Jesus usou a ilustração do pastor que deixou as noventa e nove ovelhas no campo e foi em busca da que estava extraviada. Isso dá muito trabalho e é uma manobra arriscada.

Devemos ficar atentos para não desprezar filhos. Na correria da vida, os filhos podem se tornar somente mais uma obrigação, outra tarefa para sobrecarregar ainda mais a agenda. Porém o Senhor adverte: "preste atenção e não despreze". Não confie cegamente na babá ou na avó. A responsabilidade é dos pais! Não confie que seu filho tem responsabilidade suficiente para escolher o que assiste quando está com o celular. Limite o tempo que o seu garoto passa jogando e não confie nos engenheiros que idealizaram o jogo – muitos deles, infelizmente, estão a serviço das trevas! Fique atento e não despreze seus filhos!

Vamos orar

Senhor, louvamos ao Filho do Homem que veio salvar nossos filhos com amor e graça. Agradecemos os anjos que trabalham incansavelmente e os Céus que se empenham por nossas famílias. Obrigado por nos confiares a missão de guiar e proteger os pequenos do Teu rebanho. Em nome de Jesus, amém.

Fale diretamente

10
DE MARÇO

Devocional • 69 de 365

Se o seu irmão pecar contra você, vá e repreenda-o em particular. Se ele ouvir, você ganhou o seu irmão.
Mateus 18.15, NAA

Quanto mais perto as pessoas estão, mais nos atingem. Tendo intenção ou não, as pessoas pecam contra nós e nos ferem. A família é um lugar de proximidade, cheio de afeto e atenção, mas também pode ser um lugar de atrito e dores. O marido pode ser rude; a esposa, resmungona; os filhos, ingratos; a sogra, cruel; a mãe, intrometida. A lista não tem fim, porque nossa natureza caída nos leva a ferir e a sermos feridos.

Além de tudo, Jesus nos diz que se alguém pecar contra nós, devemos chamar a pessoa e explicar o que aconteceu. A palavra pode significar: "repreender", "arguir" (ARA), "conversar" (AM), "mostrar-lhe o erro" (NVI), ou "chamar-lhe a atenção" (NVT). Isso dá trabalho. Sim. Parece injusto, pois a iniciativa deveria ser dele. De fato, Jesus diz que se ele souber que você ficou aborrecido, ele deve procurá-lo e acertar as contas (cf. Mateus 5.24, NAA). Porém, nem sempre a pessoa que pecou percebe que errou contra você. Por vezes, percebe, mas acredita ser um assunto de menor importância e não toma as providências necessárias para pedir perdão.

Qualquer que seja a situação, você precisa agir para restaurá-la. Procure perdoar antecipadamente e busque o diálogo na esperança de que haja mudança na. Concentre-se em abençoar a pessoa, para que ela se livre daquele pecado. Faça o que estiver ao seu alcance para não usar a conversa para ferir ou se vingar, pois, do contrário, você pode perder a aprovação do Espírito Santo naquele momento (cf. Efésios 4.30). Ore antes.

Resista à tentação de contar para terceiros. Mantenha o assunto em segredo, pelo menos até falar com o ofensor. Não precisa fazer queixa do filho para o cônjuge antes de conversar com ele, muito menos fazer queixa do cônjuge para o filho. Traga o Céu para casa. Busque reconciliação.

Resista à tentação de contar para terceiros o que aconteceu. Mantenha o assunto em segredo, pelo menos até você falar com o ofensor.

Destaque: Coragem

Notas

Vamos orar

Senhor, ajuda-nos a buscar a reconciliação e perdoar com amor, mesmo quando feridos. Ensina-nos a dialogar com sabedoria e a trazer o Céu para nossos lares, promovendo a paz e a unidade. Em nome de Jesus, amém.

@prjosuegoncalves
@pra.rousegoncalves

11

DE MARÇO

Devocional • 70 de 365

A igreja ajuda

Mas, se não ouvir, leve ainda com você uma ou duas pessoas, para que, pelo depoimento de duas ou três testemunhas, toda questão seja decidida.
Mateus 18.16, NAA

Toda confrontação demanda arrependimento, confissão e um acordo de novo início. "Se ele ouvir, você ganhou o seu irmão".

Destaque:
Confrontação

Notas

O pecado não pode correr livremente, já que "um pouco de fermento leveda toda a massa" (Gálatas 5.9, NAA). O pecado de um membro da família afeta a todos com quem convive: violência verbal, abuso, ameaças, traições, roubo, vícios, etc.

Toda confrontação demanda arrependimento, confissão e um acordo de novo início. "Se ele ouvir, você ganhou o seu irmão" (Mateus 18.15, NAA). Esse é o ideal da santificação: a família se aconselha, fala a verdade em amor e perdoa. No entanto, o pecado pode enganar, e o pecador, mesmo reconhecendo sua culpa, pode não demonstrar intenção de mudança. Quando isso acontece, torna-se necessária a intervenção da igreja.

Duas ou três testemunhas confiáveis e discretas devem acompanhar o processo. Essas testemunhas devem questionar, ouvir com discernimento e exortar o irmão em pecado a arrepender-se e abandonar a prática pecaminosa. Todo o processo pode demorar meses, dependendo de como o Espírito Santo direcionar.

Novamente, "Se ele ouvir, você ganhou o seu irmão", caso contrário, toda igreja será envolvida. Nesse ponto, ocorre a exposição, mas devemos confiar em Jesus e seguir suas instruções. Toda igreja deve orar e buscar convencer o pecador a abandonar o pecado. Se ele resistir, será excluído da igreja – ou da comunhão –, ficando fora da proteção dos filhos de Deus.

Essa é sempre uma situação dolorosa para a família. Ele não será excluído da casa, mas da igreja, o que revela a gravidade da situação e evidencia a necessidade de arrependimento. O perdão deve acolher o pecador quando ele se arrepender, e tudo será restaurado.

Vamos orar

Senhor, traz arrependimento e transformação àqueles que estão em pecado. Conduze-nos com amor e sabedoria no confronto, restaurando relacionamentos e fortalecendo nossa família na santidade. Que sejamos guiados pelo Teu Espírito Santo. Em nome de Jesus, amém.

@ prjosuegoncalves
@ pra.rousegoncalves

O perdão recorrente

12
DE MARÇO

Devocional • 71 de 365

Então Pedro, aproximando-se, perguntou a Jesus: Senhor, até quantas vezes meu irmão pecará contra mim, que eu lhe perdoe? Até sete vezes? Jesus respondeu: Não digo a você que perdoe até sete vezes, mas até setenta vezes sete.
Mateus 18.21-22

Um professor de ensino fundamental costumava ostentar um caderninho, no qual mantinha uma lista de alunos que "aprontavam". Ele costumava ameaçar a turma dizendo que quem não se comportasse faria parte daquele caderno sombrio. Pode até parecer engraçado, mas a verdade é que temos o hábito de cultivar listas semelhantes – não no papel, mas na mente –, onde anotamos e contamos silenciosamente os erros daqueles que falham conosco.

"Combinou de lavar a louça e foi embora"; "Pediu emprestado e não devolveu"; "Respondeu de maneira rude novamente"; "Já é a terceira vez que me envergonha na frente dos meus amigos!". Depois de um tempo contando, declaramos: "Já basta, isso já é demais, não quero mais esse relacionamento".

Não podemos nos esquecer do contexto: como lemos ontem, Jesus nos orienta a advertir com amor aqueles que nos aborrecem, para que tenham a oportunidade de reconhecer o erro e pedir perdão. E, se não houver arrependimento, o Senhor ordena que perdoemos e descartemos a contagem. Usando a ilustração do temido caderninho do professor, se a pessoa pedir perdão de forma sincera, a página deve ser arrancada e lançada ao fogo.

Quantas vezes uma esposa comunicativa tropeçará nessa área e falará além do necessário? Quantas vezes um marido colérico elevará o tom de voz? Quantas grosserias e ofensas proferimos diariamente? Se não abandonarmos a contagem de erros, os relacionamentos se tornarão insustentáveis. Mas a sua casa precisa ser um pedaço do Céu, onde os perdoados por Cristo perdoam seus ofensores sempre que for necessário.

Se não abandonarmos a contagem de erros, os relacionamentos se tornarão insustentáveis.

Destaque:
Recorrência

Notas

Vamos orar

Senhor, ensina-nos a perdoar sem limites, assim como temos sido perdoados por Cristo. Ajuda-nos a abandonar as contagens de erros, para que nossos lares sejam pedacinhos do Céu, marcados pela graça e reconciliação. Em nome de Jesus, amém.

prjosuegoncalves
pra.rousegoncalves

13

DE MARÇO

Devocional • 72 de 365

Torturadores mentais

Então o senhor, chamando aquele servo, lhe disse: “Servo malvado, eu lhe perdoei aquela dívida toda porque você me implorou. Será que você também não devia ter compaixão do seu conservo, assim como eu tive compaixão de você?”.
Mateus 18.32,33, NA

Quem guarda mágoa relembra a ofensa repetidamente. A dor do passado é revisitada a todo instante. Quem não perdoa traz consigo o ofensor mais vil para onde quer que vá.

Destaque:
Sensatez

Notas

Jesus contou a história de um rei que perdoou uma dívida gigantesca de um servo, mas este não quis perdoar a pequena dívida de outro. Quando o rei soube, entregou o servo aos carrascos para ser atormentado.

Há pecados graves que não queremos perdoar. Uma mãe, cujo filho foi morto ao ser arrastado por um ladrão em seu carro, vive uma dor impensável pela perda brutal de seu menino. Não perdoar uma ofensa parece mesquinharia, mas não perdoar o ladrão que arrastou o menino parece razoável, mas não é. Jesus espera que nós perdoemos de coração a quem nos ofende, independentemente da gravidade da ofensa. Quem guarda mágoa adoece, e o Senhor deseja que tenhamos saúde. Quem guarda mágoa relembra a ofensa repetidamente. A dor do passado é revisitada a todo instante. Quem não perdoa carrega consigo o ofensor mais vil para onde quer que vá.

Além disso, fomos perdoados por Deus, e a graça dispensada a nós deve servir de modelo e combustível para perdoarmos os nossos ofensores. Se a mulher que perdeu o filho perdoa os ladrões, torna-se a maior beneficiada, e o nome do Senhor é glorificado. Todo mandamento de Deus é para o nosso bem.

Perdoar não é o mesmo que confiar novamente. A confiança exige mudança por parte do ofensor e é reconstruída gradualmente; já o perdão é instantâneo e obrigatório para o seguidor de Cristo. O perdão deve ser mantido até que a lembrança já não machuque nem doa mais.

Que a sua casa seja um ambiente de perdão. Uma vez que a questão foi resolvida, não se deve mais trazer a questão à tona no futuro. Agindo assim, vocês se libertarão do atormentador mental.

Vamos orar

Deus, ensina-nos a perdoar de coração, como fomos perdoados pelo Senhor. Ajuda-nos a liberar toda mágoa, glorificando Teu nome. Que nossa casa seja um ambiente de perdão e restauração, livre do tormento do passado. Em nome de Jesus, amém.

Divórcio é exceção

14
DE MARÇO

Devocional · 73 de 365

Eu, porém, lhes digo: quem repudiar a sua mulher, não sendo por causa de relações sexuais ilícitas, e casar com outra comete adultério.
Mateus 19.9, NAA

A esmagadora quantidade de textos do Novo Testamento que trata de divórcio, proíbe-o (cf. Mateus 5.31-32; Marcos 10.1-12; Lucas 16.18; 1Coríntios 7.10, 39). Definitivamente, Jesus não espera que um casal se separe. Essa realidade é tão radical que os discípulos disseram que era melhor nem se casar; e Jesus concordou (cf. Mateus 19.10-11).

Casamento é algo sério aos olhos de Deus, pois espelha a relação entre Cristo e a Igreja. É no lar que as pessoas são acolhidas e têm sua identidade e valor estabelecidos. Não por acaso, quando Jesus veio ao mundo, fez parte de uma numerosa família.

Há, contudo, uma cláusula de exceção para o divórcio: a não ser "por causa de relações sexuais ilícitas". Essa é a única razão que poderia autorizar um divórcio com segundo casamento.

Estudiosos da Bíblia divergem quanto ao que seria essa exceção. John Piper afirma que não há exceção alguma, pois o texto se referiria apenas a um "noivado" judeu, em que a mulher teve relações com outro homem antes de se unir ao marido. Outros defendem que a exceção seria o adultério. Ambos os posicionamentos ainda são considerados conservadores diante da realidade atual da igreja, onde a taxa de divórcios entre os que se dizem povo de Deus é, lamentavelmente, semelhante à dos que não servem ao Senhor.

O divórcio é prejudicial aos cônjuges e ainda mais aos filhos. Se o Senhor o proibiu, é porque Ele provê os recursos necessários para restaurar os casamentos. Mais do que isso, Ele tem poder para transformar nossos lares em verdadeiros pedacinhos do Céu. O divórcio é exceção e deve ser evitado a todo custo.

Se o nosso Senhor proibiu o divórcio, é porque Ele tem os recursos para salvar e restaurar os casamentos.

Destaque:
Exceção

Notas

Vamos orar

Senhor, fortalece os casamentos, restaurando lares pela Tua graça. Ajuda-nos a viver conforme Tua vontade, evitando o divórcio e refletindo o amor entre Cristo e a Igreja. Que nossos lares sejam pedaços do Céu na Terra. Em nome de Jesus, amém.

15

DE MARÇO

Devocional • 74 de 365

Leve as crianças a Cristo

Jesus, porém, disse: Deixem os pequeninos e não os impeçam de vir a mim, porque dos tais é o Reino dos Céus.
Mateus 19.14, NAA

O trabalho dos pais, portanto, é conduzir os filhos a Jesus e interceder por eles.

Destaque:
Intercessão

Notas

A infância é um período estratégico para lançar os fundamentos da fé cristã no coração. Crianças são como uma folha em branco, e Jesus as ama profundamente.

O Mestre afirmou claramente que o Reino dos Céus pertence às crianças. E foi além, Ele ensinou que quem não receber o Reino como uma delas não poderá entrar nele.

"Pais, não provoquem seus filhos, sendo duros demais com eles. Tratem de segurá-los pela mão para guiá-los no caminho do Senhor" (Efésios 6.4, AM). Essa é a função dos pais. Um futuro pastor é avaliado pelos filhos que tem, que devem ser "crentes que não são acusados de devassidão, nem são insubordinados" (Tito 1.6, NAA). Aos pais cabe ensinar, dar exemplo e treinar corretamente os filhos, mas cabe a eles decidirem-se por Cristo.

É a graça de Deus que convida, que atrai; é o Espírito Santo quem os convence. Por mais que um pai deseje que sua filha nasça de novo, não tem poder para fazer isso acontecer. Por mais que uma mãe saiba que se o filho não for salvo, não conseguirá superar esse ou aquele pecado, ela não é capaz de dar ao filho um novo coração. Somente Jesus pode! A boa nova é que Ele ama os pequenos. Jesus gosta tanto dos pequenos que repreende quem tenta impedi-los de se aproximar d'Ele. Jesus quer dar um novo coração a elas também.

O trabalho dos pais, portanto, é conduzir os filhos a Jesus e interceder por eles. Para levar os filhos a Cristo, a mãe precisa ser exemplo e trabalhar como uma treinadora, que acompanha, corrige e observa passo a passo, sempre apontado para o modelo, para a perfeição que é Cristo. Um pai que treina sua filha, prega o Evangelho a ela a todo instante, apresentando Jesus como uma pessoa viva, e não como uma ideia religiosa ultrapassada.

Vamos orar

Senhor, Deus da família, desejamos conduzir nossos filhos a Jesus para que sejam abençoados. Ajuda-nos a fazer parte de uma igreja local e que cooperemos com o programa infantil. Dá-nos graça para ensiná-los no dia a dia e que estejamos unidos com nosso cônjuge nesse propósito. Em Cristo, oramos, amém.

Não se assustem

E vocês ouvirão falar de guerras e rumores de guerras. Fiquem atentos e não se assustem, porque é necessário que isso aconteça, mas ainda não é o fim.
Mateus 24.6, NAA

16
DE MARÇO

Devocional • 75 de 365

Jesus está voltando. Maranata, ora vem Senhor Jesus! Um dia Deus encerrará a contagem de anos atual e começará outra. Ele virá com Cristo pessoal e visivelmente à Terra para estabelecer o Seu Reino de maneira global, política e militar. Jesus há de reinar sobre todo o Planeta e, então, finalmente, teremos uma Terra completamente abençoada.

Devemos estar desejosos e prontos para o encontro com Deus. Quando será isso? Ninguém sabe. Jesus explicou que "[...] a respeito daquele dia e hora ninguém sabe, nem os anjos dos Céus, nem o Filho, senão o Pai" (Mateus 24.36, NAA). Quando disse isso, Ele ainda não havia ressuscitado nem retornado ao Céu. Cremos que, agora, Jesus já saiba quando será esse dia, mas, fora Ele e o Pai, ninguém mais o sabe.

O mundo está caótico. O pecado desgraçou a raça humana que, a cada avanço tecnológico, aperfeiçoa-se mais em matar, oprimir e usurpar. As pessoas se matam por dinheiro, ideologia, poder, riquezas naturais e toda sorte de futilidades. Mesmo assim, Deus protege os Seus. A sua casa é guardada pelo Senhor, e, ainda que sejamos perseguidos, ninguém poderá remover de nós a presença do Espírito Santo de nós nem mudar o nosso destino eterno.

"Não se assustem, porque é necessário que isso aconteça", está na agenda do Todo-Poderoso, que tem a história em Suas mãos. Os cristãos que sofrem injustiça serão recompensados no Céu; quem entrega a sua vida por causa do Evangelho, viverá eternamente! Deus é o Senhor da história, e tudo está sob o controle do nosso Pai celestial.

Dedique-se ao Senhor e tenha n'Ele a sua segurança. Permaneça firme até o fim, pois em breve O veremos – seja pela morte, seja por Sua volta gloriosa.

Essa é a esperança de todo cristão! E devemos estar desejosos e prontos para o encontro com Deus. Quando será isso?

Destaque:
Confiança

Notas

Vamos orar

Senhor Deus, juiz do Céu e da Terra, soberano Rei. Obrigado pela esperança de que um dia o Senhor fará justiça plena. Em nome de Jesus, amém.

17 DE MARÇO

Devocional • 76 de 365

Surpresa!

Portanto, vigiem, porque vocês não sabem o dia nem a hora.
Mateus 25.13, NAA

Se Jesus viesse e encontrasse a família assistindo a um programa, Ele ficaria à vontade?

Destaque:
Vigilância

Notas

Uma esposa diligente mantém a casa sempre organizada. Porém, quando a visita é alguém ilustre, o padrão do que se considera "organizado" sobe. Pequenos objetos na mesinha já não podem ficar ali. A cadeira com estofado desgastado precisa ser trocada ou consertada. Os livros devem ser limpos, os enfeites alinhados, a sala varrida – tudo pode melhorar um pouco. Afinal, a visita está para chegar.

Assim deve ser o nosso cuidado com a família que o Senhor nos confiou. Jesus garantiu que ninguém sabe quando Ele voltará para julgar a Terra. "Por isso, estejam também vocês preparados, porque o Filho do Homem virá à hora em que vocês menos esperam" (Mateus 24.44, NAA). Ele garante a surpresa. Mesmo esperando a pessoa, quando a campainha tocar, levaremos um susto.

Jesus nos encoraja a vigiar. Como está nossa vida com Deus? Que tipo de vocabulário usamos no dia a dia? Se Jesus viesse agora e encontrasse a família assistindo à TV, Ele se sentiria à vontade com o que está sendo visto? Ficaria feliz com o humor da filha caçula? Orgulhoso da devoção do filho mais velho? Elogiaria o sacerdócio do marido e a maneira como a esposa tem seguido sua liderança com alegria?

Jesus contou a história de jovens que esperavam a chegada de um noivo. Metade delas era prudente e tinha azeite de reserva – e por isso pôde participar da festa; as outras, despreparadas, ficaram de fora.

Que tal reorganizar a agenda da família como se Jesus fosse nos visitar na próxima semana? Preparemos o coração e a devoção para esperá-Lo. Acertemos os "ponteiros" entre os membros da casa, ajustando os relacionamentos e promovendo reconciliação. Abandonemos os entretenimentos vazios e voltemo-nos ao Senhor, vivendo para o Seu Reino. Afinal, Ele está chegando.

Vamos orar

Senhor, ajuda-nos a vigiar e preparar nosso coração e nossa família para a Tua vinda. Restaura nossa devoção, alinha nossos caminhos e purifica nossos lares para vivermos em santidade, sempre prontos para o encontro com o Senhor. Em nome de Jesus, amém.

@ prjosuegoncalves
@ pra.rousegoncalves

Plena certeza da verdade

Visto que muitos já empreenderam uma narração coordenada dos fatos que entre nós se realizaram, conforme nos transmitiram os que desde o princípio foram deles testemunhas oculares e ministros da palavra, igualmente a mim pareceu bem, depois de cuidadosa investigação de tudo desde a sua origem, dar-lhe por escrito, excelentíssimo Teófilo, uma exposição em ordem, para que você tenha plena certeza das verdades em que foi instruído.

Lucas 1.1-4, NAA

18

DE MARÇO

Devocional • 77 de 365

Jesus não é um personagem extraído de um conto de fadas. O Evangelho não é resultado de um êxtase sobre um indivíduo e seus oráculos, mas sem fatos. O Dr. Lucas, um médico do primeiro século, fez a introdução de seu Evangelho dizendo que já havia uma "narração coordenada dos fatos". A palavra que deu origem a "fatos" é *pragma*, que significa "aquilo que foi feito, obra, fato consumado, aquilo que é ou existe".

O evangelista ocupa-se de "fatos que entre nós se realizaram", acontecimentos de conhecimento público, narrados quando havia muitas testemunhas oculares vivas para atestar (ou não) o que ele escreveu! Isso é muito diferente de um homem afirmar que teve uma visão de anjos que não pode ser questionada! O relato é verídico, porque foi extraído de "testemunhas oculares". Lucas entrevistou gente que escreveu: "[...] o que temos ouvido, o que temos visto com os nossos próprios olhos, o que contemplamos, e as nossas mãos apalparam, com respeito ao Verbo da vida" (1João 1.1, ARA).

O dr. Lucas entrevistou pessoas que viram e tocaram em Jesus; em seguida, organizou cuidadosamente os relatos e os registrou por escrito, para que o discípulo Teófilo tivesse plena certeza das verdades em que foi instruído.

Ensine a Bíblia na sua casa, pois ela é totalmente confiável. Há séculos, ela resiste aos escrutínios mais rigorosos. Ela é suficiente, inerrante e infalível. Que seja o principal livro da sua casa.

O Dr. Lucas entrevistou pessoas que viram e tocaram em Jesus; em seguida, organizou cuidadosamente os relatos e os registrou por escrito, para que o discípulo Teófilo tivesse plena certeza das verdades em que fora instruído.

Destaque:
Certeza

Notas

Vamos orar

Pai, somos gratos ao Senhor pela veracidade e confiabilidade da Tua Palavra. Ajuda-nos a ensiná-la em nosso lar, reconhecendo-a como suficiente e inerrante. Que a Bíblia seja o fundamento da nossa fé e o guia para nossa vida. Em nome de Jesus, amém.

@ prjosuegoncalves
@ pra.rousegoncalves

19

DE MARÇO

Devocional • 78 de 365

Justos, mas sem filhos

[...] houve um sacerdote chamado Zacarias, do turno de Abias. A mulher dele era das filhas de Arão e se chamava Isabel. Ambos eram justos diante de Deus, vivendo de forma irrepreensível em todos os preceitos e mandamentos do Senhor. Eles não tinham filhos, porque Isabel era estéril, e os dois já tinham idade avançada.
Lucas 1.5-7, NAA

Nem todo problema é consequência de pecado.

Destaque:
Soberania

Notas

Que adorável casal de velhinhos deviam ser Zacarias e Isabel. Ambos procediam de famílias sacerdotais há várias gerações. Somente os descendentes das tribos de Levitas e de Arão podiam entrar no Santo Lugar e no Santo dos Santos. Lucas diz que eles eram "justos diante de Deus" – um dos maiores títulos que alguém poderia receber no contexto do judaísmo.

Como não bastasse serem *tsadiqiym* (justos), eles viviam de "forma irrepreensível em *todos* os preceitos e mandamentos do Senhor". E são mais de seiscentas ordenanças! Além do mais, Deus esperava que elas fossem cumpridas de coração, não apenas no exterior. Portanto, é admirável que sejam chamados justos.

Ainda assim, não tinham filhos. Nem todo problema é consequência de pecado. Andar corretamente não é garantia de ter suas orações respondidas no tempo desejado. Jó era justo e sofreu muito. Ao longo dos séculos, cristãos foram – e ainda são – injustiçados e martirizados. Somente Deus conhece a nossa dor e o nosso coração.

"E os dois já tinham idade avançada"! Aos olhos de todos, nada mais podia ser feito. O casal morreria sem filhos. Mas Deus tinha planos diferentes para eles.

Ao lermos o relato completo, veremos que eles se tornaram pais mesmo com idade avançada, porque "[...] para Deus não haverá impossíveis em todas as suas promessas" (Lucas 1.37, ARA). Deus ainda não terminou com você. Ainda dá tempo. Ele é "quem farta de bens a tua velhice, de sorte que a tua mocidade se renova como a da águia" (Salmos 103.5, ARA). Fique firme e disponha-se ao Senhor.

Vamos orar

Pai de amor, é maravilhoso contemplar o exemplo de Zacarias e Isabel, que confiaram no Teu cuidado. Que o Teu povo seja fortalecido na espera, confiando que todas as Tuas promessas são possíveis. Em nome de Jesus, amém.

Pais de profeta

E eis que apareceu a Zacarias um anjo do Senhor, em pé, à direita do altar do incenso. Ao vê-lo, Zacarias ficou assustado, e o temor se apoderou dele. O anjo, porém, lhe disse: — Não tenha medo, Zacarias, porque a sua oração foi ouvida. Isabel, sua esposa, dará à luz um filho, a quem você dará o nome de João [...] ele será grande diante do Senhor [...] E irá adiante do Senhor no espírito e poder de Elias [...].

Lucas 1.11-13,15,17

20

DE MARÇO

Devocional • 79 de 365

Quando Deus demora para responder a uma oração, pode ser que Ele queira realizar o extraordinário. Isabel e Zacarias oraram por um filho durante anos. Para uma mulher judia daquela época, não ter filhos era uma grande vergonha. As estéreis eram vistas como amaldiçoadas por Deus, que as tornara estéreis (cf. 1Samuel 1.5). Zacarias, provavelmente, seguiu o exemplo do patriarca Isaque – que orou por sua esposa, Rebeca, e ela pode ter filhos (cf. Gênesis 25.21) –, mas sem efeito, pois Isabel já estava idosa e já não ovulava há tempos. As esperanças de ter um filho haviam ficado para trás, deixando uma dor profunda.

Tanto João Batista como Jesus nasceram sobrenaturalmente e tal elemento sobrenatural indicava uma unção diferenciada sobre eles.

De um momento para o outro, o casal que já planejara se aposentar, vê-se diante do desafio de criar um filho. Não um filho comum, mas um profeta, sobre quem recaíam inúmeras restrições e exigências. Eles não teriam um filho qualquer, não seriam como os outros pais nem desfrutariam dos prazeres comuns de gerar filhos na juventude. Todavia, eles ganhariam um privilégio único: gerar e cuidar de João Batista, o maior homem nascido de mulher (cf. Mateus 11.11), aquele que prepararia o caminho para a chegada de Jesus.

Dedique-se à criação dos seus filhos como se fossem profetas, pois Deus tem planos para os filhos de pais dedicados e consagrados. Exerçam o sacerdócio de vocês e tragam o Céu para dentro de casa.

Quando Deus demora para responder a uma oração, pode ser que Ele queira realizar o extraordinário.

Destaque: Responsabilidade

Notas

Vamos orar

Pai celeste, agradecemos pelo exemplo de Zacarias e Isabel, que receberam Tua promessa no tempo certo. Que cada lar seja um espaço de dedicação e fé, onde filhos são criados para cumprir os planos extraordinários do Senhor. Em nome de Jesus, amém.

@ prjosuegoncalves
@ pra.rousegoncalves

21

DE MARÇO

Devocional · 80 de 365

Mãe abençoada

Mas o anjo lhe disse: — Não tenha medo, Maria; porque você foi abençoada por Deus. Você ficará grávida e dará à luz um filho, a quem chamará pelo nome de Jesus. Este será grande e será chamado Filho do Altíssimo. Deus, o Senhor, lhe dará o trono de Davi, seu pai. Ele reinará para sempre sobre a casa de Jacó, e o seu reinado não terá fim.
Lucas 1.30-33, NAA

Mãe, seus filhos podem não ser perfeitos como Jesus, mas Deus espera que eles se tornem filhos d'Ele.

Destaque:
Privilégio

Notas

Maria foi a única mulher que teve um filho perfeito. O filho de Maria foi o maior homem que pisou neste Planeta. Ele foi "grande" e foi "chamado Filho do Altíssimo", porque Ele era, na época, o único filho de Deus, o único que tinha a natureza divina do Pai. Hoje em dia, todos que creem em Jesus e confessam que Ele morreu no lugar da humanidade e ressuscitou dos mortos recebem a natureza divina, pelo Espírito Santo. Mas, naquela época, Jesus era o Unigênito e, depois de ressuscitar, tornou-se o Primogênito.

Jesus nasceu com a nobreza de um rei, Ele era o, "[...] Maravilhoso Conselheiro, Deus Forte, Pai da Eternidade, Príncipe da Paz" (Isaías 9.6, ARA). Ele veio cumprir a primeira parte de Seu trabalho real: pagar o preço pelos pecados da humanidade e resgatar para o Seu Pai uma multidão de homens e mulheres de todas as nações, para servirem a Deus por toda a eternidade.

Mãe, seus filhos podem não ser perfeitos como Jesus, mas Deus espera que eles se tornem filhos d'Ele. O alvo principal da criação de filhos é fazer deles filhos de Deus e, depois, formar neles um caráter semelhante ao do irmão mais velho, Jesus; afinal, Ele nunca foi desobediente, nunca fez birra, nunca envergonhou a mãe nem foi ingrato.

Entre todas as mulheres que já pisaram na Terra, Maria foi a escolhida para emprestar seu ventre ao Filho de Deus. E você foi escolhida para cuidar desses que lhe foram confiados para que você os ensine "na disciplina e na admoestação do Senhor" (Efésios 6.4, ARA). Conte com o Pai, com o Filho e com o Espírito Santo para auxiliá-la nessa tarefa. Conte com as Escrituras e com a Igreja.

Vamos orar

Pai de amor, é maravilhoso contemplar o Teu plano perfeito revelado em Jesus. Que cada filho nosso seja conduzido a ser também Teu filho e busque o caráter de Cristo. Que nós, pais, sejamos fortalecidos e guiados nessa missão. Em nome de Jesus, amém.

Deus controla a história

Naqueles dias, foi publicado um decreto de César Augusto, convocando toda a população do Império para recensear-se. José também saiu da Galileia, da cidade de Nazaré, e foi para a Judeia, até a cidade de Davi, chamada Belém, por ser ele da casa e família de Davi, E aconteceu que, estando eles ali, chegou o tempo de ela ter a criança.
Lucas 2.1,4,6, NAA

22

DE MARÇO

Devocional • 81 de 365

O que se passou na cabeça do casal José e Maria quando receberam a notícia de que teriam de fazer uma exaustiva viagem de dois dias, com Maria grávida de nove meses, somente para serem contados pelo governo romano? Será que o casal questionou a Providência? "Este não é o filho de Deus?"; "Não estamos obedecendo exatamente ao que Ele nos falou?"; "Será que Deus se esqueceu de nós?"; "Será que entendemos errado as instruções?".

Nós também fazemos perguntas difíceis quando estamos sofrendo e não conseguimos enxergar o quadro todo. Questionamos a nós mesmos – e, por vezes, até a Deus. Não digo que aquele casal tenha feito isso, mas afirmo, sem medo de errar, que perguntas difíceis surgem em nosso coração quando sentimos medo.

Jesus precisava nascer em Belém, pois havia uma profecia que dizia que "[...] Belém, terra de Judá [...] de você sairá o Guia que apascentará o meu povo, Israel" (Mateus 2.6; cf. Miqueias 5.2). O Senhor, o dono da história, havia determinado séculos antes onde deveria nascer o Messias, Seu Filho, e colocou no coração do Imperador a necessidade de fazer um recenseamento, através do qual Jesus cumpriria mais uma de inúmeras profecias a Seu respeito.

Mesmo que hoje você não entenda tudo, mesmo que haja desconfortos e contratempos, se você é filho de Deus, saiba que Ele controla a história e tem um destino nobre e eterno para você e sua família. Confie n'Ele. Você pode dizer que está sofrendo e não entende o que acontece, mas não se esqueça de dizer que confia n'Ele, pois sabe que o Senhor é todo-poderoso e extremamente bondoso.

Nós também fazemos perguntas difíceis quando sofremos e não conseguimos enxergar o quadro todo.

Destaque:
Confiança

Notas

Vamos orar

Senhor, somos gratos por Tua perfeita providência, que cumpre as promessas mesmo em meio aos contratempos. Ficamos maravilhados com o Teu controle absoluto da história, conduzindo-nos a um destino eterno e glorioso. Confiamos plenamente em Teu amor. Em nome de Jesus, amém.

prjosuegoncalves
pra.rousegoncalves

23

DE MARÇO

Devocional • 82 de 365

Lutas e legados

Então Maria deu à luz o seu filho primogênito, enfaixou o menino e o deitou numa manjedoura, porque não havia lugar para eles na hospedaria.
Lucas 2.7, NAA

Aquela cena inédita na História serviu de sinal.

Destaque:
Legado

Notas

Quando enfrentamos dificuldades, não imaginamos que aquela situação se tornará uma história a ser contada aos filhos, netos e às gerações futuras. Quantas aventuras já vivemos que, no momento, não tiveram graça alguma, mas que depois recontamos com risadas.

Imagine uma mulher grávida de nove meses, quase em trabalho de parto, chegar a uma cidade, depois de dois dias de penosa viagem, e não encontrar um quarto sequer nas hospedarias da região? Que aflição, que surpresa desagradável, que sensação de abandono!

Todos desejamos ser tratados com honra, respeito e consideração, e quando nossos desejos mais básicos não podem ser atendidos ficamos aborrecidos e estarrecidos. Maria e José encontraram um estábulo, alguns acreditam que ficava em uma gruta cavada na Pedra, e ali se acomodaram. O parto era iminente e naquele aconchegante improviso nasceu o Filho de Deus. Um parto fácil, sem complicações e uma mãe com o filho nos braços, envolvendo-O em panos e fazendo da manjedoura o primeiro berço do Rei dos reis.

Aquela cena inédita na História serviu de sinal, e o anjo, que chegou com a enorme comitiva de anjos músicos e celebrantes reais, disse para os pastores: “E isto servirá a vocês de sinal: vocês encontrarão uma criança envolta em faixas e deitada em manjedoura” (Lucas 2.12, NAA). Que extraordinário, a ideia da mãe se tornou um sinal para os pastores e a história é contada há mais de dois mil anos, em diversos idiomas.

Maria e José já estão no Céu, aguardando a ressurreição. Agora é a sua vez de manter a confiança, ainda que diante das adversidades, entendendo que Deus não faz do mesmo jeito e, mesmo sem entender tudo, você pode trabalhar com dedicação, encarar os desafios e desconfortos com fé, sabendo que Ele é o mesmo Deus de José e Maria. Assim como cuidou da família do Senhor Jesus, também cuidará da sua.

Vamos orar

Pai amado, louvamos Teu cuidado perfeito, que transforma adversidades em histórias de fé e esperança. Mesmo em momentos difíceis, confiamos em Teu amor, certos de que o Senhor cuida da nossa família, assim como cuidou de Maria e José. Em nome de Jesus, amém.

Tradições abençoadoras

Passados os dias da purificação deles segundo a Lei de Moisés, levaram o menino a Jerusalém para o apresentar ao Senhor.
Lucas 2.22, NAA

24
DE MARÇO

Devocional • 83 de 365

Jesus passou por várias cerimônias, pois Ele cumpria rigorosamente a Lei de Moisés, dada aos israelitas por Deus. Hoje não precisamos guardar a Lei de Moisés, porém há algumas cerimônias e liturgias que guardamos.

Se você se lembra, antes da décima praga, os israelitas celebraram a Páscoa e colocaram o sangue do cordeiro morto nos batentes da porta. Dessa maneira, quando o anjo da morte passou, pulou as casas dos israelitas, mas matou todos os primogênitos dos egípcios. A partir daí, Deus definiu que o filho mais velho de cada família israelita pertenceria a Ele e seria "resgatado" por um determinado valor em dinheiro. Foi isso o que José e Maria fizeram com o bebê Jesus, quando tinha uns 40 dias de nascido.

Ainda hoje, algumas igrejas consagram filhos e filhas, dos primogênitos aos caçulas, para contar que Jesus, como o primogênito da família, foi consagrado ao Senhor. Naquela época, somente os meninos primogênitos eram consagrados. Assim, a cerimônia relembra uma história bíblica e inclui a família nas bênçãos de Deus.

Temos algumas festas que podemos celebrar alegremente: O Natal, a Páscoa e o Dia de Ação de Graças. Além disso, temos as ordenanças, – o Batismo e a Ceia do Senhor. Devemos incluir nossa família em todas as boas tradições: cultos semanais, reuniões de oração, festas anuais e, obviamente, cumprir as duas ordenanças. Aliás, deve ser motivo de grande alegria para a família quando um filho rende a vida a Jesus e decide passar pelo batismo. Devemos compreender as tradições e ser capaz de explicar sobre elas, assim a cultura do Reino de Deus torna-se abundante em nossa casa.

Devemos incluir nossa família em todas as boas tradições: cultos semanais, reuniões de oração, festas anuais e, obviamente, cumprir as duas ordenanças.

Destaque:
Tradição

Notas

Vamos orar

Senhor, agradecemos a Jesus por cumprir Tua Lei perfeitamente e nos ensinar a importância das tradições que apontam para Teu amor. Ajuda-nos a incluir nossa família em celebrações e ordenanças, cultivando a cultura do Teu Reino em nossos lares. Em nome de Jesus, amém.

prjosuegoncalves
pra.rousegoncalves

25

DE MARÇO

Devocional • 84 de 365

Investimento recompensado

Todos os anos os pais de Jesus iam a Jerusalém, para a Festa da Páscoa. Quando ele atingiu os doze anos, foram a Jerusalém, segundo o costume da festa. [...]o menino Jesus ficou em Jerusalém [...] Três dias depois, o acharam no templo, assentado no meio dos doutores, ouvindo-os e fazendo-lhes perguntas.
Lucas 2.41-43,46, NAA

Embora nossos filhos não sejam perfeitos e sem pecado, há neles grande potencial.

Destaque: Investimento

Notas

O Evangelista Lucas é o único que conta um pouco da infância de Jesus. Os pais de Jesus o levavam à cidade santa – Jerusalém –, onde ficava o Templo, o local onde a presença de Deus estaria concentrada. Sabemos que quem, de fato, trazia consigo a presença de Deus era Jesus, mas percebemos Seu interesse naquele que seria um lugar-chave no trabalho que Ele realizaria anos depois.

Havia em Jesus o desejo de trabalhar mais de perto com Seu Pai, realizando a obra para a qual havia nascido. Era cedo, porém, e Ele ficaria morando com os pais em Nazaré até começar oficialmente o Seu trabalho. Aos doze anos, o Mestre já tinha clareza e entendimento muito acima da média, causando admiração nos que O rodeavam.

Embora nossos filhos não sejam perfeitos e sem pecado, há neles grande potencial. A imagem de Deus foi maculada pela Queda, mas ainda deixou marcas maravilhosas. Jesus afirmou que o Reino de Deus é dos pequenos. Assim como Jesus, aos doze anos, já estava cheio de conteúdo e entendimento, precisamos treinar nossos filhos enquanto estão jovens para absorverem as Escrituras Sagradas com a clareza e a profundidade que suas mentes permitem.

Filhos pequenos têm mais facilidade para entender os mistérios do Reino de Deus que nós, porque absorveram menos mentiras ao longo da vida sendo, portanto, menos desconfiados que os adultos. Assim como os pais de Jesus investiram pesado em Sua criação, você e eu somos convidados a educar os nossos filhos "com a disciplina e a instrução que vêm do Senhor" (Efésios 6.4, NVT). Na excelência não há arrependimento. Seu investimento será recompensado. Faça o melhor hoje.

Vamos orar

Senhor, agradecemos o exemplo de Jesus e a dedicação de Seus pais. Ajuda-nos a criar nossos filhos com sabedoria e amor, para que conheçam e sigam Teus caminhos. Em nome de Jesus, amém.

@ prjosuegoncalves
@ pra.rousegoncalves

Obediência e Céu aberto

Ao ser todo o povo batizado, Jesus também foi batizado. E aconteceu que, enquanto ele orava, o Céu se abriu.
Lucas 3.21, NAA

26
DE MARÇO
Devocional • 85 de 365

Havia um grande movimento em torno do profeta João, conhecido como "o Batista", que era primo de Jesus e havia nascido também de maneira sobrenatural. João trabalhava para o Senhor, batizando e ensinando as multidões. A missão de João era, justamente, preparar o terreno para a chegada de Jesus, que foi até Ele e lhe pediu para ser batizado.

O Evangelho de Mateus nos conta que João afirmou ser mais apropriado que ele fosse batizado por Jesus, e não o contrário. Porém, Jesus disse: "convém cumprir toda a justiça" (Mateus 3.15, NAA). Jesus veio para nos substituir e tomar sobre Si os nossos pecados. Ele estava dando o exemplo, reconhecendo o trabalho de Seu primo e obedecendo às direções do Pai celestial.

Ambos pertenciam a Deus, eles obedeceram ao mandamento do Pai ("convém cumprir"); e João mergulhou Jesus nas águas do Jordão. Jesus estava com aproximadamente 30 anos e Seu batismo marcou o início de Seu ministério público. Ao sair da água, Jesus tirou um tempo de oração, e o Céu se abriu para Aquele que é o único Mediador entre Deus e os homens. Sim, Jesus carregava o Céu em Seu interior, Ele transportava a presença de Deus em Si, pois era o Filho de Deus.

Muitas vezes, não entendemos os mandamentos do Senhor. Alguns não fazem sentido para nós, e somos tentados a desobedecer e, depois, buscar uma desculpa teológica para nosso pecado. Se queremos ter um lar com os Céus abertos sobre nós, um lugar em que ouvimos a voz de Deus em nosso coração e contamos com a aprovação e companhia d'Ele, precisamos obedecer, entendendo ou não.

Se queremos ter um lar com os Céus abertos sobre nós [...] precisamos obedecer, entendendo ou não.

Destaque:
Obediência

Notas

Vamos orar

Senhor, louvamos a obediência de Jesus, que cumpriu toda a justiça. Ajuda-nos a seguir Teu exemplo, vivendo em submissão à Tua vontade e buscando, em todo tempo, a Tua presença em nossa vida. Em nome de Jesus, amém.

@prjosuegoncalves
@pra.rousegoncalves

27

DE MARÇO

Devocional • 86 de 365

Declaração de amor

E aconteceu que, ao ser todo o povo batizado, também o foi Jesus; e, estando ele a orar, o céu se abriu, e o Espírito Santo desceu sobre ele em forma corpórea como pomba; e ouviu-se uma voz do céu: Tu és o meu Filho amado, em ti me comprazo.
Lucas 3.21-22, ARA

A palavra dos pais pode determinar o futuro profético dos filhos.

Destaque:
Declaração

Notas

Para marcar o início do ministério terreno de Jesus, as três pessoas da Trindade se manifestaram. Desde a Queda, quando Adão e Eva se rebelaram contra o Criador, o mundo espiritual se tornou invisível aos homens. O pecado gerou uma separação entre o homem e Deus, de modo que lhe custa perceber a proximidade do Criador. Os Céus se fecharam. Mas, quando Jesus se fez carne, a presença de Deus podia ser vista por qualquer um que olhasse para o Filho de Deus.

Estando os Céus abertos, o Espírito Santo desceu sobre Jesus; Ele foi visto "em forma corpórea como pomba" que pousou e ficou em Jesus, ungindo-O para iniciar Sua difícil tarefa. O Pai celestial também se manifestou ao falar audivelmente. Deus não falou com as pessoas presentes ali, falou com Seu Filho.

"Tu és o meu Filho amado, em ti me comprazo". Não é outro, és Tu! Não somente um Filho, o que já é tremendo, mas um Filho amado, querido, caro, precioso. E mais! Um Filho que deixa Seu Pai muito satisfeito. Dentro de alguns dias, Jesus seria tentado pelo Diabo e Sua identidade posta em xeque, mas o Pai declarou aberta e amorosamente quem Jesus era.

Você usa a sua boca para abençoar ou para amaldiçoar? A influência dos pais pode afetar profeticamente o futuro dos filhos. Você constrói com palavras ou suja o plano de Deus com ofensas e mentiras? Você faz declarações de amor aos seus filhos? Você sabe o poder que existe em uma declaração de amor?

Todos os dias, quando seus filhos vão à escola, o Diabo os tentará, e eles precisarão da sua bênção. Que os ouvidos deles ainda ecoem a sua voz dizendo: Você é meu filho amado. Tenho muita alegria em você.

Vamos orar

Pai santo e compassivo, louvamos ao Senhor pela manifestação do Teu amor no batismo de Jesus. Ajuda-nos a usar nossas palavras para abençoar e fortalecer nossos filhos, refletindo Teu cuidado e graça. Em nome de Jesus, amém.

@ prjosuegoncalves
@ pra.rousegonçalves

Prefiro a palavra

Então o diabo disse a Jesus: — Se você é o Filho de Deus, mande que esta pedra se transforme em pão. Mas Jesus lhe respondeu: — Está escrito: "O ser humano não viverá só de pão".
Lucas 4.3-4, NAA

28
DE MARÇO
Devocional • 87 de 365

Depois do Seu batismo – quando os Céus se abriram e o Espírito Santo desceu e permaneceu sobre Ele, e a voz do Pai bradou que Jesus era o Seu Filho amado em quem Ele tinha muito prazer –, Jesus foi para o deserto onde foi tentado pelo Diabo. Jesus ficou quarenta dias sem comer e, no final do processo, teve fome.

Jesus conhecia o Diabo, pois ele estivera no Céu com os outros anjos antes de se rebelar. A ficha desse ser caído era conhecida pelo Mestre. O Senhor sabia que ele era mentiroso, desde o princípio, e que o trabalho dele era roubar, matar e destruir. Esse mesmo personagem havia tentado nossos antepassados e mentido para eles, levando-os a desconfiar de Deus e a viver por conta própria. Eles preferiram se aliar ao Diabo, a quem deram mais crédito do que às palavras de Deus.

Mais de quatro mil anos se passaram e Jesus está diante do Diabo, a antiga serpente, e recebe dele uma proposta: "Use o seu poder, prove que você é filho de Deus. Faça você mesmo; afinal, você merece. Eu sou mais você. Não é necessário esperar por Deus. Vamos, mate a sua fome, deixe Deus para lá". Essa sugestão foi prontamente rejeitada. Jesus tinha pão em casa, caso quisesse se alimentar. Ele estava ali de livre e espontânea vontade para consagrar-se a Deus e ouvir a divina voz.

Jesus citou Deuteronômio como resposta às três tentações e venceu cada uma delas com o correto uso da Palavra, que foi apresentada como inquestionável e maior autoridade do Universo: "O ser humano não viverá só de pão". Essa é a verdade. Deus é maior que nossas limitações. Ele contém tudo o que existe e Sua Palavra pode formar mundos, fortalecer vidas e ressuscitar mortos. A Palavra de Deus é tudo de que a sua casa precisa, pois ela é viva e procede da boca do próprio Deus.

A Palavra de Deus é tudo de que a sua casa precisa, pois ela é viva e procede da boca do próprio Deus.

Destaque:
Palavra

Notas

Vamos orar

Pai fiel, agradecemos pela vitória de Jesus sobre as tentações. Confiamos em Tua Palavra. Ensina-nos a depender do alimento espiritual que provém do Senhor, reconhecendo que só a Tua voz pode sustentar nossa vida. Em nome de Jesus, amém.

@prjosuegoncalves
@pra.rousegoncalves

29

DE MARÇO

Devocional • 88 de 365

Atalho maligno

Então o diabo o levou para um lugar mais alto e num instante lhe mostrou todos os Reinos do mundo. E disse: — Eu lhe darei todo este poder e a glória destes reinos, porque isso me foi entregue, e posso dar a quem eu quiser. Portanto, se você me adorar, tudo isso será seu. Mas Jesus respondeu: — Está escrito: "Adore o Senhor, seu Deus, e preste culto somente a ele".
Lucas 4.5-8, NAA

Somente Deus é digno de adoração. Somente Ele é nobre, elevado, bondoso e verdadeiro.

Destaque:
Atenção

Notas

Jesus estava presente quando o Universo foi criado. Tudo foi feito por Ele e para Ele. A Terra é d'Ele por herança, e Ele deveria comprar para Deus a humanidade caída. Nenhum homem havia vencido o pecado, ninguém havia conseguido resistir às mentiras do Diabo, e Jesus deveria acertar onde Adão havia falhado.

Além de ser o dono de tudo por direito de Criador, Jesus se tornaria um homem com direito a tudo, por ter sido obediente. Esse reinado começou com a presença do Rei Jesus no mundo, mas o Seu governo se estabeleceu no interior de seus súditos. Ainda hoje, Jesus não exerce o Seu reinado pleno e visível. Satanás, sabendo disso, ofereceu um atalho maldito. Jesus poderia reinar naquele exato momento. Poderia ser rei com toda a pompa do mundo, mas se separaria do Pai celestial e falharia miseravelmente em Sua missão.

O Diabo, ainda hoje, busca adoração. A mentira dele é que Deus é desagradável, inconstante e exigente, mas que ele, o Diabo, dá prazer, liberdade e tolerância. Se tem alguém extremamente competente em mentir, esse alguém é o Diabo. Basta inverter o que ele diz para que você se depare com a verdade. Ele mente e escraviza, destrói e mata. Jesus não caiu na armadilha dele, pois sabia que somente Deus é digno de adoração. Somente Ele é nobre, elevado, bondoso e verdadeiro.

Na sua casa, você precisa estar atento para não achar que o Diabo é mais "legal" que Deus, para não acreditar que os mandamentos do Senhor são difíceis e penosos. Ninguém deseja mais a liberdade e a vida abundante para a sua família que o Deus todo-poderoso. "Adore o Senhor, seu Deus, e preste culto somente a ele".

Vamos orar

Senhor poderoso, as mentiras do Inimigo buscam nos afastar de Tua verdade. Protege-nos de atalhos enganosos e fortalece-nos para adorar somente ao Senhor, o único digno de louvor.
Em nome de Jesus, amém.

Suicídio não

30
DE MARÇO

Então o diabo levou Jesus a Jerusalém, colocou-o sobre o pináculo do templo e disse: — Se você é o Filho de Deus, jogue-se daqui, porque está escrito: "Aos seus anjos ele dará ordens a seu respeito, para que o guardem". E: "Eles o sustentarão nas suas mãos, para que você não tropece em alguma pedra". Jesus respondeu ao diabo: — Também foi dito: "Não ponha à prova o Senhor, seu Deus".
Lucas 4.9-12, NAA

O Diabo citou as Escrituras para tentar Jesus. Começou lançando dúvida sobre a identidade do Mestre. E é assim que ele age: cita texto fora de contexto para buscar seus pretextos de matar e destruir. Você não acha incrível que o Diabo desenvolva uma "teologia" que apoie a tentativa de suicídio? Ele usa o imperativo: "jogue-se", seria o equivalente a: "pule, vamos, seja corajoso, acabe com a sua dor, jogue-se daqui!", "não pega nada", "Deus perdoa", "os anjos levarão você para o Céu depois".

Na primeira tentação, Jesus foi "desafiado" a usar o Seu poder para transformar pedra em pão. Nesta, a levitar e pousar em alto estilo. Jesus se recusa a usar Seu poder de maneira independente de Deus! Essa é a diferença principal entre o poder dos filhos de Deus e dos filhos das trevas. Quando o poder está à disposição do homem, para usar ao seu bel-prazer, é das trevas. Quando é usado com temor a Deus, na dependência d'Ele, para Sua glória e Seus propósitos, então é santo.

Sempre que alguém pensar em "se jogar de um lugar alto" por qualquer motivo, fica evidente quem está por trás dessa ordem.

Os principais suicídios registrados na Bíblia tinham a presença explícita do Diabo. O rei Saul e Judas até ficaram possessos. Jesus não caiu na mentira mortal do Diabo, e devemos ensinar em nossa casa que o maior responsável por esse tipo de sugestão é o Diabo. Qualquer desculpa ou "teologia" que ele queira apresentar deve ser rejeitada, dizendo: "Não ponha à prova o Senhor, seu Deus".

Quando o poder está à disposição do homem, para usar ao seu bel-prazer, é das trevas. Quando é usado com temor a Deus, na dependência d'Ele, para Sua glória e Seus propósitos, então, é santo.

Destaque:
Prudência

Notas

Vamos orar

Deus fiel, louvado seja o Senhor por Tua sabedoria ao resistir às mentiras do Inimigo. Fortalece-nos contra as tentações que desafiam nossa fé e ajuda-nos a viver em total dependência do Senhor e em submissão à Tua vontade. Em nome de Jesus, amém.

31

DE MARÇO

Devocional • 90 de 365

Profeta bem-vindo

E Jesus prosseguiu: — De fato, afirmo a vocês que nenhum profeta é bem recebido na sua própria terra.
Lucas 4.24, NAA

O menino Jesus, o adolescente que eles conheciam, o filho do carpinteiro era o Messias, o Filho de Deus encarnado, o Rei eterno que restauraria o governo de Deus sobre Israel e sobre toda Terra, eternamente.

Destaque:
Honra

Notas

Jesus já era bem conhecido. Seus milagres, exorcismos e ensino diferenciado Lhe rendiam fama e popularidade. Assim que chegou a Nazaré, cidade em que fora criado, foi logo convidado a pregar na sinagoga. Havia um misto de curiosidade, inveja e desprezo. Jesus poderia ter pregado uma mensagem popular, agradado os eruditos e distraído os jovens, mas ele foi explicitamente fiel e sincero com Seus queridos.

O menino Jesus, o adolescente que eles conheciam, o filho do carpinteiro, era o Messias, o Filho de Deus encarnado, o Rei eterno que restauraria o governo de Deus sobre Israel e sobre toda Terra, eternamente. Jesus citou um texto inequivocamente messiânico e deixou-lhes somente uma escolha: ou reconheciam Sua identidade e O seguiam na implantação do Reino divino, ou O rejeitariam, como fizeram.

Jesus fez uma afirmação terrível: os profetas – os mensageiros de Deus – não são reconhecidos e bem recebidos em suas famílias de origem. Ele tem razão. Mas isso não é o correto. Devemos nos alinhar ao Céu e receber em primeiro lugar o Filho de Deus, o Ungido, o Santo em nossa casa. Depois, devemos receber os Seus profetas, aqueles levantados na nossa casa. Como o marido é visto dentro de casa? Como a esposa é ouvida dentro de casa? Os filhos são apoiados em seus chamados? Será que estamos reconhecendo a ação de Deus na nossa casa e no meio dos nossos queridos?

Vamos dizer ao Senhor que Ele é bem-vindo em nossa casa. Digamos que os pregadores, missionários, pastores, diáconos e obreiros que Deus levantar em nossa família serão apoiados e bem recebidos.

Vamos orar

Pai santo, reconhecemos a importância de acolher os Teus mensageiros em nossa casa. Que o Senhor seja sempre bem-vindo entre nós e que apoiemos com amor e fé aqueles chamados por Tua vontade. Em nome de Jesus, amém.

@ prjosuegoncalves
@ pra.rousegoncalves

ABRIL

04/12

1º DE ABRIL

Devocional • 91 de 365

Curada para servir

Deixando a sinagoga, Jesus foi para a casa de Simão. A sogra de Simão estava doente, com febre muito alta, e pediram a Jesus em favor dela. E inclinando-se para ela, Jesus repreendeu a febre, e esta a deixou. E imediatamente ela se levantou e passou a servi-los.
Lucas 4.38-39, NAA

Os discípulos de Jesus intercederam pela doente, e Jesus os atendeu. Devemos fazer o mesmo pelos que se encontram enfermos em nossa casa.

Destaque:
Intercessão

Notas

A cura da sogra de Pedro é relatada nos três evangelhos sinóticos, e os que contam a história o fazem de uma mesma perspectiva. Quando um membro da família resolve servir a Deus fielmente, toda a sua casa é abençoada. É muito comum que todos se convertam e creiam que Jesus é o Filho de Deus que ressuscitou e está vivo. A vida abundante prometida se espalha e o perfume de Cristo passa a ser percebido nos relacionamentos e nas conversas.

O Dr. Lucas destaca que a febre era muito alta. Sabemos que uma febre muito alta pode ser fatal, se não gerenciada apropriadamente. No primeiro século, os recursos da medicina eram mais escassos que os disponíveis atualmente, por isso a cura dessa mulher foi uma bênção ainda mais refrescante no meio daquela família.

Os discípulos de Jesus intercederam pela doente, e Jesus os atendeu. Devemos fazer o mesmo pelos que se encontram enfermos em nossa casa. Não importa se a enfermidade é física ou psicológica, espiritual ou emocional; o nosso dever é pedir, pois a Bíblia diz: "[...] Peçam e lhes será dado; busquem e acharão; batam, e a porta será aberta para vocês" (Lucas 11.9, NAA).

Quando nossa casa é tocada e curada pelo Senhor, imediatamente passa a servi-Lo com dedicação e alegria. Jesus deseja salvar-nos e curar-nos para que possamos servir de livre e espontânea vontade, entendendo que tudo o que possuímos de bom e tudo o que somos devemos a Ele, que bondosamente nos abençoa todos os dias.

Vamos orar

Pai bondoso, agradecemos pelo Teu poder de cura e restauração, que alcança a nossa família. Ensina-nos a interceder pelos enfermos com fé e a servir-Te com gratidão e dedicação. Em nome de Jesus, amém.

Foco na comunhão

Quando amanheceu, Jesus saiu e foi para um lugar deserto. As multidões o procuravam, foram até junto dele e não queriam deixar que ele fosse embora. Jesus, porém, lhes disse: — É necessário que eu anuncie o evangelho do Reino de Deus também nas outras cidades, pois é para isso que fui enviado.
Lucas 4.42-43, NAA

2
DE ABRIL

Devocional • 92 de 365

Jesus costumava acordar mais cedo que os outros, ficar isolado e orar. Marcos começa a mesma história assim: "Tendo-se levantado alta madrugada, saiu, foi para um lugar deserto e ali orava" (Marcos 1.35, ARA). O Filho de Deus orava? Para quê? Ele era Deus encarnado e precisava acordar mais cedo para orar? Sim. Essa era a prática do Filho do Homem, que nos deu exemplo de como devemos viver.

Enquanto se demorava em oração, as multidões inquietas O procuravam. Eles já tinham uma agenda pronta para Jesus. Queriam controlá-Lo e retê-Lo. A "galera" exerce forte influência sobre os filhos de Deus, principalmente quando o ministério está indo de vento em popa. Porém, durante Seu tempo de oração, Jesus havia recebido do Pai a agenda para o dia: anunciar "o evangelho do Reino de Deus também nas outras cidades".

Quem não ouve a Deus é levado pelas urgências da vida e pelos clamores da multidão. O foco do cristão deve ser a oração diária. A leitura das Escrituras Sagradas renova nossa mente e a oração nos atualiza dos planos de Deus para o dia, ou para semana.

Jesus não somente sabia o que devia fazer naquele dia, mas Seu propósito havia sido confirmado ao dizer: "pois é para isso que fui enviado". Se Jesus, o Santo Filho de Deus, orava, orientando Seu ministério, será que nós não devemos investir tempo de qualidade e nos concentrar em oração?

Nossa casa precisa ter a cultura do Céu, na qual a oração é prática comum e predileta. O exemplo dos pais de uma vida exuberante de oração pode trazer grande proveito a uma família que ouve a Deus e O atende.

Quem não ouve a Deus é levado pelas urgências da vida e pelos clamores da multidão.

Destaque:
Foco

Notas

Vamos orar

Senhor fiel, louvamos a Ti pelo exemplo de Jesus, que buscava a Tua orientação em oração. Ajuda-nos a priorizar a oração em nosso lar, recebendo a Tua direção e vivendo conforme os Teus propósitos. Que a nossa família ouça a Tua voz e Te obedeça. Em nome de Jesus, amém.

@prjosuegoncalves
@pra.rousegoncalves

3

DE ABRIL

Devocional • 93 de 365

Sábia obediência

Em resposta, Simão disse: — Mestre, havendo trabalhado toda a noite, nada apanhamos; mas, sob esta sua palavra, lançarei as redes.
Lucas 5.5, NAA

[Quando] atendemos a pedidos de Deus [...] Ele recebe o favor e retribui com instrução, sabedoria e, por vezes, com abundância.

Destaque:
Perspicácia

Notas

As pregações de Jesus atraíam um número cada vez maior de pessoas. A praia era ampla o suficiente para comportá-las, porém, a multidão se aproximava cada vez mais, e Jesus não conseguia ser ouvido por todos. Na época, não havia microfones, amplificadores e caixas de som. Jesus teve a ideia de entrar em um dos barcos, afastá-lo alguns poucos metros da praia e pregar dali. Ele seria visto e ouvido por todos.

Jesus pediu a Simão Pedro que fizesse essa manobra no barco dele. Assim aconteceu, o Mestre entrou no barco, sentou-se e pregou para a multidão. Pedro já conhecia Jesus, pois João Batista havia dito aos seus discípulos que Jesus era o Cordeiro de Deus, e eles O haviam seguido e apresentado Pedro a Jesus (1.42).

A noite de pesca da equipe havia sido frustrante. Eles pescaram a noite inteira e não pegaram sequer um peixe. Estavam cansados e, resignados, lavavam as redes. Jesus sabia de tudo isso e tinha reservado uma surpresa para eles: Ele participaria da pescaria! Ele seria o capitão do barco. Simão, sabiamente, atendeu à ordem de Jesus para lançar as redes, e o resultado foi uma pesca incrível e única, com muitos peixes.

Atendemos a pedidos de Deus para ajudar aqui ou acolá: na escola bíblica dominical, para olhar e ensinar algumas crianças, fazer uma oração, liderar um estudo, preparar um almoço. Nenhum desses pedidos nos parece grande coisa, mas quando os fazemos para Deus, Ele recebe o favor e retribui com instrução, sabedoria e, por vezes, com abundância.

Nosso foco deve ser sempre Aquele que abençoa, e não as bênçãos. Devemos viver o privilégio de exercer a sábia obediência e aguardar que o Senhor realize os milagres da transformação de vidas, conversões e curas que Ele desejar. Nossa casa deve ser local de pescaria e obediência.

Vamos orar

Pai bondoso, agradecemos pela vida de Simão, que obedeceu à palavra de Jesus mesmo diante do cansaço. Ajuda-nos a responder com fé e prontidão aos Teus chamados, confiando em Tua provisão e graça. Que a nossa casa seja um lugar de obediência e transformação. Em nome de Jesus, amém.

@prjosuegoncalves
@pra.rousegonçalves

Pescador de gente

[...] Então Jesus disse a Simão: — Não tenha medo!
De agora em diante você será pescador de gente.
Lucas 5.10, NAA

4
DE ABRIL
Devocional • 94 de 365

Depois de ver, com os próprios olhos, algo impossível de acontecer segundo as leis da natureza, Pedro "ligou os pontos" e percebeu quem era aquele homem em seu barco: Deus, o Messias, o Rei eterno. Ele era Santo, perfeito e incomparável. Pedro temeu, e fica a impressão de que seus pecados lhe vieram à mente naquele momento. Ele se sentiu nu.

Essa cena me faz lembrar quando o profeta Isaías, centenas de anos antes, teve uma visão de Deus em Seu trono. "Então eu [Isaías] disse: – Ai de mim! Estou perdido! Porque sou homem de lábios impuros, e habito no meio de um povo de lábios impuros; e os meus olhos viram o Rei, o Senhor dos Exércitos!" (Isaías 6.5, NAA, acréscimo nosso).

Essa percepção humilde e esclarecida levou Pedro a ser convidado a participar da implantação do Reino de Deus. Pedro sabia como pescar peixes, mas não como pescar gente. "Disse-lhes Jesus: Vinde após mim, e eu vos farei pescadores de homens" (Marcos 1.17, ARA). Pedro só seria capaz de pescar pessoas se seguisse a Jesus. Ele recebeu um chamado extraordinário e, a partir daí, deixou sua perspectiva temporal e limitada para mergulhar no propósito eterno de Deus.

Pedro passou a ser pastor e evangelista. Ele se tornou famoso, porque aceitou o convite do Senhor. Quantas pessoas você acha que hoje se chamam Pedro? Tudo porque ele aceitou o convite do Mestre.

Para que a sua casa não tenha somente projetos limitados e temporais, ela precisa ouvir o chamado do Senhor para segui-Lo e se envolver com gente: evangelização e edificação de pessoas. Ele mostrará a maneira de participar. Por ora, o desafio da sua família é segui-Lo e amá-Lo.

Depois de ver, com os próprios olhos, algo impossível, [...] Pedro "ligou os pontos" e percebeu quem era aquele homem em seu barco: Deus.

Destaque:
Perspectiva

Notas

Vamos orar

Deus de amor, ajuda-nos a superar os nossos medos e fraquezas, e a abraçar o Teu propósito eterno. Que a nossa família seja usada para evangelizar e edificar vidas e, para essa missão, contamos com o Teu poder. Em nome de Jesus, amém.

prjosuegoncalves
pra.rousegoncalves

5

DE ABRIL

Devocional • 95 de 365

Ele pode perdoar

Mas isto é para que vocês saibam que o Filho do Homem tem autoridade sobre a terra para perdoar pecados. E disse ao paralítico: — Eu digo a você: Levante-se, pegue o seu leito e vá para casa.
Lucas 5.24, NAA

Conte as histórias sobre os feitos de Jesus e Seus ensinamentos. Apresente o Senhor como um homem que pisou na Terra, mas também como o Deus Criador que se fez carne.

Destaque:
Persistência

Notas

Jesus estava pregando, e a reunião na casa estava lotada. Os "sofás" estavam ocupados, assim como as cadeiras. Havia gente encostada nas paredes, pessoas sentadas no chão no meio da sala, e até as janelas passaram a ser disputadas. Alguns tinham uma vista privilegiada para dentro da sala, outros faziam esforço para conseguir ouvir, mesmo sem ver. Os que não conseguiam ver nem ouvir não desistiam e ficavam por ali. O lugar estava abarrotado de pessoas: uns para ouvir, crescer, ser salvos, curados etc.; outros para vigiar, criticar e conseguir elementos para um processo legal, a fim de prender e condenar Jesus.

Nesse contexto, um grupo de amigos dedicados trouxe um paralítico e, depois de furar o bloqueio da multidão, não conseguiram passar pela porta. Subiram, então, ao telhado e desceram a maca, onde estava seu amigo, por cordas, colocando-o bem diante de Jesus, que não se aborreceu, mas apreciou a fé e a dedicação daqueles homens. Antes de curar o paralítico, Jesus declarou que os pecados dele estavam perdoados, o que causou agitação, pois somente Deus podia perdoar pecados.

Jesus, então, para provar que era o Messias, curou o paralítico diante da multidão. Dizer que o pecado está perdoado é fácil, mas somente o poder de Deus pode curar, e foi o que aconteceu. Nossa família precisa ir sempre a Jesus. Ele comprou – com Seu sangue – o perdão dos nossos pecados, e essa é a principal bênção d'Ele para nós, mas não é a única. Ele pode nos curar e nos adotou como filhos, tornando-nos parte da família de Deus.

Conte as histórias sobre os feitos de Jesus e Seus ensinamentos. Apresente o Senhor como um homem que pisou na Terra, mas também como o Deus Criador que se fez carne. Pode parecer loucura, mas ainda hoje Ele perdoa pecados e nos faz caminhar em poder para viver o Céu na Terra.

Vamos orar

Jesus de amor, louvamos o Teu nome por Tua autoridade para perdoar pecados e transformar vidas. Ajuda-nos a ter fé como os amigos do paralítico, levando nossos amados ao Senhor. Que nossa família experimente o Teu perdão, cura e poder diariamente. Em Teu nome, amém.

@ prjosuegoncalves
@ pra.rousegoncalves

De olho nos perdidos

6
DE ABRIL
Devocional • 96 de 365

Jesus tomou a palavra e disse:
— Os sãos não precisam de médico, e sim os doentes.
Lucas 5.31, NAA

No primeiro século, os cobradores de impostos eram tão odiados que só podiam se relacionar com os marginalizados, ou "pecadores", como eram chamados. Depois de aceitar o convite de se tornar um discípulo de tempo integral, Levi, cujo nome grego era Mateus, abandonou seu emprego no posto de coletoria e seguiu a Jesus.

Mateus ficou tão contente com sua nova vida que ofereceu uma festa e convidou amigos e colegas para conhecerem Jesus. Ele quis compartilhar com todos a salvação que havia recebido por meio de Jesus Cristo. Obviamente, Jesus e Seus discípulos compareceram à festa, a fim de alcançar aquele grupo específico com a mensagem do Evangelho. Nesse contexto, Jesus foi acusado pelos religiosos da época de ser amigo dos cobradores de imposto e dos pecadores que andavam com eles.

Os amigos de Jesus eram os que faziam a vontade do Pai celestial (cf. Mateus 12.50), mas Ele nunca perdia a oportunidade de alcançar os perdidos, a quem chamou de "doentes". Verdade seja dita, tanto os religiosos judeus quanto os cobradores de impostos, todos precisavam de Jesus, todos eram doentes. Assim, seus esforços para agradar a Deus eram inúteis se não tivessem fé no sacrifício perfeito de Jesus.

Precisamos agir em parceria com o Mestre Jesus, que estava sempre aberto à oportunidade de anunciar o Evangelho e chamar pecadores à salvação. Seguindo seu exemplo, nós também devemos abrir nossa casa e nosso coração para conhecermos aqueles a quem Jesus ama e, assim, nos tornarmos enfermeiros do grande doutor Jesus, que deseja curar os contaminados pelo pecado e lhes garantir vida eterna e abundante.

Que nossa casa seja uma parte do grande hospital que é a Igreja de Cristo. Que andemos com os filhos de Deus e estejamos sempre abertos a festejar a salvação de todos.

Os amigos de Jesus eram os que faziam a vontade do Pai celestial, mas Ele nunca perdia a oportunidade de alcançar os perdidos, a quem chamou de "doentes".

Destaque:
Atenção

Notas

Vamos orar

Senhor compassivo, agradecemos por Teu amor pelos doentes espirituais. Ajuda-nos a abrir nossa casa e nosso coração, sendo instrumentos do Teu Evangelho. Que celebremos a salvação e compartilhemos Tua cura com alegria. Em nome de Jesus, amém.

prjosuegoncalves
pra.rousegoncalves

7

DE ABRIL

Devocional • 97 de 365

Orar para decidir

Naqueles dias, Jesus se retirou para o monte, a fim de orar, e passou a noite orando a Deus. E, quando amanheceu, chamou a si os seus discípulos e escolheu doze dentre eles, aos quais deu também o nome de apóstolos.
Lucas 6.12-13, NAA

Precisamos aprender com Jesus a buscar ao Senhor antes de tomarmos decisões importantes.

Destaque:
Dependência

Notas

O trabalho que Jesus realizou na Terra levou três a quatro anos. Ele transformou o mundo, sem sair do Oriente Médio. Sua estratégia principal foi trabalhar em parceria com o Pai celestial. Além de pregar, expulsar demônios, ensinar e curar, Jesus se concentrou em treinar doze homens. Houve um dia em que Ele os convocou solenemente e, depois, se concentrou no treinamento deles, passando o dia todo nessa missão.

A decisão era importantíssima, pois o destino da humanidade estava em jogo. A história das civilizações seria marcada pela vida desses homens, que compunham uma lista de improváveis, dentre eles: pescadores, agitadores políticos, funcionários públicos e até aquele que seria Seu traidor. Quando precisava tomar decisões sérias, Jesus investia tempo dobrado em oração. Lucas nos conta que Ele passou a noite em oração e, quando terminou esse tempo de intimidade com Deus, pôde convidar com segurança os Seus doze apóstolos.

Precisamos aprender com Jesus a buscar ao Senhor antes de tomarmos decisões importantes. Conseguir passar uma noite inteira em oração requer treino e prática. A vida de oração de Jesus é extremamente cativante. Temos a impressão de que Ele tinha muito prazer nela, e sempre que a concluía, voltava confortado, empoderado e direcionado. E o mesmo Espírito que atuava n'Ele habita em nós.

Que possamos buscar esse tipo de relacionamento com o Pai celestial. Que tenhamos o mesmo apreço pela presença de Deus. Que Ele nos dê orientação e instrução para tomar cada decisão. Queremos disponibilizar nossa família para o serviço do Reino de Deus e contar com a direção e o poder do Todo-Poderoso para, como Jesus, fazer exatamente o que o Pai mandar e, assim, viver o Céu na Terra, promovendo o Reino até que Ele volte em poder e glória.

Vamos orar

Deus sábio, agradecemos pelo exemplo de Jesus, que Te buscava antes de tomar decisões importantes. Ensina-nos a valorizar a Tua presença e a depender da Tua direção para nossas escolhas. Que a nossa família sirva ao Teu Reino com dedicação. Em nome de Jesus, amém

Uma casa diferente

[...] Bem-aventurados são vocês, os pobres, porque o Reino de Deus é de vocês. Bem-aventurados são vocês que agora têm fome, porque serão saciados. Bem-aventurados são vocês que agora choram, porque vocês hão de rir.
Lucas 6.20-21, NAA

8
DE ABRIL
Devocional • 98 de 365

Jesus estabelece um Reino de cabeça para baixo, no qual os maiores devem servir, onde os ricos têm mais dificuldade, onde os famintos são bem recebidos e os que choram desfrutam de especial consolação. O Mestre Jesus ressalta que os perseguidos por este mundo estão em melhores condições que os populares. Essa popularidade é enganosa, pois segue os padrões deste mundo caído, ditados pelo príncipe das potestades do ar.

À distância, nosso lar pode parecer com todos os outros. Trabalhamos, nos alimentamos, nos divertimos, viajamos e estudamos. Porém, quem se aproxima logo percebe a diferença essencial: a motivação. Nossos valores são outros e não os deste século. O mundo prega que devemos conquistar, custe o que custar, mas o Senhor nos diz que os mansos herdarão a terra. Ele nos adverte que o mundo nos incentiva a acumular riquezas e ter dinheiro reservado para usar em deleites e extravagâncias. Mas o Senhor nos diz que o dinheiro pode ser perigoso se não estiver a serviço de Deus.

No lar que serve ao Rei, a Bíblia é a constituição. Nessa embaixada, que é a família, falamos o idioma do Céu, o louvor de um coração grato. Sim, nossa linguagem é a da honra e do elogio. Quando um problema for abordado, será com verdade e em amor. Na igreja que está em nossa casa, a que chamamos de família, a pessoa mais importante é invisível, o Pai celestial. Ali, a casa é diferente; a conexão é de amor. Pai, mãe e filhos, avós e tios que moram juntos servem ao Altíssimo, conscientes de que não viverão para sempre neste mundo e de que a eternidade, com a salvação em Cristo Jesus, é o valor essencial que orienta tudo.

O mundo prega que devemos conquistar, custe o que custar, mas o Senhor nos diz que os mansos herdarão a terra.

Destaque:
Personalidade

Notas

Vamos orar

Deus verdadeiro, agradecemos por Teu Reino, onde os valores eternos superam os deste mundo. Ensina-nos a viver com humildade, gratidão e amor, refletindo Tua justiça em nosso lar. Que nossa casa seja uma embaixada do Céu, dedicada ao Teu serviço. Em nome de Jesus, amém.

@prjosuegoncalves
@pra.rousegoncalves

9

DE ABRIL

Devocional • 99 de 365

Inimigo em casa

Digo, porém, a vocês que me ouvem: amem os seus inimigos, façam o bem aos que odeiam vocês.
Lucas 6.27, NAA

Parece exagero, mas há períodos em que o conflito se estabelece no coração de um membro da família e esse ataca os demais.

Destaque:
Resiliência

Notas

Parece exagero, mas há períodos em que o conflito se estabelece no coração de um membro da família e esse ataca os demais. Afinal, todos passamos por momentos difíceis. Um marido pode perder o emprego e mergulhar na bebida. Uma esposa pode perder um filho e se entregar à depressão e à autocomiseração. Um filho pode se frustrar e começar a usar drogas. Uma filha pode ficar viciada em jogos *online* e agir como se não pertencesse à família.

A família passa por dificuldades. Todas passam, em maior ou menor grau. Quando isso acontece, somos desafiados a usar os métodos de Cristo, e não os da pedagogia ou da psicologia moderna.

Quando um membro da família agir como se fosse um inimigo, devemos amá-lo, mesmo tendo a tendência de usar as armas lógicas de relacionamento, como vingança e consequências proporcionais.

A primeira tentação é proferir maldições, colocar títulos e prever um destino sombrio: “Você vai se tornar uma vagabunda!”; “Seu moleque, vai ser bandido igual ao seu pai, vai morrer assassinado!”; “Você não vai dar pra nada, seu verme”. São tantas bobagens que dizemos sem pensar e que formam um futuro que não desejamos para a família.

Por isso, Jesus ordena: “Abençoem aqueles que os amaldiçoam, orem pelos que maltratam vocês” (Lucas 6.28, NAA). Filhos ingratos reclamam e ofendem. Eles precisam de limites e correção, mas nunca devem sair de nossos lábios maldições e outras substâncias que possam ser usadas pelo inferno. Pelo contrário, devemos declarar sempre: “Você é um príncipe de Deus e isso que você está fazendo não combina com você!”. “Isso é ingratidão e a sua linguagem é o louvor!”. “Quando você se converter, será um profeta de Deus”.

Vamos orar

Pai amoroso, agradecemos por Jesus, que nos ensina a amar até os inimigos. Ajuda-nos a responder com bênçãos e oração às ofensas recebidas, especialmente nos desafios familiares, proclamando palavras de esperança e vida. Que nosso lar reflita Teu amor. Em nome de Jesus, amém.

@ prjosuegoncalves
@ pra.rousegoncalves

Misericórdia do Pai

Sejam misericordiosos, como também é misericordioso o Pai de vocês.
Lucas 6.36, NAA

10
DE ABRIL

Graça é receber o que não merecemos; misericórdia é não receber o que merecemos. Deus nos deu a salvação em Cristo. Estávamos perdidos e nada do que fizéssemos nos qualificaria para tão grande salvação, pois estávamos mortos em nossos delitos e pecados. Mas Deus nos salvou, "porque pela graça vocês são salvos, mediante a fé; e isto não vem de vocês, é dom de Deus" (Efésios 2.8, NAA).

A misericórdia, entretanto, opera quando Deus nos tira da linha de alcance da Sua ira ao nos incluir em Cristo. João explicará que "[...] quem crê no Filho tem a vida eterna; quem se mantém rebelde contra o Filho não verá a vida, mas sobre ele permanece a ira de Deus" (João 3.36, NAA). A ira sobre nós seria justiça, mas Deus nos inclui em Cristo para a salvação, em vez de nos punir. Isso é misericórdia.

Desejamos, com todas as nossas forças, a misericórdia. Um motorista bêbado que atropela e mata alguém merece a prisão. Isso é justiça. Mas e se formos o motorista? Alguém que, tomado pela dor da perda de um ente querido, bebe demais e comete um erro trágico? Não desejaríamos misericórdia? Deus é misericordioso e conhece os dois lados da questão. Ele conhece a pessoa ferida – que clama por justiça – e sabe das lutas de quem feriu – que clama por misericórdia.

Em casa, somos convidados a deixar claro o padrão da justiça. O castigo, a punição ou a consequência devem ser conhecidos e aplicados. Porém, haverá ocasiões em que a pessoa reconhece que merece a punição, mas clama por misericórdia. Nesse momento, temos de nos juntar a Deus e exercer a misericórdia. Permita-me ressaltar que, se não houver um padrão determinado e absoluto da verdade e do que Deus espera, a pessoa nem saberá que pecou. A misericórdia só faz sentido quando a justiça está clara; caso contrário, não há espaço para arrependimento verdadeiro. Assim, mantenha o padrão alto e use de misericórdia.

A misericórdia só faz sentido quando a justiça está clara; caso contrário, não há espaço para arrependimento verdadeiro. Assim, mantenha o padrão alto e use de misericórdia.

Destaque:
Misericórdia

Notas

Vamos orar

Pai misericordioso, agradecemos por Tua graça que nos salva e por Tua misericórdia que nos livra da punição. Ajuda-nos a refletir Teu coração em nosso lar, aplicando justiça com amor e oferecendo misericórdia em momentos oportunos. Em nome de Jesus, amém.

prjosuegoncalves
pra.rousegoncalves

11

DE ABRIL

Devocional • 101 de 365

Fé esclarecida

Porque também eu sou homem sujeito à autoridade, tenho soldados às minhas ordens e digo a este: "Vá", e ele vai; e a outro: "Venha", e ele vem; e ao meu servo: "Faça isto", e ele o faz. Ao ouvir estas palavras, Jesus ficou admirado com aquele homem e, voltando-se para o povo que o acompanhava, disse: — Eu lhes digo que nem mesmo em Israel encontrei fé como esta.

Lucas 7.8-9, NAA

A fé tem lógica. Deus criou a lógica e a mente de quem pensa.

Destaque:
Lógica

Notas

Havia um militar romano que tinha um empregado querido sofrendo muito com uma doença. Ele ouvira falar de Jesus e tinha pedido ajuda. O Mestre decidiu ajudá-lo, mas quando ele soube que Jesus estava indo para a sua casa, não se considerou digno. Ele pediu a Jesus que curasse o seu empregado à distância mesmo.

Esse centurião romano sabia bem como funcionava a hierarquia militar e, entendendo corretamente que Jesus estava no alto da escala na hierarquia celestial, tendo, portanto, poder sobre as enfermidades. E é isto: ter fé é conhecer e entender as realidades invisíveis a ponto de apostar a própria vida nesse conhecimento.

A fé tem lógica. Deus criou a lógica e a mente de quem pensa. O perigo reside em raciocinar excluindo Deus da equação, mas quem entende alguns dos princípios espirituais é capaz de chegar a conclusões brilhantes. Esse foi o caso do centurião. Ele teve o seu pedido atendido e ainda foi elogiado por Jesus.

Precisamos treinar nossos filhos para pensar biblicamente. O nosso livro-texto, a nossa constituição, é complexa e contém 66 livros de vários estilos literários, para todos os gostos. Precisamos conhecê-los, entendê-los e, acima de tudo, praticá-los, aplicando seus princípios em nosso dia a dia, com a sabedoria do Espírito Santo.

Vamos orar

Pai Santo, ajuda-nos a conhecer, a viver e a ensinar nossos filhos enquanto nos relacionamos Contigo, desfrutando de Tuas bênçãos sobrenaturais. Que nossa casa experimente uma fé esclarecida e seja um pedacinho do Céu nesta Terra. Em nome de Jesus, amém.

Fé dinâmica

Então Jesus lhes respondeu: — Voltem e anunciem a João o que vocês viram e ouviram: os cegos veem, os coxos andam, os leprosos são purificados, os surdos ouvem, os mortos são ressuscitados e aos pobres está sendo pregado o evangelho. E bem-aventurado é aquele que não achar em mim motivo de tropeço.
Lucas 7.22-23, NAA

12 DE ABRIL

Devocional • 102 de 365

Já conversei com vários teólogos, líderes de sucesso e pastores experientes. Todos confessaram que já tiveram dúvidas sérias quanto à fé e ao Evangelho. Em certa medida, lidar com as dúvidas é inevitável e esse processo deve servir "para que você tenha plena certeza das verdades em que foi instruído" (Lucas 1.4).

Para isso, devemos seguir o exemplo de João Batista. Ele havia ouvido, desde a infância, histórias que acompanharam seu nascimento sobrenatural e outras sobre seu primo, Jesus, que fora destinado a ser o Messias de Israel. De fato, ele mesmo batizou Jesus no rio Jordão e presenciou a manifestação do Deus Trino, testificando a procedência divina de Jesus.

João chegou a encaminhar alguns de seus próprios discípulos para Jesus, declarando "eis o Cordeiro de Deus, que tira o pecado do mundo!" (João 1.29, NAA). Porém, depois de vários meses na prisão, as dúvidas assombraram o profeta que decidiu perguntar a Jesus se Ele era mesmo quem todos esperavam. A resposta de Jesus foi extraordinária. Na presença dos mensageiros de João, Ele curou várias pessoas, citou o profeta Isaías e concluiu dizendo que feliz é aquele que não se escandaliza por causa d'Ele. Com isso, Jesus deixou muito claro para João que Ele era, sim, o Messias prometido, o Filho do Deus vivo, o Deus encarnado e o Salvador da humanidade.

Assim como foi com João, a nossa fé não é inerte. Pelo contrário, ela sofre as pressões das circunstâncias e dos pensamentos; é dinâmica. Há muito que não sabemos. Não temos todas as respostas, mas o que já sabemos pelas Escrituras é suficiente para sermos salvos e levarmos uma vida que agrade a Deus. Que levemos a Cristo nossas dúvidas e agradeçamos pela revelação que já temos, assim, seremos bem-aventurados.

Que levemos a Cristo nossas dúvidas e agradeçamos pela revelação que já temos.

Destaque: Dinamismo

Notas

Vamos orar

Senhor paciente, ensina-nos a levar nossas dúvidas a Cristo e a Te agradecer pela revelação que já nos deste, para que sejamos bem-aventurados. Em nome de Jesus, amém.

prjosuegoncalves
pra.rousegoncalves

13

DE ABRIL

Devocional • 103 de 365

Gratidão e devoção

Por isso, afirmo a você que os muitos pecados dela foram perdoados, porque ela muito amou; mas aquele a quem pouco se perdoa, pouco ama.
Lucas 7.47, NAA

Gratidão e devoção andam de mãos dadas em uma casa onde a graça do Senhor é abundante.

Destaque:
Gratidão

Notas

Ninguém é justo aos olhos de Deus caso não se apresente por meio da justiça de Cristo. Jesus estava na casa de um religioso que O recebeu com frieza e desconfiança. Enquanto estava ali, entrou no recinto uma mulher cuja vida era conhecida por não seguir os caminhos do Senhor: uma pecadora. Aos próprios olhos, o fariseu não precisava da salvação de Jesus, pois obedecia às regras da Lei de Moisés. Já a mulher, consciente de sua condição, sabia que sua única esperança estava em Jesus, pois reconhecia o quanto sua vida estava distante do ideal que Deus havia estabelecido.

Ainda que a suposta soma dos pecados da mulher fosse maior que a do fariseu, ambos eram indignos de ter acesso à santidade de Deus e eram culpáveis diante d'Ele. Ambos precisavam desesperadamente de perdão e da graciosa salvação que Jesus oferecia, mas somente a mulher teve seus pecados perdoados, porque buscou humildemente a ajuda do Salvador, reconhecendo que não merecia Seu favor gracioso nem tinha condições de salvar-se sozinha.

Depois de um tempo frequentando a igreja, nos aperfeiçoamos e nos santificamos, e isso é graça de Deus. Porém, há o perigo sutil: começarmos a acreditar que melhoramos por nosso próprio esforço e que, por isso, merecemos a salvação. Quando isso acontece, nós nos colocamos na mesma posição do fariseu, que se considerava suficientemente bom e, portanto, não via necessidade de ir a Cristo. Ele se achava tão justo, que já havia perdido o assombro diante da graça de Deus, que perdoa pecadores indignos.

Vamos orar

Senhor Jesus, reconhecemos que não podemos realizar Tuas obras por nosso próprio esforço e que, ao fazê-las, não nos tornamos merecedores da salvação, pois ela é uma dádiva preciosa, impossível de ser paga. Que a gratidão seja uma marca constante em nossa vida. Que nosso coração se derrame a Teus pés em devoção sincera, reconhecendo que Tu nos salvaste e nos conduzes a cada instante. Que, em nosso lar, a gratidão e a devoção andem de mãos dadas, refletindo Tua abundante graça. Em Teu nome, amém.

Mulheres seguidoras

[...] Iam com ele [Jesus] os doze discípulos, e também algumas mulheres que haviam sido curadas de espíritos malignos e de enfermidades: Maria, chamada Madalena, da qual saíram sete demônios; Joana, mulher de Cuza, procurador de Herodes; Suzana e muitas outras, as quais, com os seus bens, ajudavam Jesus e os seus discípulos. **Lucas 8.1-3, NAA**

14

DE ABRIL

Devocional · 104 de 365

Durante o ministério terreno de Jesus, algumas pessoas tiveram o privilégio de andar com Ele bem de perto e acompanhá-Lo em Suas viagens evangelísticas. Os Doze desfrutavam de atenção plena e treinamento intensivo. Lucas nos revela que não somente eles, mas um grupo de mulheres O acompanhava também.

Os Doze e as mulheres tinham acesso a Jesus, ouviam Seus ensinamentos e caminhavam com Ele, porém tinham funções diferentes. Os homens deveriam sair, de dois em dois, anunciando o Evangelho, além de auxiliar o Senhor. Já as mulheres ajudavam ofertando "os seus bens"[1], que eram materiais: "possessões, mercadoria, bens, propriedades".

A salvação é para todos. Jesus é acessível a todos. Marido e mulher podem desfrutar da companhia do Mestre. Filhos e filhas devem se relacionar com Deus, por meio de Jesus, impulsionados pelo Espírito Santo. Ninguém pode separar a sua família do amor de Deus! "Quem nos separará do amor de Cristo? Será a tribulação, ou a angústia, ou a perseguição, ou a fome, ou a nudez, ou o perigo ou a espada? Porque eu estou bem certo de que nem a morte [...] nem qualquer outra criatura poderá nos separar do amor de Deus, que está em Cristo Jesus, nosso Senhor" (Romanos 8.35,38-39, NAA).

A salvação é para todos. Jesus é acessível a todos. Marido e mulher podem desfrutar da companhia do Mestre. Filhos e filhas devem se relacionar com Deus, por meio de Jesus [...]

Destaque:
Acesso

Notas

[1] Do original "Υπαρχοντα *huparchonta* [...] 1) possessões, mercadoria, bens, propriedade." Extraído do dicionário da Bíblia eletrônica *Almeida Revista e Atualizada com os números de Strong*. Recurso disponível no aplicativo Olive Tree Study Bible.

Vamos orar

Senhor, agradecemos pelo gracioso convite para caminharmos ao Teu lado pelas ruas da vida e pelas esquinas da convivência. Que nossa família esteja disposta a ouvir-Te e a cooperar com Teus planos, reconhecendo que andar Contigo é a melhor maneira de viver, um privilégio indescritível! Ensina-nos a seguir-Te e servir-Te com alegria, celebrando sempre o direito que nos foi concedido: sermos filhos que cooperam na obra do Pai. Em nome de Jesus, amém.

15 DE ABRIL

Devocional · 105 de 365

Dever de testemunhar

Ninguém, depois de acender uma lamparina, a cobre com um vaso ou a põe debaixo de uma cama; pelo contrário, coloca-a num lugar em que ilumina bem, a fim de que os que entram vejam a luz.
Lucas 8.16, NAA

Se alguém alega ter tido um encontro de conversão, mas permanece vivendo da mesmíssima maneira, está mentindo!

Destaque:
Testemunho

Notas

Há, pelo menos, três maneiras de brilhar a luz do Senhor. A primeira é andar em obediência a Deus; a segunda, realizar boas obras; a terceira, pregar o Evangelho. Quem se encontra com Deus é transformado e muda para melhor.

Gosto da ilustração que ouvi de Paul Washer: um amigo chega atrasado a um encontro em um café e conta que foi atropelado por um caminhão. Entretanto, ele não tem sequer um arranhão! Washer então afirma: É impossível ser atropelado por um caminhão e não apresentar nenhuma marca. Da mesma forma, é impossível ter um verdadeiro encontro com Cristo e permanecer o mesmo. Quem se encontra com Jesus necessariamente carrega as marcas desse encontro.

Quem foi salvo pelo Senhor Jesus Cristo, reconheceu seus pecados e recebeu o perdão foi feito filho de Deus e caminha com Deus em santidade. Se alguém alega ter tido um encontro de conversão, mas permanece vivendo da mesmíssima maneira, está mentindo! Ou apenas pensa, equivocadamente, que teve um encontro com Cristo. O resultado será sempre visível. Jesus afirma que Ele é a luz do mundo (cf. João 8.12) e quem abriga o Espírito de Cristo se tornou uma lanterna.

Assim, devemos desfrutar desse acesso ao Deus todo-poderoso, buscando fazer sempre o que Lhe agrada, aproveitando cada oportunidade para amar as pessoas com boas ações e, como recomendou o apóstolo Paulo: "Que a palavra dita por vocês seja sempre agradável, temperada com sal, para que saibam como devem responder a cada um" (Colossenses 4.6, NAA).

Vamos orar

Pai amado, ensina-nos a brilhar Tua luz, vivendo em obediência, realizando boas obras e pregando o bendito Evangelho. Que nossa vida reflita o inestimável encontro que tivemos com Cristo. Que caminhemos em santidade e amor, e testemunhemos fielmente Tua graça. Em nome de Jesus, amém.

Ele está conosco

16
DE ABRIL

Devocional · 106 de 365

Chegando-se a Jesus, os discípulos o despertaram, dizendo: — Mestre, Mestre, estamos perecendo! Levantando-se, Jesus repreendeu o vento e a fúria da água. Tudo cessou e ficou bem calmo.
Lucas 8.24, NAA

Os discípulos tinham ouvido corretamente o que Jesus disse: "Vamos passar para a outra margem do lago" (cf. Lucas 8.22), eles estavam em obediência, empenhados em cumprir a missão, mas, ainda assim, a tempestade assolou violentamente o barco em que estavam.

Jesus está conosco e com nossa família. Naquele dia, quando nascemos de novo, o Pai e o Filho vieram habitar em nosso coração pelo Espírito Santo. Ele está muito perto, mais perto do que o cônjuge, mais perto do que o filho na barriga da grávida. Jesus habita em nosso espírito. Ele não nos abandona. Nunca.

O Senhor havia determinado o destino. Os discípulos e Ele estavam no barco e atravessavam para a costa leste do Lago de Tiberíades. Jesus adormeceu durante a viagem, e uma tempestade, com fortes ventos, atacou violentamente a embarcação. As ondas chocavam-se contra o casco, e o barco já começara a se encher de água. Parecia não haver mais esperança.

Mesmo caminhando com Deus, empenhados no cumprimento da missão e sob as ordens d'Ele, as tempestades assolam a família. Enfermidades cruéis, demissões injustas, perseguições gratuitas, difamações e luto assolam sem distinção. A família não está imune às dores deste mundo caído. E, para piorar, as aflições parecem sempre demorar mais do que podemos suportar e a sensação é de que fomos abandonados.

É assim mesmo: quem sofre tem a impressão de que ninguém conhece a sua dor; e, então, a solidão se junta ao barco da aflição. Porém, embora pareça que Jesus não se importe, como se estivesse dormindo, Ele está sempre ao alcance de um pedido. Basta orar. Um clamor pode "acordar" o Senhor, que tem poder para acalmar qualquer tempestade, seja familiar, seja interior. Mesmo que a situação se prolongue, podemos ter certeza de que Ele acalma o mar das nossas emoções, porque sabemos, com convicção, que Ele está no barco, e, com Ele, não afundaremos.

Embora pareça que Jesus não se importe, como se estivesse dormindo, Ele está sempre ao alcance de um pedido.

Destaque:
Presença

Notas

Vamos orar

Senhor, agradecemos por estares sempre no barco de nossa vida. Mesmo durante as assustadoras tempestades, acalma nossas emoções e fortalece nossa fé. Confiamos em Teu poder. Em Cristo, amém.

17

DE ABRIL

Devocional • 107 de 365

Respeito à escolha

E algumas pessoas que tinham presenciado os fatos contaram-lhes também como o endemoniado tinha sido salvo. Todo o povo da terra dos gerasenos pediu a Jesus que se retirasse, pois ficaram com muito medo. E Jesus, entrando de novo no barco, voltou.
Lucas 8.36-37, NAA

Assim como o Senhor, não podemos forçar as pessoas, mas podemos orar por elas.

Jesus estava do lado Oeste do Lago de Tiberíades e decidiu evangelizar em Decápolis, uma região de dez cidades que incluía Gadara. Na travessia, levantou-se uma grande tempestade que poderia afundar o barco, mas Jesus repreende as ondas e o vento, e tudo se acalmou.

Quando aportaram nas areias de Gadara, um endemoninhado veio ao encontro de Jesus para O enfrentar, mas tudo o que conseguiu foi se render, reclamar e choramingar. Jesus não se intimidou. Pelo contrário, aproveitou a ocasião para libertar o homem que estava possesso por milhares de demônios.

Durante o processo, Jesus permitiu que os demônios entrassem em uma extensa manada de porcos que estava ali perto. Os demônios entraram nos porcos e os animais lançaram-se de um despenhadeiro e morreram no mar.

Os rumores se espalharam rapidamente. "Um judeu apareceu aqui, matou centenas de porcos, e parece que o endemoninhado famoso perdeu sua fúria e força. Será que veio impor o judaísmo?". Os moradores da região, assustados e desconfiados, pediram a Jesus que fosse embora. Não quiseram ouvi-Lo, e o Mestre que acalmara a tempestade os atendeu. O Senhor que venceu os demônios respeitou a vontade daquele povo e se retirou, deixando o homem que fora curado como missionário.

Deus respeita a vontade do ser humano. O Senhor não se impõe à força. Ele tem todo poder, mas não age contra Sua própria palavra, pois confiou a Terra ao homem, dando-lhe domínio e governo sobre ela.

Em nossa família, é possível que alguns não queiram Jesus. Isso nos causa espanto e terror. Como pode alguém recusar o Salvador? No entanto, apesar de, assim como o Senhor, não podermos forçar ninguém, podemos orar – com perseverança e fé – até que chegue "a plenitude dos tempos" na vida dessas pessoas e elas se rendam a Deus.

Destaque:
Escolha

Notas

Vamos orar

Senhor, Teu poder e Teu amor nos consolam. Fortalece nossa fé para orarmos por nossos queridos que ainda Te recusam, confiando em Teu tempo perfeito. Em nome de Jesus, amém.

@prjosuegoncalves
@pra.rousegoncalves

Toque no Senhor

Certa mulher que, havia doze anos, vinha sofrendo de uma hemorragia e que havia gastado todos os seus bens com os médicos, sem que ninguém a pudesse curar, veio por trás de Jesus e tocou na borda da capa dele. E logo a hemorragia dela estancou.

Lucas 8.43-44, NAA

18

DE ABRIL

Devocional • 108 de 365

Uma mulher que sofre de hemorragia crônica perde mais sangue que o normal e pode experimentar dores na região íntima, inchaço no abdômen, cansaço resultante da anemia e até febre. Para os judeus que estavam debaixo da Lei de Moisés no primeiro século, uma mulher com sangramento era considerada impura. Tudo o que ela tocasse ou onde ela se sentasse deveria ser considerado imundo e precisava ser isolado dos demais.

A mulher da história contada por Lucas lutava contra essa doença havia doze anos! Ela chegou a gastar todos os seus recursos com médicos e tratamentos da época, mas nada a curava. Quando ela ouviu falar de Jesus, algo se acendeu dentro dela: "Se eu apenas lhe tocar a veste, ficarei curada" (Mateus 9.21, ARA). A partir daquele momento, ela passou a investir seu tempo, energia e o dinheiro que ainda lhe restava em busca de um encontro com Jesus, só para tocar n'Ele.

Ela venceu a multidão, superou os empurrões, as caras feias e aproximou-se a ponto de poder tocar nas vestes d'Ele. Sua fé era tão genuína que acreditava não ser necessário interromper Jesus em seus afazeres; bastava que ela tocasse n'Ele. Aliás, na verdade, seria suficiente que ela tocasse na barra da Sua roupa. E foi o que ela fez, e ficou curada instantaneamente!

Investimos tempo, energia e dinheiro naquilo que não promove cura, não satisfaz nem preenche. Quantas vezes pensamos que, se tivermos um objeto, o afeto de uma pessoa ou mesmo determinado emprego, finalmente seremos felizes. Todavia, mesmo após alcançar essas metas, muitas vezes continuamos vazios e carentes.

Jesus não apenas interrompe o escoar da vida, mas também nos concede a Sua própria vida eterna.

Destaque:
Toque

Notas

Vamos orar

Pai, reconhecemos que somente Tu podes nos salvar e impedir que a vida escorra de nossa alma. Obrigado por nos oferecer Tua vitalidade eterna e por cuidares não apenas de nossa salvação, mas também de nossas feridas. Reconhecemos que só Tu podes preencher e saciar nossas necessidades mais profundas. Oramos em nome de Jesus, amém.

@prjosuegoncalves
@pra.rousegoncalves

19

DE ABRIL

Devocional • 109 de 365

Ainda dá tempo

Mas Jesus, tomando-a pela mão, disse em voz alta:
— Menina, levante-se! Voltou-lhe o espírito, ela imediatamente se levantou, e Jesus mandou que lhe dessem de comer. Seus pais ficaram maravilhados [...].

Lucas 8.54-56, NAA

Jairo foi sábio e buscou a ajuda de Jesus para salvar a família dele. Devemos seguir o mesmo exemplo.

Destaque:
Esperança

Notas

Jairo tinha uma filhinha de doze anos, tão doente. A menina estava às portas da morte. Ele foi procurar Jesus e, ao encontrá-Lo, pediu que curasse sua filha. Jesus concordou. No caminho para a casa de Jairo, uma mulher "furou a fila do milagre" e foi curada de uma hemorragia que tinha justamente a idade da filha de Jairo. O problema foi que a menina morreu antes que ele chegasse com Jesus à casa.

Imagine o desespero daquele pai. Poucos fenômenos são tão definitivos e devastadores como a morte. A filha única de Jairo estava morta. Porém, havia um combinado de Jesus com Jairo: "Ainda dá tempo", "Não tenha medo; apenas creia, e ela será salva" (Lucas 8.50, NAA). De fato, Jesus foi até a casa de Jairo, passou por todo o lamento e, então, deu uma ordem para que a menina voltasse à vida, e a criança obedeceu! Jesus tinha *e tem* poder sobre a morte.

Se Jesus tem poder sobre a morte e declara: "De fato, a vontade de meu Pai é que todo aquele que vir o Filho e nele crer tenha a vida eterna; e eu o ressuscitarei no último dia" (João 6.40, NAA), do que mais teremos medo? Se Ele trouxe a menina da morte, então é poderoso para responder a cada uma das nossas orações, até aquelas para as quais parecem não haver mais tempo. Talvez o Senhor esteja dizendo para você, agora mesmo, o mesmo que disse a Jairo: "Não tenha medo; apenas creia".

Vamos orar

Senhor, Jairo foi sábio e buscou a ajuda de Teu Filho para salvar sua família. Queremos seguir o mesmo exemplo. Cremos que Tu ainda podes nos ajudar. Contamos com Tua salvação. Em nome de Jesus, amém.

Esse não!

Herodes, porém, disse: — Eu mandei decapitar João. Quem, então, é este a respeito do qual tenho ouvido tais coisas? E se esforçava para vê-lo.
Lucas 9.9, NAA

Quando Herodes viu Jesus, ficou muito contente, pois havia muito queria vê-lo, por ter ouvido falar a respeito dele [...] E de muitas maneiras o interrogava, mas Jesus não lhe respondia nada.
Lucas 23.8-9, NAA

20
DE ABRIL
Devocional • 110 de 365

O profeta João Batista e o rei Herodes haviam tido várias conversas, nas quais João o advertia e ensinava com toda paciência. Porém, em certa ocasião, por um capricho cruel, Herodes mandou que João fosse decapitado na prisão.

Passados vários meses, Herodes ouviu falar de Jesus e pensou que João estivesse se manifestando por meio d'Ele. Queria ver o Senhor, como se fosse um mágico ou uma atração circense. Finalmente, quando o Senhor já estava no final de Sua missão na Terra, Pilatos, querendo livrar-se da responsabilidade, enviou-O preso para que Herodes O julgasse. O rei, porém, aproveitou o momento para fazer perguntas a Jesus.

O homem que matou João Batista queria conversar, interrogar, tirar dúvidas e interagir com Jesus, mas Ele nada lhe dizia. Mesmo em Seu julgamento, tendo guardado silêncio por bastante tempo, Jesus falou com todos, inclusive com o sumo sacerdote que O condenaria. Porém, Herodes não recebeu resposta alguma, pois ele já havia tido as suas oportunidades de consultar a Deus por meio de João Batista, a quem ele assassinou.

Existe um ponto de não retorno, quando Deus se cala e prepara o cálice de Sua ira. Não devemos nos assustar quando conhecermos pessoas que, absolutamente, não querem a Deus, não acreditam, não se importam e debocham da fé. Alguns já passaram do ponto, e o Senhor já lhes determinou um destino de punição. Ainda assim, Deus glorifica Seu próprio nome, pois os tais servem de exemplo do que não fazer nem jamais ser. Que possamos usar os vilões da Bíblia para advertir os nossos filhos, cônjuge e parentes das terríveis consequências de brincar com Deus.

O homem que matou João Batista queria conversar, interrogar, tirar dúvidas e interagir com Jesus, mas Ele nada lhe dizia.

Destaque:
Temor

Notas

Vamos orar

Senhor todo-poderoso, trememos diante de Tua justiça perfeita e Tua santidade incomparável. Ensina-nos a honrar-Te em temor, reconhecendo o perigo de desprezar Tua graça. Glorifica Teu nome em nós. Amém.

prjosuegoncalves
pra.rousegoncalves

21

DE ABRIL

Devocional • 111 de 365

Jesus Provedor

E Jesus, pegando os cinco pães e os dois peixes, erguendo os olhos para o céu, os abençoou, partiu e deu aos discípulos para que os distribuíssem entre o povo. Todos comeram e se fartaram; e dos pedaços que sobraram foram recolhidos doze cestos.
Lucas 9.16-17, NAA

Demos graças ao Senhor pela bendita provisão diária de abrigo e alimentação.

Destaque:
Saciedade

Notas

Você poderia chamar a multidão de inconsequente, talvez os jovens a chamassem de "sem noção", mas Jesus sequer reclamou ou repreendeu; ao contrário, Ele ainda cuidou dela. A multidão buscava Jesus para aprender e receber cura. Todos tinham fome da palavra de Deus e depositavam n'Ele suas expectativas de cura e vida eterna.

Jesus é o perfeito e único Mediador entre o Todo-Poderoso e a humanidade, e quando entendemos isso, passamos a nos conectar ao Criador, que se torna nosso Pai!

Por meio de Cristo, Deus se torna nosso Pai e, como filhos, temos o direito de nos sentar à mesa com o Deus Pai e Seu Filho Jesus. Podemos dizer, como o salmista, que "o Senhor é o meu pastor; nada me faltará" (Salmos 23.1, NAA) e ainda dormir tranquilos, já que o pão "aos seus amados ele o dá enquanto dormem" (Salmos 127.2, NAA).

Não importa se a provisão vem de um bom emprego, de um negócio bem-sucedido, de uma herança abençoada ou do trabalho duro assalariado. Tudo vem do Senhor. Alguns vivem do ministério da fé e sentem mais de perto as emoções de contar com Jesus e ver o pouco se multiplicando em sua mão. Mas todos, sem exceção, somos sustentados pelo Senhor, o dono de todas as coisas.

Vamos orar

Senhor, damos graças pela bendita provisão diária de abrigo e alimento. Que tenhamos uma insaciável fome e sede de Tua companhia, saciadas diariamente nas fontes de água viva que brotam de Teu coração para a vida eterna. Bendito sejas, Jesus, que multiplicaste o pão e o peixe naquela época e que continuas nos abençoando com Tua Palavra viva e com as provisões necessárias nesta terra de peregrinação para nossa família. Em nome de Jesus, amém.

@prjosuegoncalves
@pra.rousegoncalves

Quem é Jesus?

E aconteceu que, enquanto Jesus estava orando em particular, achavam-se presentes os discípulos, a quem perguntou: Quem as multidões dizem que eu sou? (...) E vocês, quem dizem que eu sou? Respondendo, Pedro disse: O Cristo de Deus.
Lucas 9.18-20

22
DE ABRIL

Devocional • 112 de 365

Na passagem paralela, lemos: "O senhor é o Cristo, o Filho do Deus vivo" (Mateus 16.16). Pedro já havia se prostrado diante de Jesus após a pesca maravilhosa, quando o Mestre o convocou para o serviço em tempo integral. Até hoje Pedro está descobrindo características de quem é Jesus, porque toda a eternidade não será suficiente para conhecermos a grandeza do Filho de Deus.

No mundo, cada um dá um palpite. Algumas religiões veem Jesus como mais um iluminado; outras, como um grande profeta; há quem O veja um rabino memorável, e até quem diga que Jesus nem sequer existiu. Definir a correta identidade de Jesus define uma teologia saudável e, quem sabe, a salvação eterna. A opinião do mundo não pode ser a nossa.

Excetuando João, que morreu de velhice, e Judas, que se enforcou, todos os apóstolos foram martirizados – e, para isso, é preciso ter uma convicção absoluta. Até que ponto cremos que Jesus é Deus? Assentimos intelectualmente a um dogma religioso ou realmente compreendemos que Jesus foi uma pessoa real, que foi crucificado, mas que ressuscitou? Você pode afirmar, com certeza, que Ele é Deus e que morreu em nosso lugar? Você tem certeza de que Ele ressuscitou e que está vivo ainda hoje?

"Se com a boca você confessar Jesus como Senhor e em seu coração crer que Deus o ressuscitou dentre os mortos, você será salvo" (Romanos 10.9, NAA).

Definir a correta identidade de Jesus define uma teologia saudável e, quem sabe, a salvação eterna.

Destaque:
Identidade

Notas

Vamos orar

Pai Santo, pedimos que Teu Espírito revele a Verdade aos nossos filhos, para que creiam e confessem Teu Filho. Que nosso cônjuge — e nós mesmos — compreendamos e declaremos que Jesus é o Filho do Deus Vivo, o Salvador da humanidade. Amém.

@ prjosuegoncalves
@ pra.rousegoncalves

23

DE ABRIL

Perder para ganhar

Jesus dizia a todos: — Se alguém quer vir após mim, negue a si mesmo, dia a dia tome a sua cruz e siga-me. Pois quem quiser salvar a sua vida a perderá; e quem perder a vida por minha causa, esse a salvará.
Lucas 9.23-24, NAA

Quando nos recusamos a viver para nós, conforme os parâmetros do mundo, encontramos a vida eterna de Cristo fluindo em nosso coração.

Destaque:
Escolha

Notas

Ou cumprimos o propósito de Deus para nós, ou conquistamos o mundo. Temos a impressão de que podemos armazenar tesouros nesta Terra. Alguns acumulam reputação, trabalhando incessantemente para serem conhecidos, amados e respeitados. Há quem busque dinheiro, propriedades, investimentos e bens. Outros vivem para o momento, extraindo ao máximo o que a vida tem para oferecer. Quem vive assim perderá a vida no grande dia de julgamento.

O chamado de Deus inclui nos encaixar exatamente no projeto que Ele desenvolveu para nós, seres humanos. Devemos viver para nos relacionar com Deus em amor, cumprindo a Sua Palavra, valorizando o que Ele ama e comprometendo-nos com o Seu Reino. É possível até ser rico e famoso, desde que amemos o Senhor e O sirvamos.

O Senhor não é contra o reconhecimento e as posses. Ele mesmo fez de Abraão um homem famoso e lhe deu muitos bens. O desafio é empenhar a vida, cada respiração, cada negócio, cada abraço, cada palavra em prol do projeto de Deus na Terra – o Seu Reino.

A boa notícia é que, quando nos recusamos a viver para nós, conforme os parâmetros do mundo, encontramos a vida eterna de Cristo fluindo em nosso coração. O fruto do Espírito: “amor, alegria, paz, longanimidade, benignidade, bondade, fidelidade, mansidão, domínio próprio” (Gálatas 5.22-23, NAA), é a expressão maior de felicidade, de quem perdeu a vida e a encontrou em Cristo. A verdadeira vida pertence a Cristo, o Eterno, e, quando Ele vive em nós e por meio de nós, podemos desfrutar da eternidade, com a promessa de continuar ao Seu lado quando este corpo deixar de funcionar.

Vamos orar

Pai bondoso, ajuda-nos a renunciar à mentira de viver voltados para nós mesmos. Que vivamos para Ti e desfrutemos da vida abundante. Em Cristo oramos, amém.

Montanha de glória

E aconteceu que, enquanto ele orava, a aparência do seu rosto se transfigurou e a roupa dele ficou de um branco brilhante.
Lucas 9.29, NAA

24
DE ABRIL
Devocional • 114 de 365

A vida de oração de Jesus era fantástica. Grandes acontecimentos se deram enquanto Ele orava, mas a transfiguração é, sem dúvida, um dos mais gloriosos. Quando Mateus narra o mesmo acontecimento, afirma que Jesus "metamorfoseou-se" diante deles. Em um desses raros momentos em que o Céu se funde à Terra, Jesus foi visto com uma pequena amostra de Sua glória celestial, que foi suficiente para deixar a todos atônitos.

O Pai celeste tinha um plano. Além de transfigurar Jesus, Ele mandou Moisés e Elias para uma reunião exclusiva com o Messias deles. O corpo de Moisés foi disputado por Miguel e Satanás. Seria para esse momento? Estaria Moisés com seu corpo físico? Sabemos que Elias não morreu. Assim, mistérios à parte, os três conversavam sobre o trabalho de Jesus em Jerusalém.

Pedro interrompeu a reunião para dizer que aquela experiência no monte era excelente e que ele poderia montar abrigos para eles ficarem ali bastante tempo. O Pai interrompeu Pedro e disse: "Este é o meu Filho, o meu eleito; escutem o que ele diz!" (Lucas 9.35, NAA). Quando vierem dizer que a sua família precisa guardar práticas judaicas, lembre-se de que Jesus deve ser ouvido, pois Ele é o eleito. Quando trouxerem profecias que neguem a identidade correta de Cristo, cite a fala do Pai: Este é o Filho de Deus e Ele deve ser ouvido.

Nem sempre o período de oração será tão emocionante. Na grande maioria das vezes, é normal e, para alguns, até rotineiro. Porém, quem persevera em oração e na caminhada com Deus experimentará momentos sublimes em que parece ser possível tocar n'Ele. Sim, vale a pena orar. Mas estejamos atentos: não podemos desanimar, pois, depois do monte, só há caminho para baixo e, muitas vezes, estaremos no vale, diante de desafios e homens incrédulos.

Quem persevera em oração e na caminhada com Deus experimentará momentos sublimes em que parece ser possível tocar n'Ele.

Destaque:
Glória

Notas

Vamos orar

Deus amoroso, que nossa casa tenha constância, uma cultura de oração e viva grandes momentos Contigo, o Cristo glorioso. Em nome de Jesus oramos, amém.

@prjosuegoncalves
@pra.rousegoncalves

25

DE ABRIL

Devocional · 115 de 365

Casa de trabalhadores

E lhes disse: — A seara é grande, mas os trabalhadores são poucos. Por isso, peçam ao Senhor da seara que mande trabalhadores para a sua seara.
Lucas 10.2, NAA

Oração é a estratégia de Jesus para aumentar o número de pessoas que ajudam na implantação do Reino.

Destaque:
Trabalho

Jesus mantinha uma rotina de trabalho exigente, mesmo assim, ainda havia muito a ser feito. Ele, então, enviou doze e, depois, setenta discípulos. Mesmo assim, reconheceu que havia muito mais gente para ser alcançada e que havia necessidade de mais evangelistas, mais trabalhadores.

A estratégia de Jesus para aumentar o número de pessoas que ajudam na implantação do Reino é a oração. Devemos nos unir como família e orar ao Senhor, pedindo mais trabalhadores: evangelistas, diáconos, cantores e cantoras, secretárias, professores e professoras. Além disso, podemos treinar a nossa casa para se tornar um centro de treinamento de trabalhadores.

Para servir ao Senhor como trabalhador, o primeiro passo é andar com Ele. Quando Jesus chamou pescadores, disse: "[...] Venham comigo, e eu os farei pescadores de gente" (Mateus 4.19, NAA). O início de tudo é seguir na companhia d'Ele e permitir que Ele nos transforme em pescadores. A única forma de servir ao Senhor de maneira adequada é caminhar bem perto d'Ele e fazer o que Ele nos pede.

A melhor maneira de ensinar é pelo exemplo. Temos a responsabilidade de treinar nossos filhos e netos. Devemos investir em livros, Bíblias, assinaturas, cursos, atlas, comentários, dicionários, romances de autores cristãos – enfim, pagar o preço para que a cultura do Reino esteja presente em nossa casa, tornando-a um ambiente onde se encontram e são formados os trabalhadores da seara de Cristo.

Notas

Vamos orar

Senhor da seara, rogamos que envies mais trabalhadores para Teu Reino. Faz de nossa casa um centro de treinamento, moldando nossa família conforme a imagem de Jesus, o grande Servo. Em nome de Jesus oramos, amém.

Corajosos mensageiros

26
DE ABRIL
Devocional • 116 de 365

Quem ouve vocês ouve a mim; e quem rejeita vocês é a mim que rejeita; quem, porém, me rejeita está rejeitando aquele que me enviou.
Lucas 10.16, NAA

Um mensageiro enviado para dar um recado a um exército inimigo precisa ser corajoso. Ele pode ser bem recebido, pode trazer a paz ou pode ser atacado, e até morto. Jesus foi um mensageiro assim. Ele veio cumprir dezenas de profecias entregues ao longo dos séculos para o povo de Israel. Ele jamais errou; antes, declarou abertamente ser o Messias.[1] Muitos O receberam bem, mas os poderosos desejaram matá-Lo. E, como estava nos planos de Deus, desde a eternidade, Jesus entregou Sua vida para morrer no lugar da humanidade caída.

Jesus foi rejeitado pelos judeus e condenado pelos gentios. Esse mesmo Jesus envia a mim e a você a este mundo para levar a mensagem do Evangelho. Muitos a receberão, mas haverá quem nos odiará.

Precisamos de perspectiva: quem recebe o Evangelho, que vivemos e proclamamos, recebe não a nós, mas a Cristo. Quem recebe a Cristo, recebe o Todo-Poderoso e fica em paz com Ele para sempre. Mas quem rejeita a mensagem trazida por Sua família – que vive de modo digno, cumprindo a vontade de Deus e rejeitando as mentiras deste mundo –, rejeita o Cristo. Se pudessem, O crucificariam novamente, mas não podem. Ele morreu, sim, mas venceu a morte. Ele ressuscitou. Ele está vivo e ninguém pode tornar a matá-Lo.

Deus promete a mesma recompensa para os Seus mensageiros. Ressurreição e vida eterna, ao lado do Messias e do Pai, eternamente.

Que a sua família seja corajosa e se identifique com Jesus na perseguição e nas lutas, porque, certamente, se identificarão também com a vida eterna. Chega de temer a opinião de quem não ama a Jesus. Chega de tentar agradar quem odeia o Senhor. Chega de se importar com o conselho dos ímpios. Vamos temer a Cristo e levar a Sua mensagem com fidelidade. A recompensa é certa.

[1] Na maioria das vezes, Jesus se revelava mais abertamente aos não judeus (gentios).

Esse mesmo Jesus envia a mim e a você a este mundo para levar a mensagem do Evangelho.

Destaque:
Coragem

Notas

Vamos orar

Senhor todo-poderoso, fortalece-nos para proclamarmos o Evangelho com coragem, sem temer a rejeição. Que nossa família seja fiel a Cristo, vivendo para agradar-Te e confiando na recompensa eterna. Em nome de Jesus, amém.

@prjosuegoncalves
@pra.rousegoncalves

27

DE ABRIL

Devocional • 117 de 365

Autoridade do Reino

Eis que eu dei a vocês autoridade para pisarem cobras e escorpiões e sobre todo o poder do inimigo, e nada, absolutamente, lhes causará dano. No entanto, alegrem-se, não porque os espíritos se submetem a vocês, e sim porque o nome de cada um de vocês está registrado no céu.
Lucas 10.19-20, NAA

[...] todos os que nascem de novo e recebem o Espírito Santo têm autoridade no mundo celestial para falar em nome de Jesus.

Destaque:
Autoridade

Notas

Um policial não tem autoridade porque é forte, luta bem ou sabe usar as armas com maestria. Ele tem autoridade porque representa o Estado e é encarregado de proteger e guardar a população. Quando um policial em serviço fala, o Estado fala; quando ele dá uma ordem, é o Estado que ordena. Da mesma maneira, Jesus deu autoridade a todo filho de Deus. E o nível de autoridade não depende tanto se a pessoa é um novo convertido ou antigo na fé, eloquente ou introvertido, músico ou evangelista, diácono ou parte do círculo de oração. A autoridade vem de Jesus, e todos os que nascem de novo e recebem o Espírito Santo têm autoridade no mundo celestial para falar em nome de Jesus.

Ainda assim, o Diabo tentará ameaçar, intimidar e mentir. Ele frequentemente usa a mentira para tentar nos parar, mas Jesus nos deu autoridade sobre os espíritos malignos. Sejamos "policiais" corretos. Vivamos de tal maneira que possamos dizer como Jesus: "o príncipe do mundo [...] ele nada tem em mim" (João 14.30, ARA). Sem brecha, sem corrupção, sem acordo com o Inimigo.

Toda criança já acordou com medo, no meio da noite. Pesadelos podem acometer os membros da família, mas uma certeza eles precisam ter: Jesus está na casa, e os cristãos têm autoridade para repreender, pisar e expulsar toda ação maligna. Somos autoridade do Reino de Deus. Podemos expulsar presenças estranhas do quarto dos nossos filhos e clamar ao Senhor para que eles tenham noites de sono abençoadas. Essas são obrigações básicas dos pais, mas o melhor de tudo é saber que nossa família tem o nome escrito no Céu! Sim, a salvação é o presente mais excelente que poderíamos ganhar. Assim, temos razão dupla para nos alegrar.

Vamos orar

Senhor Jesus, agradecemos pela autoridade que nos concedeste e pela certeza de que nossos nomes estão registrados no Céu. Ensina-nos a viver em santidade, confiantes em Tua proteção e salvação. Amém.

@ prjosuegoncalves
@ pra.rousegoncalves

Mandamento e vida

A isto ele respondeu: Amarás o Senhor, teu Deus, de todo o teu coração, de toda a tua alma, de todas as tuas forças e de todo o teu entendimento; e: Amarás o teu próximo como a ti mesmo. Então, Jesus lhe disse: Respondeste corretamente; faze isto e viverás.
Lucas 10.27-28, ARA

28
DE ABRIL
Devocional • 118 de 365

Jesus recebia a todos: iletrados e estudiosos, analfabetos e eruditos. Lucas nos conta sobre um intérprete da Lei, alguém que poderia ser um escriba ou doutor da lei. Hoje, diríamos que se tratava de um especialista: um profundo conhecedor da Lei de Moisés, um profissional tão familiarizado com o texto sagrado que era consultado para interpretá-lo.

Esse homem quis pôr Jesus à prova, tentando colocá-Lo em apuros com perguntas difíceis. Ele questionou sobre algo que pudesse ser "feito" para herdar a vida (*zoé*) eterna. Mas Jesus não se deixava manipular e devolveu a pergunta, já que o escriba tinha obrigação de saber. De um momento para o outro, o homem caiu na própria armadilha.

Contudo, Jesus é bom e desejava edificar aquele homem e a nós, hoje. O escriba respondeu exatamente o que Jesus já havia ensinado. Havia, assim, plena concordância entre eles. Então, o Senhor foi além e disse: "Se você fizer isso, terá a vida que só Deus pode dar – a vida *zoé*".

A questão que escapou ao escriba é que ninguém consegue amar a Deus daquela maneira. A pergunta realmente pertinente, seria: "Mas como posso amar a Deus dessa maneira?".

Para amar o Senhor, dependemos do próprio Senhor. Em primeiro lugar, precisamos morrer, identificando-nos com Cristo na cruz. Isso se dá mediante o convencimento do Santo Espírito, que passa a habitar em nós e nos faz ressuscitar para uma nova vida. Só então poderemos começar a extraordinária jornada de amar ao Criador, que se fez nosso Pai.

Não se trata de sentir um "quentinho no peito", mas de amar com tudo o que acontece em nossa alma; com todo coração, alma, força e entendimento. Cada pensamento, decisão e paixão, tudo voltado para Ele e alinhado à Sua glória. Que mandamento maravilhoso. Ele leva à vida!

Para amar o Senhor, dependemos do próprio Senhor. Em primeiro lugar, precisamos morrer, identificando-nos com Cristo na cruz.

Destaque:
Vida

Notas

Vamos orar

Pai amado, ensina-nos a amar-Te de todo o coração, alma, força e entendimento, vivendo para Tua glória. Que nosso amor por Ti transborde em cuidado pelo próximo. Em nome de Jesus, amém.

29

DE ABRIL

Devocional • 119 de 365

Quem é o próximo?

Ele, porém, querendo justificar-se,
perguntou a Jesus: Quem é o meu próximo?
Lucas 10.29, ARA

O nosso próximo é quem precisa. Basta trocar de lugar com a pessoa e perguntar a si mesmo: "Se eu estivesse nessa situação, o que eu gostaria que fizessem por mim?".

Destaque:
Ajuda

Notas

O escriba abençoado declarou que. para ter vida eterna, deveríamos amar ao Senhor, nosso Deus, de todo coração, de toda alma, com todas as forças e com todo entendimento. Ele estava certíssimo. Depois, perguntou sobre o segundo mandamento, que é amar o próximo como a si mesmo. Ele entendeu como devia ser o amor (como a si mesmo), mas questionou quem seria "o próximo". Jesus respondeu com uma história.

O herói da clássica história de Jesus era um samaritano, pertencente a um povo odiado pelos judeus. Setecentos anos antes, Judá e Israel formavam dois reinos separados. Esse reino foi invadido pelos assírios, e seus habitantes foram levados cativos para a Assíria. A terra vazia foi colonizada por povos pagãos, que se casaram com os poucos de israelitas que permaneceram na região. Esses relacionamentos deram origem aos samaritanos, que adoravam deuses estranhos junto ao Deus de Israel.

Na história de Jesus, um homem é assaltado e espancado, ficando semimorto à beira da estrada. O levita e o sacerdote não o socorreram, mas o samaritano, sim. Ele ajudou o ferido, cuidou dele e o levou para uma hospedaria.

Depois de contar a história, Jesus inverteu a perspectiva, fazendo a pergunta sob a ótica do ferido, obrigando o preconceituoso escriba a exaltar o samaritano. O escriba não ousou falar que era o samaritano, mas disse: "O que usou de misericórdia para com ele". Em seguida, Jesus respondeu: "Vai e procede tu de igual modo".

O nosso próximo é quem precisa. Basta trocar de lugar com a pessoa e perguntar a si mesmo: "Se eu estivesse nesta situação, o que eu gostaria que fizessem por mim?". Precisamos ajudar a quem precisa. Dentro e fora de casa.

Vamos orar

Pai amado, ensina-nos a agir com misericórdia, ajudando a quem precisa. Que nossa família deixe um legado de amor e compaixão ao próximo.

Uma só coisa

30
DE ABRIL

Devocional • 120 de 365

Entretanto, pouco é necessário ou mesmo uma só coisa; Maria, pois, escolheu a boa parte, e esta não lhe será tirada.
Lucas 10.42, ARA

Sempre que ia à região da Judeia, Jesus ficava em Betânia. Preferia ficar ali, pois, em Jerusalém, era tratado com hostilidade. Em Betânia, estava entre amigos queridos: três irmãos – Lázaro, Marta e Maria. O temperamento de Marta era tão expressivo que Lucas apresenta a casa como se fosse dela.

Generosamente, a família recebia Jesus e Seus discípulos – 13 homens, no mínimo. Em uma época sem água encanada, o trabalho doméstico era puxado para as anfitriãs. Em certo momento, Jesus começa a ensinar, e Maria deixou suas tarefas para sentar-se perto de Jesus e ouvir o que Ele dizia.

Marta estava preocupada e inquieta a ponto de chamar a atenção de Jesus e pedir que Ele ordenasse que sua irmã, Maria, se levantasse da posição de descanso e aprendizado para ajudar com o trabalho. Jesus, porém, não atendeu ao seu pedido. Em vez disso, explicou-lhe que, embora estivesse servindo, o fazia com sofrimento, dor, inquietações, preocupações e ansiedade – diferente da atitude de Maria, que havia escolhido o que era melhor: estar com Ele, em paz.

Jesus ficou ao lado de Maria e a defendeu, revelando um princípio valioso: quem se senta aos pés de Jesus para ouvir Seus ensinamentos realiza a única atividade realmente importante na vida. Comparadas a essa, todas as demais são insignificantes.

Como encaramos a prioridade de nos apresentarmos diante de Jesus para ouvir Sua inefável voz? Somos como Maria em nossa família, ou agimos como Marta? Somos agitados, ansiosos e vivemos cobrando serviço dos outros ou servimos sob a força e o poder de Deus? Será que vivemos sobrecarregados, sofrendo, pressionando outros e nos zangando com Deus ou temos conseguido parar tudo para ouvir a "palavra que procede da boca de Deus"?

Quem se senta aos pés de Jesus para ouvir Seus ensinamentos faz a única atividade realmente importante na vida.

Destaque:
Prioridade

Notas

Vamos orar

Senhor Jesus, ensina-nos a escolher a boa parte, priorizando Tua presença e ouvindo Tua voz. Que nossa família encontre descanso e vitalidade aos Teus pés. Em Teu nome oramos, amém.

prjosuegoncalves
pra.rousegoncalves

“

Maria escolheu
o que era
melhor: estar
com Jesus,
em paz.

”

MAIO

05/12

1º

DE MAIO

Devocional · 121 de 365

Quem pede recebe

Por isso, digo a vocês: Peçam e lhes será dado; busquem e acharão; batam, e a porta será aberta para vocês. Pois todo o que pede recebe; o que busca encontra; e a quem bate, a porta será aberta.
Lucas 11.9-10, NAA

Jesus eleva a oração a outro nível quando nos revela que o Deus do Antigo Testamento pode ser nosso Pai por meio da adoção.

Destaque:
Confiança

Notas

Jesus eleva a oração a outro nível quando nos revela que o Deus do Antigo Testamento pode ser nosso Pai por meio da adoção. Como um Pai, Deus deseja nos dar o que há de melhor, assim como os pais humanos. O argumento dele é acolhedor e maravilhoso. Ele diz: "Ora, se vocês, que são maus, sabem dar coisas boas aos seus filhos, quanto mais o Pai celeste dará o Espírito Santo aos que lhe pedirem!" (Lucas 11.13, NAA).

Estamos acostumados a buscar conexões com pessoas importantes em lugares estratégicos, esperando poder trocar favores e fechar negócios quando necessário. No entanto, há situações em que nem mesmo os melhores profissionais podem ajudar. Existem causas em que nem os políticos mais influentes podem ajudar, tampouco os empresários conseguem "mexer os pauzinhos" necessários.

Que conforto é saber que o nosso Pai – sim, o querido Pai Celestial – está ao alcance de uma oração feita em nome de Jesus! Ele mesmo afirmou: se pedirmos, o Pai nos dará; se buscarmos, encontraremos; e, se batermos, as portas se abrirão!

A maior dádiva de todas é o Espírito Santo! – Ele mesmo! – habitando em Seus filhos. "Aquele que não poupou o seu próprio Filho, mas por todos nós o entregou, será que não nos dará graciosamente com ele todas as coisas?" (Romanos 8.32, NAA).

Da próxima vez que nosso filho tiver uma febre, podemos procurar o Médico dos médicos. Quando o marido precisar de uma promoção, podemos clamar ao Rei dos reis. Se a esposa estiver necessitada de algum bem, ela pode pedir ao Senhor de toda a Terra. Quando houver conflitos, a família deve clamar ao Príncipe da Paz. E, se precisar de orientação, o filho e a filha podem buscar o Maravilhoso Conselheiro.

Vamos orar

Pai celeste, agradecemos pela Tua bondade infinita e por sempre ouvires nossas orações. Ensina-nos a pedir com fé, buscar com perseverança e bater com confiança, sabendo que o Senhor nos atenderá. Amém.

Reverência à Igreja

Todo reino dividido contra si mesmo ficará deserto,
e uma casa dividida contra si mesma cairá.
Lucas 11.17, NAA

2
DE MAIO

Devocional • 122 de 365

Acusavam Jesus de estar associado aos demônios, embora o Mestre os expulsasse sem hesitação. Seu argumento era inquestionável: Satanás tem um time de demônios organizado e coeso, e causa grande prejuízo com sua estrutura malévola. Jesus explicou que Ele era mais valente e forte que o Diabo e que Sua missão era libertar pessoas por meio da verdade e da autoridade vinda diretamente de Deus Pai.

Contudo, enquanto líamos essa passagem, algo diferente chamou nossa atenção. Jesus afirma categoricamente que um reino dividido internamente não subsistirá. Então nos lembramos de quantas vezes havíamos falado mal de algum irmão... De quantas vezes achamos engraçado determinado comportamento em uma igreja. Não nos demos conta de que todos eles são nossos irmãos, que pertencemos à mesma casa, fazemos parte do mesmo Reino.

Em nossa família, tomamos uma decisão: não falar mal de ninguém. Não faz parte de nossas conversas à mesa comentar sobre líderes que caíram em pecado. Não fazemos piada de pregadores pouco instruídos que tropeçam no português, nem achamos graça nas lamentáveis "profetadas". Um senso de unidade precisa nos abraçar. Se Satanás é unido, por que nós, cristãos, filhos da verdade e do amor, somos tão indiferentes à necessidade de respeitar a aliança de sangue que nos une?

Quando um membro da família fica em recuperação na escola, as férias de toda a família são adiadas. Quando um fica para trás, todos esperam. No Reino de Deus é assim também.

Se Satanás é unido, por que nós, cristãos, filhos da verdade e do amor, somos tão indiferentes à necessidade de respeitar a aliança de sangue que nos une?

Destaque:
Unidade

Notas

Vamos orar

Senhor poderoso, desejamos que nosso lar seja um ambiente de reverência, oração e respeito à bendita igreja de Cristo. Que Satanás não nos engane. Que sejamos unidos ao Corpo de Cristo. Em nome de Jesus, amém.

prjosuegoncalves
pra.rousegoncalves

3

DE MAIO

Devocional • 123 de 365

Cabe a nós termos uma família comprometida com a vigilância.

Destaque:
Vigilância

Notas

Manter a posição

Quando o espírito imundo sai de uma pessoa, anda por lugares áridos, procurando repouso. E, não o achando, diz: "Voltarei para a minha casa, de onde saí". E, voltando, a encontra varrida e arrumada. Então vai e leva consigo outros sete espíritos, piores do que ele, e, entrando, habitam ali. E o último estado daquela pessoa se torna pior do que o primeiro. **Lucas 11.24-26, NAA**

Como é bom pertencer a um grupo de irmãos e receber ajuda. Um grupo de combatentes espirituais nos auxilia em questões difíceis. Um filho usuário de drogas, um cônjuge envolvido com ocultismo, um parente entregue à prostituição e, em algum momento, receberam a visitação do Senhor, trazendo libertação e cura.

Há, sim, situações de possessão, nas quais demônios invadem as pessoas, escravizando e atormentando a vida delas. A presença da igreja, com seus líderes abençoados, promove a debandada dos espíritos imundos e as pessoas são libertas em nome de Jesus. A pessoa é como se fosse uma casa e, quando se converte, Deus passa a habitar nela por meio do Espírito Santo; assim, ela jamais será possuída pelo mal novamente. Entretanto, isso exige compromisso e, acima de tudo, entrega, conversão, novo nascimento.

Jesus nos revela realidades espirituais que os olhos naturais não veem. Um demônio não pode resistir ao nome de Jesus. Afinal, o Senhor declarou aos discípulos: "[...] em meu nome, expulsarão demônios [...]" (Marcos 16.17, NAA) e ainda: "Eis que eu dei a vocês autoridade para pisarem cobras e escorpiões e sobre todo o poder do inimigo, e nada, absolutamente, lhes causará dano" (Lucas 10.19, NAA).

Entretanto, pode acontecer de uma pessoa liberta não entregar a vida a Jesus e ficar distraída. Assim como em um combate no qual um garoto leva uma surra e chama seus comparsas para novo confronto, os demônios retornam em maior número para tentar recuperar o território perdido.

Cabe a nós, então, mantermos uma família comprometida com a vigilância. A conversão é o alvo de todo pai. O novo nascimento é o desafio de toda mãe. Os filhos precisam nascer de novo, ser batizados e ter uma vida consistente na presença de Deus. Sejamos uma família vigilante.

Vamos orar

Pai amado, fortalece a nossa família na vigilância e no compromisso com o Senhor. Que vivamos na Tua presença, protegidos e firmes, rejeitando todo mal e buscando sempre a Tua direção. Em nome de Jesus Cristo, amém.

@ prjosuegoncalves
@ pra.rousegoncalves

Repreensão enfática

Mas ai de vocês, fariseus! Porque vocês dão o dízimo da hortelã, da arruda e de todas as hortaliças, e desprezam a justiça e o amor de Deus. Vocês deveriam fazer estas coisas, sem omitir aquelas.

Lucas 11.42, NAA

4

DE MAIO

Devocional · 124 de 365

Temos a impressão de que Jesus não gostava dos fariseus e mestres da Lei, mas isso não é verdade. Jesus os amava e fazia o que estava ao Seu alcance para conduzi-los à verdade. Quando foi interrogado por Herodes, Jesus não respondeu. No entanto, o Mestre dava longas respostas, reunindo argumentos e ilustrações para que eles percebessem o absurdo de seu desvio. Isso é amor!

Para nós, é muito mais fácil nos afastar de pessoas briguentas e provocadoras, pois esse tipo de relacionamento é desagradável e, à primeira vista, parece infrutífero. Mas Jesus não pensava assim. Ele não fugia do confronto nem deixava de explicar, por mais tenso que fosse o momento. Depois de um bom tempo de convívio e muitas exortações, Jesus precisou ser enfático e duro, na esperança de que eles despertassem de sua alienação coletiva.

O que deu início à dura advertência foi a desaprovação silenciosa de um fariseu, ao perceber que Jesus não participou das cerimônias de lavagens e purificações que os judeus costumavam realizar antes das refeições. Diante disso, Jesus destacou que eles cultivavam uma religiosidade exterior e fingida. Chamou-os de tolos, de túmulos disfarçados, de vaidosos e incoerentes. Por fim, alertou que a resistência deles à verdade os colocaria sob a mesma condenação dos antigos perseguidores de profetas.

Como Jesus, devemos aprender a usar todos os recursos à nossa disposição para salvar os amados do desvio doutrinário. Por isso, "[...] pregue a palavra, insista, quer seja oportuno, quer não, corrija, repreenda, exorte com toda a paciência e doutrina" (2Timóteo 4.2, NAA).

Ainda que seja desgastante, nosso amor pelos familiares desviados deve nos manter em diálogo com eles. Devemos também orar, buscando caminhos para esclarecer a verdade, na expectativa de que haja "[...] o retorno à sensatez, a fim de que se livrem dos laços do diabo, que os prendeu para fazerem o que ele quer" (2Timóteo 2.26, NAA).

Como Jesus, devemos aprender a usar todos os recursos à nossa disposição para salvar os amados do desvio doutrinário.

Destaque:
Resiliência

Notas

Vamos orar

Senhor Jesus, ensina-nos a amar com perseverança e verdade, corrigindo e encorajando com sabedoria. Que a nossa família seja instrumento para conduzir os desviados à sensatez e à liberdade de Cristo. Em nome de Jesus, amém.

prjosuegoncalves
pra.rousegoncalves

5

DE MAIO

Devocional • 125 de 365

Não existem segredos

Não há nada encoberto que não venha a ser revelado, nem oculto que não venha a ser conhecido.
Lucas 12.2, NAA

Todo pecado oculto na Terra é um escândalo revelado no Céu.

Destaque:
Coerência

O mundo espiritual é invisível, mas é inexoravelmente verdadeiro e real. Há grande tentação para vivermos preocupados somente com o que é visível e temporal. Facilmente entramos no jogo de tentar agradar pessoas importantes e as que nos são preciosas. Não há nada de errado em amar as pessoas, só não podemos fingir.

Elogio sem sinceridade é bajulação; uma mentira travestida de honra. A Bíblia afirma que "leais são as feridas feitas pelo que ama, porém os beijos de quem odeia são enganosos" (Provérbios 27.6, NAA).

Precisamos de coerência entre o que pensamos, valorizamos e falamos.

Jesus afirma que todo segredo será revelado. Todo pecado oculto na Terra é um escândalo revelado no Céu. Devemos ter a consciência de que estamos sendo observados a todo momento: quando estamos, aparentemente, sozinhos diante de um computador; quando falamos mal de alguém, acreditando estar em segredo; quando olhamos com cobiça, achando que ninguém nos vê; quando retemos a oferta; ou quando mentimos, certos de que não seremos descobertos. Além de ser conhecido no Céu, um dia será conhecido por todos na Terra.

Assim, precisamos ser exemplos em nossa casa. Devemos dizer o que pensamos – e nos calar, se nosso pensamento estiver distorcido por emoções pecaminosas. Não devemos deixar de corrigir o que estiver errado. Pedir perdão é a maneira mais honrada de lidar com nossa natureza caída. A verdade é que somos amados por Deus e perdoados em Cristo.

Notas

Vamos orar

Senhor Deus, faze de nós pessoas verdadeiras e sinceras, para que não tenhamos nada a esconder. Que em nossa família reine a verdade e a sinceridade. Em nome de Jesus, amém.

prjosuegoncalves
pra.rouseгoncalves

Você tem valor

Até os cabelos da cabeça de vocês estão todos contados.
Não temam! Vocês valem bem mais do que muitos pardais.
Lucas 12.7, NAA

6

DE MAIO

Devocional • 126 de 365

O valor de um ser humano está intrinsecamente ligado ao fato de ele ter sido criado à imagem de Deus. Após o Dilúvio, enquanto estabelece algumas diretrizes, Deus disse que se "[...] alguém derramar o sangue de uma pessoa, o sangue dele será derramado por outra *pessoa; porque Deus fez o ser humano segundo a sua imagem*" (Gênesis 9.6, NAA, grifo nosso). Isso confirma que a razão para a punição extrema está no fato de o homem ter sido feito à imagem do Senhor.

Deus conhece os pardais – sabe quais caem e quais permanecem. Ele sabe de todos os detalhes da Sua gigantesca criação. Jesus afirmou que até os fios de cabelo da nossa cabeça estão contados pelo Senhor e que Ele se importa conosco. E, como se tudo isso não fosse suficiente, quando o ser humano nasce de novo, torna-se filho de Deus e passa a ter um valor ainda mais elevado. Primeiro, por ser criatura feita à imagem de Deus; depois, por ter sido adotado como filho, passando a fazer parte da família de Jesus!

Somos, portanto, escolhidos, exclusivos, santos; não estamos debaixo de censura; somos irrepreensíveis, adotados, irmãos de Jesus, agradáveis a Ele; fomos resgatados, redimidos; nossas dívidas foram pagas; fomos remidos porque a pessoa mais importante do Universo morreu em nosso lugar (cf. Efésios 1.3-11, NAA)! Estamos visceralmente envolvidos no maior projeto que existe: o Reino de Deus. Um dia, Jesus será exaltado, todas as autoridades se renderão a Ele, e celebraremos juntos!

Você e sua família não precisam buscar afirmação em qualquer outro contexto. Não precisam de medalhas nos esportes, diplomas na parede, condecorações militares ou lucros extraordinários. Vocês já são filhos de Deus! E esse é o maior valor que alguém pode ter. As conquistas terrenas têm seu valor, mas são apenas sombras pálidas do que já somos e seremos em Cristo.

Somos, portanto, escolhidos, exclusivos, santos; não estamos debaixo de censura; somos irrepreensíveis, adotados, irmãos de Jesus, agradáveis a Ele.

Destaque:
Valor

Notas

Vamos orar

Pai amado, agradecemos por nos criares à Tua imagem e nos adotares como filhos. Que nossa família viva consciente desse valor eterno, proclamando Tuas virtudes e glorificando Teu nome. Em nome de Jesus, amém.

@prjosuegoncalves
@pra.rousegoncalves

7
DE MAIO

Devocional • 127 de 365

Rico com Deus

Então lhes recomendou: — Tenham cuidado e não se deixem dominar por qualquer tipo de avareza, porque a vida de uma pessoa não consiste na abundância dos bens que ela tem.
Lucas 12.15, NAA

A proposta de Jesus é clara: ter somente um Deus — Aquele sobre quem lançamos todos os nossos afetos, expectativas e compromissos.

Destaque:
Riqueza

Notas

Os ricos desfrutam de grandes privilégios neste mundo, e parece que seus filhos são treinados desde o nascimento para alcançar independência financeira. Ganhar dinheiro ocupa um lugar de destaque na hierarquia de prioridades dessas famílias. Nada há de errado com o trabalho, afinal, o Senhor determinou que o homem trabalhasse antes mesmo de o primeiro casal pecar e se separar do Criador.

Quando um benefício recebe o valor de um deus, temos um ídolo. Ele promete o que não pode cumprir e se apossa do coração humano. Todavia, é incapaz de oferecer os elementos mais fundamentais da existência: propósito e conexão.

O dinheiro é um péssimo deus. Embora ofereça alguns benefícios imediatos, ele promete mais do que pode cumprir. O dinheiro não compra saúde. Quando muito, pode permitir um bom atendimento médico. Até para levar uma vida saudável a pessoa precisa de saúde interior, o que o dinheiro não pode comprar. Dinheiro não compra amor ou relacionamentos sinceros. Dinheiro escraviza, e quem o consome com o coração errado nunca está satisfeito. O amor ao dinheiro distorce o caráter, tornando a pessoa egoísta e avarenta.

A proposta de Jesus é clara: ter somente um Deus – Aquele sobre quem lançamos todos os nossos afetos, expectativas e compromissos. Por meio d'Ele, podemos possuir tudo, sem que nosso coração seja possuído. O avarento e idólatra é como quem "[...] ajunta tesouros para si mesmo, mas não é rico para com Deus" (Lucas 12.21, NAA). Nosso lar precisa ser edificado sobre a garantia da provisão divina. Quando as finanças nos tiram do sério ou quando brigamos por dinheiro, é hora de perguntar onde está, de fato, a confiança do nosso coração.

Vamos orar

Pai amado, somos tão suscetíveis a acreditar que elementos materiais nos fariam felizes ou tornariam seguros. Perdoa a tolice do nosso coração, que se deixa enganar pelas mentiras do mundo. Inclina nosso coração ao Senhor, e que nossa casa confie no Deus eterno, firmando-se na Tua bondade. Em nome de Jesus, amém.

Humildade e honra

Porque todo o que se exalta será humilhado;
e o que se humilha será exaltado.
Lucas 14.11, NAA

8
DE MAIO

O mundo considera vantajoso ser orgulhoso – e valoriza aqueles que buscam popularidade e poder. Uma pessoa violenta pode, inclusive, ser temida e admirada. O Reino de Deus, porém, funciona de forma oposta: a Palavra diz que "Deus resiste aos soberbos, mas dá graça aos humildes" (Tiago 4.6, NAA).

Se uma pessoa ataca você no trabalho e procura prejudicá-lo, é desagradável e perigoso. Se for uma instituição, um partido político ou um órgão do governo, a situação fica mais grave ainda, por ser um ente organizado perseguindo e tentando prejudicar. Em qualquer cenário, você pode se voltar para Deus, que tem mais poder.

No entanto, a situação se torna realmente crítica quando é o próprio Senhor que se opõe a você! A quem você irá recorrer? Eli, um sacerdote do período dos juízes, expressou isso com clareza: "Se um homem pecar contra o seu próximo, Deus será o árbitro. Mas, se ele pecar contra o SENHOR, quem intercederá por ele?" (1Samuel 2.25, NAA). Quando agimos com soberba, irritamos o Senhor, que se faz nosso inimigo.

Jesus então estabelece uma lei universal: "todo o que se exalta será humilhado", não importa quem seja.

Jesus adverte que a autoexaltação leva à humilhação; portanto, nossa casa precisa estar comprometida com a humildade. O segredo é sempre buscar a exaltação de Cristo, sempre visar ao Reino de Deus em tudo o que fizermos. "Portanto, humilhem-se debaixo da poderosa mão de Deus, para que ele, em tempo oportuno, os exalte" (1Pedro 5.6, NAA). Deus sabe recompensar os que são d'Ele.

Jesus adverte que a autoexaltação leva à humilhação; portanto, nossa casa precisa estar comprometida com a humildade. O segredo é sempre buscar a exaltação de Cristo.

Destaque:
Humildade

Notas

Vamos orar

Pai amado, ensina-nos a viver humildemente diante de Tua poderosa mão. Que nossa família busque exaltar-Te em tudo, confiando que, no tempo certo, Tu nos honrarás. Em nome de Jesus, amém.

prjosuegoncalves
pra.rousegoncalves

9

DE MAIO

Devocional • 129 de 365

Festa de anjos

Ou qual é a mulher que, tendo dez dracmas, se perder uma delas, não acende a lamparina, varre a casa e a procura com muito empenho até encontrá-la? E, quando a encontra, reúne as amigas e vizinhas, dizendo: "Alegrem-se comigo, porque achei a dracma que eu tinha perdido". Eu afirmo a vocês que a mesma alegria existe diante dos anjos de Deus por um pecador que se arrepende.
Lucas 15.8-10, NAA

"Filho não se perde na rua, mas se perde dentro de casa." (Marlene Guerrato)

Destaque:
Resgate

Notas

Jesus amava a todos, curava, ensinava e anunciava as boas novas do Evangelho. Porém, alguns religiosos O recriminavam por fazer refeições com as pessoas a quem estava evangelizando. Em resposta, Jesus contou três parábolas: a da ovelha perdida, a da dracma perdida e a mais famosa, a do filho pródigo.

Na parábola da ovelha perdida, o pastor deixa 99 ovelhas que estavam em segurança e vai atrás da que se extraviou. Com grande alegria, ele a encontra e a traz de volta. Jesus concluiu dizendo que há grande alegria no céu quando um pecador se arrepende e muda de vida.

Enquanto, na primeira parábola, a ovelha se perde por distração e se afasta do rebanho, na parábola da dracma, a perda ocorre por descuido. Aquela mulher se distraiu, e o que devia estar no lugar certo acabou esquecido e inútil.

A dona Marlene Guerrato[1] costumava dizer: "Filho não se perde na rua, mas se perde dentro de casa".

Podemos estar fisicamente próximos dos filhos, mas, ainda assim, alheios ao que acontece no coração deles. Com o advento dos dispositivos móveis com acesso à internet, o mundo invadiu nossa casa com imagens, cores e sons. O tempo de atenção tornou-se o bem mais precioso, e nossos filhos podem estar sendo discipulados pelo deus deste século bem diante de nossos olhos.

[1] No dia 12 de agosto de 2024, Marlene Guerrato nos deixou. Apaixonada pelo Evangelho, ela viveu para ajudar outros, principalmente as mulheres, a encontrar sentido e propósito na vida, compartilhando seu conhecimento e suas experiências, adquiridos ao longo de 89 anos de uma vida dedicada a Deus. Professora universitária, escritora e ministra do Evangelho, ficou viúva aos 36 anos e criou seus 8 filhos no caminho do Senhor. Marlene expressou a simplicidade e o poder que o Evangelho carrega e é uma inspiração para muitas pessoas.

Vamos orar

Pai amado, ajuda-nos a seguir o Bom Pastor, investindo tempo e atenção em nossos filhos. Que ouçamos e falemos com sabedoria, proclamando o Evangelho que resgata e traz a alegria do Céu para o lar. Amém.

Filho ingrato

Jesus continuou: — Certo homem tinha dois filhos. O mais moço deles disse ao pai: "Pai, quero que o senhor me dê a parte dos bens que me cabe." E o pai repartiu os bens entre eles.
Lucas 15.11-12, NAA

10
DE MAIO
Devocional • 130 de 365

Na parábola, o homem que representa o perfeito Deus Pai é um fazendeiro, um empresário de sucesso. Ele tem dois filhos. Um deles parece que se cansou da ordem e das regras da família. O fazendeiro mantinha a sua casa em ordem, e o jovem percebeu que, para fazer o que quisesse, teria de sair de casa. Como acontece com muitos filhos, ele se sentia dono do que os pais haviam conquistado. Assim, pede ao pai que divida os bens da família e adiante a herança para ele.

"E o pai repartiu os bens entre eles"! O caráter desse pai é surpreendente. Quem daria ao filho os bens da família sabendo que ele poderia usá-los para se perder ainda mais? Contudo, o pai tinha um plano. O filho acreditava que não era feliz porque o pai era rigoroso. O filho tinha uma autoimagem elevada e pensava que administraria melhor o dinheiro do que o próprio pai. Assim, o pai investiu os bens da família para que pudesse ganhar de volta, e para sempre, o coração do filho perdido.

Como funciona a sua casa? Existe ordem? Os filhos se queixam do padrão? Você costuma baixar o padrão para não "traumatizar" os filhos? Você é superprotetor? E teria a mesma atitude que o pai do filho pródigo? Qual a diferença entre você e o pai dele?

Sabemos que o pai amava profundamente aquele filho e, ainda assim, atendeu ao pedido absurdo do rapaz. Precisamos confiar na sabedoria que vem do alto. A Palavra de Deus apresenta um padrão claro para a criação de filhos, e não devemos permitir que os padrões mundanos da cultura atual interfiram nessa tarefa sagrada de criar os filhos de Deus.

O pai investiu os bens da família para que pudesse ganhar de volta, e para sempre, o coração do filho perdido.

Destaque: Amor

Notas

Vamos orar

Pai, dá-nos sabedoria para saber quando devemos proteger e restringir os filhos e quando precisamos deixá-los voar por um tempo. Pai, ensina-nos a lançar nossos filhos como flechas e que todas elas caiam no alvo definido pelo Senhor. Em nome de Jesus, amém.

prjosuegoncalves
pra.rousegoncalves

11

DE MAIO

Devocional · 131 de 365

Filho afastado

Passados não muitos dias, o filho mais moço, ajuntando tudo o que era seu, partiu para uma terra distante e lá desperdiçou todos os seus bens, vivendo de forma desenfreada. — Depois de ter consumido tudo, sobreveio àquele país uma grande fome, e ele começou a passar necessidade. Então foi pedir trabalho a um dos cidadãos daquela terra, e este o mandou para os seus campos a fim de cuidar dos porcos.
Lucas 15.13-15, NAA

O filho pródigo não precisava de liberdade, mas de bom senso e gratidão.

Como pode um pai perfeito ter um filho desviado? Como pode um tipo que representa o Deus Pai ter um filho que se rebela contra Ele? Os filhos da parábola representam dois povos. O filho mais novo representa o povo não judeu, chamado de gentio; o mais velho representa os religiosos da época, que criticavam Jesus por fazer refeições com seus contemporâneos marginalizados.

O filho mais novo pegou tudo o que havia recebido do pai e consumiu avidamente a fim de preencher o vazio de seu coração. Como todo consumidor de pecado, o rapaz terminou mais carente do que antes. A miséria o vestiu e a morte o sondava. O que ele precisava não era de liberdade, mas de bom senso e gratidão. E só conseguiu enxergar que bens não trazem felicidade depois de tê-los em abundância e terminar na miséria.

Curiosamente, o pai desse jovem não enviou emissários para atenuar a dor e o sofrimento do rapaz, como talvez algumas mães fariam. Há casos em que a pessoa precisa tocar o fundo do poço, ficar muito mal, para reconhecer sua necessidade de salvação.

Devemos aprender a orar com sabedoria enquanto aguardamos o retorno de alguns amados que se afastaram ou que, talvez, nunca tenham sido próximos de Deus. Jesus estava sempre aberto ao convívio restaurador. Ele não "ia para a balada", não se "sentava na roda dos escarnecedores", mas tinha a sua agenda aberta para encontros restauradores e para oportunidades de evangelismo. Assim também devemos encontrar o momento certo de agir, para não atenuar a fome e o mau cheiro do chiqueiro, mas, com braços abertos, estarmos prontos a acolher o filho arrependido, mesmo quando ele voltar quebrado e malcheiroso.

Destaque:
Paciência

Notas

Vamos orar

Pai santo, ensina-nos a esperar com paciência e expectativa pelo retorno dos filhos afastados. Dá-nos sabedoria para agir na hora certa, refletindo o Teu amor. Que nossos lares estejam abertos para a reconciliação. Amém.

prjosuegoncalves
[illegible]

Filho convertido

Então, caindo em si, disse: Quantos trabalhadores de meu pai têm pão com fartura, e eu aqui morro de fome! Levantar-me-ei, e irei ter com o meu pai, e lhe direi: Pai, pequei contra o céu e diante de ti; já não sou digno de ser chamado teu filho; trata-me como um dos teus trabalhadores.

Lucas 15.17-19, ARA

12

DE MAIO

Devocional • 132 de 365

Poucos momentos são tão gloriosos na Terra como o dia em que um pecador "cai em si"! É fundamental para a salvação enxergar a vida pela ótica correta, entender que não posso viver sozinho, que não sei como viver e que sou incapaz de gerenciar, por conta própria, os aspectos mais elementares da minha existência. A maior libertação não está no ambiente ou na educação, mas na aquisição de um novo coração, de uma nova crença fundamental: a de que sou dependente, limitado e nada mereço, a não ser a punição do chiqueiro e da fome! E essa fé tem o poder de transformar as entranhas rebeldes do pecador, mudando seus afetos e os compromissos.

A conversão do filho pródigo foi completa. Quando percebeu que não era tudo o que pensava ser, que havia ofendido seu pai e desperdiçado as oportunidades que ele lhe havia dado, lembrou-se dos empregados da fazenda paterna – tratados com dignidade, bem-vestidos e alimentados. O pior deles vivia melhor do que ele no chiqueiro.

A verdadeira conversão o conduziu ao caminho de volta, encarando seus erros e pedindo nova oportunidade.

Ah, como todo pai sonha ver o dia da conversão de seu filho. O novo nascimento vem do Espírito. Pai humano algum tem poder de converter o coração do filho, mas cabe aos pais se unirem ao Pai celeste, buscando persistentemente as estratégias do alto, com orações, ensino e exemplos, a fim de conduzir o filho a Cristo. Que privilégio é testemunhar a conversão de um filho e estar presente no dia do seu batismo nas águas!

Pai humano algum tem poder de converter o coração do filho, mas cabe aos pais se unirem ao Pai celeste, buscando persistentemente as estratégias do alto [...] a fim de conduzir o filho a Cristo.

Destaque:
Vitória

Notas

Vamos orar

Pai Celeste, toca no coração de nossos amados que estão distantes, para que caiam em si, reconheçam a Tua graça e retornem ao Senhor. Dá-nos sabedoria para guiá-los em amor e testemunhar sua conversão. Em nome de Jesus, amém.

@ prjosuegoncalves
@ pra.rousegoncalves

13

DE MAIO

Devocional • 133 de 365

Filho abraçado

E, levantando-se, foi para seu pai. Vinha ele ainda longe, quando seu pai o avistou, e, compadecido dele, correndo, o abraçou, e beijou.
Lucas 15.20, ARA

O pai não tinha planos de vingança, mas preocupava-se mais com a dor de seu filho afastado do que com a própria dor de pai rejeitado e insultado.

Destaque:
Compaixão

Notas

O coração de Deus é insondável. Não há como medir o amor do Pai celeste. Nem mesmo a soma de todos os amores terrenos, multiplicados ao infinito, seria capaz de ilustrar a grandeza do amor divino. "Deus amou tanto o mundo que deu seu Filho, seu único filho, pela seguinte razão: para que ninguém precise ser condenado; para que todos, crendo nele, possam ter vida plena e eterna [...]" (João 3.16, AM).

O pai da parábola não estava ofendido – já havia perdoado. Não estava irado – embora tivesse todo direito de estar. Ele não tinha planos de vingança; ao contrário, preocupava-se mais com a dor de seu filho afastado do que com a própria dor de pai rejeitado e insultado. O foco do pai era o sofrimento do filho. Ele se compadeceu. Padecer é sofrer, é sentir a dor. Compadecer-se é colocar-se "com", ao lado, junto à dor do outro. O pai sentiu a dor do filho arrependido e tratou de consolá-lo.

Deus deseja a conversão dos nossos amados – mais do que nós! Ele observa, aguarda e espera com santa expectativa. Deus não é frio ou indiferente. Podemos contar com Ele em nossa luta pela salvação dos que amamos, mas que estão afastados. O pai do filho pródigo correu ao encontro de seu filho, o abraçou e o beijou. Assim também Deus alcança o perdido, mesmo sujo, e Sua santidade o envolve e purifica. O Pai celeste usa o sangue de Jesus para purificar de toda injustiça o coração arrependido.

Unamo-nos ao Pai em intercessão ardente pelos perdidos.

Vamos orar

Pai amoroso, agradecemos por Teu insondável amor. Ensina-nos a interceder pelos filhos perdidos, confiando que o Senhor os abraçará e purificará com Tua graça quando retornarem arrependidos. Em nome de Jesus, amém.

prjosuegoncalves
prarosuegoncalves

Filho celebrado

O pai, porém, disse aos servos: “Tragam depressa a melhor roupa e vistam nele. Ponham um anel no dedo dele e sandálias nos pés. Tragam e matem o bezerro gordo. Vamos comer e festejar, porque este meu filho estava morto e reviveu, estava perdido e foi achado”. E começaram a festejar.
Lucas 15.22-24, NAA

14
DE MAIO
Devocional • 134 de 365

A graça de Deus depende da nobreza do Pai, não do merecimento dos pecadores. Por meio de Jesus, Deus nos recebe como filhos legítimos. A roupa de justiça nos é concedida por pura graça – gratuita para nós, embora tenha custado o sangue de outro. Precisamos entender que nossa posição como filhos de Deus não depende de nosso desempenho. O filho mais novo percebeu isso quando, em vez de receber açoites e humilhações, foi recebido com afeto e festa.

O filho teve sua nudez coberta pela justiça do pai. Ele reassumiu o status de filho, recebendo um anel de família – talvez o cartão de crédito de hoje. Ele só gastou, mas recebeu crédito ilimitado ao voltar. Os servos andavam descalços, mas os filhos usavam sandálias. A posição de quem nasce de novo é de um favor insondável. Deus nos recebe e nos abraça, nos concedendo os méritos do Messias, que divide conosco Suas conquistas e toma sobre Si nossos pecados.

Houve festa na família porque o filho “estava morto” – enganado, mergulhado na soberba e na ingratidão, morto em seus delitos e pecados – e reviveu. Agora, além de vivo, o filho seria útil ao pai. Ele, finalmente, compreendeu o valor da família, dos recursos e da disciplina necessários para desfrutar do que outro havia conquistado. Antes estava perdido, morto e imprestável. Custou caro ao pai recuperá-lo e ganhar o filho definitivamente, mas valeu a pena, pois agora o filho seria útil.

Deus investe pesado na salvação da humanidade. Jesus, depois de ter vivido 33 anos na Terra, deu Sua vida, ressuscitou e, ainda hoje, intercede por nós ao lado do Pai, que ainda trabalha na salvação dos perdidos. Celebremos a graça da salvação e nos alegremos na bondade de Jesus que nos conquistou e nos concedeu tão grande oportunidade.

O filho teve sua nudez coberta pela justiça do pai. Ele reassumiu o status de filho, recebendo um anel de família – talvez o cartão de crédito de hoje.

Destaque:
Celebração

Notas

Vamos orar

Agradecemos por nos vestires com a Tua justiça e nos concederes a condição de filhos adotados. Em nome de Jesus, amém.

prjosuegoncalves
pra.rousegoncalves

15

DE MAIO

Filho com ciúme

O filho mais velho se indignou e não queria entrar.
Saindo, porém, o pai, procurava convencê-lo a entrar.
Lucas 15.28, NAA

Ambos se conectavam a coisas e não ao pai. Queriam os bens e não o relacionamento. Concentravam-se na fazenda e não em quem havia construído tudo aquilo.

Destaque:
Ciúme

Notas

O filho mais velho era "certinho". Enquanto o mais novo acreditou que seria feliz longe do pai, gastando o dinheiro, o mais velho achou que seria feliz trabalhando para o pai e guardando o dinheiro. Ambos se conectavam a coisas e não ao pai. Queriam os bens e não o relacionamento. Concentravam-se na fazenda e não em quem havia construído tudo aquilo.

Na cabeça do filho mais velho, o irmão merecia passar fome e viver no chiqueiro. E, sob a ótica da justiça humana, ele tinha razão. O irmão não merecia a roupa, o anel ou as sandálias. Muito menos a festa! Mas a questão aqui não era o merecimento. O filho mais novo não merecia, mas o pai quis dar. O pai era gracioso. Ele havia decidido tratá-los conforme a sua bondade e não segundo o desempenho deles.

O filho mais novo andou perdido, longe de casa e com o coração longe do pai. Naquele momento, ele retornava com o coração quebrantado, alinhado ao coração do pai! Isso era o mais importante. O filho mais velho não estava longe de casa, mas seu coração estava longe do coração do pai, tanto que ele não conseguia entender o que estava acontecendo e seu desejo era vingar-se do irmão, não celebrar.

O filho mais velho não era filho porque era trabalhador e nunca havia decidido se rebelar, mas porque o pai decidiu tê-lo. Nenhum dos dois merecia a filiação nem a fazenda. Apenas um deles havia entendido isso: o que voltou arrependido.

Deus ama até mesmo quem frequenta uma igreja mas se acha superior aos que se afastaram e erraram muito. Deus ama a todos e precisamos ser gratos pelo favor imerecido de termos sido adotados por meio de Cristo.

Vamos orar

Pai, ensina-nos a refletir Tua graça, abandonando todo ciúme e julgamento. Que nosso coração se alinhe ao Teu, acolhendo a todos com amor. Em nome de Jesus, amém.

O divórcio traz dores

Quem repudiar a sua mulher e casar com outra comete adultério; e aquele que casa com a mulher repudiada pelo marido também comete adultério.
Lucas 16.18, NAA

16
DE MAIO
Devocional • 136 de 365

Para entender corretamente o ponto de vista de Deus a respeito de casamento, divórcio e novo casamento, precisamos olhar para Ele como um ser amoroso e sábio. Deus é descrito como amor. Ele criou a humanidade e projetou o casamento para ser a expressão do amor que existe entre as pessoas da Trindade divina: Pai, Filho e Espírito Santo. A Bíblia afirma que há um casamento preparado entre Cristo e Sua Igreja. Casamento é bom. É muito bom. Pode demandar ajustes, manutenção e consertos, mas, basicamente, o casamento é uma bênção extraordinária concedida por Deus.

O problema surge quando diferenças e conflitos gerados entre pessoas que ainda pecam se transformam em brigas. Quando há rigidez, e ninguém quer ceder, as agressões substituem o carinho. Atualmente, há uma banalização do divórcio, como se romper uma aliança e buscar um novo casamento fosse visto como uma segunda chance ou uma nova oportunidade para ser feliz. A questão é: será que o Deus amoroso e sábio se precipitou ao dizer para o casal não se separar? Será que Ele exagerou ao afirmar que um segundo casamento seria como adultério?

A maneira como vemos Deus molda e define nossas decisões. Se cremos que Ele sabe o que diz e tem recursos que apoiam o Seu mandamento, lutaremos pelo casamento até o último momento. Se achamos que Deus está ultrapassado e Seus mandamentos são exagerados, seguiremos os padrões e a cultura deste século, imitando as celebridades de Hollywood, que acumulam divórcios e recasamentos.

O divórcio traz muito sofrimento. Sofrem os filhos, sofrem os cônjuges, sofrem os familiares, sofre a Igreja. Deus odeia o divórcio e, acredite, Ele ama você e tem sempre o melhor. Ele oferece restauração e novas oportunidades, se buscarmos n'Ele a direção. Na crise, busque a Deus e procure ajuda. Caminhe com Ele e confie.

O divórcio traz muito sofrimento. Sofrem os filhos, sofrem os cônjuges, sofrem os familiares, sofre a Igreja. Deus odeia o divórcio e, acredite, Ele ama você e tem sempre o melhor.

Destaque:
Bom senso

Notas

Vamos orar

Pai amoroso, fortalece o nosso casamento, traze restauração em meio aos nossos conflitos. Ensina-nos a amar com paciência e perdão, confiando em Teus planos. Que nossa família reflita a Tua graça e unidade. Em nome de Jesus, amém.

@prjosuegoncalves
@pra.rousegoncalves

17
DE MAIO

Devocional • 137 de 365

Vida após a morte

Então, gritando, disse: "Pai Abraão, tenha misericórdia de mim! E mande que Lázaro molhe a ponta do dedo em água e me refresque a língua, porque estou atormentado neste fogo.
Lucas 16.24, NAA

[...] a vida não termina aqui e [...] devemos viver com a perspectiva da eternidade, buscando conduzir toda a família aos pés de Jesus para viver sabiamente.

Destaque:
Expectativa

Não conheço quem tenha morrido e voltado para contar o que há do outro lado. Há quem traga impressões de "quase-morte", mas somente quem veio do Céu pode nos dizer o que acontece depois da morte. Jesus é o único habilitado para nos dar essa informação. Ele contou a história – não a parábola, a história – sobre dois homens: um rico, cujo nome nem é mencionado, e um pobre "crente", chamado Lázaro. Ambos morreram. Depois da morte física, ambos continuaram conscientes de quem eram, lembravam-se da vida na Terra e experimentavam dores e prazeres como se ainda tivessem corpos físicos.

Jesus nos revela solenemente que a vida não termina com a morte do corpo. O ser humano é eterno e passará a eternidade em algum lugar. Na história, cada um seguiu para um destino: o rico foi para o "local de tormento", enquanto Lázaro foi para o "Seio de Abraão", em conforto e paz. Quem foi para o local de tormento tinha sede e aflição, era atormentado pelo remorso e pela preocupação com os que ainda estavam vivos. Quem estava no Seio de Abraão tinha conforto e alívio.

Embora essa história seja assustadora para quem não está seguro na salvação em Cristo, é um precioso lembrete de que a vida não termina aqui e que devemos viver com a perspectiva da eternidade, buscando conduzir toda a família aos pés de Jesus para viver sabiamente.

Notas

Vamos orar

Pai eterno, agradecemos por nos revelares que a vida continua após a morte. Ensina-nos a viver com a perspectiva da eternidade, conduzindo nossa família à segurança dos pés de Jesus. Amém.

@ prjosuegoncalves
@ pra.rousegoncalves

Ai de quem escandaliza

Disse Jesus a seus discípulos: É inevitável que venham escândalos, mas ai do homem pelo qual eles vêm! Melhor fora que se lhe pendurasse ao pescoço uma pedra de moinho, e fosse atirado no mar, do que fazer tropeçar a um destes pequeninos.
Lucas 17.1-2, ARA

18
DE MAIO
Devocional · 138 de 365

Os educadores já sabem: quando os pais estão brigando ou se divorciando, o rendimento escolar dos alunos cai drasticamente, bem como o comportamento se altera para pior. O que acontece aos pais, automaticamente, afeta os filhos. Alguém que adultera peca contra Deus, o cônjuge, os filhos, a Igreja e até a sociedade.

A admiração dos filhos é uma recompensa valiosa no cotidiano familiar. Porém, o desapontamento por uma traição provoca decepção e dor profunda no coração dos filhos, e os pais sofrem tremendamente ao ver a dor que causaram e o desprezo que despertaram. Não é raro ver meninas cujo pai adulterou se entregando precocemente à atividade sexual. Filhos de mães adúlteras não raro se tornam revoltados e violentos.

A traição dos pais escandaliza os filhos. "Escândalo" significa uma armadilha, uma cilada, algo colocado no caminho que leva o outro a cair. Felizmente, o nosso Deus é gracioso e perdoa nossos pecados, auxiliando-nos em nossa fraqueza. Se você conhece alguém em tal situação, lembre-o de que "Se confessarmos os nossos pecados, ele [Deus] é fiel e justo para nos perdoar os pecados e nos purificar de toda injustiça" (1João 1.9, ARA, acréscimo nosso).

Deus tem um projeto de restauração para Sua família. O arrependimento genuíno inclui: confissão a Deus e aos envolvidos, e até para quem se escandalizou; restituição e retorno aos padrões divinos; e reconstrução da confiança e dos valores familiares com a ajuda do Senhor, do cônjuge, dos filhos e da igreja.

A traição da mãe ou do pai escandaliza os filhos. "Escândalo" significa uma armadilha, uma cilada, algo colocado no caminho que leva o outro a cair.

Destaque:
Escândalo

Notas

Vamos orar

Pai gracioso, pedimos a Tua ajuda para viver em santidade, evitando escândalos que prejudiquem os pequeninos e a nossa família. Dá-nos arrependimento genuíno e restauração onde houver falhas. Fortalece o nosso lar na Tua graça. Em nome de Jesus, amém.

prjosuegoncalves
pra.rousegoncalves

19

DE MAIO

Devocional • 139 de 365

Sete perdões diários

Tenham cuidado. Se o seu irmão pecar, repreenda-o; se ele se arrepender, perdoe-lhe. Se pecar contra você sete vezes num dia e sete vezes vier para lhe dizer: "Estou arrependido", perdoe-lhe.
Lucas 17.3-4, NAA

Quanto mais íntimos, mais dor podemos causar, e o perdão se torna essencial para manter saudáveis os relacionamentos familiares.

Destaque:
Perdão

Notas

O marido é um irmão em Cristo. A esposa é filha do mesmo Pai celeste. Os filhos, quando nascem de novo, se tornam filhos de Deus. Assim, nossa família se torna uma igreja, um pedaço do Céu. Há, porém, algumas áreas na vida de cada membro que ainda não foram totalmente santificadas. Às vezes, o filho comete os mesmos erros repetidamente, como se fossem mais fortes que ele. O marido pode ofender com o tom de voz irado. A filha, com uma resposta desrespeitosa e sarcástica.

Quanto mais próximos estamos, mais suscetíveis nos tornamos de nos ferir. Quanto mais íntimos, mais dor podemos causar, e o perdão se torna essencial para manter saudáveis os relacionamentos familiares. Quem leva uma cotovelada de um filho bruto e descuidado sente fortes dores e desejaria muito não ser ferido novamente. Ninguém gosta de ser machucado, e a repetição de um golpe torna a dor mais intensa, quase insuportável por aquele que é golpeado.

Ainda assim, Jesus nos desafia a perdoar, já que hoje levamos "a cotovelada", mas, amanhã, somos nós quem damos a "joelhada". Existe no Senhor uma provisão de graça inesgotável para que possamos perdoar, e devemos buscá-la, sempre com a liberdade de nos proteger o quanto pudermos dos golpes que possam surgir.

Vamos orar

Pai amado, ensina-nos a perdoar como o Senhor nos perdoa, especialmente em nosso lar. Que nosso coração esteja cheio de graça, fortalecendo nossos relacionamentos com paciência e amor. Fortalece o nosso lar na Tua paz. Em nome de Jesus, amém.

@ prjosuegoncalves
@ pra.rousegoncalves

Oração perseverante

20

DE MAIO

Jesus lhes contou uma parábola para mostrar que deviam orar sempre e nunca desanimar.
Lucas 18.1, NAA

Algumas orações demoram muito a ser respondidas. Oramos por tanto tempo que, às vezes, parece que Deus não responderá. Contudo, a Bíblia nos manda orar sempre, sem desanimar. Devemos orar até ouvir a resposta de Deus, que pode ser "sim", o que será ótimo. A resposta também pode ser "não", geralmente quando o que pedimos nos será prejudicial ou atrapalhará os planos divinos. Ou pode ser "espere".

Enquanto não sabemos qual a resposta, temos uma certeza: Deus ouve as orações e dá ordens a respeito delas. O problema é que não enxergamos o que acontece no mundo invisível enquanto oramos. Daniel, por exemplo, começou a orar e precisou esperar três semanas até que a resposta chegasse (cf. Daniel 10.13). Mas, desde o primeiro dia de oração, Deus já havia dado a ordem. Que grande encorajamento saber que o Senhor ouve e atende!

Para ilustrar, Jesus contou a parábola de um juiz desrespeitoso e incrédulo que acabou julgando a causa de uma viúva para que ela não o perturbasse mais. Se um juiz insensível e desleixado na execução de suas funções decidiu trabalhar por conta da importunação, quanto mais o Pai amoroso e Justo Juiz responderá às orações perseverantes de Seus filhos. Jesus coloca assim: "Será que Deus não fará justiça aos seus escolhidos, que a ele clamam dia e noite, embora pareça demorado em defendê-los? Digo a vocês que, depressa, lhes fará justiça" (Lucas 18.7-8, NAA).

Que promessa maravilhosa! Jesus nos garante que o Pai nos fará justiça aos que clamam com perseverança. Quando a resposta chegar, diremos que "parecia" que estava demorando tanto, mas a alegria por ver o milagre do julgamento divino realizado nos fará afirmar que valeu a pena o tempo de oração e busca, principalmente, porque aquele tempo serviu para nos aproximar ainda mais de Deus.

Que promessa maravilhosa! Jesus garante que o Pai fará justiça aos que clamam com perseverança.

Destaque:
Perseverança

Notas

Vamos orar

Deus fiel, ensina-nos a orar com perseverança, confiando no Teu tempo e na Tua justiça. Que o nosso coração permaneça firme, sabendo que o Senhor ouve e atende. Em nome de Jesus, amém.

prjosuegoncalves
pra.rousegoncalves

21

DE MAIO

Devocional • 141 de 365

Jesus abençoa os filhos

Não tentem afastar essas crianças! Não as impeçam de vir a mim! O Reino de Deus é feito de pessoas que são como crianças.
Lucas 18.16, AM

Quem depende de Deus na criação de filhos entendeu que não possui em si a capacidade nem o poder para mudar o coração e as circunstâncias dos pequenos.

Destaque:
Intercessão

Notas

Muitos pais e responsáveis sabiam que Jesus era o Messias. Cristo havia sido prometido no Antigo Testamento muitos anos antes e por isso levavam as crianças até Ele, crendo que, ao orar, o Mestre poderia alterar o futuro e a vida delas.

Quem depende de Deus na criação de filhos entendeu que não possui, em si mesmo, a capacidade nem o poder para mudar o coração e as circunstâncias dos pequenos. Somente Deus pode fazer isso. Qualquer um que tenha conversado com um adolescente em crise perceberá que somente uma ação sobrenatural pode ajustar o interior deles.

A medida mais assertiva e sábia que um pai pode tomar por um filho é levá-lo a Cristo, assim como aqueles adultos haviam feito. Haverá oposições. A cultura deste século dirá que eles devem confiar em si mesmos e não depender de Deus, mas você não aceitará isso. Pode ser que parentes e professores digam que eles são novos para "esse negócio de igreja", mas você ressaltará que não se trata de uma religião, mas uma pessoa: Jesus.

Mesmo que nós façamos todo o possível, combatendo, amando, estabelecendo limites e ensinando, somente Jesus pode, de fato, marcar e transformar a vida de nossos filhos. A boa notícia é que Ele está ativamente interessado e empenhado em abençoar as crianças. Ele "brigou" por elas e advertiu que ninguém deveria impedi-las de se aproximar d'Ele. Jesus as abençoou e elas foram abençoadas. Quando fazemos a nossa parte, Deus sempre faz a d'Ele. Sempre.

Vamos orar

Pai amado, entregamos os nossos filhos ao Senhor, confiando que somente Jesus pode transformar corações e abençoar vidas. Que a nossa família esteja sempre aberta para conduzi-los a Jesus. Fortalece a nossa casa na fé redentora. Em Cristo, amém.

prjosuegoncalves
pra.rousegoncalves

Jesus é melhor do que um cônjuge

Jesus lhes respondeu: — Em verdade lhes digo que não há ninguém que tenha deixado casa, mulher, irmãos, pais ou filhos, por causa do Reino de Deus, que não receba, no presente, muitas vezes mais e, no mundo por vir, receberá a vida eterna.
Lucas 18.29-30, NAA

22
DE MAIO

Jesus estava conversando com os discípulos sobre um jovem que não quis renunciar aos seus bens materiais para segui-Lo. O Mestre havia dito que os ricos dificilmente entrariam no Reino de Deus, e isso causou espanto aos discípulos que, embora tivessem deixado sua profissão e família para seguir a Jesus, entenderam que, mesmo assim, tinham, cada um, "os seus tesouros". Pedro, por exemplo, lembra que havia deixado temporariamente a esposa em casa para seguir o Senhor pelas ruas empoeiradas da Galileia.

Foi então que o Mestre fez a declaração que inicia o capítulo. Quem deixa relacionamentos, bens e conforto para seguir o chamado de Cristo recebe, ainda em vida, os mesmos tipos de relacionamentos multiplicados, e ainda a promessa de vida e recompensa eternas.

O Senhor preza muito pela família. Foi Ele quem a instituiu. Contudo, há momentos em que familiares se opõem à conversão, perseguem e chegam a expulsar o convertido a Cristo do convívio familiar. Nesses casos, Jesus deverá substituir aquela lacuna. Ele o fará espiritualmente, por meio da habitação do Espírito Santo, e usará também a Igreja, que é Seu corpo na Terra, para abraçar "fisicamente", muitas vezes mais.

Jesus é melhor do que cônjuge ou filho, é mais do que os pais. Jesus é capaz de suprir completamente o coração humano. Com Ele podemos ter todos os relacionamentos, mas se tivermos de escolher, Jesus será a escolha mais sábia.

O Senhor preza muito pela família. Foi Ele quem a instituiu. Contudo, há momentos em que familiares se opõem à conversão, perseguem e chegam a expulsar o convertido a Cristo do convívio familiar.

Destaque:
Escolha

Notas

Vamos orar

Pai amado, agradecemos porque Jesus é suficiente para suprir todas as nossas necessidades e preencher o nosso coração. Que a nossa casa esteja sempre firmada no Senhor, priorizando o Teu Reino acima de tudo. Fortalece a nossa família. Em nome de Jesus, amém.

prjosuegoncalves
pra.rousegoncalves

23

DE MAIO

Devocional • 143 de 365

Entrega consciente

Ele [O Filho do Homem] será entregue aos gentios, que vão zombar dele, insultá-lo e cuspir nele. Depois de açoitá-lo, eles o matarão, mas, ao terceiro dia, ressuscitará.
Lucas 18.32-33, NAA, acréscimo nosso

Não mataram o Mestre à força; foi Ele quem entregou Sua vida voluntária e conscientemente.

Destaque:
Entrega

Notas

As profecias do Antigo Testamento que apontavam para Jesus apresentavam o Messias com duas características aparentemente inconciliáveis: um servo sofredor e um rei soberano. Quando Zacarias fala a respeito de Jesus, apresenta o Messias como o rei eterno e libertador militar de Israel (cf. Lucas 1.67-75). Os discípulos também aguardavam um rei para aquela geração, que mudaria os tempos e as épocas com um governo sem fim (cf. Lucas 21.27; Daniel 7.13-14).

O Servo Sofredor de Isaías 53 ainda era um mistério. Os discípulos daquela época não entendiam o que profeta descreveu, e, de certa forma, não queriam entender, como quem supersticiosamente evita pensar no pior, acreditando que o fato de não pensar impede algo de acontecer. Por duas vezes, no evangelho de Lucas, Jesus explica claramente para os apóstolos o que iria acontecer em Jerusalém (cf. Lucas 9.22-23 e 18.32-33). Jesus cumpriria plenamente o que estava escrito a Seu respeito. Quando Ele veio ao mundo no primeiro século, pagou pelos pecados da humanidade ao morrer como um inocente na cruz. Ele foi o substituto da humanidade naquela cruz.

Não mataram o Mestre à força; foi Ele quem entregou Sua vida voluntária e conscientemente. Ele mesmo disse: "Ninguém tira a minha vida; pelo contrário, eu espontaneamente a dou. Tenho autoridade para entregá-la e também para reavê-la. Este mandato recebi de meu Pai" (João 10.18, NAA).

Vamos orar

Pai amado, agradecemos pela entrega consciente de Jesus, que deu Sua vida por nós. Ensina-nos a viver como sacrifício vivo, agradável ao Senhor, para experimentar a Tua vontade perfeita. Em nome de Jesus, amém.

@prjosuegoncalves
@pra.rousegoncalves

Petição desesperada

Anunciaram-lhe [ao cego de Jericó] que Jesus, o Nazareno, estava passando. Então ele gritou: — Jesus, Filho de Davi, tenha compaixão de mim!
Lucas 18.37-38, acréscimo nosso

24

DE MAIO

Devocional • 144 de 365

Havia um cego que ficava sentado pedindo esmolas; afinal, no primeiro século, alguém que não enxergava não tinha muito o que fazer. Ele buscou informações e descobriu que Jesus estava passando na região. Ele ouviu falar do Messias e entendeu que aquela era a sua oportunidade. Ele fez o que todos devemos fazer de tempos em tempos, ele clamou: "Jesus, filho de Davi, tenha compaixão de mim!".

Os que estavam em volta não se importavam com o bem-estar daquele cego. Pelo contrário, todos aqueles gritos o tornavam incômodo, e mandavam que ele se calasse. Quanto mais o repreendiam, mas ele gritava, até que Jesus o ouviu e mandou chamá-lo. Levado até o Senhor, foi questionado pelo Mestre: "O que o que você quer que eu lhe faça?". Ele respondeu: "Senhor, que eu possa ver de novo". E Jesus restaurou sua visão.

Em nossa família, há situações em que, simplesmente, não sabemos como agir. Estamos prostrados e cegos. Filhos com más companhias; cônjuges que guardam segredo; familiares falam de nós pelas costas; a difamação nos assola e olhamos ao redor sem saber o que está acontecendo. Somos repreendidos e hostilizados, sem sequer entendermos o que se passa.

Em situações semelhantes, devemos fazer como aquele cego. Ele foi curado porque clamou, gritou, chamou e pediu a luz e a bênção que só Jesus pode conceder. Não importa o que digam ou pensem; precisamos mesmo de Jesus. Ainda que nos tentem calar, sabemos que o Senhor nos ouve e tem poder para nos salvar e nos guiar à vontade do Pai, que é boa, agradável e perfeita. E, depois de clamar, louvaremos e glorificaremos a Deus em nome de Jesus.

Em nossa família, há situações em que, simplesmente, não sabemos como agir. Estamos prostrados e cegos.

Destaque:
Petição

Notas

Vamos orar

Senhor Jesus, como o cego de Jericó, clamamos por Tua compaixão. Traze luz às situações difíceis em nossa família e guia-nos em Tua vontade perfeita. Fortalece o nosso lar com a Tua graça. Amém.

25
DE MAIO

Devocional • 145 de 365

Casa de oração

Depois, entrando no templo, Jesus começou a expulsar os que ali vendiam, dizendo-lhes:
— Está escrito: "A minha casa será 'Casa de Oração' ".
Mas vocês fizeram dela um covil de salteadores.
Lucas 19.45-46, NAA

A nossa família tem sido uma pequena igreja? [...] Somos um templo composto de pedras vivas, onde o Senhor teria prazer de circular?

Destaque:
Purificação

Notas

Jesus estava a caminho de Jerusalém, no que seria a Sua última viagem. Ele só sairia da cidade ressurreto, pois sabia que traição, prisão e morte O aguardavam. O templo foi o lugar planejado por Deus para manifestar Sua presença em Israel; ali era o local de encontro entre Ele e Seu povo. Ao se aproximar, Jesus viu algo que O deixou realmente irritado: os sacrifícios e toda a mecânica do templo estavam corrompidos. Quem chegasse para apresentar seus sacrifícios e votos ao Deus de Israel tinha de passar por minúcias de exigências que eram todas atendidas prontamente pelos mercadores de plantão.

O templo deveria ser o refúgio seguro para onde os israelitas corriam de tempos em tempos. Entretanto, o ambiente de devoção e santidade tornou-se um antro de corrupção e comércio da pior espécie. Pior que os camelôs que vendem lápis na entrada dos concursos, ou os despachantes que conseguem resolver a documentação em prazos fora do comum.

Hoje, o templo somos nós. Somos o local de habitação do Senhor. Com a morte de Jesus, o véu do santuário se rasgou, permitindo o acesso à presença de Deus e, por meio de Cristo, quem crê, é habitado por Seu Espírito. Como está o nosso interior? O que circula nos nossos pensamentos, emoções e vontades agradaria a Jesus? Como nos relacionamos com a Igreja de Cristo? Comparecemos aos cultos e ajuntamentos para orar e louvar, ou nos desviamos para compromissos mundanos, de glória pessoal, lucro e vantagens?

A nossa família tem sido uma pequena igreja? Pensando em nossa casa, o que acontece nos quartos, o que se conversa na cozinha e qual a principal razão de nos encontrarmos na sala? Somos um templo composto de pedras vivas, onde o Senhor teria prazer de circular?

Vamos orar

Senhor, remove dos átrios do nosso coração toda ganância, toda busca desproporcional por sucesso e toda ambição egoísta, de modo que nossa família seja chamada de casa de oração para todos. Em nome de Jesus, amém.

@ prjosuegoncalves
@ pra.rousegonçalves

Ele virá

Então verão o Filho do Homem vindo numa nuvem, com poder e grande glória.
Lucas 21.27, NAA

26

DE MAIO

Devocional • 146 de 365

Jesus voltará para colocar a Terra em ordem, punindo os rebeldes e promovendo seus aliados. Independentemente da linha teológica, todos concordam que Jesus voltará. As divergências concentram-se em questões como: quando ele voltará? Voltará em duas ocasiões diferentes? Haverá um período de mil anos no qual o Messias reinará sobre a Terra, antes de fazer o novo Céu e a nova Terra? Todos esses são temas discutidos entre os estudiosos e há certa polarização a respeito dos detalhes, mas o essencial permanece certo: Jesus julgará os povos e estabelecerá Seu reinado eterno em um ambiente novo, livre de sofrimento e de calamidades.

Nossa vida é breve. Nossos anos de vida são mínimos diante da história da Terra; menores ainda diante da eternidade. Ainda assim, Jesus nos garantiu: viveremos para sempre!

A partir do momento em que nascemos, como portadores da imagem e conforme a semelhança de Deus, somos eternos. Quem nasce de novo e crê na salvação por meio de Jesus passará a eternidade ao lado de Deus Pai e de Cristo. Porém, quem não se converter passará a eternidade longe de Deus e de Sua graça. O ser humano é eterno e passará a eternidade com Deus ou longe d'Ele.

Devemos criar filhos para a eternidade. Tudo o que fazemos terá reflexos na eternidade. Devemos viver em família de maneira sábia, cientes de que os assuntos divinos têm mais importância do que os terrenos. O invisível é mais relevante do que as questões que estão diante de nós. Uma família alinhada com Deus, que vive para O agradar, não se desesperará nos momentos críticos.

Devemos criar filhos para a eternidade e viver em família de maneira sábia, cientes de que os assuntos divinos têm mais importância do que os terrenos.

Destaque:
Vigilância

Notas

Vamos orar

Pai amado, aguardamos com esperança a volta de Jesus em glória. Ensina-nos a viver em família com a perspectiva da eternidade, alinhando nosso coração à Tua vontade. Fortalece o nosso lar na fé em Cristo. Em nome de Jesus, amém.

@prjosuegoncalves
@pra.rousegoncalves

27

DE MAIO

Mesa sagrada

Chegada a hora, Jesus se pôs à mesa, e os apóstolos estavam com ele. Então Jesus lhes disse: — Tenho desejado ansiosamente comer esta Páscoa com vocês, antes do meu sofrimento.
Lucas 22.14-15, NAA

Há reverência e alegria, simplicidade e solenidade, sempre que contemplamos o milagre da provisão de Deus.

Destaque:
Celebração

Notas

A poucas horas de Sua prisão, o Senhor Jesus combinou com Seus amigos mais íntimos uma refeição. Estariam juntos à mesa.

Era costume dos judeus cumprir as determinações do Senhor dadas pela Lei de Moisés e celebrar a Páscoa, com carne de cordeiro assada, pães sem fermento e ervas amargas. Nessa última refeição do Mestre com Seus apóstolos, Ele usou o pão e o vinho que estavam sobre a mesa e estabeleceu a ordenança que chamamos de Ceia do Senhor.

Jesus afirmou que estava "desejando ansiosamente" celebrar aquela refeição com eles, à mesa. Todos precisamos nos alimentar, mas quando o fazemos ao redor da mesa, uma simples refeição pode adquirir contornos sagrados. Por isso, recomendo que façamos da hora das refeições um ritual, um momento sagrado de comunhão, e que seja assim de maneira diária, frequente, constante, amorosa, ardente e agradecida

Na minha casa, ninguém come com o prato na mão assistindo à TV, nem fica sozinho no quarto ou em qualquer outro cômodo. As refeições são realizadas ao redor da mesa com quem estiver presente na casa. Sempre agradecemos em oração antes de tocar na comida. Há reverência e alegria, simplicidade e solenidade, sempre que contemplamos o milagre da provisão de Deus.

Na mesa, não devemos resolver problemas ou tratar questões tensas e polêmicas, mas procurar desfrutar da companhia um do outro, elogiando a qualidade do alimento, passando as porções, dividindo e compartilhando a vida comum do lar. Jesus celebrou a Páscoa e instituiu a Ceia na mesa. Ele deseja celebrar com a sua família, que foi instituída pelo Pai, as refeições sagradas do cotidiano dos santos do Altíssimo.

Vamos orar

Pai amado, agradecemos pelo "milagre" da provisão e pela comunhão ao redor da mesa. Que as nossas refeições sejam agradáveis ao Senhor e que tenhamos momentos de alegria e reverência. Oramos em nome de Jesus, amém.

@prjosuegoncalves
@pra.rousegoncalves

Alinhamento de vontades

28

DE MAIO

Devocional • 148 de 365

Ele, por sua vez, se afastou um pouco, e, de joelhos, orava, dizendo:
— Pai, se queres, afasta de mim este cálice!
Contudo, não se faça a minha vontade, e sim a tua.
Lucas 22.41-42, NAA

A Escritura recomenda que experimentemos "[...] a boa, agradável e perfeita vontade de Deus" (Romanos 12.2, NAA). Sim, Deus é maravilhoso e Seus planos são mais excelentes e duradouros do que os nossos; são extraordinariamente poderosos. Mesmo assim, há momentos em que nos deparamos com alguma situação desagradável e extremamente dolorosa.

Jesus estava recebendo uma prévia do que viria. Traição, injustiça, prisão, fraudes jurídicas, clamores sanguinários de quem Ele havia curado, açoites e torturas, mas não era isso que O fazia tremer. A morte de Cristo seria substitutiva. Quando fosse morrer, levaria sobre Si os pecados da humanidade e seria separado de Deus Pai que, naquele momento, Lhe viraria o rosto.

A ira de Deus seria derramada sobre o Filho de Deus para que não nos atingisse hoje nem no futuro. A perspectiva de ser abandonado por Seu Pai publicamente era assustadora, e Jesus conversava com Ele pedindo um escape. Porém, depois de cada pedido, Ele dizia: "Contudo, não se faça a Minha vontade, e sim a Tua". Naquele momento, Jesus estava em carne, havia se esvaziado e assumido a forma de servo. Mesmo assim, Ele entendia que o Pai sabia o que era melhor.

Em 12 horas, Jesus cumpriria as últimas profecias relativas à Sua Primeira Vinda e pagaria o preço pelo resgate da humanidade perdida. Talvez o Pai dissesse: "Mais 12 horas e estaremos juntos, você nasceu para isso, falta pouco agora". Ele atendeu, sujeitou Sua vontade à do Pai, entregou Sua vida e "por isso também Deus o exaltou sobremaneira e lhe deu o nome que está acima de todo nome, para que ao nome de Jesus se dobre todo joelho, nos céus, na terra e debaixo da terra, e toda língua confesse que Jesus Cristo é Senhor, para glória de Deus Pai" (Filipenses 2.9-11, NAA).

Em 12 horas, Jesus cumpriria as últimas profecias relativas à Sua Primeira Vinda e pagaria o preço pelo resgate da humanidade perdida.

Destaque:
Vontade

Notas

Vamos orar

Senhor, temos tanta dificuldade de confiar em Tua vontade! Isso não faz sentido, pois Tu és eterno, poderoso e nos amas profundamente. Que nosso coração se alinhe ao Teu, confiante na perfeição de Teus planos. Oramos em nome de Jesus, amém.

prjosuegoncalves
pra.rousegoncalves

29

DE MAIO

Devocional • 149 de 365

Na última hora

Jesus lhe respondeu: — Em verdade lhe digo que hoje você estará comigo no paraíso.
Lucas 23.43, NAA

Não desista de quem ainda vive. Pregue o Evangelho, compartilhe, ore e interceda.

Destaque:
Salvação

Notas

Na mesma noite em que Jesus participou da última ceia com os discípulos, Ele foi traído e levado para a casa do sumo sacerdote, onde improvisaram uma reunião, um interrogatório, um julgamento em que Jesus se declarou o Messias, o Filho do Deus Vivo. Diante disso, os religiosos judeus espancaram, amarraram e O levaram para ser condenado por Pilatos, o representante de Roma. Esse, por sua vez, a princípio não quis condenar Jesus, pois percebeu ser uma armação. Então, depois de açoitar severamente o nosso Senhor, permitiu que Ele fosse crucificado.

Cristo foi pregado no madeiro, sobre o monte da Caveira, com outros dois condenados, também crucificados. No início, eles reclamaram e zombaram, mas, em algum momento, um deles percebeu quem estava pregado ao seu lado e, juntando suas forças, repreendeu o outro condenado que blasfemava contra Jesus: "Você nem ao menos teme a Deus, estando sob igual sentença? A nossa punição é justa, porque estamos recebendo o castigo que os nossos atos merecem; mas este não fez mal nenhum" (Lucas 23.40-41, NAA). Em seguida, o homem falou: "Jesus, lembre-se de mim quando você vier no seu Reino" (Lucas 23.42, NAA).

Aquele condenado reconheceu a inocência de Jesus e que Ele era um Rei. Aquele homem, em seus últimos momentos de vida, creu que Jesus era o Messias prometido e clamou por salvação. Jesus o atendeu e o resgatou do inferno, na última hora. Por isso, não desista de quem ainda vive. Pregue o Evangelho, compartilhe, ore e interceda. Seja pelos colegas dos filhos, pelos parentes incrédulos ou pelos conhecidos do clube. O seu Senhor encontrou forças para levar mais um à glória celestial antes de dar o Seu último suspiro. Que nos juntemos a Ele nesse projeto de "ganhar" pessoas para Deus.

Vamos orar

Pai amado, agradecemos por Tua graça, que salva mesmo na última hora. Ensina-nos a compartilhar o Evangelho com perseverança e amor. Fortalece a nossa casa no compromisso de ganhar pessoas para Cristo. Em nome de Jesus, amém.

@prjosuegoncalves
@pra.rousegoncalves

Missão cumprida

Já era quase meio-dia, e, escurecendo-se o sol, houve trevas sobre toda a terra até as três horas da tarde. E o véu do santuário se rasgou pelo meio. Então Jesus clamou em alta voz: — Pai, nas tuas mãos entrego o meu espírito! E, dito isto, expirou.

Lucas 23.44-46, NAA

30

DE MAIO

Devocional • 150 de 365

O espetáculo era aterrador: no alto do monte da Caveira, um inocente agonizava tomando sobre Si os pecados da humanidade, sendo feito maldito. Tudo era tão estranho que a natureza se manifestou com tremores e escuridão. Não houve eclipse,[1] mas uma grande escuridão. A maior afronta que poderia ser feita pela humanidade foi realizada ali. Executaram o Filho de Deus, enviando um claro recado para o Criador: o Senhor não é bem-vindo no mundo que fez.

Mas, em Sua graça, o Pai já contava com isso e lançou sobre Seu Filho Amado toda Sua justa ira contra a humanidade, toda culpa e o peso de todo pecado. Sim, era um tempo de festa das trevas, pois não sabiam que um golpe definitivo havia sido dado no Diabo. A partir da morte de Jesus, os homens passariam a ter acesso a Deus, pois o preço do pecado deles fora quitado. Por isso, o véu do santuário se rasgou: Deus não mais "habitaria" em um ambiente físico estático,[2] mas passaria a habitar no interior de cada pessoa que a Deus se entregasse, crendo na obra redentora do Cordeiro.

Sua família não precisa levar a vergonha dos pecados dos pais ou avós, basta pedir perdão, pois o preço já foi pago. Os filhos não precisam carregar a vergonha de um desvio sexual ou moral, pois podem clamar pelo nome d'Aquele que morreu em nosso lugar.

No alto do monte da Caveira, um inocente agonizava tomando sobre Si os pecados da humanidade, sendo feito maldito.

Destaque:
Quitado

Notas

[1] Um eclipse solar não pode acontecer durante a lua cheia e, pelo calendário lunar judaico, a Páscoa sempre se realizava nesse período. Além do mais, não há registro de eclipses que tenham demorado mais que oito minutos e a escuridão relatada durou aproximadamente três horas.

[2] Deus demonstra interesse de habitar entre os homens, ao instruir a fazer "um santuário, para que eu possa habitar no meio deles" (Êxodo 25.8, NAA). Em relação ao templo construído por Salomão, Deus afirma que habitaria no meio do povo (cf. 1Reis 6.12-13). Destaque-se que Deus não "habita" no sentido de "ser contido" em qualquer espaço físico. O texto de Isaías 66.1 fala dessa realidade antes do véu ter-se rasgado. Salomão também tem essa consciência ao construir o templo (cf. 1Reis 8.27).

Vamos orar

Pai Santo, que nossa casa seja um ambiente de celebração da liberdade e do perdão conquistados pelo Teu Filho, Jesus, na cruz. Não precisamos mais de viagens para adorar, pois o Senhor Deus todo-poderoso habita no coração da nossa família. Somos gratos, amém.

31
DE MAIO

Devocional • 151 de 365

Voltou à vida

Falavam eles ainda estas coisas quando Jesus apareceu no meio deles e lhes disse: "Que a paz esteja com vocês!". Eles, porém, ficaram assustados e com medo, pensando que estavam vendo um espírito.
Lucas 24.36, NAA

Jesus apresentava habilidades novas, e aparecer e desaparecer era uma delas.

Destaque:
Vitória

Notas

A ressurreição de Jesus é um fato muito bem atestado historicamente. O apóstolo Paulo relata que mais de 500 pessoas O viram, ao mesmo tempo, depois de ressurreto. Era domingo, o dia estava quase terminando, e Cristo apareceu no meio deles enquanto estavam reunidos. Com o corpo da ressurreição, Jesus apresentava habilidades novas, e aparecer e desaparecer era uma delas.

Eles tinham visto Jesus morrer. Alguns tinham até acompanhado Seu sepultamento. João conta que atravessaram o lado de Cristo com uma lança para se certificarem de que Ele havia morrido e, agora, o Mestre estava ali, vivo, bem diante deles! Lembrar-se de que haviam sido avisados a respeito da ressurreição de Jesus não diminuía o espanto e o assombro dos discípulos. Para que não restasse dúvida da materialidade do corpo ressurreto, os discípulos tocaram n'Ele, Jesus comeu peixe e deu provas incontestáveis de que estava vivo.

Quando crermos no Evangelho, nos identificamos com Jesus em Sua morte na cruz, somos considerados mortos para a Lei de Moisés, para o mundo e para a nossa carne. Nossas dívidas são lançadas na conta de Cristo e somos incluídos n'Ele. A notícia melhor ainda é que nos identificamos também com a ressurreição de Jesus! Quando nascemos de novo, o Espírito eterno, que ressuscitou Cristo dos mortos, passa a habitar em nós e garante que ficaremos com o Pai por toda a eternidade.

Foi Jesus mesmo quem disse que "a vontade de meu Pai é que todo aquele que vir o Filho e nele crer tenha a vida eterna; e eu o ressuscitarei no último dia" (João 6.40, NAA). Não precisamos temer a morte, nem nos desesperar pelos cristãos que partiram. Um dia, receberemos um corpo novo, parecido com o de Jesus e estaremos para sempre com Deus.

Vamos orar

Pai amado, quão bendita foi a ressurreição de Jesus, que nos garante a vida eterna! Que a nossa casa viva na esperança do cumprimento da promessa de um corpo glorificado e da alegria da Tua companhia conosco, começando aqui e por toda a eternidade. Pedimos em nome de Jesus, amém

@ prjosuegoncalves
@ pra.rousegoncalves

JUNHO

06/12

1º

DE JUNHO

Devocional • 152 de 365

Semelhante ao Criador[1]

E Deus disse: — Façamos o ser humano à nossa imagem, conforme a nossa semelhança. Tenha ele domínio sobre os peixes do mar, sobre as aves dos céus, sobre os animais domésticos, sobre toda a terra e sobre todos os animais que rastejam pela terra.
Gênesis 1.26, NAA

Que sejamos cheios de assombro e gratidão por fazermos parte de tão grande criação.

Destaque:
Assombro

Notas

Os dias da Criação foram extraordinários! No primeiro dia, Deus criou a luz e começaram a ser contados os dias. No segundo, Deus separou águas em cima e águas embaixo. No terceiro, o Criador estabeleceu a separação entre os mares e a terra seca, onde colocou vegetação com árvores frutíferas. Foi no quarto dia que os primeiros astros foram feitos; o Sol e a Lua foram colocados em seu lugar. A vida animal surgiu no quinto dia. Começou com a vida no mar, depois no céu e, finalmente, os rastejantes na terra receberam ordem para se multiplicar.

O sexto dia foi incrível, pois Deus criou os animais domésticos, os selvagens e os répteis para, só então, como o ápice da sua criação, fazer o ser humano. Ele seria um gerente que dominaria sobre toda a exuberante obra, representando o Criador, compartilhando de alguns de Seus atributos, adquirindo conhecimento, vivendo com sabedoria, e amando bondosamente a Deus e ao que lhe era confiado.

Como seres criados, nossa existência é permeada de propósito. A essência das criaturas é agradar ao Criador cumprindo o que Ele espera que elas façam. A sua família não se formou por acaso. O seu pai e a sua mãe não vieram do acaso nem são seus pais por acidente; Deus determinou que você nascesse a partir deles. Da mesma maneira, seus filhos nasceram como um projeto de Alguém que tem planos e propósitos para cada membro da família.

[1] Os devocionais de 01 a 30 de junho foram desenvolvidas a partir de consulta ao *Comentário Bíblico Lar, Família & Casamento* de David J. Merkh, publicado pela Editora Hagnos, de onde extraímos ideias e informações preciosíssimas. Nossa sugestão é que todo estudante da Bíblia e amante da família adquira e conheça a obra.

Vamos orar

Pai, que sejamos cheios de assombro e gratidão por fazermos parte de Tua tão grande criação. Que sejamos ainda cheios de poder do Alto para agradar ao Senhor, por meio de Cristo Jesus, caminhando com Ele todos os dias e buscando exercer nosso papel na Terra, movidos e carregados pelo Criador de todas as coisas. Oramos em Cristo, amém.

@ prjosuegoncalves
@ pra.rousegoncalves

Essencialmente iguais

Assim Deus criou o ser humano à sua imagem, à imagem de Deus o criou; homem e mulher os criou. E Deus os abençoou e lhes disse: Sejam fecundos, multipliquem-se, encham a terra e sujeitem-na. Tenham domínio sobre os peixes do mar, sobre as aves dos céus e sobre todo animal que rasteja pela terra.
Gênesis 1.27-28, NAA

A humanidade é composta de homem e mulher, macho e fêmea. Não há diferença de valor. Ambos são igualmente "humanos", são semelhança de Deus e compartilham de alguns atributos divinos. Macho e fêmea foram abençoados e receberam a ordem de se multiplicar. Não é possível ao homem multiplicar-se sem a mulher. O Criador estabeleceu um projeto de interdependência. Para cumprir a missão de Deus, o ser humano não pode trabalhar sozinho.

Homens e mulheres estão espalhados por todo o Planeta, criando animais, plantando, construindo prédios, desenvolvendo sistemas de informação, fazendo pesquisas científicas, organizando-se em cidades e nações. A autoridade dada por Deus não foi revogada e ainda nos multiplicamos e exercemos domínio por todo o Globo. Aliás, há astronautas abrigados em estações espaciais que orbitam este Planeta maravilhoso.

Para Deus, somos iguais em valor e essência. A diferença fundamental é a função que cada um deve exercer a partir do "equipamento" e da identidade que recebeu ao ser criado. As mulheres podem gerar filhos e amamentá-los. Elas têm mais sensibilidade para os relacionamentos, têm uma inteligência mais fluida e são incrivelmente fascinantes. Os homens tendem a ser mais altos e pesados, com ossos mais rígidos. Já as mulheres, em média, têm o coração menor e batimentos mais acelerados.

Apesar das diferenças físicas, homem e mulher foram criados com igual valor e dignidade, ambos à imagem de Deus e com a mesma bênção e missão.[1]

A autoridade dada por Deus não foi revogada e ainda nos multiplicamos e exercemos domínio por todo o Globo.

Destaque:
Igualdade

Notas

[1] Disponível em: <https://favalefisicosaude.com.br/2018/06/01/diferencas-fisicas-entre-homens-e-mulheres/>. Acesso em 27 nov 2024.

Vamos orar

Deus, ajuda-nos a compreender que fomos criados com a mesma essência e dotados de características diferentes para que pudéssemos, homens e mulheres, cumprir os Teus planos para glorificar o Teu Santo Nome. Ajuda-nos a cumprir esses planos. Em nome de Jesus, amém.

@prjosuegoncalves
@pra.rousegoncalves

3

DE JUNHO

Devocional • 154 de 365

Descanso contemplativo

E, havendo Deus terminado no sétimo dia a sua obra, que tinha feito, descansou nesse dia de toda a obra que tinha feito.
Gênesis 2.2, NAA

O objetivo principal do descanso é ficar admirado, é desacelerar e contemplar, voltando-se para o Senhor.

Destaque:
Pausa

Notas

Sabemos que Deus não se cansa. Mas Ele avalia, para e contempla. O princípio do descanso e da pausa nasceu aqui. De que vale só trabalhar e nunca desfrutar? No decorrer do Antigo Testamento, o Senhor estabelecerá um descanso semanal e, com a promulgação da Lei de Moisés, virão semanas de feriado ao longo do ano. Havia festas que demoravam uma semana inteira.

O objetivo principal do descanso é ficar admirado, é desacelerar e contemplar, voltando-se para o Senhor. É "o sábado dedicado ao Senhor" (Êxodo 16.25, NAA). Esse mandamento é extraordinário. Deus ordena que você e eu descansemos. O corpo humano, composto de espírito, alma e corpo, é uma máquina formidável. Hoje os médicos afirmam que o segredo da saúde está na boa alimentação, no descanso (sono de qualidade), nos exercícios físicos e no controle do estresse.

Recusar-se a descansar é atitude patrocinada pela ilusão de controle. Achamos que somos os responsáveis pela nossa provisão e saúde, e temos a sensação de que se pararmos, abriremos falência, seremos derrotados ou ficaremos desprotegidos. Nada disso é verdade. Nossa provisão, proteção e direção vêm do Senhor, não do nosso desempenho. Quem não descansa adoece e prejudica a todos que o rodeiam.

O verdadeiro descanso acontece quando nos voltamos para o Senhor e atendemos ao Seu convite: "Venham a mim todos vocês que estão cansados e sobrecarregados, e eu os aliviarei. Tomem sobre vocês o meu jugo e aprendam de mim, porque sou manso e humilde de coração; e vocês acharão descanso para a sua alma. Porque o meu jugo é suave, e o meu fardo é leve" (Mateus 11.28-30, NAA).

Quem sustenta a sua casa é o Senhor. Ele protege os seus filhos, envolve o seu cônjuge e manifesta a sua bondade graciosa sobre os seus amados e sobre você. Ouse fazer pausas, seja intencional na contemplação, evite os eletrônicos, invista na conversa presencial, nas reuniões de comunhão da igreja e nas celebrações.

Vamos orar

Pai amado, ensina-nos a descansar em Tua provisão e proteção. Que a nossa família desacelere, contemple Tua bondade e encontre descanso para a alma em Tua presença. Fortalece o nosso lar. Em nome de Jesus, amém.

prjosuegoncalves
pra.rousegoncalves

Trabalho querido

O Senhor Deus tomou o homem e o colocou no jardim do Éden para o cultivar e o guardar.
Gênesis 2.15, NAA

4
DE JUNHO

Devocional • 155 de 365

Antes mesmo de o ser humano pecar e se afastar de Deus, o trabalho já fazia parte de sua vida. Não era uma obrigação enfadonha, mas uma obra maravilhosa e agradável. Fomos criados para trabalhar. Deus estabeleceu uma proporção interessante: 6/1. Seis dias de trabalho e um dia de descanso. Sempre estamos trabalhando. Nosso coração bate cerca de 75 vezes por minuto e não falha desde que nascemos. Temos um coração trabalhador.

Quando tiramos férias, precisamos trabalhar: comprar as passagens, fazer reservas, preparar as malas, avisar às crianças, etc. Ao chegar à praia, por exemplo, caminhamos até a areia e mergulhamos para aliviar o calor, depois caminhamos até o restaurante, e por aí vai. É um trabalho agradável, conhecer os restaurantes, os pontos turísticos, fazer compras. No final do dia, estamos cansados.

Em nossa família, o trabalho precisa ser visto como uma bênção, como parte do viver, sendo acompanhado de sorrisos e gratidão. Sim, ficaremos cansados e devemos parar e buscar do Senhor o renovo. Que o Senhor seja exaltado na nossa rotina bendita, que trabalhemos alegres e consagrados, pois nosso trabalho é sagrado e agrada a Deus.

Em nossa família, o trabalho precisa ser visto como uma bênção, como parte do viver, sendo acompanhado de sorrisos e gratidão.

Destaque:
Trabalho

Notas

Vamos orar

Senhor, obrigado por nos criares produtivos e trabalhadores. Obrigado pela bênção que é ter saúde para trabalhar, ter serenidade para aprender e ter oportunidade de abençoar nossos queridos com serviço. Que no nosso lar o trabalho seja realizado com alegria e encarado como privilégio. Que trabalhemos para agradar ao Senhor, e que o façamos em Tua companhia, desfrutando de cada momento para louvor do Teu nome. Em Cristo, oramos. Amém.

@prjosuegoncalves
@pra.rousegoncalves

5

DE JUNHO

Devocional • 156 de 365

Teste de confiança

E o Senhor Deus ordenou ao homem: — De toda árvore do jardim você pode comer livremente, mas da árvore do conhecimento do bem e do mal você não deve comer; porque, no dia em que dela comer, você certamente morrerá.
Gênesis 2.16-17, NAA

Nossas disciplinas espirituais e nosso envolvimento com a igreja são expressões de nossa busca frequente por Deus e precisam ser vistos pelos filhos como um privilégio e um prazer.

Destaque:
Espontaneidade

A dieta do casal havia sido definida: eles comeriam das inúmeras árvores plantadas pelo Criador no Jardim do Éden. As frutas não tinham vermes ou pragas, e seu sabor era, simplesmente, perfeito. Cada fruto manifestava cores, texturas, aromas e formas únicas e a comida caía das árvores que estavam por toda parte no jardim.

Quando criou o homem, Deus o fez semelhante a Si e, para tanto, ele deveria poder escolher. Deus queria um relacionamento voluntário e espontâneo, assim colocou uma árvore real no Jardim, a que chamou árvore do conhecimento do bem e do mal. Aquela árvore representava aquisição de conhecimento por outras vias que não o Senhor.

O consumo daquela fruta levaria a uma ruptura com o Criador, uma separação que a teologia chama de morte. Quem decidisse desobedecer romperia a relação de confiança e amizade com o Criador, que é a fonte da vida. Assim, a morte, anunciada pelo querido Deus, seria inevitável.

Nossas disciplinas espirituais e nosso envolvimento com a igreja são expressões de nossa busca frequente por Deus e precisam ser vistos pelos filhos como um privilégio e um prazer, nunca como uma obrigação enfadonha. Por isso, Jesus nos disse que "Deus é espírito, e é necessário que os seus adoradores o adorem em espírito e em verdade" (João 4.24, NAA).

Notas

Vamos orar

Pai amado, ensina-nos a confiar plenamente na Tua direção, rejeitando o que nos afasta do Senhor. Que nossa família veja o privilégio de adorar o Pai em espírito e em verdade. Em nome de Jesus, oramos. Amém.

prjosuegoncalves
pra.rousegoncalves

Sozinho não

O Senhor Deus disse ainda: — Não é bom
que o homem esteja só; farei para ele uma
auxiliadora que seja semelhante a ele.
Gênesis 2.18, NAA

6
DE JUNHO

Devocional • 157 de 365

Depois de estabelecer os mares, Deus disse que era bom; depois de criar os vegetais frutíferos, o Criador analisou e disse que era bom. Diante dos astros criados, Deus avaliou como bom e o mesmo parecer foi dado depois de criar os seres vivos. Porém, quando o Senhor percebeu que Adão estava sozinho, afirmou: "não é bom".

Fomos feitos, desenhados e projetados para conviver, pois viver somente, é sobreviver. Um compositor brasileiro afirmou que "é impossível ser feliz sozinho" e ele tinha razão, pois felicidade é cumprir o propósito para o qual fomos feitos, e isso só é possível com outros.

É impossível cumprir o plano de Deus sozinho. Ninguém consegue isso, já que o projeto pede multiplicação. Mais do que isso, para representar a um Deus Trino, um Deus plural, seria necessário, pelo menos dois. Seriam três com a presença, companhia e bênção de Deus.

Assim, Deus estabeleceu uma *ezer*, uma ajudadora, alguém que presta socorro. O próprio Deus usaria essa atribuição para Si mesmo ao longo da Escritura, pois sem ajuda do Criador não há como o ser humano fazer o que é preciso. A mulher, portanto, foi idealizada para representar o Senhor como auxílio ao marido, pois, sem ela o homem não consegue se multiplicar. Mais do que isso, o homem não encontrava outro ser vivo que o auxiliasse a contento, e a expressão do Deus comunitário se faria melhor por meio de um casal.

Se o homem foi criado no sexto dia, como coroa da criação, a mulher foi criada logo após e, quem sabe, tenha sido um aprimoramento. Juntos, homem e mulher representam o Deus Trino e agradam ao Senhor quando trabalham, têm filhos e se relacionam alegremente com o Criador.

Fomos feitos, desenhados, projetados para conviver, pois viver somente, é sobreviver.

Destaque:
Comunitário

Notas

Vamos orar

Pai tremendo, obrigado por nos criares parecidos com o Senhor. Obrigado por nos tornares relacionais e por nos agraciares com companhia. Que nossa casa reflita o Teu convívio Trino, cheio de amor, alegria e graça. Em nome de Jesus, amém.

prjosuegoncalves
pra.rousegoncalves

7 DE JUNHO

A primeira mulher

Então o Senhor Deus fez cair um pesado sono sobre o homem, e este adormeceu. Tirou-lhe uma das costelas e fechou o lugar com carne. E da costela que havia tirado do homem, o Senhor Deus formou uma mulher e a levou até ele.
Gênesis 2.21-22, NAA

Quem é esse Ser maravilhoso que, a partir do nada, fez a matéria, usando a palavra?

Destaque:
Auxiliadora

Notas

A descrição se parece muito com uma cirurgia, na qual uma pessoa é anestesiada e apaga, como se estivesse em sono profundo. Deus tomou uma costela de Adão e dela fez a mulher. Alguns diriam que Eva era um clone feminino de Adão, feito pelo próprio Deus. Com certeza, os primeiros leitores desse relato não interpretariam dessa maneira, mas o mesmo texto que lhes serviu há mais de quatro mil anos, ainda nos serve hoje, perfeitamente atual e verdadeiro.

Quem é esse Ser maravilhoso que, a partir do nada, fez a matéria, usando a palavra? Quem é esse que estabeleceu um complexo sistema de vida e diversidade que é estudado por gerações e nunca se esgota? Quem é esse que criou o espaço e o tempo sem estar debaixo dessas dimensões? O mesmo que criou Eva e a apresentou a Adão. Talvez um dia conheçamos como era essa mulher perfeita, preparada pelo próprio Senhor.

O Senhor trouxe a esposa que havia formado para Adão. Ela seria a mãe de todos os seres vivos, a única esperança de multiplicação e a tão esperada bênção de Adão. Ele não havia encontrado companhia entre os animais, que estivesse à sua altura e pudesse auxiliá-lo na tarefa de governar o mundo de Deus e enchê-lo. Não apenas ocupá-lo, mas espalhar governantes queridos que representassem o Criador, espelhando Sua glória, demonstrando como Deus é grande, bondoso, justo e extraordinário. A cada dia, a cada conversa, em cada encontro, o nome do Senhor seria mencionado e bendito.

Assim a sua família também começou. Você encontrou a companhia de Deus para sua vida. Talvez vocês já tenham se multiplicado e dividam a casa com os filhos. Portanto, celebrem também a bondade do Criador, que lhe deu um cônjuge, lhes deu missão e vida.

Vamos orar

Pai Criador, agradecemos pelo cônjuge e pela missão de espalhar a Tua glória por toda parte. Que a nossa casa celebre a Tua bondade, vivendo em unidade, gratidão e cheia de propósito. Em nome de Jesus, amém.

A primeira poesia

E o homem disse: Esta, afinal, é osso dos meus ossos e carne da minha carne; será chamada varoa, porque do varão foi tirada.
Gênesis 2.23, NAA

8
DE JUNHO
Devocional • 159 de 365

Quase consigo ouvir um "uau" que precedeu o verso de Adão. Será que ele ficou com o queixo caído e aquela expressão levemente abobalhada tão comum aos homens quando contemplam uma mulher bonita? Essa mulher, literalmente, foi um presente de Deus. Ainda que depois da Queda o homem tivesse tentado culpar o próprio Deus pelo problema, naquele instante, Eva era o presente mais esperado da vida de Adão.

Havia íntima relação entre eles. No meio de centenas de espécies de animais, nenhuma lhe servia de companhia plena. Mas a mulher era da mesma espécie, da mesma semente. Mais do que isso, ela foi formada da costela dele! Íntima relação, cumplicidade, companhia, amizade, afeto, romance e todos os insondáveis aspectos de uma relação de casal. E o melhor: antes da Queda, antes do egoísmo, da competição e da desconfiança. Antes da exploração e da dor de um coração culpado.

A Queda deixou suas marcas. Não existe uma pessoa ideal. O casamento, o compromisso e a dependência de Deus serão as estruturas mantenedoras da relação, nos bons momentos e nas horas difíceis. Ainda assim, o romantismo ocupa lugar de destaque no imaginário ocidental. Por toda parte, jovens descobrem o seu par; eles conversam, se conhecem e se unem. Há sonhos e sensações, planos e desafios, que passam a ser experimentados juntos. Os filhos incrementam as relações, aprofundam os laços e estabelecem as famílias.

Que projeto extraordinário! Que privilégio existir em família, começar uma família, gerar famílias. Para uma vida realmente abundante, precisamos nos realinhar com o propósito de Deus. Ele não mudou. Ainda deseja espelhar e espalhar Sua imagem na Terra.

Que projeto extraordinário! Que privilégio existir em família, começar uma família, gerar famílias.

Destaque:
Exultação

Notas

Vamos orar

Pai amado, agradecemos-Te pelo presente que é ter um casamento e uma família. Que o nosso lar reflita a Tua glória, ao vivermos em união, compromisso e amor. Fortalece o nosso cônjuge e a nossa casa. Em nome de Jesus, amém.

prjosuegoncalves
pra.rousegoncalves

9 DE JUNHO

Devocional • 160 de 365

Deixar a casa para casar-se

Por isso, o homem deixa pai e mãe e se une à sua mulher, tornando-se os dois uma só carne.
Gênesis 2.24, NAA

O casamento é uma instituição divina e um grande desafio para a família cristã de hoje.

Destaque:
Casamento

Notas

O escritor de Gênesis nos conta como Deus estabeleceu o casamento, logo depois de narrar como foram criados os membros desse primeiro casamento. Esse texto define a instituição do casamento como uma iniciativa divina. Embora Adão estivesse só, foi Deus quem decidiu lhe preparar uma companheira. O mesmo Criador que decide instituir o casamento estabelece os termos dessa instituição.

Existe uma necessidade de deixar a casa de origem. Cada cônjuge tem a sua própria identidade no contexto solteiro de sua casa. Ele pode ser o irmão mais velho ou ela pode ser a caçula. Ele pode vir de um lar com muitos recursos e ela sair de uma casa minimalista em que os pais buscam poucas posses.

Cada um provém de uma cultura e identidade familiar próprias. Porém, o casamento exige um desligamento da família de origem para formar uma nova cultura e uma nova identidade. A filha se tornará esposa e mãe; o primogênito será o marido protetor e provedor. Ambos serão pais, e as responsabilidades, o amor e o compromisso os levarão a crescer.

Eles serão uma só carne. Deus é um e é plural. Eis um mistério. Também, marido e mulher serão um, embora sejam dois. Uma unidade sancionada, ungida e reconhecida por Deus. Uma só bolsa, uma só missão, uma só cama, um só Deus. O casamento é uma instituição divina e um grande desafio para a família cristã de hoje. Zelemos por ele, treinemos nossos filhos para estabelecer uma nova casa, um novo lar, com sua cultura própria, contando com a bênção e a multiplicação que somente o fértil Criador pode trazer.

Vamos orar

Tu és o grande idealizador do casamento e quem o sustenta ao longo das gerações. Obrigado por nos concederes essa bênção, por nos confiares a vida do cônjuge e dos filhos. Supre-nos com Tua graça e abençoa-nos com Tua companhia. Que tenhas prazer em habitar conosco e que sejamos parecidos com Jesus, em nome de quem oramos. Amém.

@prjosuegoncalves
@pra.rousegoncalves

Nudez abençoada

Ora, um e outro, o homem e a sua mulher,
estavam nus e não se envergonhavam.
Gênesis 2.25, NAA

10
DE JUNHO

Devocional • 161 de 365

Depois de se casarem, de se comprometerem e terem o selo divino sobre o seu relacionamento, o casal pôde desfrutar dessa maravilhosa aliança que Deus lhes havia oferecido e que eles, alegremente, haviam aceitado.

A exclusividade da nudez sem a desconfiança do pecado se constitui em uma bênção extraordinária do casamento do primeiro casal. Eles eram transparentes, inocentes, íntimos e vulneráveis. E isso era muito bom. Eles tinham a seu dispor toda proteção e aprovação de Deus, bem como o ambiente perfeito para desfrutarem de relações sexuais.

Sexo é uma bênção, foi estabelecido por Deus e, praticado nos limites do casamento, conta com a proteção e aprovação do Senhor. Corre por aí a mentira de que o sexo só aconteceu depois do pecado. Alguns, equivocadamente, associam o comer a "maçã" com ter as relações sexuais. Nada mais longe da verdade bíblica.

Deus estabelece e abençoa a aliança do casamento, dentro da qual o casal pode e deve deleitar-se um no outro, aumentando a intimidade e cumprindo o propósito do Criador.

Sexo é uma bênção, foi estabelecido por Deus e, praticado nos limites do casamento, conta com a proteção e aprovação do Senhor.

Destaque:
Nudez

Notas

Vamos orar

Pai Santo, abençoes o nosso leito. Que estejamos nus, diante do Senhor e um do outro, sem barreiras, desconfianças ou malícia. Que nossos encontros amorosos contem com a Tua aprovação e que Lhe sejam agradáveis. Obrigado pelo perdão, pelo sangue que nos livra da culpa e nos veste de graça em Tua presença. Que nosso quarto seja um pedaço do Céu. Em nome de Jesus, Amém.

11

DE JUNHO

Devocional · 162 de 365

Inveja

O inimigo da nossa alma vê na família o reflexo da glória de Deus que ele tanto odeia.
Merkh[1]

Então o Senhor Deus disse à serpente: — Por causa do que você fez, você é maldita entre todos os animais domésticos e entre todos os animais selvagens. Você rastejará sobre o seu ventre e comerá pó todos os dias da sua vida.
Gênesis 3.14, NAA

Toda beleza da união do primeiro casal exalava a graça e a glória de um Deus bondoso, que Se projetava na Terra por meio de Seus representantes.

Destaque:
Inveja

Notas

Não há registro da ação demoníaca enquanto Adão desfrutava sozinho da Criação e cumpria suas obrigações, colocando nome nos animais e guardando o jardim. Porém, assim que o primeiro casal se uniu e a família se formou, surgiu a investida do Diabo.

Toda beleza da união do primeiro casal exalava a graça e a glória de um Deus bondoso, que Se projetava na Terra por meio de Seus representantes. Não era uma representação fria e robótica, mas cheia de nuances, profunda, exuberante e colorida.

O Diabo atacou a família, porque lhe era insuportável. O apóstolo Paulo dirá explicitamente que a união de um homem com sua mulher espelha a realidade de Cristo e da Igreja. Assim, ele ordena: "Maridos, que cada um de vocês ame a sua esposa, como também Cristo amou a igreja e se entregou por ela" (Efésios 5.25, NAA) e continua: "Eis por que 'o homem deixará o seu pai e a sua mãe e se unirá à sua mulher, tornando-se os dois uma só carne'. Grande é este mistério, mas eu me refiro a Cristo e à igreja" (Efésios 5.31-32).

Deus não desistiu de Seu projeto original. Ele ainda deseja que os seres humanos se casem, estabeleçam famílias e governem sobre a Terra, refletindo a glória d'Ele por toda parte. Porém, a área mais atacada hoje pelos filhos das trevas é a família.

[1] MERKH, David J. *Comentário bíblico lar, família & casamento: Fundamentos, desafios e estudo bíblico-teológico prático para líderes, conselheiros e casais.* Hagnos: São Paulo, 2019, p. 80.

Vamos orar

Por isso nós oramos: Deus Criador, Projetista Maravilhoso, obrigado pela salvação em Jesus. Revela as mentiras do Diabo que atrapalham a nossa família. Ajuda-nos a lutar por meio do perdão, sabedoria da graça. Traz a ordem do Céu para nossos lares, em nome de Jesus, amém

O Adversário

12

DE JUNHO

Devocional • 163 de 365

Mas a serpente, mais astuta que todos os animais selvagens que o Senhor Deus tinha feito, disse à mulher:
— É verdade que Deus disse: Não comam do fruto de nenhuma árvore do jardim?
Gênesis 3.1, NAA

A Bíblia introduz a serpente como um personagem maligno. Não há dúvidas de que se trata do Diabo, porque o evangelista João nos conta que no fim da história será "[...] expulso o grande dragão, a antiga serpente, que se chama diabo e Satanás, o sedutor de todo o mundo [...]" (Apocalipse 12.9, NAA). Essa serpente é retratada como uma criatura, portanto a distância entre uma criatura e o seu criador já estabelece que toda ação do Maligno está debaixo da permissão e do critério do Senhor.

Embora haja rebeldia, Deus não tem inimigos que Lhe sejam iguais. Ele tem, sim, opositores ingratos que são tolerados até que o plano divino seja completamente realizado. Quando isso acontecer, haverá julgamento e condenação para Satanás e seus seguidores. No capítulo 3 de Gênesis, a ação maligna da Serpente sobre o primeiro casal obteve sucesso ao atacar a mulher, como fazem os predadores, buscando a presa mais frágil.

Embora haja rebeldia, Deus não tem inimigos que Lhe sejam iguais. Ele tem, sim, opositores ingratos que são tolerados até que o plano divino seja completamente realizado.

Destaque:
Vencido

Notas

Vamos orar

Deus, nascemos de Adão, temos a semente da mulher que caiu, mas o Senhor, bondosamente nos incluiu em Seu Filho Jesus. Ajuda-nos a perceber a aproximação do tentador e a nos apegarmos ao Senhor. Obrigado por nos contares o fim da história e por nos incluíres entre os salvos. Que já possamos viver a antecipação da Tua vitória em nossa casa hoje. Em nome de Jesus, amém.

prjosuegoncalves
pra.rousegoncalves

13

DE JUNHO

Devocional • 164 de 365

Foco no proibido

Mas a serpente, mais astuta que todos os animais selvagens que o Senhor Deus tinha feito, disse à mulher: — É verdade que Deus disse: Não comam do fruto de nenhuma árvore do jardim?
Gênesis 3.1, NAA

A serpente inverteu a realidade a fim de provocar a resposta que ela buscava, a proibição.

Destaque:
Desatenção

Notas

Por que a mulher estava conversando com uma cobra falante? Que conversa estranha era essa? Onde estava Adão, seu marido? Ele estava observando enquanto sua esposa era confrontada e confundida pelo Adversário, ou estava afastado em outras atividades, deixando a esposa sem proteção?

Deus havia incumbido Adão de cultivar e guardar o jardim. Se não havia perigos, se não houvesse ameaça, por que a ordem de proteger, guardar, vigiar, observar e prestar atenção? Houve falha do casal: do marido, por não proteger; e da esposa, por interagir com alguém que colocava Deus em dúvida.

A serpente inverteu a realidade a fim de provocar a resposta que ela buscava, a proibição. Exagerou e disse: "vocês não podem comer nada, né?". Ao chamar a atenção para o proibido, Satanás colocou uma lente de aumento sobre uma única árvore em todo o jardim, sobre o único fruto que não deveria ser comido, sob pena de morte.

Ainda hoje Satanás trabalha da mesma forma. Nos anos 1980-1990, a proibição do sexo antes do casamento foi atacada. Nos nossos dias, o casamento heterossexual vem sendo questionado. "Ué, só pode casar homem e mulher? Quem disse?". As estratégias do Diabo não mudaram, ele continua chamando a atenção para as boas proibições de Deus, a fim de que percamos de vista as inúmeras "árvores" que temos à nossa disposição.

Vamos orar

Pai Santo, ajuda-nos a admirar e desfrutar de tudo o que Tu nos dás graciosamente por meio de Cristo. Queremos celebrar o casamento e os filhos. Queremos comemorar a igreja e prestar atenção às Tuas bênçãos, e não às proibições, para que nossa casa seja parecida com o Jardim do Éden antes da Queda. Em nome de Jesus, amém!

Falhou na lição de casa

Respondeu-lhe a mulher: Do fruto das árvores do jardim podemos comer, mas do fruto da árvore que está no meio do jardim, disse Deus: Dele não comereis, nem tocareis nele, para que não morrais.
Gênesis 3.2-3, ARA

14
DE JUNHO

Devocional • 165 de 365

Somos todos encorajados a memorizar textos das Escrituras. Durante muitos anos, a propagação dos textos sagrados se deu mediante a transmissão oral, na qual os textos eram memorizados e repetidos para as gerações seguintes. É importante memorizar para usá-los no momento de dificuldade ou dúvida.

"E o Senhor Deus lhe deu esta ordem: De toda árvore do jardim comerás livremente, mas da árvore do conhecimento do bem e do mal não comerás; porque, no dia em que dela comeres, certamente morrerás" (Gênesis 2.16, 17, ARA). Essa foi a ordem de Deus na íntegra. Não sabemos se Adão não transmitiu a ordem com precisão ou se Eva a reinterpretou, reproduzindo-a do seu próprio modo.

A mulher não repetiu o texto na íntegra e abriu brecha para a tentação. Quando omitiu a palavra "livremente", perdeu o foco na abundância do que era permitido. Quando tirou o "certamente", abriu lugar para a dúvida que foi lançada a seguir. Quando acrescentou o "nem tocareis", adicionou um caráter religioso e superficial ao mandamento.

Quando Jesus foi tentado no deserto, respondeu ao Diabo citando as Escrituras de maneira precisa, sem alterações, e venceu. Para vencer a tentação como Ele fez, precisamos da ajuda do Santo Espírito para conhecer e internalizar a Bíblia, a fim de resistirmos às tentações e aos enganos de Satanás.

A mulher não repetiu o texto na íntegra e abriu brecha para a tentação. Quando omitiu a palavra "livremente", perdeu o foco na abundância.

Destaque:
Desvio

Notas

Vamos orar

Senhor Deus, ajuda-nos a conhecer, entender, memorizar e usar com sabedoria as Escrituras. Não nos deixes cair em tentação. Em nome de Jesus, amém.

prjosuegoncalves
pra.rousegoncalves

15

DE JUNHO

Devocional • 166 de 365

Disse que Deus mente?

Então, a serpente disse à mulher:
É certo que não morrereis.
Gênesis 3.4, ARA

A palavra de Deus é repleta de autoridade: ela cria, dá forma e estabelece as leis. Não há como Deus mentir, pois o que Ele diz, acontece, surge, brota e se materializa.

Destaque:
Absoluto

Notas

Imagino que deveria cair um raio sobre a cabeça da Serpente quando disse isso. Como pode uma criatura afirmar que o bondoso Criador, que nem precisava trazer as pessoas à existência, estaria mentindo?! "Pela fé, entendemos que foi o universo formado pela palavra de Deus, de maneira que o visível veio a existir das coisas que não aparecem" (Hebreus 11.3, ARA).

A Palavra de Deus é repleta de autoridade: ela cria, dá forma e estabelece as leis. Não há como Deus mentir, pois o que Ele diz acontece, surge, brota e se materializa. Quando a palavra sai da boca do Senhor, já é uma lei universal que dirige a criação. Não há como Deus mentir, é impossível. Como afirmam as Escrituras: "assim será a palavra que sair da minha [do Senhor] boca: não voltará para mim vazia, mas fará o que me apraz e prosperará naquilo para que a designei" (Isaías 55.11, ARA, acréscimo nosso).

Mesmo sabendo disso, a asquerosa criatura disse que não morreriam! Hoje em dia, talvez ela dissesse: "Não vai dar em nada, pode comer"; "Ele não falou sério"; "Disse aquilo só para botar medo".

Vivemos dias em que a Serpente domina os meios de comunicação e a cultura se opõe abertamente à Palavra de Deus. Muitos se espantam com o sofrimento e o vazio interior gerados por esse consumo. Satanás espalhou filosofias que, no fundo, chamam Deus de mentiroso. Que sigamos confiando na Palavra d'Aquele que não pode mentir.

Vamos orar

Paizinho, Deus do Céu, protege a minha casa das mentiras do Diabo. Perdoa-nos quando acreditamos que as Tuas leis são ultrapassadas ou quando negociamos a Tua Palavra em busca de rápida satisfação ilusória. Queremos nos firmar na Tua Palavra como inerrante, infalível e fidedigna. Em nome de Jesus, amém.

@prjosuegoncalves
@pra rousegoncalves

Semente da rebeldia

Porque Deus sabe que, no dia em que dele comerem, os olhos de vocês se abrirão e, como Deus, vocês serão conhecedores do bem e do mal.
Gênesis 3.5, NAA

16
DE JUNHO
Devocional • 167 de 365

Alguns teólogos acreditam que Isaías, ao trazer uma profecia contra o rei da Babilônia, referia-se ao Diabo, que teria dito: "Subirei acima das mais altas nuvens e serei semelhante ao Altíssimo" (Isaías 14.14, ARA). Se o texto, de fato, diz respeito ao dia em que o Diabo se rebelou, entenderemos que foi exatamente isso que a Serpente semeou no coração de Eva.

A tentação foi levar Eva a achar que poderia se tornar "como Deus", conhecedora do "bem e do mal"! Vale lembrar que Adão e Eva foram feitos segundo a imagem e conforme a semelhança de Deus; o Diabo não. Ele é um golpista, enganador, trambiqueiro. Fez com que o primeiro casal perdesse aquilo que já possuía, ao convencê-los a buscar o que, na verdade, já era deles; como se ainda não tivessem! Depois de pecar, eles se afastaram da semelhança com Deus e perderam a imagem divina que tinham antes.

Deus foi apresentado como mesquinho, egoísta e inseguro. Até então não havia dúvida no coração do casal, mas, quando eles consideraram que Deus poderia não ser confiável, depositaram sua esperança no mentiroso.

Se na sua casa todos são cristãos convertidos, nascidos de novo, então não existe posição mais elevada para seres humanos do que eles já adquiriram em Cristo.

Vale lembrar que Adão e Eva foram feitos segundo a imagem e conforme a semelhança de Deus; o Diabo não!

Destaque:
Influência

Notas

Vamos orar

Deus, ajuda-nos a confiar em Ti, e não nas mentiras que o mundo nos conta. A Tua Palavra é verdadeira, mas tudo o que vem do mundo vem do Diabo e, portanto, é a mais escancarada mentira. Por isso, Pai, inclina o nosso coração ao Teu Espírito e nos protege do engano. Em nome de Jesus, amém.

@prjosuegoncalves
@pra.rousegoncalves

17

DE JUNHO

Devocional · 168 de 365

O nascimento do pecado

Vendo a mulher que a árvore era boa para se comer,
agradável aos olhos e árvore desejável para
dar entendimento, tomou do seu fruto e comeu;
e deu também ao marido, e ele comeu.
Gênesis 3.6, NAA

O projeto original ficou invertido. A auxiliadora estava no comando, tendo iniciativas e tomando decisões.

Destaque:
Ruptura

Notas

O relato mais trágico da raça humana está no verso acima. Eva ficou na dúvida se morreria mesmo, repensou a bondade de Deus e, de certa forma, deu ouvidos a uma criatura bizarra. Havia, sim, a sedução intelectual. Eva queria se tornar conhecedora "[...] do bem e do mal [...]", como Deus. Ela viu e cobiçou. Talvez tenha salivado enquanto observava, e antecipou o sabor na imaginação. Ela sonhou o sonho do Diabo: ser independente. E, assim, pegou o fruto e o comeu.

Eva não morreu instantaneamente, o que talvez tenha levado Adão a comer também. Estaria Adão bem perto, acompanhando passivamente o que acontecia? Teria ele mantido silêncio diante da forma equivocada como Eva repetiu as palavras de Deus. Se a esposa fora enganada, parece que o marido pecou deliberada e descaradamente.

O projeto original ficou invertido. A auxiliadora estava no comando, tendo iniciativas e tomando decisões. O líder e representante de Deus estava seduzido por ela; preferiu a relação conjugal à sua fidelidade ao Criador. Ele deu "ouvidos à voz" (cf. Gênesis 3.17) da sua esposa. Marido e mulher, unidos contra Deus, rebelados e amotinados, caindo no golpe da Serpente.

Em Cristo, podemos realinhar nossa vida e família com Deus. Marido e mulher, essencialmente iguais e interdependentes, com funções diferentes. O "[...] marido é o cabeça da esposa, como também Cristo é o cabeça da igreja [...]" (Efésios 5.23, NAA), e a ele é ordenado amar "[...] a sua esposa, como também Cristo amou a igreja e se entregou por ela" (Efésios 5.25, NAA). Cabe à esposa, em amor, seguir a liderança (cf. Efésios 5.22, NAA) e edificar a casa (cf. Provérbios 14.1).

Vamos orar

Senhor, ajuda-nos a assumir o papel que nos deste. Que o marido Te sirva como sacerdote e líder, guiando a família em obediência. Que a esposa, confiante em Tuas promessas, assuma a sua missão com fé nos Teus propósitos para o lar. Em nome de Jesus, amém.

prjosuegoncalves
pra.rousegoncalves

A sequela

Então os olhos de ambos se abriram; e, percebendo que estavam nus, costuraram folhas de figueira e fizeram cintas para si.
Gênesis 3.7, NAA

18
DE JUNHO
Devocional • 169 de 365

A ligação com a vida foi interrompida. Houve uma separação voluntária de Deus, que é a origem de todo bem. Ao comerem do fruto proibido, os olhos se abriram, porém não como imaginavam. A primeira percepção foi da própria nudez: maculada, suja, desconfiada, triste e exposta. Como quem foi lançado em um pesadelo no qual se percebe ter sido enganado e não se pode voltar atrás.

Quem usa computador conhece o comando "Desfazer": cancelar o último comando. Porém, na realidade espiritual, não se pode voltar atrás. O pecado separa de Deus e expõe à morte, uma das consequências do afastamento d'Ele. Eles estavam nus, mas não se envergonhavam, pois eram puros e inocentes, confiavam plenamente um no outro e na Providência.

No entanto, uma vez rompido o vínculo com o Criador e testemunhado a maldade da mulher, Adão já não estava tão à vontade. A esposa, que gostaria de ter sido protegida pela integridade do homem, desconfia e se envergonha. Soma-se a tudo isso a culpa real: "Eu errei, estraguei tudo, pequei contra quem mais me ama, traí a confiança de Deus!".

Vergonha de quem perdeu o chão e sabe que merece a morte e ainda o medo da punição. "Aquele que me fez, pode me desfazer. Quanto sofrimento! Será que isso pode piorar?".

O casal fez o que pôde, costurou roupas de folhas, cobriu-se e se sentiu menos mal. Quando o homem tenta lidar sozinho com o seu pecado, cria religião. A roupa de folhas é uma imagem caricata da tolice e inutilidade de tentar resolver o problema da culpa sem Deus. Adão continuou amedrontado e envergonhado.

Quem usa computador conhece o comando "Desfazer": cancelar o último comando. Porém, na realidade espiritual, não se pode voltar atrás.

Destaque:
Sequela

Notas

Vamos orar

Senhor Deus, ainda hoje nós pecamos. O Senhor providenciou uma maneira de sermos perdoados em Cristo Jesus, que pagou o preço pelo pecado de Adão e Eva, pelos meus pecados e pelos de toda humanidade. Ajuda-me a reconhecer o pecado e a evitá-lo. Mas, volta e meia eu falho; então perdoa-me. Em nome de Jesus, amém.

@prjosuegoncalves
@pra.rousegoncalves

19
DE JUNHO

Devocional • 170 de 365

Encolhido e escondido

Quando ouviram a voz do Senhor Deus, que andava no jardim pela viração do dia, esconderam-se da presença do Senhor Deus, o homem e sua mulher, por entre as árvores do jardim.
Gênesis 3.8, ARA

A culpa faz isto: afasta as pessoas de Deus. A iniciativa do encontro partiu do Senhor. Ele buscou o primeiro casal e ainda está à procura da humanidade.

Destaque:
Vergonha

Notas

Deus veio encontrá-los, como sempre fazia. No fim da tarde, ao pôr do Sol, o Criador chega para conversar, saber como foi o dia, ouvir as novidades e ter comunhão com o casal que deveria amá-Lo, buscá-Lo e representá-Lo naquele ambiente maravilhoso em que havia sido colocado. Eles tinham tranquilidade, simplicidade e alegria singela e solta.

Contudo, o casal se escondeu entre as árvores! Tão simples: esconder-se do Onisciente Criador atrás de parcos arbustos. Mesmo vestindo folhas de figueira, ainda queriam se ocultar. A culpa faz isto: afasta as pessoas de Deus. A iniciativa do encontro partiu do Senhor. Ele buscou o primeiro casal e ainda está à procura da humanidade.

Assim como a sabedoria, do livro de Provérbios, "[...] sai à rua e grita, e no centro da cidade, faz seu discurso. No meio da rua agitada, toma seu lugar, e na esquina mais movimentada, ela grita [...]" (Provérbios 1.20, AM), o Senhor ainda busca os pecadores escondidos na correria de suas roupas de folhas, ocultos em trabalhos e fadigas, em filosofias e enganos.

Assim, "Deus amou tanto o mundo que deu seu Filho, seu único filho, pela seguinte razão: para que ninguém precise ser condenado; para que todos, crendo nele, possam ter vida plena e eterna" (João 3.16, AM). Esse Deus de amor tem planos bons para os Seus. Em Sua justiça, Ele puniu o Seu Filho único para que Adão e Eva, você e eu, possamos ficar de bem com Ele, por meio da justificação conquistada na cruz.

Vamos orar

Pai, não queremos mais fugir de Ti. Perdoa a nossa desconfiança e o nosso medo. Tu és bom e cuidas de nós. Dizemos "sim" ao Teu convite para a comunhão e o relacionamento em nossa família. Vem fazer parte do nosso cotidiano simples e, maravilhosamente, cheio da Tua presença. Em nome de Jesus, amém.

A culpa é dela

20
DE JUNHO
Devocional • 171 de 365

Deus perguntou: — Quem lhe disse que você estava nu? Você comeu da árvore da qual ordenei que não comesse? Então o homem disse: — A mulher que me deste para estar comigo, ela me deu da árvore, e eu comi.
Gênesis 3.11-12, NAA

Diante da pergunta objetiva, que demandava simplesmente um "sim" ou um "não", Adão temeu e culpou a esposa. Ela havia sido enganada, mas ele não. Adão se rebelou, abraçou o motim – talvez quisesse impressionar a esposa – ou se protegeu atrás dela na hora da tentação, aguardando o resultado de ela comer o fruto.

Adão era o líder e deveria assumir a responsabilidade pela violação do casal. Em vez disso, tentou livrar-se, culpando a esposa. Apontou o dedo para ela: "Foi ela! Ela me deu do fruto!". Parece que ele aguardou que ela comesse para ver se morreria e, agora, esperava que, se alguém tivesse de morrer, que fosse ela.

Onde está o protetor, o líder, o homem apaixonado? Onde está aquele que vive para o outro e espelha a perfeição do Deus Trino? Como a esposa se sentiu ao ver o dedo do marido apontado para si? O que aconteceu com aquele casamento depois desse episódio?

Adão não somente culpou a esposa, mas culpou o Senhor, pois disse "a mulher que me deste para estar comigo" me deu do fruto. Ele estava desesperado e derramou toda sujeira que o pecado lhe trouxera: egoísmo, medo, acusação, mentira... As características da Serpente podiam ser vistas no homem.

Ainda assim, Adão confessou: "eu comi". Isso foi o suficiente para que Deus pudesse prosseguir com Seu plano de redenção.

Adão era o líder e deveria assumir a responsabilidade pela violação do casal. Em vez disso, tentou livrar-se, culpando a esposa.

Destaque:
Desespero

Notas

Vamos orar

Senhor, perdoa-nos quando culpamos o nosso cônjuge por nossos pecados. Perdoa-nos quando culpamos a Ti por resultados que não apreciamos, não desejamos ou que nós mesmos causamos. Perdoa-nos, Senhor, e ajuda-nos a confessar categoricamente os nossos pecados, para que experimentemos a Tua salvação. Em Cristo, amém.

@ prjosuegoncalves
@ pra.rousegoncalves

21

DE JUNHO

Devocional • 172 de 365

A mulher tem poder de edificar e de derrubar. Ela foi colocada no relacionamento para auxiliar o homem a cumprir a missão confiada por Deus ao casal.

Destaque: Confissão

Notas

Eu comi

Então o Senhor Deus disse à mulher: — Que é isso que você fez? A mulher respondeu: — A serpente me enganou, e eu comi.
Gênesis 3.13, NAA

No início do capítulo, a Serpente se dirige a Eva, que assume o protagonismo, caindo na conversa do Enganador. Porém, o primeiro a ser confrontado foi Adão. Ele era o responsável e, mesmo tendo sido Eva a primeira a comer, Adão deveria responder pelo casal.

Apesar disso, o Senhor buscou a mulher pessoalmente. Eva também era responsável e culpável. Ela precisava ser ouvida e ter a oportunidade de se relacionar pessoalmente com o Redentor.

Reconhecendo que caíra em um golpe, Eva apontou para a Serpente. Cada uma das três criaturas no Jardim tinha a sua culpa. Satanás, porém, não era segundo a imagem e conforme a semelhança de Deus. Não havia redenção ou segunda chance para ele.

Depois de explicar o que havia acontecido, a primeira mulher confessou corajosamente: "eu comi". Não havia como negar. O Senhor estava diante dela, e ela só podia contar com a misericórdia do Criador.

A mulher tem poder de edificar e de derrubar. Ela foi colocada no relacionamento para auxiliar o homem a cumprir a missão confiada por Deus ao casal. A falha dela atinge toda família, e seu marido responderá pela falha de ambos, pois ele deve protegê-la e guardá-la.

As esposas redimidas precisam caminhar com Deus, conhecer bem as Escrituras e usá-las com a graça e a sabedoria do Espírito Santo, para que não sejam enganadas e ainda possam auxiliar o marido na missão do casal.

Vamos orar

Senhor Deus, ajuda-nos a não sermos enganadas e a usar a sabedoria que Tu colocaste em nosso marido. Pai celeste, que sejamos rápidas para confessar a Ti o nosso pecado, para que possamos desfrutar rapidamente da redenção conquistada na cruz do Calvário, por Cristo Jesus, nosso Senhor. Amém.

@ prjosuegoncalves
@ pra.rousegoncalves

Maldita e condenada

Então, o Senhor Deus disse à serpente: Visto que isso fizeste, maldita és entre todos os animais domésticos e o és entre todos os animais selváticos; rastejarás sobre o teu ventre e comerás pó todos os dias da tua vida.
Gênesis 3.14, ARA

22
DE JUNHO
Devocional • 173 de 365

O personagem mais sórdido da narrativa é sentenciado. Não há perguntas nem diálogo. Não há necessidade de interrogatório, pois as perguntas do Senhor visavam a restauração do casal. Deus buscava em Adão e Eva uma confissão para que Ele pudesse prover a redenção. Quem não admite a culpa não desfruta da salvação. Posteriormente veremos que será o caso de Caim.

O Diabo é, simplesmente, amaldiçoado, desgraçado, sentenciado e condenado. Ele viveria nos intestinos da humanidade se alimentando do que é vil e repugnante. Sabemos por outros relatos qual será o fim de Satanás. João, o apóstolo que escreveu o Apocalipse, o último livro da Bíblia, resumiu assim: "O diabo, que os tinha enganado, foi lançado no lago de fogo e enxofre, onde já se encontram a besta e o falso profeta; e serão atormentados de dia e de noite, para todo o sempre" (Apocalipse 20.10, NAA).

Diante da eternidade, os milênios de maldade e rebeldia parecerão poucos minutos. O juízo de Deus sobre Satanás não precisa ser compartilhado por nenhum ser humano. O lago de fogo e enxofre não foi feito para os seres humanos. Mas aqueles que, em atitude rebelde, decidirem posicionar-se ao lado do Enganador, recusando-se a aceitar a redenção proposta por Deus na cruz, terão o mesmo destino.

Diante da eternidade, os milênios de maldade e rebeldia parecerão poucos minutos. O juízo de Deus sobre Satanás não precisa ser compartilhado por nenhum ser humano.

Destaque:
Maldição

Notas

Vamos orar

Senhor, os Teus caminhos são justos. Ajuda-me a alcançar o maior número de pessoas possível para anunciar o Evangelho e cooperar com a Tua missão de livrar os homens do juízo eterno. Dá-me gratidão, assombro e ousadia para testemunhar da Tua graça maravilhosa. Em Cristo, amém.

23

DE JUNHO

Devocional • 174 de 365

Esperança no descendente

Porei inimizade entre você e a mulher, entre a sua descendência e o descendente dela. Este lhe ferirá a cabeça, e você lhe ferirá o calcanhar.
Gênesis 3.15, NAA

A boa notícia é que Jesus, "nascido de mulher", pisou implacavelmente na cabeça do Diabo e seus demônios.

Destaque:
Descendência

Notas

Deus declara guerra e estabelece duas descendências, dois tipos de homens no Planeta: os que estão com Ele e os que estão contra Ele, seguindo o Diabo. Deus diz que o "descendente da mulher", literalmente, "a semente dela" feriria a cabeça da cobra, uma referência a um golpe mortal, e a cobra atingiria o calcanhar, um golpe ruim. Em uma comparação dos dois, a semente da mulher seria ferida no processo, mas mataria a serpente.

Esse anúncio fala da graça de Deus que se manifestou logo no início dos tempos. Deus não foi pego de surpresa, pois já anunciara o "Cordeiro que foi morto desde a fundação do mundo" (Apocalipse 13.8, ARA). Essa declaração em Gênesis 3 explica os atritos existentes entre os filhos do Diabo e os filhos de Deus. Na sequência do livro de Gênesis, Caim, que parece ser parte da "descendência" da Serpente, mata Abel, um tipo dos filhos de Deus que seriam assassinados pelos invejosos filhos de Satanás ao longo da história (cf. Lucas 11.51).

A boa notícia é que Jesus, "nascido de mulher" (cf. Gálatas 4.4), pisou implacavelmente na cabeça do Diabo e seus demônios, "[...] despojando os principados e as potestades, publicamente os expôs ao desprezo, triunfando sobre eles na cruz" (Colossenses 2.15, NAA). Adão e Eva contemplavam o Redentor que viria, nós observamos o Jesus que já veio e morreu na cruz do Calvário. Ele derrotou o Diabo e ressuscitou dentre os mortos. Jesus venceu a morte e pagou o preço pelos pecados de Adão, de Eva; pagou o preço pelos seus e pelos meus pecados também.

Vamos orar

Senhor, muito obrigado pelo Teu plano perfeito. Obrigado pelo Teu grande amor, a ponto de entregar o Teu Filho perfeito para se fazer carne, como um de nós; viver uma vida de serviço, sem pecado; e para ser sacrificado no lugar da humanidade. Bendito seja o Teu nome, Senhor. Em Cristo, amém.

Maternidade dolorosa

E à mulher ele disse: — Aumentarei em muito os seus sofrimentos na gravidez; com dor você dará à luz filhos [...].
Gênesis 3.16, NAA

24
DE JUNHO

Todas as necessidades humanas são acompanhadas de prazer. Alimentar-se assume requintes de prazer quando o homem mistura alimentos e os aquece, frita ou assa, produzindo um universo de sabores e prazeres. Multiplicar-se também, pois há grande prazer no processo das relações íntimas do casal, tanto de sensores do corpo, como do agradável romance que envolve um casal saudável. Até as necessidades mais embaraçosas de alívio contêm certa dose de prazer.

No entanto, a concepção, que deveria ser um clímax da existência de uma mulher, tornou-se extremamente dolorosa. As dores de parto estão entre as consideradas mais severas que uma mulher experimenta na vida. Fora as complicações inerentes ao parto. Uma lembrança sofrida do pecado, uma evidência constante da necessidade de um Salvador.

A dor do parto simboliza o paradoxo de trazer à vida o milagre de Deus e, ao mesmo tempo, sentir a dor de ver pessoas nascendo em pecado, manifestando logo nos primeiros anos, o egoísmo e a violência. Adão e Eva perderam os seus primeiros filhos em um só dia, pois Caim assassinou Abel, o filho mais novo, e, depois, Caim, o filho mais velho, fugiu, afastando-se dos pais e da presença do Senhor.

As dores na criação dos filhos acompanhariam o nascimento de cada ser humano a partir da Queda desastrosa. Sempre que as mulheres tiverem um problema com os filhos – amizades ruins, malcriações, ingratidão, ou qualquer dos pecados comuns – devem se lembrar de que: dependem de Deus, dependem de um redentor e precisam da salvação providenciada pelo Criador, tanto para, simplesmente, existir e ser, quanto para cumprir o papel de quem cria os filhos para Deus, a fim de espalhar a imagem d'Ele sobre a Terra.

As dores na criação dos filhos acompanhariam o nascimento de cada ser humano a partir da Queda desastrosa.

Destaque:
Maternidade

Notas

Vamos orar

Senhor, obrigado pela redenção. O castigo sobre o primeiro casal ainda nos atinge e queremos usar as dores como lembretes de nossa carência e limitação. Dependemos do Senhor e somos gratos pela solução apresentada pelo Teu Filho que morreu por nós. Em nome de Jesus, amém.

@ prjosuegoncalves
@ pra.rousegoncalves

25 DE JUNHO

Devocional • 176 de 365

Competição e confusão

[...] O seu desejo será para o seu marido, e ele a governará.
Gênesis 3.16, NAA

Como amar e proteger quem não é digna de confiança? Como auxiliar e cooperar com um homem que só pensa em si?

Destaque: Competição

Notas

Adão deveria proteger e servir a esposa. Eva deveria complementá-lo e auxiliá-lo. Mas o projeto original foi abalado pelo pecado. O casal sentiu vergonha um do outro. Eles não tinham defesas nem segredos, mas, depois do fruto proibido, precisavam se proteger – um do outro e de Deus. Enquanto o Criador confrontava o homem, este acusou a esposa: "Se alguém deve morrer, que seja ela". Como Eva deve ter se sentido?

A transparência, a inocência e a confiança se foram, e novas características assumiram o protagonismo: a desconfiança, a manipulação, a truculência e a competição. Como amar e proteger alguém que não é digna de confiança? Como auxiliar e cooperar com um homem que só pensa em si? O resultado natural da escolha do casal foi confirmado pelo Senhor. O desejo da mulher seria assumir o comando, e o do marido, querer tomá-lo à força. Os papéis se inverteram no jardim, que não podia mais ser chamado de paraíso.

Ainda hoje sofremos os efeitos da Queda. Qual marido não foi flagrado com evidente egoísmo e exploração da esposa? Qual mulher não se viu manipuladora e se sentindo superior ao marido? O que deveria ser o espelho da perfeita relação do Deus Trino, tornou-se o trunfo do Diabo, que afronta o Criador.

Somos convidados a tomar o caminho de volta, a nos arrepender. Para não sermos enganados, confessamos nosso pecado. Aceitamos a maneira de Deus, unimo-nos a Ele por meio de Seu filho, pedimos perdão pela competição, pela desconfiança e pela falta de amor. Desfrutamos do sangue perdoador e, movidos pelo Santo Espírito, amamos e nos adequamos, cada um ao seu papel.

Vamos orar

Pai, capacita-nos a assumir nosso papel. Dependemos do Senhor. Somente o Teu Espírito em nós pode realizar os desafios de representar a imagem de um Deus tão maravilhoso. Ama o nosso cônjuge por meio de nós, ensina-nos a cuidar como o Senhor cuida. Obrigado pela Tua maravilhosa graça e poder, dispensados em Cristo Jesus. Amém.

@ prjosuegoncalves
@ pra.rousegoncalves

Trabalho árduo

E a Adão disse: — Por ter dado ouvidos à voz de sua mulher e comido da árvore que eu havia ordenado que não comesse, maldita é a terra por sua causa; em fadigas você obterá dela o sustento durante os dias de sua vida. Ela produzirá também espinhos e ervas daninhas, e você comerá a erva do campo. No suor do seu rosto você comerá o seu pão [...].

Gênesis 3.17-19, NAA

O Senhor levou muito a sério o comodismo de Adão. Ele sabia da ordem, mas recusou-se a interferir e a proteger sua esposa, além de se deixar levar pelo protagonismo equivocado e rebelde dela. Ele não só ficou passivo diante da queda da esposa, como ele mesmo lançou-se na rebeldia deliberada de desobedecer ao Criador bendito.

A Terra foi amaldiçoada. Adão e Eva não. Somente o Diabo e a Terra. A Terra, de cujo fruto proibido Adão comeu, se rebelaria contra o homem, assim como ele havia se rebelado contra Deus. Um sistema inteiro amaldiçoado e trazendo trabalho duro e frustração; uma lembrança diária do pecado.

Podemos entender as doenças que nunca são erradicadas, pois quando descobrirmos a vacina para uma, surgem outras dez. Os mares levantam-se em tsunamis, a terra treme e cospe lava ardente sobre cidades inteiras, os rios transbordam e arrastam as cidades, a neve chega de repente e congela a colheita, o Sol desfalece o trabalho e a Terra reage ao seu gerente.

O trabalho, antes tão agradável e proveitoso, tornou-se sem graça, sem a bênção, desgraçado. É a constante lembrança de que não vale a pena rebelar-se, de que o Pai sabe o que é melhor e de que haverá um dia em que Ele fará novos céus e nova Terra, onde o projeto original será reimplantado e incrementado. Sim, para todos que, ainda hoje, rendem-se ao plano bendito do Criador.

Um sistema inteiro amaldiçoado e trazendo trabalho duro e frustração; uma lembrança diária do pecado.

Destaque:
Labuta

Notas

Vamos orar

Pai, dá-nos graça e competência. Abençoa a obra das nossas mãos, enquanto andamos como o Senhor. Faça de nós pessoas bem-sucedidas, que vivem para o Senhor e desfrutam da Tua companhia e da Tua bênção graciosa. Obrigado por nos garantires um futuro excelente. Em Cristo, amém.

27 DE JUNHO

A morte no pó

No suor do seu rosto você comerá o seu pão,
até que volte à terra, pois dela você foi formado;
porque você é pó, e ao pó voltará.
Gênesis 3.19, NAA

A palavra do Senhor nunca falha. Temos a esperança de que o mesmo Deus que garantiu que Adão voltaria ao pó nos prometeu que Cristo, que venceu a morte, um dia ressuscitaria a todos os que são d'Ele.

Destaque:
Partida

Notas

Apesar de não fulminar o primeiro casal instantaneamente e providenciar para ele a redenção eterna, a palavra de Deus nunca falha. O Senhor avisou que no dia em que comessem o fruto proibido morreriam. Isso aconteceu em algumas dimensões. Imediatamente eles morreram para sua pura conexão com Deus e se sentiram imundos. Foram separados de Deus, e um buraco escuro de culpa passou a assombrá-los com vergonha e medo. Porém, ainda que o Senhor tivesse providenciado redenção futura, por meio do descendente da mulher, o corpo deles, cedo ou tarde, morreria e voltaria ao pó.

A terra amaldiçoada venceria afinal, sugando o pó para si. Depois de uma vida de lutas e desafios buscando a provisão diária, o homem se renderia aos anos e o seu corpo velho pararia de funcionar. Sem vida, em poucos dias, o que era belo e excepcional torna-se malcheiroso e precisa ser enterrado.

A palavra do Senhor nunca falha. Temos a esperança de que o mesmo Deus que garantiu que Adão voltaria ao pó nos prometeu que Cristo, que venceu a morte, um dia ressuscitaria a todos os que são d'Ele. Isso inclui você e todos os seus que foram alcançados pelo Evangelho da Salvação de Jesus Cristo, que disse: "E a vontade de quem me enviou é esta: que eu não perca nenhum de todos os que ele me deu; pelo contrário, eu o ressuscitarei no último dia" (João 6.39, NAA).

Só podemos temer, render-nos e agradecer por tão grande salvação. Tememos porque, apesar da Sua Salvação, do Seu Espírito em nós e da Sua imensa graça, ainda pecamos. Nós nos rendemos, porque sabemos que o Senhor é maior do que nossas fraquezas e ambiguidades.

Vamos orar

Senhor, agradecemos porque cremos que, um dia, Tu nos ressuscitarás e nos darás um corpo novo, incorruptível, semelhante ao do nosso Irmão primogênito, Jesus, em nome de quem oramos. Amém.

Roupas de justiça

28

DE JUNHO

E o homem deu à sua mulher o nome de Eva, por ser a mãe de todos os seres humanos. O Senhor Deus fez roupas de peles, com as quais vestiu Adão e sua mulher.
Gênesis 3.20-21

A última palavra de Adão registrada no texto antes dessa foi: "eu comi". Em seguida, temos a explicação do Senhor das consequências terríveis, mas também o anúncio da esperança que eles – e todos os seres humanos – teriam com a vinda da "Semente da mulher", que é Jesus.

Apesar de Deus ter acabado de dizer que Adão voltaria ao pó (cf. Gênesis 3.19), o homem explode em otimismo, diante do perdão e da redenção anunciados pelo Criador, ao dar para a esposa o nome de Eva, que quer dizer "vida". Ela seria a mãe de todos os que viriam depois, incluindo o Cristo, o Salvador. Há uma evidente reação humana de quem entendeu a redenção. Adão foi salvo.

As roupas de folhas de figueira – a religiosidade humana – não resolveram. Não conseguimos nos acertar sozinhos com Deus. Conseguimos pecar sozinhos, mas, para reatar os laços, precisamos que o Senhor haja e venha nos resgatar. Foi o que Ele fez ao cobrir a nudez do casal com peles de animais. Talvez tenha sido o primeiro sangue derramado na maravilhosa criação. Um animal precisou morrer e ceder sua pele para cobrir a nudez do primeiro casal.

Um inocente morreu pelos culpados. Esse sacrifício apontava para Jesus que morreria por pecadores muitos anos depois. "O Cordeiro de Deus, que tira o pecado do mundo" (João 1.29, NAA) foi anunciado no jardim do Éden, e a fé de Adão nesse Redentor prometido foi suficiente para vesti-los, realinhá-los a Deus e enchê-los de esperança. A vida triunfaria sobre a morte, Eva daria à luz a Esperança encarnada: Jesus.

Sem Deus, a família e o casamento são caóticos. Não conseguimos reverter sozinhos os efeitos da Queda. Mas o Pai bondoso nos reconciliou consigo mesmo e nos deu o Seu Espírito. N'Ele, podemos amar e buscar cumprir o papel desejado pelo Criador desde o início.

Apesar de Deus ter acabado de dizer que Adão voltaria ao pó, o homem explode em otimismo, diante do perdão e da redenção anunciados pelo Criador[...].

Destaque:
Vestidos

Notas

Vamos orar

Pai Santo e querido, que salvação excelente! Que graça maravilhosa! Obrigado por Jesus. Que sejamos cheios do Teu Santo Espírito e controlados por Ele, para que vivamos em casa um pouco do que o Senhor vive no Céu. Em Cristo, oramos. Amém.

prjosuegoncalves
pra.rousegoncalves

29

DE JUNHO

Devocional • 180 de 365

Resistiu e zombou de Deus

O Senhor disse a Caim: — Onde está Abel, o seu irmão? Ele respondeu: — Não sei; por acaso sou o guardador do meu irmão? E o Senhor disse: — O que foi que você fez? A voz do sangue do seu irmão clama da terra a mim. E agora você é maldito sobre a terra, cuja boca se abriu para receber da sua mão o sangue do seu irmão.
Gênesis 4.9-11, NAA

Assim como Deus foi ao encontro de Adão, depois do pecado, para redimi-lo, também foi falar com Caim e lhe perguntou pelo irmão, mas ele respondeu com zombaria.

Destaque:
Zombaria

Notas

A primeira família teve sérios problemas. Não existe família perfeita na Terra. No máximo, podemos ter famílias redimidas e felizes, por meio de Cristo. Os primeiros filhos de Adão e Eva foram Caim e Abel. O mais velho se aborreceu com Deus e achou por bem matar o caçula, apesar das advertências do Senhor.

Assim como Deus foi ao encontro de Adão, depois do pecado, para redimi-lo, também foi falar com Caim e lhe perguntou pelo irmão, Abel, a quem ele havia assassinado. Caim poderia ter respondido como o pai, Adão, "eu comi". Caim deveria ter dito: "eu matei meu irmão". Porém, ao contrário do pai, o assassino zombou de Deus e Lhe deu uma resposta engraçadinha: "por acaso sou o guardador do meu irmão?".

Naquele momento, Caim recebeu um juízo: "agora, você é maldito". No Jardim, Adão e Eva foram poupados de maldição porque confessaram seu pecado e receberam as roupas da redenção providenciadas pelo Soberano Criador. Já o filho mais velho do casal se rebelou abertamente e zombou da iniciativa de Deus de resgatá-lo. Alguns não querem andar perto do Criador; preferem perseguir os que são de Deus e viver vangloriando-se do fruto do conhecimento do bem e do mal, longe de Deus.

O pior pecado é resistir à redenção oferecida pelo Senhor. Todos pecamos. Ninguém é melhor do que Adão, ou Caim. Somos pecadores, mas podemos, como Adão, escolher a fé na promessa do Redentor. Para Adão, o Redentor viria no futuro; para nós, Ele já veio. Jesus morreu há dois mil anos para que nossa família pudesse ser redimida e, então, experimentasse o Céu na Terra, até que Ele venha.

Vamos orar

Deus, dá-nos temor! Que essa família nunca resista ao Teu confronto. Sempre que pecarmos, queremos nos arrepender e confessar como fizeram Adão e Eva, crendo que o Senhor nos perdoará, por meio de Jesus. Alinha, ó Pai, o nosso coração com o Teu. Em nome de Jesus, amém.

Inundação de graça

Porém Noé achou graça diante do Senhor.
[...] Contigo, porém, estabelecerei a minha aliança;
entrarás na arca, tu e teus filhos, e tua mulher,
e as mulheres de teus filhos.
Gênesis 6.8,18 ARA

A graça de Deus na vida de Noé foi tão abundante que transbordou em toda a sua família.

Destaque:
Inundação

O mal estava prevalecendo sobre a Terra. Os descendentes da Serpente, que seguiram a linhagem de Caim, estavam no controle, e a violência se espalhava por toda parte, com toda a sua injustiça.

O Criador, justo Juiz, precisava intervir, dar um *reset*, limpar, começar novamente. Ele poderia começar do zero e exterminar a todos, mas tinha prometido para Adão que a semente de Eva pisaria na cabeça da serpente. Assim, Deus derramou a Sua graça sobre um homem chamado Noé. A Bíblia afirma que ele era justo no meio de uma geração imprestável.

A graça de Deus na vida de Noé foi tão abundante que transbordou em toda a sua família: ele, sua esposa, seus filhos – Sem, Cam e Jafé – e suas respectivas esposas. Oito pessoas salvas única e exclusivamente pela graça de Deus na vida de um homem justo.

Essa dobradinha – graça de Deus e busca por uma vida reta – precisa abastecer e inundar todas as famílias da Terra, a começar pela sua e pela minha. Da nossa parte, faremos o que estiver ao nosso alcance para agir corretamente, buscando agradar a Deus e manter um relacionamento constante com Ele, por meio de Cristo.

Notas

Vamos orar

Deus, obrigado pela Tua graça que salvou a família de Noé. Salva a minha também, por meio da justiça de Cristo Jesus. Acolhe-nos na Tua Igreja e leva-nos a salvo para a Eternidade. Em nome de Jesus, amém.

“

Jesus morreu
há dois mil anos
para que nossa
família pudesse ser
redimida e, então,
experimentasse o
Céu na Terra, até
que Ele venha.

”

JULHO

07/12

1º DE JULHO

Devocional • 182 de 365

Aliança em cores

Deus abençoou Noé e os seus filhos, dizendo: — Sejam fecundos, multipliquem-se e encham a terra. [...] O arco estará nas nuvens; eu o verei e me lembrarei da aliança eterna entre Deus e todos os seres vivos de todas as espécies que há sobre a terra.
Gênesis 9.1,16, NAA

[...] a ordem de multiplicação ecoava novamente. A vida voltou a borbulhar sobre a face da Terra.

Destaque:
Imutabilidade

A bondade de Deus excede qualquer medida humana. Ele abençoou a família de Noé por vontade própria, porque tem bons planos para a Sua criação e Seus propósitos não mudam. Depois que a família saiu da arca, acompanhados da exuberante revoada de bichos, que partiu para se espalhar pela maravilhosa Terra, o Senhor renovou o Seu favor com promessas, novas bênçãos e um sinal no céu.

O plano de Deus de ser representado pelos seres humanos ainda estava em vigor. Os animais haviam sido preservados, os peixes não se abalaram, e a ordem de multiplicação ecoava novamente. A vida voltou a borbulhar sobre a face da Terra. Como sinal visível de uma bênção incondicional, Deus criou o arco-íris, cuja presença relembra aos Céus e à Terra que Ele manterá Sua promessa, preservando a Terra até o final dos tempos, sem exterminar todos os viventes.

Sempre que vir um arco-íris, aproveite para contar a história de Noé para os seus filhos. Ressalte a bondade de Deus e a aliança incondicional que Ele fez com toda humanidade. Lembre aos seus o quanto Deus é bom.

Notas

Vamos orar

Deus Criador, obrigado pelo arco-íris e pela garantia de Tua proteção. Que nossa família Te seja agradável e que a Nova Aliança feita em Cristo nos conceda dias de admiração e gratidão em Tua presença. Em nome de Jesus, amém.

@prjosuegoncalves
@pra.rousegoncalves

Confusão

E o Senhor disse: — Eis que o povo é um, e todos têm a mesma língua. Isto é apenas o começo; agora não haverá restrição para tudo o que planejam fazer. Venham, vamos descer e confundir a língua que eles falam, para que um não entenda o que o outro está dizendo.
Gênesis 11.6-7, NAA

2
DE JULHO
Devocional · 183 de 365

Mesmo tendo recebido a ordem de crescer e se multiplicar, os descendentes de Noé acharam por bem começar uma cidade e construir uma torre alta, para que o nome deles não fosse esquecido. Assim, unidos e motivados por interesses que contrariavam o plano de Deus, fabricaram tijolos e os uniam com piche. A obra progredia bem, mas o desenvolvimento daquela tecnologia alheia aos propósitos do Criador significava que ela não seria bem utilizada.

O Senhor, que tem muitos recursos para refrear o mal, interveio. Naquela cidade, chamada Babel, Ele confundiu os idiomas. As pessoas já não se entendiam e, por fim, abandonaram o projeto iníquo e se dispersaram.

De fato, quando as pessoas falam a mesma língua e estão unidas, não há limites para o que elas podem realizar. Esse é o objetivo do Senhor para as famílias cristãs. A confusão causada pelo egoísmo – quando cada um busca exaltar o seu próprio nome – foi resolvida na cruz por Cristo Jesus. Agora, restaurados ao projeto original de espelhar e espalhar a glória e o governo de Deus, podemos agradá-Lo, falando a mesma linguagem: a da gratidão, do amor e do serviço.

Se em Babel as línguas foram confundidas, em nossa casa, por meio de Cristo, podemos ser um só, como Pai, Filho e Espírito Santo o são.

[...] quando as pessoas falam a mesma língua e estão unidas, não há limites para o que elas podem realizar. Esse é o objetivo do Senhor para as famílias cristãs.

Destaque:
Comunicação

Notas

Vamos orar

Pai Santo, ajuda-nos a falar a mesma língua. Que o amor seja o vínculo que nos une e que todos estejamos alinhados com Teus planos eternos. Que o nosso dia a dia Te seja agradável e que Teus projetos para esta casa se cumpram. Em nome de Jesus, amém.

prjosuegoncalves
pra.rousegoncalves

3

DE JULHO

Devocional • 184 de 365

"Os céus são os céus do Senhor, mas a terra ele deu aos filhos dos homens." (Salmos 115.16)

Destaque:
Bênção

Notas

Abençoando famílias

O Senhor disse a Abrão: — Saia da sua terra, da sua parentela [...] Farei de você uma grande nação [...] Em você serão benditas todas as famílias da terra.
Gênesis 12.1-3, NAA

Deus escolheu um homem para cumprir a promessa que havia feito ao primeiro casal. O descendente da mulher viria de um povo, que descenderia de Abraão, na época ainda chamado Abrão.

O Senhor Deus, o Criador, deu a Terra aos seres humanos, conforme diz o salmista: "Os céus são os céus do Senhor, mas a terra ele deu aos filhos dos homens" (Salmos 115.16, NAA). Embora o ser humano tenha se rebelado e a humanidade tenha se lançado em uma jornada de afastamento de Deus, com injustiça e abundância de pecados, o Senhor decidiu não acabar com tudo para, então, recomeçar. Em vez disso, achou por bem reaver o governo da Terra por meio de um homem, que viria de uma linhagem especial, dedicada a Deus.

Todas as famílias da Terra foram abençoadas pela descendência de Abraão, especificamente pelo descendente de Davi, Jesus Cristo. Assim como Abraão viveu peregrinando na Terra, atento à voz de Deus para abençoar as famílias, nós também, que já temos a marca de Cristo em nós, vivemos como quem aguarda a promessa da vida eterna.

Vamos orar

Deus, queremos ser fiéis a Ti! Obrigado por nos teres incluído na pessoa de Abraão e nas bênçãos que prometeste a ele. Obrigado por Jesus, o descendente de Abraão que já existia antes dele. Que minha família seja uma bênção para a glória do nome de Jesus, o bendito Salvador. Em nome de Jesus, amém.

Patriarca imperfeito

Faraó chamou Abrão e lhe disse: — O que é isso que você fez comigo? Por que não me disse que ela era a sua mulher? E por que me disse que ela era sua irmã? Foi por isso que a tomei para ser minha mulher. Agora, pois, aqui está a sua mulher; tome-a e vá embora daqui.
Gênesis 12.18-19, NAA

4

DE JULHO

Devocional • 185 de 365

Não foi por Abraão ser muito bom que Deus o chamou, mas por ser um homem de fé, que achou graça aos olhos do Altíssimo. Quando o patriarca precisou peregrinar no Egito, combinou com a esposa que não diriam que ela era sua esposa, porque temia que o matassem para ficar com a bela Sara.

Abraão não confiou que Deus o protegeria; antes, expôs a sua querida esposa a ir para o harém de outro homem! Seria mais simples para Deus proteger Abrão do faraó do que desfazer a trapalhada criada pelo casal. Uma severa praga do Senhor veio sobre a casa do faraó, que acabou descobrindo que Sara era casada e que, por isso, estava atraindo maldição sobre si. Abraão foi repreendido por um ímpio, porque agiu sem consultar o Senhor e não confiou que Deus poderia protegê-lo.

Muitas vezes, esquecemos que a nossa segurança é atribuição de Deus e não das nossas artimanhas. Pecamos para nos sentir seguros e saciados, mas acabamos piorando ainda mais a situação.

Abraão não confiou que Deus o protegeria; antes, expôs a sua querida esposa a ir para o harém de outro homem!

Destaque:
Vacilo

Notas

Vamos orar

Senhor, perdoa-nos quando duvidamos de Tua bondade e de Tua capacidade de nos proteger. Perdoa-nos também quando recorremos a artifícios pecaminosos, como mentiras, trapaças ou atalhos. Resgata-nos, a nós e à nossa família, pois sabemos que Jesus já pagou por todos esses pecados. Mostra-nos o caminho da confissão e da restituição. Em Cristo oramos, amém.

5 DE JULHO

Devocional • 186 de 365

Visão celestial

Então o SENHOR levou-o para fora e disse: — Olhe para os céus e conte as estrelas, se puder contá-las. E lhe disse: — Assim será a sua posteridade. Abrão creu no SENHOR, e isso lhe foi atribuído para justiça.
Gênesis 15.5-6, NAA

Queremos contar as estrelas [...] e que, um dia, estaremos todos juntos, celebrando a bondade do Altíssimo.

Destaque:
Visão

Notas

A promessa de Deus para Abraão incluía uma descendência, porém, sua querida e única esposa era estéril. Portanto, era humanamente impossível a promessa de Deus se cumprir. Mas quem fez a promessa não era mesmo humano, era o Todo-Poderoso.

Deus levou Abraão para um alto monte, à noite, e o desafiou a contar as estrelas que salpicavam o céu de Canaã. Que comunhão desses dois! Que momento agradável deve ter sido. Depois que o patriarca desistiu da tentativa de contar as estrelas, o Senhor fez-lhe uma promessa, e Abrão creu. Como quem "engravida da promessa", ele teve a palavra de Deus como certa e, assim, foi justificado, foi considerado justo.

Nós, que somos descendentes de Abraão por meio de Jesus Cristo, fomos alcançados pela mesma fé salvadora. Não em ter muitos filhos, mas em fazer parte dessa família espiritual, que começou com Abraão e se tornou possível com a vida, morte e ressurreição de Jesus, descendente de Abraão. Queremos contar as estrelas também, e saber que há muitos irmãos que já foram alcançados vivendo na presença de Deus e que, um dia, estaremos todos juntos, celebrando a bondade do Altíssimo.

Vamos orar

Pai, ajuda-nos, aqui em casa, a olhar para as estrelas nos céus; que não fixemos nossos olhos nos aparelhos celulares, que não fiquemos escravizados pelas promessas vazias do mundo, que não passemos a vida buscando bens e fama. Que nossa família tenha a cabeça no Céu e os pés na Terra. Em nome de Jesus, amém.

@prjosuegoncalves
@pra.rousegoncalves

Sodoma no peito

Ao amanhecer, os anjos apressaram Ló, dizendo: — Levante-se, pegue a sua mulher e as suas duas filhas, que aqui se encontram, e saia daqui, para que você não morra quando a cidade for castigada. [...] Havendo-os levado para fora, um deles disse: — Corra, para sair daqui com vida! Não olhe para trás [...] E a mulher de Ló olhou para trás e virou uma estátua de sal.
Gênesis 19.15,17,26, NAA

6
DE JULHO
Devocional · 187 de 365

Ló, sobrinho de Abraão, havia se separado do tio em busca de terras mais férteis e espaçosas para o rebanho. As proximidades da cidade de Sodoma eram belas e férteis e Ló aproximou-se paulatinamente da cidade até que passou a morar lá como um cidadão.

As facilidades da cidade não fizeram bem para a família de Ló. Embora Ló tenha mantido a sua integridade pessoal – já que Pedro se refere a ele como "o justo Ló, que ficava aflito com a conduta libertina daqueles insubordinados" (2Pedro 2.7, NAA) –, suas filhas foram profunda e terrivelmente marcadas pela perversão, já que embriagaram o pai e tiveram relações sexuais com ele. A esposa também foi seduzida pelos confortos da cidade e, quando fugia do juízo que chovia em brasa sobre aquela região, ela olhou para trás, sinalizando que preferia estar lá e que, embora estivesse fora de Sodoma, Sodoma ainda estava em seu coração.

Como família, precisamos de sabedoria para identificar quando uma facilidade oferecida pelo Estado ou por uma oportunidade "ímpar" pode corromper e seduzir o coração dos nossos queridos. Nem todos têm a firmeza de um pai convertido ou de uma mãe transformada. O Senhor Jesus, ao orar ao Pai a nosso favor, disse: "Não peço que os tires do mundo, mas que os guardes do mal" (João 17.15). Se, por um lado, não devemos sair do mundo e nos isolar como monásticos, por outro, devemos nos aproximar somente até o ponto em que a cultura do Reino sobrepuje a cultura das trevas.

Como família, precisamos de sabedoria para identificar quando uma facilidade oferecida pelo Estado ou por uma oportunidade "ímpar" pode corromper e seduzir o coração dos nossos queridos.

Destaque:
Prudência

Notas

Vamos orar

Pai Santo, dá-nos sabedoria para sermos como Abraão, que manteve sua família longe do convívio pervertido de Sodoma. Ele foi bênção para a cidade, mas não se deixou seduzir por ela, suas ofertas e sua prosperidade. Fortalece nossas famílias e alinha nosso coração aos Teus planos eternos. Em nome de Jesus, amém.

@prjosuegoncalves
@pra.rousegoncalves

7
DE JULHO

Devocional • 188 de 365

Promessa renovadora

O seu nome não será mais Abrão, e sim Abraão, porque eu o constituí pai de muitas nações. [...] Deus disse a Abraão: — A Sarai, sua mulher, você não chamará mais de Sarai, porém de Sara. Eu a abençoarei e darei a você um filho que nascerá dela. Sim, eu a abençoarei, e ela se tornará nações; reis de povos procederão dela.
Gênesis 17.5,15, NAA

O nome Sarai, "*minha* princesa", é mudado para, simplesmente, "princesa", não mais restrita ao domínio familiar, mas com amplitude universal, sem restrições. "Mãe de nações".

Destaque: Renovação

Notas

Abraão já estava com 99 anos. O que havia acontecido com a promessa de Deus? Como um senhor impotente (cf. Hebreus 11.12) teria o filho prometido com uma idosa que fora estéril por toda a vida? Para nós, humanos, impossível! Estava evidente que não seria a força e a vitalidade de Abraão que trariam à vida o filho da promessa, mas tão somente o poder de Deus, que realiza o impossível por meio de Sua palavra.

Em seguida, Deus reafirmou Sua intenção de dar um filho para o casal e lhes mudou os nomes. De Abrão, "pai exaltado", para Abraão, "pai de uma multidão". "O nome Sarai, 'minha princesa', é mudado para, simplesmente, "princesa", não mais restrita ao domínio familiar, mas com amplitude universal, sem restrições; 'Mãe de nações'".[1]

A promessa de Deus impactou tão profundamente o casal de idosos, que eles rejuvenesceram a ponto de o rei Abimeleque querer levar Sara para o seu harém (cf. Gênesis 20.1-14). Por fim, Sara engravidou e deu à luz o filho da promessa, Isaque (cf. Gênesis 21.1-7). Abraão viveu mais 75 anos depois de testemunhar o cumprimento dessa promessa (cf. Gênesis 25.7; 21.5).

[1] POOLE, Matthew. *A Commentary on the Holy Bible.* Volume 1. Londres: Banner of Truth Trust, 1968. Disponível em: <https://enduringword.com/bible-commentary/genesis-17/>. A *Enciclopédia Judaica* online parece concordar. Disponível em: <https://www.jewishencyclopedia.com/articles/13194-sarah-sarai>. Acessos em 27 nov 2024.

Vamos orar

Senhor, ajuda-nos a crer em Tuas promessas. Um corpo eterno, um novo Céu, uma nova Terra, em Tua presença para sempre, parece impossível e bom demais para alcançarmos. Mas Tu és o Todo-Poderoso. Queremos viver renovados pelo poder de Tua palavra. Em Cristo, amém.

@prjosuegoncalves
@pra rousegoncalves

Aflita obediência

E, estendendo a mão, pegou a faca para sacrificar o seu filho. Mas do céu o Anjo do Senhor o chamou: — Abraão! Abraão! [...] Não estenda a mão sobre o menino e não faça nada a ele.
Gênesis 22.10-12, NAA

8
DE JULHO
Devocional · 189 de 365

Como Deus, que só trouxera o filho da promessa depois que Abraão tinha 99 anos, pediria para aquele pai oferecer o único filho, o filho da promessa, em sacrifício? Não sei, mas, por mais contraditório e inexplicável que possa parecer, fez sentido para Abraão, que obedeceu.

O escritor de Hebreus explica que "pela fé, Abraão, quando posto à prova, ofereceu Isaque". Aquele que acolheu as promessas de Deus estava a ponto de sacrificar o seu único filho, a respeito do qual havia sido dito: "a sua descendência virá por meio de Isaque" (cf. Gênesis 21.12).

Abraão obedeceu e confiou. Ele não tinha todas as informações, não conseguia ver além da próxima curva e, assim, foi modelo de fé. Abraão devolveu o que era de Deus, o verdadeiro tesouro daquele pai. Por mais aflito que estivesse, ele obedeceu. Hoje, nem cogitamos sacrificar fisicamente um filho, mas talvez tenhamos que devolver os tesouros que o Senhor nos concede, caso Ele assim o solicite.

No monte do sacrifício, Deus impediu que Abraão matasse seu Isaque, e providenciou um carneiro (cf. Gênesis 22.13, NAA), que estava preso em uma árvore. Da mesma maneira, esse mesmo Deus ofereceu o Seu Filho único, o Seu maior tesouro, em lugar da humanidade. O inocente, santo e perfeito sendo moído no lugar dos pecadores. Assim, Deus abençoou, pela descendência de Abraão, todas as famílias da terra.

Abraão obedeceu e confiou. Ele não tinha todas as informações, não conseguia ver além da próxima curva e, assim, foi modelo de fé.

Destaque:
Obediência

Notas

Vamos orar

Pai Santo, obrigado por um sacrifício tão extraordinário. Queremos viver em obediência e desejamos não reter nada deste mundo — bens, relacionamentos, projetos e oportunidades. Sujeitamos tudo a Ti, neste momento. Em Cristo Jesus, amém.

prjosuegoncalves
pra.rousegoncalves

9

DE JULHO

Devocional • 190 de 365

A superação do luto

Sara viveu cento e vinte e sete anos. Morreu em Quiriate-Arba, que é Hebrom, na terra de Canaã. Abraão veio lamentar Sara e chorar por ela. Depois, Abraão levantou-se [...].
Gênesis 23.1-3, NAA

Quem se casa para estar com o cônjuge "até que a morte os separe", em algum momento enfrentará essa separação. Abraão passou por essa experiência; ele lamentou e chorou.

Destaque:
Superação

Eles viveram muitas aventuras. Sara acompanhou fielmente o seu marido por toda jornada iniciada por um chamado divino. O Deus de Abraão tornou-se também o dela. Aquela família havia abandonado a segurança e o acolhimento de sua terra natal, Ur dos Caldeus, para atender ao chamado de um Deus que prometeu descendentes como as estrelas nos céus e as areias do mar.

Eles se envolveram em algumas trapalhadas, pois, sempre que Abraão tinha medo dos reis locais, constrangia Sara a esconder seu casamento e a se expor a outros homens. Além disso, eles tentaram "ajudar" a Deus, e o patriarca teve um filho com uma egípcia, serva de Sara, e o menino, que foi chamado de Ismael, acabou sendo enviado para longe da família com sua mãe, Hagar. Eles passaram juntos toda a juventude, maturidade e somente na velhice puderam, milagrosamente, gerar um descendente. Isaque foi o nome que Abraão deu a seu filho com Sara, pois o casal era só sorriso com o pequeno.

Quem se casa para estar com seu cônjuge "até que a morte os separe", em algum momento enfrentará essa separação. Abraão passou por essa experiência; ele lamentou e chorou. Ficou prostrado por um tempo, pois amava muito sua esposa. Mesmo assim, ele superou o luto. Ele tinha a promessa, Isaque, que ainda precisava do pai.

Assim somos chamados a superar as perdas, olhando para fora e decidindo amar, considerando a necessidade do outro maior do que a nossa dor ou vontade de chorar. O luto precisa ter fim e a vida deve continuar. Abraão levantou-se e providenciou um funeral digno para Sara, a sua amada, e, depois, voltou para amar seu filho.

Notas

Vamos orar

Pai, neste mundo nós sofremos. Perdemos pessoas que amamos profundamente. Tu sabes todas as coisas e sabes o quanto essa separação é dolorosa, pois enviaste Jesus para estar entre nós por trinta anos e morrer em nosso lugar. Tu entendes a dor do luto, e Te pedimos que nos ajudes a passar pelo nosso. Em nome de Jesus, amém

@ prjosuegoncalves
@ pra.rousegoncalves

Buscando uma esposa

O Senhor, Deus do céu, que me tirou da casa de meu pai e da terra dos meus parentes [...] enviará o seu anjo adiante de você, para que lá você encontre uma esposa para o meu filho.
Gênesis 24.7, NAA

10
DE JULHO

Devocional • 191 de 365

Abraão tinha saído de sua terra natal, atendendo ao chamado do Senhor. Ele havia peregrinado pela terra que Deus indicara e, com quase 100 anos, ele e sua esposa, Sara, tiveram um filho, chamado Isaque. Esse filho deveria herdar todos os bens de Abraão e sobre ele repousariam as bênçãos das promessas feitas ao patriarca.

Depois que sua esposa, Sara, morreu, Abraão tratou de providenciar uma esposa para Isaque, afinal, ele deveria se tornar uma nação. Como Abraão não podia mais fazer viagens, devido à idade avançada, chamou o seu servo mais antigo e mandou que ele trouxesse uma esposa para Isaque, escolhida dentre os seus parentes. Porém, como encontrar uma mulher que estivesse à altura de tão grande promessa?

Abraão garantiu ao seu servo que Deus estaria envolvido no processo e providenciaria orientação segura para encontrar a pessoa certa. E foi o que aconteceu. Ao chegar no povoado, a sobrinha de segundo grau de Abraão se encontrou com o servo de Abraão, eles combinaram o casamento e Rebeca foi levada para encontrar-se com Isaque, que a amou profundamente, e foi por meio dela que a promessa de Deus se cumpriu. Eles geraram Esaú e Jacó.

Deus se manifesta em momentos específicos para cumprir Suas promessas. Embora não sejamos uma família israelita por meio de quem o Senhor trará descendentes, somos filhos d'Ele e cremos que Ele nos ajuda a cada passo.

Abraão garantiu ao seu servo que Deus estaria envolvido no processo e providenciaria orientação segura para encontrar a pessoa certa. E foi o que aconteceu.

Destaque:
Parceria

Notas

Vamos orar

Pai Santo, Tu guiaste sobrenaturalmente o servo de Abraão para encontrar Rebeca. Pedimos que nos dês sabedoria e orientação para encontrar um cônjuge para nossos filhos e filhas. Providencia encontros marcados por Ti. Em Cristo, amém.

@prjosuegoncalves
@pra.rousegoncalves

11 DE JULHO

Devocional • 192 de 365

Oração respondida

Isaque orou ao SENHOR por sua mulher, porque ela era estéril. O SENHOR ouviu as orações dele, e Rebeca, a mulher de Isaque, ficou grávida.
Gênesis 25.21, NAA

O cumprimento da promessa é sempre certo, mesmo que nem sempre seja rápido.

Destaque:
Certeza

Notas

Isaque, o filho de Abraão que obteria a promessa de abençoar todas as famílias da Terra e por intermédio de quem viria o "descendente da mulher", que pisaria a cabeça da serpente, herdou todos os bens de seu pai. Como não bastasse, Isaque enriqueceu muito com seus próprios empreendimentos, pois o Senhor o abençoava. Mesmo assim, o cumprimento da promessa de multiplicação não foi instantâneo nem automático.

Não imagino a aflição de Isaque. Ele mesmo fora um filho da velhice de seus pais. Abraão tinha 100 anos quando Isaque nasceu. Certamente, ele ouviu a história de seu nascimento milagroso e de como a mãe ficou feliz ao concebê-lo. Ele também sabia da promessa feita a seu pai, da qual ele era o herdeiro direto. Será que Isaque se imaginou tendo filhos bem velhinho, assim como seu pai?

Todo esse cenário se resolveu com a oração do marido, que intercedeu, junto ao Senhor por sua amada esposa, Rebeca, que engravidou de gêmeos! Que Deus maravilhoso, concedeu uma bênção dobrada para mostrar Sua generosa abundância. O cumprimento da promessa é sempre certo, mesmo que nem sempre seja rápido. O processo de viver as promessas de Deus deve ser acompanhado de íntimo relacionamento com Ele, por meio do qual as aventuras da fé são experimentadas.

Na vida, precisamos aproveitar o caminho e desfrutar da companhia do Santo Espírito, que nos dá a mão. A promessa de vida eterna é certa. Temos confiança de que o Senhor há de completar a obra d'Ele em nossa vida até o final. Mesmo assim, somos desafiados a ter uma vida de oração, orando fervorosamente pelo cônjuge e pelos filhos, para que o Senhor cumpra integralmente a Sua promessa em nossa casa.

Vamos orar

Pai celeste, é tão bonito ver Tua fidelidade com Abraão e com Isaque! A mesma fidelidade podemos sentir e crer. Tu nos amas, e nós também Te amamos. Cumpre, ó Pai, em nossa família, Teus planos de implantação do Reino de Teu Filho Jesus. Em Cristo, amém.

@prjosuegoncalves
@pra.rousegoncalves

O profano Esaú

Deu, pois, Jacó a Esaú pão e o cozinhado de lentilhas; ele comeu e bebeu, levantou-se e saiu. Assim, desprezou Esaú o seu direito de primogenitura.

Gênesis 25.34, ARA

Nem haja algum impuro ou profano, como foi Esaú, o qual, por um repasto, vendeu o seu direito de primogenitura.

Hebreus 12.16, ARA

12

DE JULHO

Devocional • 193 de 365

Isaque teve dois filhos: Esaú e Jacó. Este era enganador e desejava prosperar sendo abençoado pelo Deus de seu pai. Aquele, o mais velho, era um exuberante caçador e amava a vida ao ar livre. Era impetuoso e seguro de si – talvez mais do que deveria. Nenhum dos dois apresentava-se com o caráter de um herdeiro da promessa, que se tornaria um patriarca, o pai de uma nação. Porém, cada um gerou uma nação diferente. Jacó queria dar um jeito, à sua maneira, de ser abençoado pelo Deus todo-poderoso e, assim, o Senhor o escolheu e chamou.

Esaú, porém, desprezou a bênção, fez pouco caso dela; foi orgulhoso e tolo ao negociar o nobre e impagável direito de filho mais velho, que lhe fora concedido pelo próprio Deus ao permitir que ele saísse primeiro do ventre de sua mãe. Por uma refeição que duraria poucos minutos, Esaú trocou a honra de ser o primogênito, algo que deveria ser guardado por toda a sua vida. Além das bênçãos espirituais, o direito de primogenitura dava a seu portador bênçãos materiais, pois o primeiro filho ficava com quase toda a fortuna dos pais.

O autor de Hebreus chama de profanação a troca de um valor espiritual e mais elevado por um prato de comida, comparando-a à impureza. Pessoas trocam a comunhão com Deus, a estabilidade da família, a pureza do leito conjugal por uma hora de sexo ilícito (quando muito). Assim como a refeição de Esaú profanou o seu direito e herança, homens e mulheres impuros comprometem todo o seu lar e descendência por alguns minutos de prazer sórdido e satisfação incompleta, tão fugaz quanto indigno.

O autor de Hebreus chama de profanação a troca de um valor espiritual e mais elevado por um prato de comida, comparando-a à impureza.

Destaque:
Vigilância

Notas

Vamos orar

Pai Santo, tem misericórdia de nós e de nossa família. Socorre-nos, livra-nos das tentações. Aponta para nós as armadilhas. Não queremos ser impuros ou profanos. Livra-nos da impureza, da pornografia, da sensualidade e do adultério. Queremos nos abrigar em Ti, nosso Senhor. Em nome de Jesus, amém.

prjosuegoncalves
pra.rousegoncalves

13 DE JULHO

Devocional • 194 de 365

Escavador de poços

Então, levantou ali um altar e, tendo invocado o nome do SENHOR, armou a sua tenda; e os servos de Isaque abriram ali um poço.
Gênesis 26.25, ARA

Cavar poços, tirar água fresca dos rios que correm nas profundezas e levantar altares parecia um legado, algo a ser desfrutado e repartido com o clã, com quem estivesse ali e com os que chegassem depois.

Destaque:
Esperança

Isaque peregrinava em busca do cumprimento da promessa que lhe estava garantida. Ele já a possuía pela palavra poderosa e imutável do Senhor, mas ainda não desfrutava dos benefícios da terra e da multidão de descendentes. Enquanto caminhava pela terra árida, Isaque aprendeu com seu pai, Abraão, a encontrar água e a cavar poços, o que lhe permitia obter água em uma terra de sequidão. Ao redor do poço, a vida poderia florescer.

Cavar poços, tirar água fresca dos rios que correm nas profundezas e levantar altares parecia um legado, algo a ser desfrutado e repartido com o clã, com quem estivesse ali e com os que chegassem depois.[1] Isaque fazia questão de deixar marcas visíveis que o lembrassem do seu Deus. Como gratidão pela água e pela terra Isaque adorava, bebia e orava, plantava e colhia, convivia e crescia.

Como Isaque, peregrinamos em terra estranha. Nosso lar é futuro, nossa casa ainda não será nesta vida. O ambiente é seco e árido, resta a nós desenvolver, por meio de Cristo Jesus, um relacionamento intenso com o Senhor que proporcione vida para nós, para nossa família, para a igreja. Devemos levantar altares, homenagens em honra ao Senhor da História – e na nossa história pessoal e familiar – por Seus grandes feitos.

Conheço um homem que coleciona objetos que lembram as manifestações de livramento do Senhor. Ele os mantém organizados em uma estante. Ele tem um parafuso, que foi encontrado aleatoriamente e que serviu para consertar o carro e levá-los para o seu destino em segurança, tem fotos e frases impressas como testemunhos visíveis dos maravilhosos feitos do Senhor.

Notas

[1] Centenas de anos depois, quando Jesus chegou em Sicar, encontrou uma mulher samaritana no Poço de Jacó (cf. João 4.5-6). Os poços perduravam por gerações.

Vamos orar

Pai Santo, que sempre tenhamos acesso às águas que procedem de Teu trono. Que sejamos abastecidos por Tua Palavra viva. Que nosso lar guarde lembranças de Tua bondade poderosa, e que nós mesmos sejamos testemunhas vivas de Tua presença conosco. Em nome de Jesus, amém.

@ prjosuegoncalves
@ pra.rousegoncalves

Casamento complicado

Tendo Esaú quarenta anos de idade, tomou por esposa a Judite, filha de Beeri, heteu, e a Basemate, filha de Elom, heteu. Ambas se tornaram amargura de espírito para Isaque e para Rebeca.
Gênesis 26.34-35, ARA

14
DE JULHO

Devocional • 195 de 365

A o que tudo indica, Esaú escolheu suas esposas sozinho. Diferentemente de seu pai, Isaque, que se casou com uma só esposa escolhida por seu pai, Abraão. Esaú buscou mulheres em um povo idólatra, da linhagem amaldiçoada de Canaã (cf. Gênesis 9.25). Talvez hoje disséssemos que elas não eram cristãs.

Casar-se com alguém de uma cultura completamente diferente, que adora deuses estranhos, tornou-se uma armadilha que desviava o povo do Deus verdadeiro (cf. Êxodo 34.16; Deuteronômio 7.3,4). Moisés fez recomendações solenes para não acumular esposas adoradoras de deuses estranhos (cf. Deuteronômio 17.17), e Esdras chegou a convocar o povo ao abandono das esposas gentias, tamanho prejuízo que isso causava para os planos de Deus e Seu povo (cf. Esdras 10.3).

Esaú desprezou o seu direito de filho mais velho e, posteriormente, perdeu a bênção para o seu irmão enganador (cf. Gênesis 27). Em seguida, decidiu não se importar com a opinião dos pais e casou-se mal, o que acarretou um desequilíbrio familiar. O casamento, que deveria ser motivo de festa e alegria, se tornou “amargura de espírito”.

Embora o Novo Testamento não apresente ordem explícita para que o cônjuge de um cristão seja necessariamente cristão, unindo as recomendações do Antigo Testamento com as de Paulo, temos essa clareza. O apóstolo ordena às viúvas que se casem “no Senhor” (cf. 1Coríntios 7.39) e, quando fala de idolatria e parceria, recomenda que um cristão não deve se colocar em “jugo desigual” (cf. 2Coríntios 6.14) com os incrédulos. Concluímos que devemos buscar sempre cônjuge com a mesma fé e, de preferência, com a mesma missão, principalmente as mulheres, que serão submissas ao marido.

O casamento, que deveria ser motivo de festa e alegria, se tornou “amargura de espírito”.

Destaque:
Casamento

Notas

Vamos orar

Deus Pai, Tu providenciaste uma esposa para Teu Filho Jesus. Também queremos participar da escolha e do casamento de nossos filhos e vê-los casados com pessoas que Te amem. Pedimos Tua misericórdia, Tua sabedoria e Tua providência. Conduz o caminho de nossos filhos e dos futuros genros e noras, dando-nos sabedoria e graça. Em nome de Jesus, amém.

15

DE JULHO

Devocional • 196 de 365

Casamento abençoado

Isaque chamou a Jacó e, dando-lhe a sua bênção, lhe ordenou, dizendo: Não tomarás esposa dentre as filhas de Canaã. [...] toma lá [em Padã-Arã] por esposa uma das filhas de Labão, irmão de tua mãe. Deus Todo-Poderoso te abençoe, e te faça fecundo, e te multiplique para que venhas a ser uma multidão de povos; e te dê a bênção de Abraão.

Gênesis 28.1-4, ARA, acréscimo nosso

[...] alinhado à obediência, Isaque invocou a bênção sobre o filho e a futura família dele.

Destaque:
Aliança

Notas

Existe uma íntima relação entre o casamento de Jacó e o seu alinhamento com a promessa de Abraão, da qual ele participaria. Quem manda que Jacó se case é o seu pai. Isaque é quem dá as instruções quanto à escolha da esposa. A ordem de Isaque é para que a esposa venha da família de Abraão e de Rebeca. O pai não manda que Jacó tenha várias esposas, mas recomenda que ele tome "por esposa uma das filhas de Labão". O leque de opções de Jacó ficou bem reduzido, pois seu pai lhe havia escolhido o sogro, restava a Jacó escolher entre uma das duas filhas de Labão.

Depois da ordem, alinhado à obediência, Isaque invocou a bênção sobre o filho e a futura família dele. "Deus Todo-Poderoso" é a tradução de *El Shadday*, que até aqui é sempre voltado à multiplicação da descendência de Abraão (cf. Gênesis 17; 28.3) e será o nome usado por Deus para identificar-se com Jacó, posteriormente (cf. Gênesis 35.11). O filho de Isaque foi graciosamente incluído na promessa feita ao avô: "multidão de povos", a bênção de Abraão, que incluía terras, fama, recursos e segurança (cf. Gênesis 12.1-3,7).

Para nós, cristãos, há bênçãos vindas de Abraão. Não necessariamente geográficas, porque não viajaremos a Israel em busca de terras, tampouco precisamos de fama, mas recebemos "pela fé, o Espírito prometido". Em nós habita, pela fé, o Espírito Santo de Deus. Somos habitação do Todo-Poderoso, somos chamados também a fazer discípulos de todas as nações, aumentando o número dos filhos de Deus que habitarão o novo Céu e a nova Terra.

Vamos orar

Pai, ajuda nossos filhos a se casarem segundo Tua iniciativa, buscando alguém da família da fé, nascido de novo. Que encontrem cônjuges com quem possam se alinhar às promessas de Cristo, enquanto cumprem o privilégio da Grande Comissão. Em nome de Jesus, amém.

prjosuegoncalves
pra[illegible]goncalves

O dote

16 DE JULHO

Assim, por amor a Raquel, serviu Jacó sete anos; e estes lhe pareceram como poucos dias, pelo muito que a amava.
Gênesis 29.20, ARA

Jacó permaneceu morando e trabalhando na casa de seu tio, Labão, por um mês. Ao final desse período, ficou combinado que Jacó pagaria o dote da filha caçula de Labão trabalhando por sete anos. Era tudo o que Jacó tinha, já que saíra de casa sem dinheiro, somente com a roupa do corpo e um cajado.

Raquel era o sonho romântico de Jacó. Segundo a orientação de Isaque, ele poderia escolher uma dentre as duas filhas de Labão, e sua decisão refletia tanto obediência quanto amor. As instruções do pai foram excelentes, e a obediência de Jacó se mostrava melhor ainda. Casar-se com aquela mulher por sete anos de trabalho era um excelente negócio para um homem apaixonado.

Esse texto tem muita ternura e mostra que o mesmo Deus que criou as emoções também prepara épocas extremamente empolgantes. Ao ler o texto, veremos que Jacó foi enganado por seu tio e acabou se casando com ambas as filhas de Labão.

Precisamos explicar que a obediência pode ser extremamente agradável e cheia de emoções agradáveis. Deus é bom e Sua vontade é boa, perfeita e agradável. Isso não quer dizer que não haverá lutas ou antagonismos, mas Deus é bom. Ele usa até os pecados de terceiros para nos assemelhar ao Seu Filho, Jesus.

As instruções do pai foram excelentes, e a obediência de Jacó se mostrava melhor ainda.

Destaque:
Trato

Notas

Vamos orar

Pai, ensina-nos a ver Tua vontade como a maneira mais extraordinária e completa de viver nesta Terra. Ninguém consegue projetar uma história tão rica quanto Tu, e desejamos viver cada capítulo de Teu projeto para nós e para nossa família. Em nome de Jesus, amém.

prjosuegoncalves
pra.rousegoncalves

17

DE JULHO

Devocional • 198 de 365

Só Jacó e Deus

Levantou-se [Jacó] naquela mesma noite, tomou suas duas mulheres, suas duas servas e seus onze filhos e transpôs o vau de Jaboque. [...] ficando ele só; e lutava com ele um homem, até ao romper do dia. [...] Então, disse: Já não te chamarás Jacó, e sim Israel, pois como príncipe lutaste com Deus e com os homens e prevaleceste.
Gênesis 32.22,24,28, ARA, acréscimo nosso

Aquele era um momento crítico para Jacó. Depois de passar todos os seus bens, seu rebanho, seus filhos e suas mulheres para o outro lado do ribeiro, ficou sozinho.

Destaque:
Encontro

Notas

Depois de 20 anos trabalhando na fazenda do sogro, Jacó voltou para a terra da promessa, onde habitaram os seus pais. Durante esse tempo, Jacó, que deveria ter se casado somente com Raquel, foi enganado e se casou também com a irmã, Lia. Cada uma tinha uma serva e as quatro foram mulheres de Jacó, de modo que ele teve 11 filhos! Ele havia trabalhado muito, havia sido explorado pelo sogro, mas, com a bênção de Deus, ficou rico e estava de volta para sua terra natal.

Aquele era um momento crítico para Jacó. Depois de passar todos os seus bens, seu rebanho, seus filhos e suas mulheres para o outro lado do ribeiro (cf. Gênesis 32.23), ficou sozinho. E foi ali, na solidão da noite, que o próprio Deus veio ao seu encontro (cf. Gênesis 32.30). Jacó lutou com o Senhor até o amanhecer, e, vencido, teve o seu nome mudado para Israel, que seria o nome da nação escolhida, de onde viria o Messias.

A melhor maneira de atravessar crises é envolver-se profundamente com Deus. Jacó poderia ter deixado "o homem" partir, mas fez questão de ser abençoado. A iniciativa do encontro partiu de Deus, mas a peleja coube a Jacó, que foi transformado naquele dia.

A família de Jacó não era ideal, mas, apesar de todas as trapalhadas, Deus usaria essa família para cumprir Suas promessas feitas a Adão, a Abraão e a Isaque. Assim também, Ele cumprirá os propósitos d'Ele na vida da sua família, ainda que não seja uma família perfeita.

Vamos orar

Senhor, Tua soberania é impressionante, pois, apesar de nossos pecados, Tu és capaz de realizar Teus planos integralmente. Obrigado, Pai, porque podemos confiar que Tu tens um plano para nossa família, que recebeu Jesus, o descendente de Judá, filho de Jacó. Amém.

@ prjosuegoncalves
@ pra rousegoncalves

Filho predileto e perseguido

18

DE JULHO

Devocional • 199 de 365

Ora, Israel amava mais a José que a todos os seus filhos, porque era filho da sua velhice; e fez-lhe uma túnica talar de mangas compridas. Vendo, pois, seus irmãos que o pai o amava mais que a todos os outros filhos, odiaram-no e já não lhe podiam falar pacificamente.

Gênesis 37.3-4, ARA

Os anos se passaram, e Jacó se estabeleceu na terra onde Abraão e Isaque haviam morado. Agora era chamado Israel, príncipe de Deus, mas ainda demonstrava predileção por um dos filhos de Raquel, que já havia falecido. José era o favorito, mas tal preferência lhe custou a inimizade com os irmãos.

Se um filho ganha um casaco novo, seria bom que todos ganhassem. Todos têm direitos iguais. Naturalmente, algumas dádivas são peculiares. Um filho músico pode ganhar um instrumento musical caro e o outro, que não se importa com música, não faz questão de um presente igual. No entanto, dar-lhe presente de valor semelhante seria uma alternativa. Há famílias em que todos, de comum acordo, se sacrificam por um dos membros que parece mais promissor. O processo, porém, deve contar com a aprovação de todos.

Se todos os filhos são herdeiros, filhos legítimos e fazem parte da família, por que estabelecer uma escala de amor e cuidado? Os filhos devem ser tratados da maneira mais justa possível, dentro, naturalmente, do perfil de cada um, pois cada filho é único. Os filhos de Jacó não eram tão puros quanto a promessa feita a eles, enquanto descendentes de Abraão.

Nada justifica o ódio dos irmãos de José, mas Jacó poderia ter evitado dor e sofrimento para o filho que protegia. Aliás, Deus usou a perseguição dos irmãos para formar o caráter do menino e cumprir Seus propósitos eternos. O Pai perfeito não poupou o Seu filho legítimo e primogênito. Pelo contrário, Ele O ofereceu para nos salvar, tornando-nos Seus filhos, por meio d'Ele.

Se todos os filhos são herdeiros, filhos legítimos e fazem parte da família, por que estabelecer uma escala de amor e cuidado?

Destaque: Imparcialidade

Notas

Vamos orar

Senhor, dá-nos sabedoria para criar os filhos. Não somos melhores do que Israel ou qualquer outro pai. Precisamos de Tua graça e de Teu poder. Precisamos que Tu nos ensines a ser pais e mães que representem o Pai Eterno em nossa família. Pedimos em nome do Primogênito, Jesus Cristo, amém.

prjosuegoncalves
pra.rousegoncalves

19 DE JULHO

Devocional • 200 de 365

A perda de um filho

Então pegaram a túnica de José, mataram um bode e molharam a túnica no sangue. E enviaram a túnica de mangas compridas ao pai com este recado: — Achamos isto. Veja se é ou não a túnica de seu filho. Ele a reconheceu e disse: — É a túnica de meu filho. Um animal selvagem o devorou. Certamente José foi despedaçado. Então Jacó rasgou as suas roupas, vestiu-se de pano de saco e lamentou o filho durante muitos dias.

Gênesis 37.31-34, NAA

Essa é, na verdade, a única certeza que temos: um dia reencontraremos os nossos amados que partiram, assim como Jacó reencontrou o seu filho José.

Destaque:
Esperança

O ciúme dos irmãos de José, o filho preferido de Israel, chegou ao seu ponto mais cruel e baixo: eles venderam o irmão como escravo. Para justificar, tomaram-lhe a túnica que simbolizava a predileção do pai, e mancharam-na com o sangue de um cabrito, simulando que José teria sido atacado e devorado por um animal selvagem.

O sofrimento de Jacó foi patente e devastador. A dor que os filhos lhe causaram foi imensa. A que ponto chegou o ódio daqueles dez irmãos! Eles quiseram se vingar, mas foram longe demais. Jacó não se recuperaria da perda de José, até o dia em que, surpreendentemente, o reencontraria vivo.

Essa história tem um final emocionante: o pai, que sofreu e esteve de luto pelo filho, finalmente o reencontrou depois de muitos anos.

Essa é, na verdade, a única certeza que temos: um dia, reencontraremos os nossos amados que partiram, assim como Jacó reencontrou seu filho José. Depois de muitos anos de separação, pai e filho se encontraram: "Então José aprontou a sua carruagem e foi ao encontro de Israel, seu pai, a Gósen. Apresentou-se, lançou-se ao pescoço do pai e chorou assim longo tempo. Israel disse a José: – Já posso morrer, pois vi o seu rosto e sei que você ainda está vivo" (Gênesis 46.29,30, NAA).

Notas

Vamos orar

Deus, ao longo da vida perdemos pessoas que amamos, que agora estão Contigo. Mas cremos em Tua promessa de vida eterna, certos de que um dia as reencontraremos. Obrigado por essa certeza. Enquanto isso, Pai amado, consola nosso coração pela falta que nos fazem e dá-nos a graça de nos satisfazermos plenamente em Ti. Em nome de Jesus, amém.

Injustiça e consolo

Então ela o pegou pela roupa e lhe disse: — Venha para a cama comigo. Ele, porém, deixando a roupa nas mãos dela, saiu, fugindo para fora. Quando notou que José tinha fugido para fora, mas havia deixado a roupa nas mãos dela, chamou pelos homens de sua casa e lhes disse: — Vejam! Meu marido nos trouxe este hebreu para nos humilhar. Ele entrou no meu quarto, querendo me levar para a cama, mas eu gritei bem alto.

Gênesis 39.12-14, NAA

Depois de ser vendido pelos irmãos, José foi negociado no Egito e acabou sendo comprado por um oficial do rei. José trabalhou e, contando com a bênção de Deus, prosperou naquele novo cargo e tornou-se o administrador da casa de seu senhor, cujo nome era Potifar.

Depois de algum tempo, a esposa de Potifar decidiu ter relações com o jovem José e tentou seduzi-lo, mas ele se recusou. Diante da recusa, a mulher inventou uma história mentirosa que fez José ser preso sem julgamento e sem prazo para sair.

Aparentemente, a fidelidade de José foi "premiada" com a prisão. Uma injustiça e dor difíceis até de ler. Ele ficou anos encarcerado. No entanto, ao ler toda a história, perceberemos como Deus usou a maldade das pessoas contra José para levar o jovem ao encontro de sua missão de vida: juntar alimentos para salvar aquela nação, e sua própria família, de morrerem de fome.

Naquela época, porém, José não sabia o que aconteceria. Ele apenas tinha os sonhos, promessas de Deus e, além disso, tinha a companhia do próprio Deus.

Deus tem um plano para cada um de nós. Devemos buscar nos aproximar d'Ele com constância e fé. Deus não promete ausência de dores e lutas, mas promete estar bem próximo de nós para, durante o processo, nos tornar parecidos com o Seu Filho. José foi bem-sucedido, agora é nossa vez.

Mesmo diante de difamações e injustiças, devemos buscar mais a Deus, sendo fiéis e aguardando até que os planos d'Ele se cumpram em nós – ainda que seja na vida eterna, Ele é fiel e cumprirá o que prometeu.

Deus não promete ausência de dores e lutas, mas promete estar bem próximo de nós para, durante o processo, nos tornar parecidos com o Seu Filho.

Destaque:
Consolo

Notas

Vamos orar

Pai Santo, Deus de toda consolação, ser difamado dói muito. Teu Filho Jesus sabe como é. Deixa-nos perceber Tua presença conosco. Queremos confiar em Ti, queremos nos apegar e ser fiéis. Para isso, rogamos por Tua graça e Teu poder. Em nome de Jesus, amém.

@ prjosuegoncalves
@ pra.rousegoncalves

21

DE JULHO

Devocional • 202 de 365

Pronto para o serviço

E Faraó disse mais a José: — Eis que eu o constituo autoridade sobre toda a terra do Egito. Então Faraó tirou o seu anel-sinete da mão e o pôs no dedo de José. Mandou que o vestissem com roupas de linho fino e lhe pôs no pescoço um colar de ouro. E o fez subir na sua segunda carruagem, e clamavam diante dele: "Inclinem-se todos!" Desse modo, deu-lhe autoridade sobre toda a terra do Egito.

Gênesis 41.41-43, NAA

Deus treina os Seus para que suportem o peso do chamado.

Destaque:
Maturidade

José foi vendido pelos irmãos, acusado injustamente pela esposa de Potifar e esquecido temporariamente pelo copeiro do Faraó, cujo sonho ele havia interpretado. Anos se passaram. Treze anos, para ser exato, durante os quais Deus amadureceu e refinou o rapaz mimado para que fosse capaz de suportar o poder e a autoridade de ser o segundo homem mais poderoso de seu tempo.

Deus treina os Seus para que suportem o peso do chamado. As dores que enfrentamos podem ser usadas pelo Criador para que cheguemos à estatura que Ele deseja para nos usar. Pode ser que nosso papel não seja tão destacado como o de José, mesmo assim, cada episódio de nossa jornada na Terra é aproveitado pelo Pai celeste para nos fazer parecidos com Jesus e para estabelecer os Seus propósitos e Seu Reino nesta Terra.

Foi assim com José. O apóstolo Paulo expressa essa verdade da seguinte maneira: "Sabemos que todas as coisas cooperam para o bem daqueles que amam a Deus, daqueles que são chamados segundo o seu propósito. Pois aqueles que Deus de antemão conheceu ele também predestinou para serem conformes à imagem de seu Filho [...]" (Romanos 8.28-29). Podemos ter certeza de que Deus está trabalhando em nós e usa as circunstâncias para nos fazer semelhantes a Cristo.

Notas

Vamos orar

Pai, obrigado porque podemos saber e confiar que Tu estás usando nossas dores e desafios para nos tornar melhores, mais santos e mais parecidos com Teu Filho Primogênito. Dá-nos a graça de aproveitar as dores e permitir que Tu nos moldes, corrijas e aperfeiçoes. Em nome do perfeito Jesus Cristo, amém.

Sonho cumprido

José reconheceu os irmãos, mas eles não o reconheceram. Então José se lembrou dos sonhos que teve a respeito deles [...].
Gênesis 42.8-9, NAA

22
DE JULHO
Devocional • 203 de 365

Depois de aproximadamente dez anos que José exercia o cargo de governador do Egito, seus irmãos foram comprar alimento exatamente onde José estava trabalhando. Eles eram os mesmos, mas José havia mudado bastante, havia crescido para a estatura do chamado que o Senhor tinha para ele. Assim como vira no sonho dos feixes, vinte e três anos antes, os irmãos se dobraram diante dele.

Durante todo esse tempo, parecia impossível. Quando era apenas um escravo de Potifar, administrando a sua fazenda, o sonho não fazia sentido. Na prisão, então, menos ainda. Quem se prostraria diante de um presidiário? Porém, depois que José assumiu a posição que Deus tinha para ele, e quando a fome gritou sobre aquela região, o sonho de anos antes se realizou. Os irmãos se dobraram diante de José.

Existem promessas que nos parecem impossíveis de serem cumpridas, mas nós as viveremos, porque Deus disse: "Então Jesus declarou: – Eu sou a ressurreição e a vida. Quem crê em mim, ainda que morra, viverá. E todo o que vive e crê em mim não morrerá eternamente. Você crê nisto?" (João 11.25-26).

Você já parou para pensar nessa promessa? Um dia, nós ressuscitaremos e viveremos para sempre com Deus!

Assim como José experimentou a realização do sonho dele, embora parecesse muito distante, um dia nós todos estaremos com Deus e, por isso, queremos viver de tal maneira, que quando Ele se manifestar, não nos afastemos envergonhados, pelo contrário, ouviremos as inefáveis palavras: "[...] Muito bem, servo bom e fiel; você foi fiel no pouco, sobre o muito o colocarei; venha participar da alegria do seu senhor" (Mateus 25.33).

Existem promessas que nos parecem impossíveis de serem cumpridas, mas nós as viveremos.

Destaque:
Certeza

Notas

Vamos orar

Senhor, desejamos viver crendo nas Tuas maravilhosas promessas. Queremos encarar esta vida como uma preparação para a vida eterna. Que nossa família viva com a perspectiva de que cumprirás tudo o que prometeste. Em nome de Jesus, amém.

prjosuegoncalves
pra.rousegoncalves

23
DE JULHO

Devocional • 204 de 365

Soberana intervenção

Vocês, na verdade, planejaram o mal contra mim; porém Deus o tornou em bem, para fazer, como estão vendo agora, que se conserve a vida de muita gente.
Gênesis 50.20, NAA

Precisamos olhar para Deus e confiar que Ele sabe o que está fazendo.

Destaque:
Soberania

A história de José se desenrola e, depois de se encontrar com os irmãos, ele os perdoa e traz toda família para morar com ele no Egito, onde havia abundância de alimento. Eles ficam bem ali e Jacó, já velhinho, morre. Depois do falecimento do pai dos 12 irmãos, eles, que tinham feito maldade contra José, pedem a ele que os perdoe. Eles não haviam entendido o que tinha acontecido no coração de José e como Deus o havia transformado.

José explica que o plano maligno deles foi usado por Deus para cumprir o Seu soberano planejamento. Deus havia tornado o mal em bem! Essa é a nossa fé. Deus é poderoso para pegar as maldades, as dores, as traições, os abandonos, as agressões e as ofensas e ainda transformá-los em algo positivo, dentro de Seus maravilhosos planos eternos.

Deus não causa o mal, Ele não incita ninguém a cometer maldade, mas consegue usar qualquer situação para que o nome de Jesus seja exaltado em nossa vida. Precisamos olhar para Deus e confiar que Ele sabe o que está fazendo. Mesmos as situações mais improváveis podem ser transformadas e *tornadas* em bem para que muita gente seja salva pelo nome de Jesus.

Notas

Vamos orar

Senhor, queremos declarar que confiamos em Ti. Tu sabes o que estás fazendo; tudo está debaixo do Teu controle. Mesmo quando não enxergamos, não conseguimos e nos sentimos fracos e limitados, queremos olhar para Ti e descansar em Tua soberania, enquanto nos dedicamos de coração a Te amar e a amar essa família linda que nos deste. Em nome de Jesus, amém.

Assassinato de bebês

O rei do Egito deu uma ordem às parteiras hebreias, das quais uma se chamava Sifrá e a outra se chamava Puá. Ele disse: — Quando vocês servirem de parteira às mulheres hebreias, verifiquem se é menino ou menina; se for menino, matem; se for menina, deixem viver. As parteiras, porém, temeram a Deus e não fizeram o que o rei do Egito lhes havia ordenado; pelo contrário, deixaram viver os meninos.

Êxodo 1.15-17, NAA

Jacó, cujo nome foi mudado para Israel, e seus 12 filhos se mudaram para o Egito, onde morreu toda aquela geração, incluindo o faraó, rei do Egito, que conhecia José. Assim, um novo faraó decidiu perseguir e oprimir os descendentes de Israel que estavam sob seu governo.

A primeira etapa da perseguição contou com a parceria das próprias israelitas, a quem o faraó tentou usar para exterminar a geração de meninos que nascia dentre os filhos de Jacó. Porém, as parteiras não obedeceram à ordem e ludibriaram o faraó. Posteriormente, ele encarregaria os seus soldados de exterminar cada bebê do sexo masculino que nascesse.

Deus abençoou as parteiras que desobedeceram ao faraó, que bem pode ser um tipo do Diabo. Deus não aprova o assassinato de crianças recém-nascidas. Atualmente, o "faraó" não ataca os bebês depois de nascidos, mas colocou na mente de muitas jovens mães que os bebês não planejados devem ser exterminados por meio de técnicas abortivas. O Deus que não muda está pronto para abençoar quem defende os inocentes de uma morte covarde.

A igreja pode apoiar jovens mães. Há famílias que estão ansiosas por adotar um bebê, outras, poderiam acolher a mãe e o bebê. Qualquer que seja a opção, Deus abençoa a vida e se opõe ao Diabo, que veio para roubar, matar e destruir. Que sejamos defensores da vida e apoiadores de quem precisa de ajuda para criar filhos.

Atualmente, o "faraó" não ataca os bebês depois de nascidos, mas colocou na mente de muitas jovens mães que os bebês não planejados devem ser exterminados por meio de técnicas abortivas.

Destaque:
Covardia

Notas

Vamos orar

Pai Santo, Tu amas os bebês. Queremos proclamar que há esperança para as mães que engravidaram sem planejamento. Salva nossa geração de tantos homicídios de bebês. Usa-nos para apoiar e abraçar quem precisa, representando Teu amor. Em nome de Jesus, amém.

25
DE JULHO

Devocional • 206 de 365

Quem ama dá um jeito

A mulher ficou grávida e deu à luz um filho. Vendo que o menino era bonito, escondeu-o durante três meses. Não podendo, porém, escondê-lo por mais tempo, pegou um cesto de junco, tapou os buracos com betume e piche e, pondo nele o menino, largou o cesto no meio dos juncos à beira do rio.
Êxodo 2.2-3, NAA

Em parceria com Deus, somos chamados a proteger a geração dos nossos filhos dos enganos e trapaças deste mundo.

Destaque:
Coragem

O Faraó, rei do Egito, havia determinado que todos os meninos israelitas que nascessem deveriam ser lançados no rio Nilo. Grande aflição assolava o povo, diante de um massacre tão hediondo. Uma mulher, Joquebede, esposa de Anrão, não se conformou. Ela escondeu o seu bebê por três meses, mas não havia mais como mantê-lo oculto, então usou de criatividade corajosa: transformou uma cesta em um barquinho e "lançou" no Nilo o seu querido filho.

A filha do faraó, que estava tomando banho, viu o bebê dentro da cesta e o adotou como filho, a quem criou como um príncipe. Em sua fúria, o faraó não contava que Deus colocaria em sua própria casa um dos filhos a quem ele procurava destruir. Esse mesmo seria usado pelo Soberano para humilhar aquele rei perverso e libertar os milhões de escravos, dentre os quais estavam os filhos de Israel.

Estêvão, um diácono da igreja primitiva, nos conta que Moisés "era formoso aos olhos de Deus" (Atos 7.20). E foi uma mãe ousada, em parceria com o Deus do Universo, que salvou sua vida. Ele seria o libertador do povo e o maior profeta que já tinha havido em Israel, até a época da redação do Pentateuco (cf. Deuteronômio 24.10 e 12). Se usarmos o faraó como um tipo de Satanás, ele ainda busca eliminar nossos filhos de diversas maneiras, mas quem ama encontra um jeito de proteger.

Em parceria com Deus, somos chamados a proteger a geração dos nossos filhos dos enganos e trapaças desse mundo (cf. Romanos 12.1-3). Nessa guerra de filosofias mentirosas, vamos criar os filhos na disciplina e na admoestação do Senhor (cf. Efésios 6.4) para que quando forem grandes não se desviem do caminho da verdade (cf. Provérbios 22.6).

Notas

Vamos orar

Pai, unimo-nos a Ti para proteger, guardar, treinar e levar nossos filhos a Ti. Enche-nos de coragem e criatividade para conduzi-los diariamente aos Teus pés e à Tua Palavra. Em Cristo, amém.

Um cordeiro por família

26

DE JULHO

Devocional • 207 de 365

Falem a toda a congregação de Israel, dizendo: No dia dez deste mês, cada um tomará para si um cordeiro, segundo a casa dos pais, um cordeiro para cada família.
Êxodo 12.3, NAA

Moisés cresceu, tornou-se homem adulto e, aos 40 anos, tentou libertar a nação de Israel por suas próprias forças, matando um egípcio; e, por isso, foi obrigado a fugir.

Refugiou-se na fazenda de Jetro, casou-se com uma de suas filhas e teve dois filhos com ela. Porém, aos 80 anos, enquanto pastoreava o rebanho, teve um encontro com Deus, em um arbusto que queimava e não se consumia. Ali, o Senhor, enviou Moisés para falar com o faraó, para que deixasse o povo sair daquela opressão e se dirigir para a terra prometida, onde Abraão, Isaque e Jacó haviam peregrinado.

Conhecemos bem essa história. Faraó recusou-se a deixar o povo sair, e sofreu nove pragas. A décima, e última, praga seria a morte de todos os primogênitos. Só seriam poupadas as casas que tivessem a marca do sangue de um cordeiro na porta. Vendo a marca, o anjo destruidor passaria adiante e não tiraria a vida de quem estive na casa. Para colocar essa marca, Deus instituiu uma festa, uma tradição, que seria conhecida como Páscoa. Nela, um cordeiro era morto, o sangue colocado na parte de fora da porta, e a família comeria o cordeiro assado.

Séculos depois, João Batista diria a respeito de Jesus: "Eis o Cordeiro de Deus, que tira o pecado do mundo!" (João 1.29, NAA). Naquela época, eles deveriam ter um cordeiro por família; hoje, nossa família não pode renunciar ao Cordeiro de Deus. Toda família precisa da salvação conquistada pelo Filho de Deus, com sua morte substitutiva e sacrificial, na cruz do monte Calvário.

Naquela época, eles deveriam ter um cordeiro por família; hoje, nossa família não pode renunciar ao Cordeiro de Deus.

Destaque:
Provisão

Notas

Vamos orar

Pai, queremos o Cordeiro de Deus em nossa família! Precisamos estar debaixo desse sangue santo e protetor. Obrigado por tão grande livramento e salvação! Guarda nossa família. Que todos se rendam a Ti, para que Jesus seja engrandecido e homenageado. Amém.

prjosuegoncalves
pra.rousegoncalves

27

DE JULHO

Devocional • 208 de 365

Podemos nos alimentar de Cristo e de Sua Palavra. Diariamente, pela manhã, bem cedinho, haverá uma porção nova da presença de Deus para aquele dia.

Destaque:
Suprimento

Notas

Pão do céu

Então o SENHOR disse a Moisés: — Eis que farei chover do céu pão para vocês, e o povo sairá e recolherá diariamente a porção para cada dia [...].
Êxodo 16.4, NAA

Mais de um milhão de pessoas saíram do Egito em direção à terra prometida. No caminho, foi necessário que Deus abrisse o Mar Vermelho, para que o povo de Israel passasse no meio, enquanto os egípcios foram engolidos vivos pelo mar quando tentaram continuar perseguindo o povo de Deus. Na caminhada pelo deserto, não havia alimento, e o Senhor enviou bondosa e miraculosamente um alimento que vinha do céu.

O maná caía na madrugada, junto ao orvalho, que, quando secava, deixava visível um alimento que pareciam escamas de uma geada que cobria a terra (cf. Êxodo 16.13,14). Esse alimento ficou disponível para os filhos de Israel por toda a peregrinação deles, até que entraram na terra prometida (cf. Josué 5.12). "O povo ia por toda parte e o colhia. Eles o moíam em moinhos ou o socavam em pilões. Depois o cozinhavam em panelas e dele faziam bolos. O sabor do maná era como o de bolos amassados com azeite" (Números 11.8).

Muitos anos depois, quando Jesus já caminhava por essa terra, os israelitas disseram que Moisés havia dado um sinal e, por isso, queriam exigir de Jesus um sinal semelhante. O Mestre explicou que Deus havia enviado o maná, não Moisés, em seguida disse que "[...] o pão de Deus é o que desce do céu e dá vida ao mundo" e, finalmente, declarou: "– Eu sou o pão da vida. Quem vem a mim jamais terá fome, e quem crê em mim jamais terá sede" (João 6.33, 35).

A família que crê em Jesus pode desfrutar de acesso a Deus, garantido por Jesus. Podemos nos alimentar de Cristo e de sua Palavra. Diariamente, pela manhã, bem cedinho, haverá uma porção nova da presença de Deus para aquele dia e que deve ser renovada no dia seguinte, levando-nos a buscá-lo diariamente, desfrutando do relacionamento mais extraordinário que um ser humano pode experimentar quando se torna filho de Deus.

Vamos orar

Pai Santo, queremos, individualmente e como família, nos alimentar de Tua Palavra, que fala de Teu Filho Jesus, o Pão Vivo que enviaste do Céu para abastecer nosso interior e nos ligar ao Todo-Poderoso. Aumenta nossa fome e sede por Ti; concede-nos disposição para colher, bem cedinho, no frescor da manhã, as bênçãos escondidas em Tua Palavra. Em Cristo, amém.

Água da rocha

[...] Bata na rocha, e dela sairá água; e o povo beberá. Moisés assim o fez na presença dos anciãos de Israel.
Êxodo 17.6, NAA

28
DE JULHO
Devocional • 209 de 365

Nas peregrinações pelo deserto, os trechos percorridos são entre fontes de água, ao redor das quais os acampamentos são montados. Mas, em certa ocasião, eles andaram bastante e não havia fonte de água, ou riacho, apenas calor. O povo clamou, e Deus, o Senhor, mandou que Moisés batesse em determinada rocha e, quando o fez, águas puras saíram dela. E assim o povo pôde beber.

O segredo de Moisés não estava em conhecer as rochas ou em ser um exímio escavador de poços, como foram Abraão e Isaque. O maior "talento" de Moisés era caminhar em obediência com o Senhor, que estava mais interessado do que o profeta em conduzir o povo pelo deserto até a terra prometida. Todo aquele projeto não era ideia de Moisés, mas do Senhor; assim, o principal trabalho de Moisés era ouvir a voz de Deus e obedecer a Ele.

Os milagres são inevitáveis quando Deus está em ação. Moisés bateu em uma rocha específica que o Senhor mandou e dela saiu água. Milhares de pessoas, famílias com mulheres e crianças, gado em abundância, todos beberam e se refrescaram em pleno deserto.

O apóstolo Paulo, escrevendo aos coríntios, fez uma alegoria afirmando que Jesus era a pedra da qual saía água e frescor (cf. 1Coríntios 10.3-4). Esse mesmo Cristo habita em nós na pessoa do Espírito Santo. Ele é o único que pode refrescar a nossa alma, trazendo esperança, propósito e vida. É o Emanuel, o Deus conosco, em quem temos a nossa identidade de filhos de Deus, adotados por meio de Cristo; a Rocha essencial, sobre a qual somos edificados como Igreja e família.

O segredo de Moisés não estava em conhecer as rochas ou em ser um exímio escavador de poços, mas em caminhar em obediência com o Senhor.

Destaque:
Saciedade

Notas

Vamos orar

Pai, estamos secos. Este mundo não nos satisfaz. Precisamos do refrigério que brota de Tua Palavra. Muito obrigado por Tua maravilhosa obra de salvação, pela maneira formidável como Te manifestaste ao longo dos séculos — escolhendo uma família, que se tornou uma nação, e, dessa nação, veio o Filho, por quem temos acesso à Tua presença. Tu também encontraste nossa família. Obrigado por cuidá-la e alimentá-la. Em Cristo Jesus, amém.

29

DE JULHO

Devocional • 210 de 365

Um Deus de festa

Três vezes no ano celebrem uma festa para mim.
Êxodo 23.14, NAA

A celebração ao Senhor é o que há de mais restaurador, pois observar a Deus em Sua soberana bondade nos faz descansar profundamente.

Destaque:
Descanso

Notas

Não conhecemos a Deus como Ele é. Se o conhecêssemos, seríamos mais completos e felizes. Deus é um mistério, mas, ao mesmo tempo, se revela de maneiras diversas. Os teólogos costumam chamar a Bíblia de "revelação específica", enquanto contrastam com a maneira de Deus falar de Si através de Sua exuberante criação.

Quando lemos as Escrituras, com a sua rica coleção de livros e estilos, percebemos como Deus é. Ele é bom. Os mandamentos d'Ele assemelham-se a colocar um garotinho de 5 anos diante de um parque e ordenar: brinque, divirta-se, aproveite. Sim, "[...] os seus mandamentos não são difíceis de guardar" (1João 5.3).

Depois de escolher a família de Abraão e formar dela o povo de Israel, o Senhor os tirou da escravidão no Egito e lhes deu leis, nas quais ordenou que eles comemorassem com o Deus deles três vezes durante o ano.

No sábado, uma vez por semana, o povo deveria deixar de trabalhar e, a cada três meses aproximadamente, deveriam descansar por uma ou duas semanas. Isso nos serve de referência de que fomos projetados para trabalhar, mas também para descansar e celebrar. Uma família bem equilibrada é trabalhadora, mas também sabe quando parar para recarregar as baterias.

A celebração ao Senhor é o que há de mais restaurador, pois observar a Deus em Sua soberana bondade nos faz descansar profundamente, entendendo que Ele é a nossa segurança, e não as circunstâncias passageiras desse mundo. Entendemos que a vida é muito mais que 100 anos, pois se projeta para a eternidade.

Vamos orar

Deus bondoso, ajuda-nos a descansar ao contemplar-Te, pois não há descanso sem Ti. Só em Ti temos garantia de presente e futuro. A Bíblia é um livro de final feliz para quem anda em Tua presença. Por isso, obrigado, Pai, pela oportunidade do Evangelho e da salvação. Nós Te amamos. Em nome de Jesus, amém.

Amar e transmitir 1

Escute, Israel, o Senhor, nosso Deus, é o único Senhor. Portanto, ame o Senhor, seu Deus, de todo o seu coração, de toda a sua alma e com toda a sua força. Estas palavras que hoje lhe ordeno estarão no seu coração. Você as inculcará a seus filhos, e delas falará quando estiver sentado em sua casa, andando pelo caminho, ao deitar-se e ao levantar-se.

Deuteronômio 6.4-7, NAA

30

DE JULHO

Devocional • 211 de 365

O povo de Israel havia saído do Egito e peregrinado por 40 anos no deserto. A geração seguinte estava com Moisés, acampada nas campinas de Moabe, preparando-se para entrar na terra prometida. Moisés estava resumindo o que havia acontecido, repassando os pontos principais e preparando a nova geração para possuir a terra.

Em um de seus muitos discursos, inspirado por Deus, Moisés enunciou os versos acima, dos quais Jesus trouxe a famosa suma: amar a Deus de todo o coração, força e entendimento, e amar ao próximo como a si mesmo. Além de ressaltar o fundamento do amor a Deus, o texto explica como transmitir a fé para as gerações seguintes.

O primeiro passo é amar a Deus com tudo o que há em nós. Não basta uma vida religiosa morna. Os filhos buscam imitar a paixão dos pais. "O que faz o meu pai vibrar? Um jogo de futebol, um aumento de salário, o seu tempo de devocional?". A sua maior paixão deve ser copiada pelo seu filho; portanto, para transmitir a fé para a próxima geração você precisa dar exemplo.

O seu exemplo é uma semente. Se você tiver uma fé de fachada, seus filhos a multiplicarão por 30. Se você tiver uma fé fervorosa e dedicada ao Senhor, eles também multiplicarão essa fé. Portanto, o primeiro passo para transmitir a fé para a geração seguinte é viver em íntima comunhão com Deus, amando e adorando de coração, tendo uma vida que seja exemplo de devoção pessoal e adoração coletiva junto à Igreja.

O primeiro passo é amar a Deus com tudo o que há em nós.

Destaque: Devoção

Notas

Vamos orar

Nós queremos amar-Te, Senhor. Não apenas para sermos imitados pelos filhos, mas porque isso é a melhor parte da existência nesta Terra. Vivemos para amar-Te. Move-nos a fazê-lo com integridade e fervor. Em nome de Jesus, amém.

@prjosuegoncalves
@pra.rousegoncalves

31 DE JULHO

Devocional • 212 de 365

Amar e transmitir 2

Escute, Israel, o Senhor, nosso Deus, é o único Senhor. Portanto, ame o Senhor, seu Deus, de todo o seu coração, de toda a sua alma e com toda a sua força. Estas palavras que hoje lhe ordeno estarão no seu coração. Você as inculcará a seus filhos, e delas falará quando estiver sentado em sua casa, andando pelo caminho, ao deitar-se e ao levantar-se.
Deuteronômio 6.4-7, NAA

Quando temos uma paixão, nos envolvemos com ela ativamente. Assim, convém perguntar: Temos dedicado tempo ao estudo da Bíblia?

Destaque:
Escrituras

Além de amar o Senhor de todo o coração, alma e força, devemos manter as palavras no coração. Saber "de cor" vem de "saber de coração". Precisamos conhecer as Escrituras. Não somente ler, precisamos estudar, mergulhar, meditar e até decorar! Como passaremos às próximas gerações o amor à Palavra se não nos deleitamos nela?

Quando temos uma paixão, envolvemo-nos com ela ativamente. Assim, convém perguntar: Temos dedicado tempo ao estudo da Bíblia? Será que conhecemos as respostas de Deus para os principais conflitos da nossa sociedade? Conseguimos aconselhar nossos filhos usando as Escrituras? Ou aconselhamos a partir da cultura deste século? Quais livros da Bíblia são mais importantes para você?

Você já leu o Novo Testamento inteiro? E a Bíblia toda? Você pode dizer que conhece a Bíblia? Você já pensou que a melhor maneira de transmitir as Escrituras para os seus filhos é conhecendo bem o Deus a quem você serve e amando-O de verdade?

Notas

Vamos orar

Senhor, coloca em nosso coração um amor tão profundo pelas Escrituras Sagradas que deixemos tudo em segundo plano para conhecê-las. Dá-nos paixão pelas Sagradas Letras, a ponto de termos prazer em estudá-las e meditar nelas. Concede-nos também uma vontade comprometida, para que o hábito da leitura e do estudo seja reflexo do amor que temos por Ti. Em Cristo, amém.

@prjosuegoncalves
@pra.rousegoncalves

AGOSTO

08/12

1º DE AGOSTO

Devocional • 213 de 365

Amar e transmitir 3

Escute, Israel, o Senhor, nosso Deus, é o único Senhor. Portanto, ame o Senhor, seu Deus, de todo o seu coração, de toda a sua alma e com toda a sua força. Estas palavras que hoje lhe ordeno estarão no seu coração. Você as inculcará a seus filhos, e delas falará quando estiver sentado em sua casa, andando pelo caminho, ao deitar-se e ao levantar-se.
Deuteronômio 6.4-7, NAA

Precisamos conhecer as Escrituras, mergulhar nelas, praticá-las com sinceridade e, então, transmiti-las intencional e espontaneamente.

Destaque:
Transmissão

Para transmitir a Palavra de Deus para as próximas gerações precisamos amá-Lo, pessoal e intimamente. Precisamos conhecer as Escrituras, mergulhar nelas, praticá-las com sinceridade e, então, transmiti-las intencional e espontaneamente.

Moisés diz: "Você as inculcará a seus filhos" e isso não é um processo passivo. Existe uma intenção de colocar na mente por meio do planejamento e da repetição. Pais comprometidos estão cheios da Palavra e buscam ativamente transmitir o conhecimento por intermédio de "estudinhos" antes de colocar os filhos para dormir, leitura das histórias bíblicas, cultos domésticos, combinados de decorar textos. Toda essa intencionalidade deve ser acompanhada também da espontaneidade.

Moisés diz para ensinar sentado em casa, no caminho, ao deitar-se e ao levantar-se. Cada oportunidade no dia a dia deve ser aproveitada ao máximo. Um belo pôr do sol, um morador de rua, um acidente de carro, um bebê gracioso, um velhinho que passa; tudo deve nos levar a trazer reflexões e ensinos para que nossos filhos sejam marcados pela Palavra de Deus, enquanto nos veem amando a Deus intensamente e nos dedicando às Escrituras.

Notas

Vamos orar

Pai Santo, precisamos melhorar a maneira como ensinamos as Escrituras para os nossos filhos. Senhor, inclina o nosso coração. Queremos nos dedicar mais e nos planejar. Ajuda-nos a aproveitar as oportunidades e repartir com eles as riquezas da Tua maravilhosa graça. Em Cristo, amém.

Roupas adequadas

2

DE AGOSTO

Devocional · 214 de 365

A mulher não deve usar roupa de homem, e o homem não deve vestir roupa de mulher, pois quem faz isso é abominável ao Senhor, seu Deus.
Deuteronômio 22.5, NAA

Deus projetou a primeira roupa que os humanos usaram ao preparar para Adão e Eva vestes de pele. O Senhor recomendou exatamente quais roupas deveriam ser usadas pelo sacerdote e ainda definiu o tamanho do calção que ele deveria usar (cf. Êxodo 28.42). Em um parágrafo que trata de misturas e separação, Deus mostra que há certas mesclas que não são bem-vindas. Ele recomenda que só use uma semente na vinha (cf. Deuteronômio 22.9), que não coloque um boi e um jumento no mesmo jugo (v. 10) e que não misture materiais de lã e linho.

Exatamente nesse contexto de deixar claras as diferenças, Deus ordena que as roupas sejam honestas e revelem claramente se quem usa é um homem ou uma mulher. Repare que Ele não disse que "calça comprida" é roupa de homem e a mulher não deve usar. Não, mas Deus espera que a comunicação feita pela roupa seja inequívoca em relação ao sexo de quem a usa.

O apóstolo Paulo manda que os irmãos "não vivam conforme os padrões deste mundo [...]" (Romanos 12.2), portanto, no contexto do lar, devemos buscar refletir o princípio da Palavra de Deus. O padrão da moda de vestimentas é estabelecido por alguns poucos homens pervertidos que servem ao deus deste século. Temos o desafio de nos vestir adequadamente, agradando ao Senhor, de modo que os homens da casa usem roupas másculas e as mulheres, belas roupas que ressaltem a sua feminilidade. Viver nos padrões de Deus nunca foi fácil nem indolor, principalmente neste século em que a moda globalista ataca deliberadamente os padrões das Escrituras.

Deus espera que a comunicação feita pela roupa seja inequívoca em relação ao sexo de quem a usa.

Destaque:
Honestidade

Notas

Vamos orar

Pai Santo, Tu és o nosso padrão. Jesus foi o ser humano perfeito que agradou-Te em tudo, e nunca pecou. Queremos ser agradáveis ao nosso Deus Santo, mesmo que para isso precisemos nos vestir fora da "moda". Que sejamos belos homens e mulheres na família, pessoas que manifestam toda beleza da Tua criação. Em nome de Jesus, amém.

3 DE AGOSTO

Devocional • 215 de 365

Um ano de lua de mel

Um homem recém-casado não sairá à guerra, nem lhe será imposto qualquer encargo. Durante um ano ficará livre em casa e fará feliz a mulher com quem se casou.
Deuteronômio 24.5, NAA

A lua de mel não deve ser vista como supérflua, mas como tradição fundamental no estabelecimento da relação dos recém-casados.

Destaque:
Romance

Algumas determinações jurídicas da Lei de Moisés não são observadas pelos cristãos, que morreram para a Lei (cf. Romanos 7.4). Embora não sejamos obrigados ou constrangidos a deixar um soldado recém-casado sem poder partir para o *front* de batalha, observamos um princípio maravilhoso, vindo de um Deus que criou o romance e fez as meninas sonharem com casamento desde a tenra infância.

Esse Pai celeste ama as meninas sonhadoras, pois foi Ele mesmo que nelas instilou o amor, que perfuma as relações conjugais. Precisamos enxergar o Senhor como uma pessoa profunda e sensível às emoções mais variadas. Deus sente, gosta, despreza, se apega, rejeita, se enfurece e compadece. Ele criou as emoções e nos fez capazes de projetar, de sonhar.

Muitos se casam tendo que trabalhar muito, sem tempo para dedicar-se ao conhecimento do cônjuge, mas é muito importante separar épocas para namorar, conhecer, conviver e se "reapaixonar". A lua de mel não deve ser vista como supérflua, mas como tradição fundamental no estabelecimento da relação dos recém-casados. Importante também é tirar outros períodos de lua de mel, depois de algum tempo de casamento. Lembre-se, Deus ama as esposas, cuida dos maridos e está empenhado no relacionamento de vocês.

Notas

Vamos orar

Senhor, permita que Te conheçamos melhor. Tira de nós essa impressão de que Tu és um estraga-prazeres, e que o único que sabe desfrutar é Satanás, o mentiroso. Pai Santo, conduze a nossa relação, renove o nosso amor, leva-nos a incluir o Senhor em nosso romance, que foi sonhado por Ti e por nós. Em nome de Jesus, amém.

Decidindo pelo Senhor

Mas, se vocês não quiserem servir o SENHOR, escolham hoje a quem vão servir: se os deuses a quem os pais de vocês serviram do outro lado do Eufrates ou os deuses dos amorreus em cuja terra vocês estão morando. Eu e a minha casa serviremos o SENHOR.

Josué 24.15, NAA

4

DE AGOSTO

Devocional • 216 de 365

Os anos se passaram e Deus cumpriu todas as promessas que havia feito aos filhos de Israel, de modo que eles tomaram posse da terra prometida. Cada tribo tinha a sua parte e eles viviam em paz. Em determinado momento, Josué, o sucessor de Moisés, que foi usado por Deus para liderar o povo nas guerras de conquista, convocou os líderes das tribos e os encorajou a se decidirem a servir somente a Deus, o Senhor.

A idolatria cercava os israelitas. Na distante região da Babilônia, no Egito ou mesmo nos arredores da terra de Canaã havia ídolos para todos os gostos. Ao que parece, os líderes israelitas já flertavam com "pequenas" superstições, por isso Josué os exortou com a ordem: "[...] Joguem fora os deuses que os pais de vocês serviram do outro lado do Eufrates e no Egito e sirvam o SENHOR" (Josué 24.14).

Nossa situação não é diferente. Por toda parte há ofertas de religiões, filosofias e rituais ocultistas. A mídia globalista propaga as religiões antigas como nobres, exaltando o xamanismo, a bruxaria e os cultos afro. Para quem "não é religioso", eles oferecem o humanismo com toda sua força e engano, no qual a própria pessoa ocupa o lugar de Deus. Há deuses indígenas, nórdicos, africanos, europeus, hindus e orientais. Diversas opções. Todas enganosas. Você precisa, como Josué, fincar o pé, romper com todas as mentiras deste século e dizer: eu e minha casa serviremos o Senhor.

Você precisa, como Josué, fincar o pé, romper com todas as mentiras deste século e dizer: eu e minha casa serviremos o Senhor.

Destaque:
Decisão

Notas

Vamos orar

Pai Santo, ajuda-nos a eliminar os deuses e ídolos que cercam nosso coração e nossa casa. Sentimo-nos atraídos e tentados pelo dinheiro, pela popularidade e pelo poder. Queremos nos voltar e adorar somente o Senhor, declarando que nossa segurança, nossa realização e nosso propósito estão em Ti somente. Perdoa-nos porque flertamos com o mundo. Purifica-nos pelo sangue de Jesus, amém.

5 DE AGOSTO

Devocional · 217 de 365

Geração inexperiente

Josué, filho de Num, servo do Senhor, morreu [...] Toda aquela geração também morreu [...]. E, depois dela, se levantou uma nova geração, que não conhecia o Senhor, nem as obras que ele havia feito por Israel. Então os filhos de Israel fizeram o que era mau aos olhos do Senhor, servindo os baalins.

Juízes 2.8,10-11, NAA

A geração dos conquistadores não conquistou a própria casa. Foi vencida pela indolência e complacência de seu sucesso.

Destaque:
Legado

Notas

Josué e todos os líderes de Israel viveram milagres extraordinários! O rio Jordão foi aberto para o povo passar sem sequer molhar os pés; as muralhas que protegiam a cidade de Jericó, simplesmente, implodiram depois que o povo bradou; Israel venceu as guerras e conquistou, cidade após cidade, aqueles territórios.

Entretanto, aquela geração falhou em transmitir para a geração seguinte a mesma paixão e a exclusividade do culto ao Senhor. Eles fracassaram, e seus filhos se afastaram do Deus a quem eles serviram por toda vida. A geração dos conquistadores não conquistou a própria casa. Foi vencida pela indolência e complacência de seu sucesso. O conforto foi um inimigo implacável. Os descendentes fracassaram redondamente e colheram o terrível resultado da idolatria. Foram conquistados, atormentados e escravizados. Tudo resultado da idolatria.

Não podemos cometer o mesmo erro. Não podemos relaxar somente porque nossos filhos não são "tão pecadores" como os filhos dos não crentes! Não! Nós precisamos nos santificar mais ainda, precisamos "lutar pela fé que uma vez por todas foi entregue aos santos" (Judas 3). Não é automático, requer oração, pregação, ensino, exemplo e dependência do Senhor, que deve ser nosso único Deus. Se semearmos uma fé litúrgica e rotineira, colheremos filhos descrentes e idólatras.

Vamos orar

Senhor, aviva-nos! Que nos santifiquemos em favor da nossa família. Que nossos familiares — pai, mãe, filhos, filhas e cônjuge — sejam adoradores apaixonados e dedicados somente ao Deus de toda Terra, o Deus e Pai de nosso Senhor, Jesus Cristo. Amém.

Conselho para quê?

[...] o seu pai e a sua mãe lhe disseram: — Será que não há mulher entre as filhas de seus parentes ou entre todo o nosso povo, para que você tivesse de ir procurar uma esposa no meio dos filisteus, aqueles incircuncisos? Mas Sansão disse ao seu pai: — Busquem essa mulher para mim, porque é só dela que me agrado.
Juízes 14.3, NAA

6 DE AGOSTO

Devocional • 218 de 365

O livro dos Juízes, talvez escrito pelo profeta Samuel, relata um período antes da monarquia em Israel, em que o governo da nação era exercido por juízes. Eles eram levantados por Deus para liderar militarmente e julgar em uma determinada região da nação. "Cada um fazia o que lhe parecia correto" é uma máxima que ressalta a dispersão do governo da época. Nesse contexto, um homem foi gerado sobrenaturalmente e ele deveria ser um nazireu, um homem consagrado a Deus, tendo que guardar certos rituais.

Sansão, embora forte fisicamente, era moralmente débil; ele começou a sua carreira buscando uma esposa que não era do seu povo, e servia aos inimigos de Israel à época: os filisteus. Eles adoravam a vários deuses e dominavam cruelmente sobre o povo de Deus. Em contraste com Isaque e com Jacó, que buscaram esposas "crentes", Sansão procurava mulheres idólatras, o que lhe custou muito caro.

Um cônjuge deve ser buscado dentro do círculo dos filhos de Deus. Ambos devem servir ao mesmo Senhor, possuir o mesmo Espírito e ter a missão de buscar o Reino e a justiça do Messias. Uma mulher que segue a liderança do marido deve conhecer a missão dele, para que ela seja "submissa" ao desafio de Deus para o casal, por meio da liderança viril e piedosa do homem.

Sansão, embora forte fisicamente, era moralmente débil; ele começou a sua carreira buscando uma esposa que não era do seu povo.

Destaque: Independência

Notas

Vamos orar

Senhor, queremos buscar conselhos de irmãos sábios. Gente que caminha com o Senhor diariamente há muito tempo. Queremos ouvir o conselho da família e desejamos buscar casamento dentro do contexto da igreja. Dá-nos a graça de ouvir o Teu conselho para questões simples e, principalmente, para questões essenciais, como o matrimônio. Pedimos por bons casamentos para nossos filhos. Em nome de Jesus, amém.

@prjosuegoncalves
@pra.rousegoncalves

7

DE AGOSTO

Devocional • 219 de 365

Carisma sem caráter

[...] Dalila viu que ele lhe havia contado o seu segredo [...] Sansão havia perdido a sua força [...] ele não sabia ainda que o Senhor já se havia retirado dele. Então os filisteus o agarraram, furaram os olhos dele [...]. Amarraram-no com correntes de bronze e o puseram a virar um moinho na prisão.

Juízes 16.18-21, NAA

Sansão foi derrotado por sua desobediência e rebeldia. Seu caráter não sustentou o peso do carisma (dom), recebido de Deus.

Destaque:
Caráter

Notas

Sansão, o último juiz de Israel antes do sacerdote Eli, tinha muito poder, pois Deus lhe dera uma força sobrenatural. Durante sua vida, Sansão foi se afastando do Senhor progressivamente, até acabou tendo cortados os cabelos do voto que sua mãe havia feito em obediência ao anjo que anunciara seu nascimento. A mulher que Sansão escolhera não se importava com ele, pelo contrário, ela desejava a recompensa que lhe havia sido prometida.

Sansão foi derrotado por sua desobediência e rebeldia. Seu caráter não sustentou o peso do carisma (dom) recebido de Deus. Sem força e sem a proteção divina, ele teve os olhos furados pelos inimigos simbolizando a cegueira espiritual que já o acometia havia tempo. Foi amarrado e obrigado e girar um moinho, trabalho normalmente dado aos animais de carga.

Sansão foi um herói que destruiu a si mesmo ao agir com indiferença e desprezar o conselho dos pais, dos líderes e, principalmente, do próprio Deus. Sansão andava sozinho, não prestava contas a ninguém, perdeu o caminho, desviou-se, e só percebeu isso quando era tarde demais.

Somos desafiados a caminhar com Deus com temor e tremor. Ele nos confiou dons e talentos que devem ser desenvolvidos em obediência. Precisamos ouvir os conselhos e permitir que o Espírito de Cristo nos conduza em obediência à santificação, para que a graça do Senhor seja abundante em nós e em nossa casa. Devemos nos cercar de conselheiros e ouvir a voz da sabedoria.

Vamos orar

Pai Santo, fortalece em nós a imagem do Teu Filho, Jesus, que é perfeito. Queremos, junto à Igreja, ser moldados pelo Teu Espírito Santo até atingirmos a estatura do nosso Mestre. Pai, tem misericórdia de nós quando somos teimosos e perdoa-nos. Em nome de Jesus, amém.

Uma mãe de sogra

Porém Rute respondeu: — Não insista para que eu a deixe nem me obrigue a não segui-la! Porque aonde quer que você for, irei eu; e onde quer que pousar, ali pousarei eu. O seu povo é o meu povo, e o seu Deus é o meu Deus. Onde quer que você morrer, morrerei eu e aí serei sepultada. Que o Senhor me castigue, se outra coisa que não seja a morte me separar de você.

Rute 1.16-17, NAA

8 DE AGOSTO

Devocional • 220 de 365

Entre o livro de Juízes e 1Samuel encontramos uma pérola da literatura hebraica, o livro de Rute, que conta a história de uma estrangeira que se apega à sua sogra israelita, depois de ambas terem perdido todos os homens de sua vida. Não sabemos como, mas Rute ficou muito amiga de sua sogra e se converteu ao Deus de Israel, a quem Noemi servia.

Que convívio abençoado essas duas desenvolveram! Que bom trabalho foi o de Noemi, ao anunciar as proezas do Deus de Israel e viver de modo a atrair o coração de sua jovem nora ao Todo-Poderoso!

O livro nos conta que o marido de Noemi e o de Rute morreram na terra de Moabe. A sogra, então, pede que Rute volte para sua família de origem, Ela se recusa a partir e declara que não deixará a sogra; ao contrário, permanecerá com ela, fará parte do seu povo e adorará o seu Deus.

Ninguém sabe o que o futuro reserva. Noemi era uma próspera senhora, mas a tragédia lhe roubou o marido, os filhos e sua prosperidade (cf. Rute 1.21). Sobrou-lhe a nora, que se tornara filha. Juntas, elas buscariam espaço nas promessas e no cuidado do Senhor.

Devemos amar todos que podemos. Quem sabe, um dia, seremos recompensados. A sogra amou a nora, que retribuiu no momento de dificuldade extrema.

Devemos amar todos que podemos. Quem sabe, um dia, seremos recompensados.

Destaque:
Fidelidade

Notas

Vamos orar

Senhor, ensina-nos a amar as pessoas que estão próximas a nós, a fazer o melhor, a nos dedicarmos aos relacionamentos familiares, a anunciarmos e vivermos o Evangelho do nosso Senhor, Jesus Cristo. Livra-nos das bobagens do mundo que estabelecem inimizade entre os parentes. Queremos amar intensamente, contando com o Teu amor ágape. Em nome de Jesus, o amor encarnado e ressuscitado, amém.

@prjosuegoncalves
@pra.rousegoncalves

9

DE AGOSTO

Devocional • 221 de 365

A recompensa é você

Boaz respondeu: — Já me contaram tudo o que você fez pela sua sogra, depois que você perdeu o marido. Sei que você deixou pai, mãe e a terra onde nasceu e veio para um povo que antes disso você não conhecia. O Senhor lhe pague pelo bem que você fez. Que você receba uma grande recompensa do Senhor, Deus de Israel, sob cujas asas você veio buscar refúgio.

Rute 2.11-12, NAA

Boaz desejou abençoar aquela moabita a quem ele tanto admirava, e Deus o usou para ser a bênção para ela.

Destaque:
Recompensa

No livro de Rute, Boaz é apresentado como "um parente" do marido de Noemi, "dono de muitos bens" (Rute 2.1). Ele era filho de Salmom com Raabe (cf. Mateus 1.5), a mesma que acolheu os espias na cidade de Jericó (cf. Hebreus 11.31). Filho de uma estrangeira que havia sido integrada perfeitamente ao povo de Israel. Diante dele estava Rute, uma estrangeira, que, assim como sua mãe, buscava integrar o povo que servia ao Senhor!

Embora o livro não diga explicitamente, é possível perceber uma atração de Boaz por Rute, pois, quando ele chegou ao seu campo e a viu, imediatamente pediu informações a respeito dela (cf. Rute 2.5) e, em seguida, tomou a iniciativa de conversar com ela e protegê-la. A fama da moabita a precedia. Ela havia sido boa com a sogra e queria ser parte do povo de Deus. Porém, elas estavam desamparadas e precisavam de ajuda. Quando encontrou com Rute, Boaz a abençoou e pediu que o Senhor cuidasse dela, sem saber que ele seria a bênção de Deus para Rute e sua sogra. Tal bondade incluiu Boaz e Rute na linhagem do rei Davi (cf. Rute 4.18-22) e, futuramente, na linhagem do Messias, Jesus (cf. Mateus 1.1,5).

Boaz desejou abençoar aquela moabita a quem ele tanto admirava, e Deus o usou para ser a bênção para ela. Da mesma forma, Deus quer usar você e sua família para abençoar muita gente. O Senhor tem os seus planos e, por vezes, põe em nosso coração uma admiração, um desejo de servir. Oramos e pedimos a Deus por uma solução e Ele nos inclui na bênção.

Notas

Vamos orar

Pai Santo, soberanamente o Senhor usou Boaz para ajudar Noemi e Rute, o incluíste na linhagem messiânica e lhe deste um nome que até hoje conhecemos. Que sejamos como Boaz e façamos a Tua vontade com alegria e satisfação. Em Cristo, amém.

@prjosuegoncalves
@pra.rousegoncalves

Poligamia doída

Elcana tinha duas mulheres: uma se chamava Ana, e a outra se chamava Penina. Penina tinha filhos; Ana, porém, não tinha. [...] Penina, sua rival, a provocava excessivamente para a irritar, porque o SENHOR a tinha deixado sem filhos.

1Samuel 1.2,6, NAA

10

DE AGOSTO

Devocional • 222 de 365

O livro de Samuel faz a interface entre o período dos juízes e o início da monarquia de Israel. Juízes, Rute e 1Samuel devem ter sido escritos pelo profeta Samuel, cuja mãe é Ana. Nesse primeiro capítulo, o autor nos apresenta a sua família e o drama da mãe, que sofria com a concorrência com a segunda esposa de Elcana.

Embora a cultura judaica não proibisse a poligamia, o Antigo Testamento mostra que a monogamia era preferível: Deus criou somente uma esposa para Adão; a lei de Moisés recomenda que eles não deveriam ter muitas esposas (cf. Deuteronômio 17.17) e adverte do perigo de casamentos mistos (cf. Deuteronômio 7.3); e ainda, o livro dos Reis aponta como sendo esse o motivo da queda do rei Salomão (cf. 1Reis 11.2). No Novo Testamento a monogamia é normatizada na recomendação de Paulo para a seleção de bispos e diáconos. Jesus possui uma só noiva, que é a igreja. Israel é comparado a *uma* esposa para Deus. A monogamia faz equivalência ao monoteísmo.

No contexto da poligamia de Elcana, todos sofriam: o marido; a esposa que era preterida embora tivesse filhos; e a esposa estéril, que era amada mas não tinha filhos. Nesse mundo caído também vivemos longe do ideal do Criador. Em Cristo, podemos nos realinhar ao Pai celeste e experimentar mais plenamente a vida como Ele planejou para ser. Quem obedece sofre menos. Um cônjuge para toda a vida é sempre preferível.

Os lares estão cada vez mais complicados, com filhos de outros casamentos e parceiros que vieram de outros relacionamentos. Há muita dor em todo o processo, mas Jesus pode nos realinhar ao propósito de Deus, colocando em nosso coração a sua lei e nos dando o poder do Espírito para vivermos de acordo com os padrões d'Ele.

No contexto da poligamia de Elcana, todos sofriam: o marido; a esposa que era preterida embora tivesse filhos; e a esposa estéril, que era amada mas não tinha filhos.

Destaque:
Poligamia

Notas

Vamos orar

Pai Santo, guia-nos para que não nos desviemos do Teu propósito para a família. No que estamos desviados, ajusta-nos, ensina-nos e abençoa-nos, na medida em que nos alinhamos à Tua palavra. Em Cristo, amém.

prjosuegoncalves
pra.rousegoncalves

11

DE AGOSTO

Devocional • 223 de 365

Um filho para Deus

E Ana, com amargura de alma, orou ao Senhor e chorou muito. Ela fez um voto, dizendo: — Senhor dos Exércitos, se de fato olhares para a aflição da tua serva, e te lembrares de mim, e não te esqueceres da tua serva, e lhe deres um filho homem, eu o dedicarei ao Senhor por todos os dias da sua vida [...].

1Samuel 1.10-11, NAA

Deus é o único que tem poder de nos conceder o que Lhe pedimos.

Destaque:
Entrega

Notas

A esposa estéril de Elcana, que era atormentada pela rival, buscou ajuda com o único que tem todo o poder: Deus, o Senhor. Talvez ela já tivesse buscado ajuda com muita gente. Um médico competente, o marido, a mãe, amigas e muitos outros, incapazes de ajudar efetivamente. Ana desejava tanto um filho que esse anseio tornou-se um ídolo. Para ser feliz, para ser realizada, para ter propósito, ela precisava ter um filho. Porém, Ana resolveu a equação ao oferecer o filho para Deus.

Quando Ana pediu o filho, mas combinou de consagrá-lo totalmente ao Senhor, aquele pedido passou a representar uma fé genuína de quem não perderia de vista o Abençoador depois que conquistasse a bênção. Deus ouviu a oração de Ana e ela teve um filho a quem deu o nome de Samuel. Ana cumpriu sua promessa e entregou o menino para ser criado pelo sacerdote da época, Eli. Depois disso, Deus deu a ela outros cinco filhos! Samuel se tornou um profeta importantíssimo para a nação.

Deus é o único que tem poder de nos conceder o que Lhe pedimos. Porém, precisamos entender que filhos e qualquer outro objeto de nossa busca em oração devem pertencer ao Senhor. Os filhos são de Deus, não nossos. Quando achamos que os filhos são nossos, erramos e nos desviamos do coração do Pai. Por vezes, nos afastamos e perdemos os filhos. Deus tem uma maneira de criar os filhos e Ele ensina na Bíblia como fazer.

Vamos orar

Pai Santo, Deus amado, dá-nos filhos. Nós os dedicamos ao Senhor. Queremos criá-los para que Tu te agrades deles, para que fiques satisfeito conosco e com os nossos filhos. Queremos que o Senhor seja glorificado em nossa paternidade. Em nome de Jesus, amém.

Filhos injustos

Quando Samuel ficou velho, constituiu os seus filhos por juízes sobre Israel. [...] Porém os filhos de Samuel não andaram pelos caminhos dele; ao contrário, inclinaram-se à avareza, aceitavam suborno e perverteram o direito.
1Samuel 8.1,3, NAA

12
DE AGOSTO
Devocional • 224 de 365

Antes de se aposentar, Samuel convocou os líderes da nação e o povo para perguntar se alguém teria alguma acusação de contravenção contra ele, mas ninguém tinha nada do que acusá-lo (cf. 1Samuel 12.3). Seu ministério foi coroado de integridade e longevidade, porém não houve continuidade. A tendência natural era que seus filhos dessem continuidade ao excelente trabalho que ele vinha desempenhando como profeta e juiz da nação. Eli, o mentor de Samuel, também havia falhado na educação de seus filhos, que se tornaram odiados por todos. O trabalho que Eli desempenhou não era brilhante, mas estava correto, até certo ponto. A questão dos filhos foi tão grave que a família morreu no mesmo dia. Os dois filhos morreram em combate e Eli, ao saber da notícia.

Já no Novo Testamento, o apóstolo Paulo define como parâmetro para um bom exercício de liderança na igreja a correta ordenação do lar. A lógica paulina é inquestionável: "Pois, se alguém não sabe governar a própria casa, como cuidará da igreja de Deus?" (1Timóteo 3.5, NAA). Assim, não basta ser correto e agir corretamente no serviço ao Senhor, precisamos treinar a próxima geração para que treinem outros, e o lar é o ambiente no qual esse treinamento é compulsório para os pais. Quem tem filhos "tem de" "criá-los na disciplina e na admoestação do Senhor" (Efésios 6.4, NAA).

O desafio de criar "[...] filhos crentes que não são acusados de devassidão, nem são insubordinados" (Tito 1.6) beira o impossível, já que os filhos têm escolha e podem decidir não se entregar ao Senhor. Mesmo assim, Deus espera isso dos pais. Deus sempre fará a parte d'Ele quando nós fizermos a nossa. Ele convence do pecado, da justiça e do juízo, e a nós cabe educá-los, criá-los, treiná-los e orar, interceder, chorar, suplicar e contemplar as maravilhas que o Senhor fará.

Deus sempre fará a parte d'Ele quando nós fizermos a nossa.

Destaque:
Decepção

Notas

Vamos orar

Pai Santo, os nossos desafios são inúmeros, mas sabemos que a Tua fidelidade não tem fim. Dá-nos a graça de criar filhos que temam o Senhor. Em Cristo, amém.

prjosuegoncalves
pra.rousegoncalves

13 DE AGOSTO

Devocional • 225 de 365

Adultério real, vergonha nacional

Decorrido um ano, no tempo em que os reis costumam sair para a guerra, Davi [...] ficou em Jerusalém. Uma tarde, Davi se levantou do seu leito e andava passeando no terraço do palácio real. Dali viu uma mulher que estava tomando banho; ela era muito bonita [...] Bate-Seba, filha de Eliã e mulher de Urias, o heteu. Então Davi mandou mensageiros que a trouxessem; ela veio, e ele se deitou com ela.
2Samuel 11.1-4, NAA

As maiores tentações se apresentam no conforto do ócio. Devemos descansar, mas sem exagero.

Destaque:
Traição

Notas

O profeta Samuel foi pressionado pelo povo a estabelecer reis sobre a terra, já que seus filhos eram desonestos e o país ficaria sem liderança centralizada. Samuel estabeleceu a Saul e depois a Davi. O rei Davi andava com Deus, temia o Senhor e conduzia o governo com vitórias extraordinárias. Tudo ia bem com Davi e seu reino, até que ele relaxou. Na época em que deveria estar trabalhando, estava ociosamente no palácio, dormindo até tarde e espiando as casas alheias.

Mesmo tendo as esposas e concubinas mais desejadas de Israel e sabendo que a mulher do terraço era casada, Davi manda buscá-la e adultera com ela. Uma vergonha para o reinado de alguém que invocava e agia em nome do Senhor. A mulher engravidou e Davi deu um jeito de o marido dela ser morto para que ele pudesse tomar a viúva violada como esposa grávida. Esse foi o ponto de declínio do seu reinado.

As maiores tentações se apresentam no conforto do ócio. Devemos descansar, mas sem exagero. A carne é insaciável, nunca está satisfeita. O ócio foi o ambiente que derrotou o grande guerreiro de Israel. Imbatível nos combates, foi gravemente ferido pelo próprio pecado.

Devemos vigiar nos tempos de dificuldades, mas, principalmente, quando estamos estáveis e ocupamos pódios de vitória dados pelo Senhor.

Vamos orar

Senhor, tem misericórdia de nós. Livra-nos de sermos tentados nos ambientes de conforto e realização. Dá-nos temor e sobriedade para que permaneçamos fiéis ao nosso cônjuge por toda a vida. Em Cristo, amém.

Todo líder precisa de um Natã

14

DE AGOSTO

Devocional • 226 de 365

Então Natã disse a Davi: — Esse homem é você. Assim diz o Senhor, o Deus de Israel: "Eu o ungi rei sobre Israel e eu o livrei das mãos de Saul. [...] Com a espada você matou Urias, o heteu. Você tomou por esposa a mulher dele, depois de o matar com a espada dos filhos de Amom. [...] Então Davi disse a Natã: — Pequei contra o Senhor.

2Samuel 12.7,9,13, NAA

Nem sempre o arrependimento é imediato. O pecado costuma cegar e enganar (cf. Hebreus 3.13) e prende com suas redes os mais fortes e queridos. A graça de Deus alcança os Seus e os confronta, gerando arrependimento para salvação. Pessoas famosas e poderosas tendem a se cercar de bajuladores, que sempre os estão elogiando falsamente em busca de benefícios.

Todo líder precisa de alguém que coloque o dedo no seu rosto e diga como o profeta: "Esse homem é você"!

Quem lhe diz a verdade? Como você reage quando alguém lhe diz a verdade? O que você faz com os "Natãs" da sua casa? Você os cala com grosserias ou se arrepende e se dobra diante de Deus?

O espelho tem a virtude de sempre dizer a verdade. Ainda que todos o elogiem, o espelho dirá: "careca, barrigudo!".

Precisamos de gente que nos ame e se importe conosco a ponto de nos dizer a verdade.

O cônjuge costuma ser a pessoa normalmente usada por Deus para nos auxiliar em nossos pontos cegos. Áreas que todos enxergam, menos nós. Precisamos ouvir quem nos adverte. Não podemos calar os profetas de nossa casa. Davi ouviu e se arrependeu, e seu reinado continuou. Porém, o rei que o precedeu não quis ouvir o profeta e foi desqualificado.

Todo líder precisa de alguém que coloque o dedo no seu rosto e diga como o profeta: "Esse homem é você"!

Destaque:
Alarme

Notas

Vamos orar

Pai, obrigado pelo cônjuge, pelos filhos, pelos amigos e por todos esses "profetas" a quem o Senhor usa para apontar meus defeitos e quanto eu preciso da Tua graça para mudar e ficar mais parecido com o Teu Filho, Jesus. Peço em nome d'Ele, amém.

prjosuegoncalves
pra.rousegoncalves

15
DE AGOSTO

Devocional • 227 de 365

Arrependimento escandaloso

E o SENHOR feriu a criança que a mulher de Urias teve com Davi; e a criança adoeceu gravemente. Davi suplicou a Deus pela criança. Davi jejuava e, entrando em casa, passava a noite deitado no chão. Então os anciãos do seu palácio se aproximaram dele, para o levantar do chão; porém ele não quis e não comeu com eles. No sétimo dia, a criança morreu [...].
2Samuel 12.15-18, NAA

Davi não se importou com a sua reputação. Ele entrou em jejum e ficou no chão, orando e chorando diante do Senhor por oito dias!

Destaque:
Arrependimento

Quando Davi caiu em si e se arrependeu, passou a buscar o Senhor pela vida do filho de Bate-Seba que havia sido gerado em adultério. Davi não se importou com a sua reputação. Ele entrou em jejum e ficou no chão, orando e chorando diante do Senhor por oito dias! Deus já havia perdoado Davi, e o rei não estava buscando perdão, mas buscava salvar a vida do bebê.

O que teria falado o rei ao Senhor durante todo aquele tempo? Como seriam as orações? Que intensidade acompanhou as súplicas e confissões? O rei orou: "Compadece-te de mim, ó Deus, segundo a tua benignidade; e, segundo a multidão das tuas misericórdias, apaga as minhas transgressões" (Salmos 51.1). Não é a oração contrita que garante o perdão, mas o arrependimento de coração que a precede e o entendimento de que o perdão é concedido mediante o sacrifício de Jesus.

Mesmo assim, Davi precisava lidar com o estrago que havia causado. Seu relacionamento com Deus estava rompido, o palácio estava atônito pelo adultério do rei, seguido de assassinato. Os inimigos do reino zombavam e blasfemavam (cf. 2Samuel 12.14). E aquela mulher? Ela adulterou, engravidou, perdeu o marido e, agora, perdia o filho. O culpado? O rei Davi. Todo esse estrago precisava de misericórdia e, assim, o rei clamou, assumiu a sua culpa, buscou o Senhor e se arrependeu escandalosamente.

Notas

Vamos orar

Senhor, concede-me arrependimento genuíno. Que eu possa enxergar o pecado como o Senhor enxerga. Obrigado pelo sacrifício de Jesus e pelo perdão. Ajuda-me a contar com a ajuda de outros irmãos enquanto confesso e busco auxílio deles e, acima de tudo, de Ti. Em Cristo, amém.

Graça inexplicável

16
DE AGOSTO

Devocional • 228 de 365

Então Davi consolou Bate-Seba, sua mulher. Teve relações com ela, e ela teve um filho, a quem Davi deu o nome de Salomão; e o SENHOR o amou. Davi o entregou nas mãos do profeta Natã, e este lhe chamou Jedidias, por causa do SENHOR.
2Samuel 12.24-25, NAA

Foram oito dias de oração e pranto. Muita dor e sofrimento por conta do pecado do rei. Então, Deus, que é "[...] compassivo e bondoso; tardio em irar-se e rico em bondade. Não repreende perpetuamente, nem conserva para sempre a sua ira. Não nos trata segundo os nossos pecados, nem nos retribui conforme as nossas iniquidades" (Salmos 103.8-10, NAA), sentiu a dor de Bate-Seba, se compadeceu e abençoou o filho que foi gerado. O profeta Natã lhe deu o nome de Jedidias, "amado do Senhor", e o rei Davi o chamou de Salomão, nome cuja origem é a *Shalom*, a paz integral e próspera.

Por mais que conheçamos o Senhor, nunca esgotaremos o que Ele é. A graça que Ele derrama é insondável e inexplicável. Podemos até fazer considerações, mas Ele é tão bom, Sua justiça é tão superior, Sua bondade é tão ampla que, simplesmente, não entendemos. O terrível pecado do rei Davi, adultério seguido de homicídio, foi perdoado, e a mulher que foi o epicentro do abalo foi alvo da graça e da misericórdia do Deus de Davi.

Por isso, nunca julgue um líder precipitadamente, pois você não sabe o que aconteceu entre ele e Deus na virada da noite. Como você não pode saber como foi a semana do líder, você não conhece o olhar de Deus para ele. Quem diria que o herdeiro do trono de Davi seria Salomão, o pacificador, o homem mais sábio que o mundo já viu até a sua época?

Hoje, o Senhor nos convida a anunciar o perdão de pecados que é oferecido por meio do sacrifício de Jesus. Quem crê n'Ele como Salvador e Senhor, tem a vida eterna e os pecados são esquecidos. Perdão para o passado de trevas, graça para o presente e futuro na presença do Altíssimo.

Nunca julgue um líder precipitadamente, pois você não sabe o que aconteceu entre ele e Deus na virada da noite.

Destaque:
Inalcançável

Notas

Vamos orar

Pai Santo, alcança a minha família com a Tua misericórdia. Não permita que ela seja atingida pelo meu pecado. Perdoa-me, Senhor, derrama sobre nós a Tua graça. Em nome de Jesus, amém.

@prjosuegoncalves
@pra.rousegoncalves

17

DE AGOSTO

Paixão mortal

[...] Amnom agarrou-a [Tamar] e lhe disse: — Venha, deite-se comigo, minha irmã. Porém ela respondeu: — Não, meu irmão, não me force. [...] Mas Amnom não quis dar ouvidos ao que Tamar dizia; pelo contrário, sendo mais forte do que ela, forçou-a e teve relações com ela.
2Samuel 13.11-12,14, NAA

O fato de você ter pecado no passado não significa que deve ser indulgente com o erro de seus filhos.

Destaque:
Loucura

Notas

Davi teve muitos filhos e filhas, de esposas e concubinas. Tamar era filha de Davi com Maaca, uma princesa, filha do rei de Gesur. Maaca também foi mãe de Absalão. Já Amnom era filho de Davi com outra esposa, Ainoã. Esse rapaz se encheu de paixão por sua meia-irmã, preparou uma armadilha na qual a "prendeu" e a estuprou. "Depois Amnom sentiu por ela grande aversão, e maior era a aversão que sentiu por ela do que o amor com que a tinha amado[...]" (2Samuel 13.15). Amnom estuprou a filha virgem do rei e, em seguida, a expulsou de casa.

Alguns tipos de sentimento não devem ser alimentados, mas confessados e abandonados. Amnom acolheu o pecado em seu coração e, por fim, o consumou, trazendo grande desgraça ao reino e à própria vida. O irmão de Tamar, Absalão, assassinou o estuprador Amnom, depois fugiu para o reino de seu avô, Gesur, e de lá voltou para promover uma revolta contra o seu pai, Davi.

Como a família real chegou a tão baixo nível de comportamento? Além de serem herdeiros de Adão, Davi havia deixado uma semente do mesmo tipo de paixão maligna e fugaz, que acaba em morte em sua família. Quando Amnom estuprou a irmã, Tamar, Davi nada fez. Absalão revoltou-se com a inércia real, passou anos com um rei concorrente e, por fim, promoveu uma revolta contra seu pai, Davi, o que lhe custou a vida.

Devemos levar a sério os nossos pecados e não podemos ser negligentes com os de nossos filhos, porque trarão desgraça para todos. O fato de você ter pecado no passado não significa que deve ser indulgente com o erro de seus filhos. Você representa Deus e deve ser usado por Ele para educar os filhos.

Vamos orar

Pai, socorre-nos. Nossa autoridade sobre os nossos filhos não está na nossa justiça, mas na justiça de Cristo. Usa-nos com amor, graça e firmeza para representá-Lo dignamente na criação dos filhos. Em Cristo, amém.

Sacerdote do lar

Decorrido o turno de dias de seus banquetes, chamava Jó a seus filhos e os santificava; levantava-se de madrugada e oferecia holocaustos segundo o número de todos eles, pois dizia: Talvez tenham pecado os meus filhos e blasfemado contra Deus em seu coração. Assim o fazia Jó continuamente.
Jó 1.5, ARA

18
DE AGOSTO
Devocional · 230 de 365

Quando o autor inspirado de Jó o descreveu, o fez no contexto dos negócios e da família. Jó era um empresário de sucesso e sua empresa se destacava de todas as outras. Ele era "o maior de todos no Oriente". Em seguida, Jó é descrito no contexto da sua casa, onde não há máscaras. Tempos depois o apóstolo Paulo usará a mesma lógica para selecionar os vocacionados ao pastorado: "Pois, se alguém não sabe governar a própria casa, como cuidará da igreja de Deus?" (1Timóteo 3.5, NAA). Deus também nos avalia pelo nosso desempenho em casa.

A numerosa família de Jó, sete filhos e três filhas, estava emancipada, cada um tinha a própria casa, onde viviam com suas respectivas famílias. Mesmo assim, encontravam-se periodicamente, talvez para celebrar os aniversários. Mesmo assim, a influência de Jó se mantinha, pois todos atendiam ao seu chamado para o culto do sacrifício, quando Jó abatia animais às próprias custas e sondava o coração dos filhos em busca de alinhamento e santificação de sua família. Jó sabia que a origem da obediência deve ser o coração e nessa dimensão ele pastoreava os filhos, mesmo depois de casados.

Esse livro é anterior ao estabelecimento do sacerdócio levítico, mas a prática sacerdotal do chefe de família já se fazia presente. Ainda hoje somos chamados a pastorear a família, a zelar pelo que eles sentem, pensam e sonham. Devemos interceder sempre pelos nossos filhos, focando principalmente na conversão, no caráter, na carreira e no casamento.

Devemos interceder sempre pelos nossos filhos, focando principalmente na conversão, no caráter, na carreira e no casamento.

Destaque:
Sacerdócio

Notas

Vamos orar

Pai, queremos nos juntar ao Teu Filho, que intercede por nós, e orar pela nossa família. Que sejamos capacitados pelo Teu Espírito a pastorear com exemplo, focando no coração e apontando para a Eternidade. Em Cristo, amém.

prjosuegoncalves
pra.rousegoncalves

19

DE AGOSTO

Devocional • 231 de 365

O fim da provação de Jó

Eu te conhecia só de ouvir, mas agora os meus olhos te veem.
Jó 42.5, ARA

Satanás conseguiu permissão para atacar Jó, acusando-o de suborno em troca de adoração. Depois de perder toda a família, todos os bens e até a saúde, Jó entrou em um período de questionamentos, no qual buscou a Deus, enquanto respondia às acusações de seus amigos e resistia ao mau conselho de sua esposa.

Não sabemos quanto tempo durou esse período, mas percebemos que Jó abriu o coração para Deus. Ele disse como se sentia e o que pensava. Jó buscou um tipo de resposta que nunca veio, porém, o Senhor soberano respondeu com questões e desafios, que deixaram claro para Jó que a sabedoria, o amor e a soberania de Deus se mantêm sob quaisquer circunstâncias, ainda que, na maioria das vezes, não as entendamos.

Deus sempre responde, embora sem sempre do jeito que desejamos, ou esperamos. Deus se deixa encontrar por aqueles que O buscam de todo coração. O Senhor não tem obrigação de responder, mas, como ama os Seus, sempre responde e, como resultado, passamos a conhecê-Lo melhor.

A justiça própria de Jó foi removida e, no lugar, foi colocado um assombro pela bondosa soberania do Criador. Jó afirmou: "Por isso, me abomino e me arrependo no pó e na cinza" (Jó 42.6). Como absoluta expressão de graça, o "[...] SENHOR restaurou a sorte de Jó, quando este orou pelos seus amigos, e o SENHOR lhe deu o dobro de tudo o que tinha tido antes" (Jó 42.10).

Não há regra, nem sempre a pessoa provada será abastecida do que perdeu. O apóstolo Paulo terminou os seus dias em uma prisão insalubre, com poucos amigos e difamado. Ele saiu dali para ser decapitado pelo nome de Jesus. Ambos, Jó e Paulo, agradaram a Deus com seu procedimento, embora cada um tenha tido um fim diferente como resultado de suas provas.

> [...] a sabedoria, o amor e a soberania de Deus se mantêm sob quaisquer circunstâncias, ainda que, na maioria das vezes, não as entendamos.

Destaque:
Provação

Notas

Vamos orar

Senhor, queremos ser fiéis e permanecer firmes diante das provas que Tu colocas diante de nós. Queremos andar com o Senhor e desfrutar da Tua companhia, enquanto o Espírito Santo nos conduz e ensina. Que a nossa família seja agradável ao Senhor. Em nome de Jesus, amém.

@prjosuegoncalves
@pra.rousegoncalves

O prazer na lei do Senhor

Pelo contrário, o seu prazer está na lei do SENHOR,
e na sua lei medita de dia e de noite.
Salmos 1.2, NAA

20
DE AGOSTO

Devocional • 232 de 365

Ao introduzir o hinário de Israel, Davi ressalta o contraste entre os que não se importam com Deus e os que andam com Ele. No primeiro verso do salmo 1, Davi aponta o que não fazer para ser abençoado. Feliz é quem não toma decisões pelas opiniões deste mundo; abençoado é aquele que não passa tempo observando e se deleitando nas conversas dos ímpios e afortunado é quem não zomba nem persegue o Evangelho.

Depois de dizer o que "não" fazer, o salmista afirma que o justo tem prazer na lei do Senhor e que está sempre pensando nela. Chama atenção a palavra "prazer", que no original tem a ideia de deleite, de algo que traz alegria, que é alvo de desejo. O salmista não diz que o justo faz sacrifícios, dá oferta, lê ou ora. Ele vai mais profundamente no coração, ao dizer que o justo sente prazer nos assuntos divinos. E, como acontece com tudo que nos agrada, naturalmente nos vemos retornando sempre à mesma prática.

Semelhante a uma árvore que tem acesso às águas, o justo tem vida interior e pode passar pelas circunstâncias adversas focado em Deus e abastecido pela Sua graça. Essa vida é contrastada ao vazio de quem não tem Deus, que é como a palha – parte de uma árvore que se soltou e secou. Sem Deus, a pessoa já morreu e é levada pelo vento das circunstâncias, sem esperança.

Somos desafiados a chegar do trabalho, tomar um banho e, depois do jantar, tendo realizado todas as obrigações, podemos, finalmente fazer o que nos traz prazer. Será que desejamos passar tempo com Deus e com a sua Palavra?

Semelhante a uma árvore que tem acesso às águas, o justo tem vida interior e pode passar pelas circunstâncias adversas focado em Deus e abastecido pela Sua graça.

Destaque:
Profundidade

Notas

Vamos orar

Pai Santo, reconhecemos que temos sido atraídos por tantas distrações, tantas ofertas de prazeres menores e transitórios. Volta a Ti o nosso coração, inclina-nos ao Senhor. Ajuda-nos a evitar nos determos com gente que não teme o Senhor. Em Cristo oramos, amém.

@prjosuegoncalves
@pra.rousegoncalves

21
DE AGOSTO

Devocional • 233 de 365

A segurança do cajado

O Senhor é o meu pastor; nada me faltará. Ele me faz repousar em pastos verdejantes. Leva-me para junto das águas de descanso; refrigera-me a alma. Guia-me pelas veredas da justiça por amor do seu nome. Ainda que eu ande pelo vale da sombra da morte, não temerei mal nenhum, porque tu estás comigo; o teu bordão e o teu cajado me consolam.

Salmos 23.1-4, NAA

Devemos descansar no amor e no poder do Senhor que, em Cristo, nos adotou.

Destaque:
Segurança

Notas

Na família, nossos temores se estendem a quem amamos. Facilmente sentimos medo e nos apegamos a ele. Basta passar alguns minutos assistindo a um noticiário que só reporta desesperança e tragédia.

Um bom pai de família sabe que precisa contar com um pastor celestial. Uma mãe dedicada precisa depender de Deus, já que seu marido é de carne e osso, com todas as inerentes limitações de ser humano. Se você ainda mora com seus pais, sabe que eles amam você, mas ainda têm muitas falhas e fraquezas.

Todos necessitam de alguém forte e amoroso. O Senhor é o Criador, que, do nada, formou todas as coisas pela Sua palavra. Ele é o seu pastor. Você é comparado a uma ovelha. E, verdade seja dita, as ovelhas não são muito inteligentes, têm pouco senso de direção e sua constituição física as faz presas fáceis. Exatamente como nós. Por isso, precisamos de um Pastor que seja forte, sensível e que nos ame. Deus conhece nossas necessidades e somente Ele sabe nos abastecer a alma. Saber que Ele nos ama e tem todo poder nos ajuda a não ter medo. Mesmo diante dos perigos reais e iminentes, podemos estar certos de que estar sob o cajado do Senhor nos traz tranquilidade.

Devemos descansar no amor e no poder do Senhor que, em Cristo, nos adotou. Somos mais que ovelhas, somos filhos de Deus e podemos desfrutar do refrigério, do repouso e da segurança de caminhar com Ele. A melhor maneira de a família estar tranquila é ser, toda ela, composta de filhos de Deus que se colocam debaixo do cajado do bom Pastor.

Vamos orar

Pai, obrigado pelo Teu amor. Obrigado porque, mesmo sendo tão forte, Tu escolheste gente fraca como nós. Podemos confiar nossos amados ao Senhor. Somos gratos por isso. Em nome de Jesus, amém.

@prjosuegoncalves
@pra.rousegoncalves

Contando histórias

O que ouvimos e aprendemos, o que os nossos pais nos contaram, não o encobriremos a seus filhos; contaremos à geração vindoura os louvores do SENHOR, e o seu poder, e as maravilhas que fez.
Salmos 78.3-4, NAA

22

DE AGOSTO

Devocional • 234 de 365

O autor do salmo 78 foi Asafe, e ele encoraja o povo de Israel a passar para as gerações seguintes as histórias do que Deus realizou no passado, para que vivam, no presente, com temor ao Senhor e tendo comunhão com Ele.

Asafe também exorta os pais israelitas a ensinar seus filhos a repetir o processo com os netos e bisnetos, para que sejam o povo da aliança que Deus fez com Abraão, Isaque, Jacó e Davi.

Quando os filhos não conhecem as aventuras de fé que levaram seus pais a construir um lar melhor, no caso de Israel, uma nação que tema a Deus, eles vivem impiamente e se tornam presa fácil das mentiras do mundo. Passam a vida correndo atrás dos ídolos mudos, das posses, da popularidade, do poder e da aparência, até que descobrem a fútil inutilidade deles. Um desperdício. Por vezes, só terão encontro com o Deus dos pais deles no final da vida.

Assim também somos chamados a contar as histórias de fé que nos trouxeram até aqui. Cabe até dar o testemunho do lamentável tempo antes de nos convertermos e como sofremos em vão. Sim, contemos nossa história e a grande história de todas: o Evangelho do nosso Senhor Jesus Cristo.

Quando foi a última vez que você contou a história de Jesus para os seus filhos? De quantas maneiras você consegue pregar o Evangelho para eles?

Aproveite momentos inesperados e planeje ensinar "os louvores do SENHOR, e o seu poder, e as maravilhas que fez". O Senhor fará a parte d'Ele. Ele sempre faz.

Assim também somos chamados a contar as histórias de fé que nos trouxeram até aqui.

Destaque:
Memorial

Notas

Vamos orar

Pai Santo, perdoa-nos por nossa preguiça e porque agimos como se nossos filhos fossem automaticamente seguir o Senhor. Dá-nos a Tua graça para sermos evangelistas, profetas e pastores diante dos filhos que o Senhor nos deu. Em Cristo, oramos, amém.

prjosuegoncalves
pra.rousegoncalves

23

DE AGOSTO

Devocional • 235 de 365

Entretenimento formador

[...] Em minha casa, andarei com sinceridade de coração. Não porei coisa injusta diante dos meus olhos. Detesto a conduta dos que se desviam. Nada disto se pegará em mim. Longe de mim o coração perverso; não quero conhecer o mal. [...] Não ficará em minha casa o que usa de fraude; o que fala mentiras não permanecerá diante dos meus olhos.

Salmos 101.2-4,7, NAA

Nossos filhos e nosso cônjuge se expõem a conteúdos injustos, cínicos, perversos, fraudulentos e contrários a Deus o tempo todo.

Destaque:
Filtragem

Notas

Se você não decidir previamente como formar o caráter dos seus filhos, a mídia o fará. Os aplicativos de *streaming* de filmes e séries têm uma agenda muito bem definida, com os valores mais distantes da Escritura que você possa imaginar.

O salmo 101 foi escrito quando sequer havia sido inventada a prensa móvel de Gutenberg. Os registros eram feitos em peles de animais, papiros ou pedra. Mesmo assim, é extremamente atual. "Não porei coisa injusta diante dos meus olhos": o salmista se recusava a assistir ou a participar de festas, rituais, ou conversas cujos conteúdos fossem contrários à Lei do Senhor. Ele sabia que, se olhasse, aquele conteúdo "se apegaria" à alma dele e o influenciaria negativamente. O salmista não contratava "funcionários" ou recebia em sua casa quem fosse desonesto, pois sabia que o simples convívio traria poderosa influência negativa.

Nossos filhos e nosso cônjuge se expõem a conteúdos injustos, cínicos, perversos, fraudulentos e contrários a Deus o tempo todo, ao usar dispositivos eletrônicos com acesso à internet. Existem algoritmos por trás dos dispositivos feitos para seduzir e oferecer qualquer conteúdo, conquanto prenda na tela a atenção de nossos familiares. Precisamos começar dando o exemplo e, em seguida, vistoriando, estabelecendo limites e selecionando o que pode entrar "em minha casa". Invista em conteúdos desenvolvidos por filhos de Deus.

Vamos orar

Pai, Senhor do Céu e da Terra, Deus de nosso Senhor, Jesus Cristo, eu mesmo tenho sido seduzido a assistir e interagir com conteúdo contrário ao que Tu aprecias. Em troca de instantes de entretenimento, comprometo o meu coração e me deixo seduzir. Pai, perdoa o meu pecado e ajuda-me a cuidar dessa família que o Senhor me confiou. Em nome de Jesus, amém.

@prjosuegoncalves
@pra.rousegoncalves

Gratidão e saúde

24

DE AGOSTO

Devocional · 236 de 365

Bendiga, minha alma, o SENHOR, e tudo o que há em mim bendiga o seu santo nome. Bendiga, minha alma, o SENHOR, e não se esqueça de nem um só de seus benefícios. É ele quem enche de bens a sua vida, de modo que a sua mocidade se renova como a da águia.

Salmos 103.1,2,5, NAA

Há grande tendência de reclamarmos. Por toda a parte ouvimos as queixas. O clima nunca está adequado. Ou quente demais, ou seco, ou chuvoso. A murmuração é constante. Reclamamos da saúde, da idade, da moradia, do comércio, do governo e do que nos rodeia. Essa é a tendência doentia das pessoas sem Deus.

Por outro lado, o salmo 103 nos recomenda uma postura completamente diferente e "antinatural", já que o salmista precisa dar ordens à própria alma para que encontre as inúmeras razões para agradecer e louvar a Deus! Essa deve ser a nossa prática em casa! Nosso lar precisa falar o idioma do Céu – o louvor –, já que a língua que o mundo fala é a da murmuração.

Devemos conduzir nosso raciocínio, nossos afetos e compromissos a colecionar motivos de gratidão e, então, verbalizá-los em louvores cantados, em expressões rotineiras de agradecimento e reconhecimento. Os benefícios são evidentes. Tanto nosso cérebro entenderá que há motivo de alegria e liberará os hormônios correspondentes, quanto o Espírito que habita em nós se alegrará e compartilhará conosco da Sua alegria.

Quem medita intencionalmente nos motivos de gratidão a Deus experimenta uma renovação extraordinária. O salmista destaca que Deus "enche de bens a sua vida" e que "a mocidade se renova, como a da águia". Depois de uma certa idade, a águia passa por um período no qual ela perde as penas e até o bico, para que nasçam novos e ela fique como jovem novamente. Da mesma maneira, quando andamos com Deus, experimentamos breves efeitos da eternidade em nossa vida.

Devemos conduzir nosso raciocínio, nossos afetos e compromissos a colecionar motivos de gratidão [...].

Destaque:
Gratidão

Notas

Vamos orar

Pai do céu, Deus de meu Senhor, Jesus Cristo, ajuda-me a desenvolver a linguagem da gratidão e ser fluente na língua do louvor. Que o meu raciocínio funcione renovado pela Tua Palavra. Que eu me junte ao coro dos exércitos de anjos que O louvam. Em nome de Jesus, amém.

prjosuegoncalves
pra.rousegoncalves

25
DE AGOSTO

Devocional • 237 de 365

Pureza e palavra 1

De que maneira poderá o jovem guardar puro o seu caminho?
Observando-o segundo a tua palavra. De todo o coração te busquei;
não deixes que eu me desvie dos teus mandamentos.
Guardo a tua palavra no meu coração para não pecar contra ti.
Salmos 119.9-11, NAA

O salmista enfatiza que a busca é "de todo coração", cognição, emoção e volição, todos a serviço de descobrir, de caçar, de buscar a Deus em favor dos filhos.

Destaque:
Pureza

Notas

No salmo 119, um jovem exalta a Escritura Sagrada e aponta seus diversos benefícios. Para que um jovem possa viver com integridade, "guardar puro o seu caminho", ele precisa de um interior renovado pela Palavra de Deus, que tem o poder de reprogramar os pensamentos e desenvolver uma cosmovisão celestial, de modo que cada decisão será orientada pelos valores divinos que foram profundamente arraigados por leitura, estudo, meditação e prática da Palavra de Deus.

O salmista enfatiza que a busca é "de todo coração", cognição, emoção e volição, todos a serviço de descobrir, de caçar, de buscar a Deus em favor dos filhos. Caprichamos mais ainda para mostrar como se faz. Consagramo-nos, oramos, buscamos e encorajamos, ensinamos, insistimos, corrigimos, repreendendo e sempre apontando para Deus, por meio de Cristo, a Palavra que se fez gente.

Quem valoriza a Escritura, investe tempo, energia e recursos para se aproximar de Deus e agradá-Lo cotidianamente. Existe uma parceria. Deus nos atrai, convida, e nós respondemos, buscando, lendo, meditando, procurando obedecer. À medida que nos aproximamos, Ele nos conduz para mais perto, nos capacita e nos abençoa.

Devemos investir todos os nossos recursos em conduzir nossos filhos à Palavra de Deus e ao Deus da Palavra. Isso requer busca e exemplo. Santificamo-nos em favor deles, buscando semear no coração de cada filho por meio de uma vida exemplar de busca a Deus e prática da Palavra.

Vamos orar

Verbo Vivo, obrigado por Tua iniciativa de vir a nós e pagar o preço pelos pecados da humanidade, de modo que, hoje, podemos buscar o Pai sem impedimento algum. Queremos nos apegar ao Senhor e buscar a Palavra de todo nosso coração. Ajuda-nos, Jesus. Em Teu nome, amém

prjosuegoncalves
pra.rousegoncalves

Pureza e palavra 2

De que maneira poderá o jovem guardar puro o seu caminho? Observando-o segundo a tua palavra. De todo o coração te busquei; não deixes que eu me desvie dos teus mandamentos. Guardo a tua palavra no meu coração para não pecar contra ti.

Salmos 119.9-11, NAA

26

DE AGOSTO

Devocional • 238 de 365

Vivemos hoje sob uma enxurrada de informações despejadas em nosso coração a cada minuto. Em ritmo cada vez mais frenético, buscamos estímulos, e as informações sobrecarregam nossa mente.

Por meio do entretenimento, desperdiçamos horas e horas diante de telas. Não seria tão problemático se o conteúdo das informações são fosse, em sua maioria, programado pelo Príncipe deste século.

Para que uma pessoa viva com integridade, mantendo "puro o seu caminho", ela precisa guardar e proteger seu coração de enganos e mentiras, além abastecê-lo com a Palavra de Deus. Os produtores de filmes que não temem ao Senhor, infelizmente, são mais numerosos e mais cheios de recursos que os produtores de conteúdo cristão, e com isso, acabamos buscando entretenimento às custas de sujar o nosso interior.

Se nos deixarmos levar pelo ritmo do mundo, fazendo o que "todo mundo faz" e nos viciando em "ladrões" de tempo profissionais, como vídeos curtos, redes sociais, séries etc., ficaremos parecidos com o que colocamos na nossa cabeça. Jesus afirmou que "a boca fala do que estão cheio o coração" (Mateus 12.34, NAA). Precisamos encher, deliberadamente, o nosso interior com a Palavra de Deus: lendo, estudando, memorizando e compartilhando as Escrituras. E, é claro, praticando. Podemos ouvir e cantar louvores. Temos o recurso de assistir a pregações e cursos em diversas plataformas. Há filmes cujos produtores temem ao Senhor.

Precisamos dizer não ao mundo e sim à Palavra de Deus.

Para que uma pessoa viva com integridade, mantendo "puro o seu caminho", ela precisa guardar e proteger seu coração de enganos e mentiras [...].

Destaque: Intencionalidade

Notas

Vamos orar

Pai, Senhor do Céu e da Terra, liberta-nos dos vícios "inocentes" e lícitos. Ajuda-nos a encher nosso coração com conteúdo santo e que agrada ao Senhor. Revela-nos a Tua Palavra e enche-nos de prazer pelo conhecimento dela. Queremos observar nossos caminhos a partir da Tua Palavra. Em nome de Cristo, amém.

prjosuegoncalves
pra.rousegoncalves

27
DE AGOSTO

Devocional • 239 de 365

O Deus do lar

Se o SENHOR não edificar a casa, em vão trabalham os que a edificam. Se o SENHOR não guardar a cidade, em vão vigia a sentinela. Será inútil levantar de madrugada, dormir tarde, comer o pão que conseguiram com tanto esforço; aos seus amados ele o dá enquanto dormem.
Salmos 127.1-2, NAA

Podemos ensinar, formar e treinar, mas só o Senhor transforma o coração; só Ele conforta, edifica, corrige e encoraja. Somos apenas Seus agentes.

Destaque:
Parceria

Notas

Nesse salmo, escrito por Salomão, percebe-se a parceria em prol da família. Deus e o homem empenhados na edificação, proteção e provisão de uma casa. A nação de Israel era composta de tribos provenientes dos doze filhos de Jacó. A estrutura da nação era familiar e, hoje, a igreja é estabelecida em famílias. O Reino de Deus se estabelece quando o próprio Deus habita no coração, na família, na igreja e na nação.

Deus ajuda a edificar. Ele não edifica sozinho, pois conta com o pai de família, com a mãe, com os filhos e parentes queridos que compõem o grupo. Não pode acontecer de nos acharmos suficientes para a tarefa. Podemos ensinar, formar e treinar, mas só o Senhor transforma o coração; só Ele conforta, edifica, corrige e encoraja. Somos apenas Seus agentes.

Devemos proteger a casa de ameaças físicas e filosóficas. Os casos de abuso normalmente se dão com gente "de confiança". Assim, vale manter uma proteção extra em volta dos filhos quando são crianças, vulneráveis. Mesmo assim, o Senhor, que guardava a cidade de Jerusalém, é quem protege nossa casa. Devemos orar, pedir e vigiar. Você sabe com quem andam os seus amados? A que eles assistem? Como estão as emoções deles?

O sustento da casa vem do Senhor. Devemos trabalhar com afinco, cientes de que os recursos, a oportunidade de negócio, a saúde e a lucidez vêm de Deus! Devemos priorizar o Senhor, trabalhar seis dias e descansar um; trabalhar durante o dia, sem exagero e sem sacrificar o relacionamento com Deus, com a família ou com a igreja.

Vamos orar

Pai, obrigado, porque Tu edificas, proteges e financias minha família. Obrigado, Senhor, porque posso trabalhar confiando em Tua soberania, Teu poder e Teu amor. Em nome de Jesus, amém.

@ prjosuegoncalves
@ pra.rousegoncalves

Agraciado com filhos

Herança do Senhor são os filhos; o fruto do ventre, seu galardão.
Como flechas na mão do guerreiro, assim os filhos da mocidade.
Feliz o homem que enche deles a sua aljava; não será envergonhado,
quando pleitear com os inimigos à porta.
Salmos 127.3-5, ARA

28

DE AGOSTO

Devocional • 240 de 365

Ninguém merece ter filhos, pois são uma bênção tão extraordinária que são classificados como graça, favor imerecido, "herança" e "galardão". Filhos não devem ser vistos como obstáculos, como "pestinhas", ou "aborrecentes". Pelo contrário, os filhos devem ser vistos como vidas preciosas que Deus nos confiou para que as treinássemos e com elas compartilhássemos a vida nesta Terra de aflições.

Quem recebe uma herança nada fez para merecer. Assim, quem dá à luz filhos e deles pode cuidar recebeu uma dádiva indescritível. Cada etapa do crescimento apresenta seus prazeres e cuidados. Quando são bebês, exalam fofura; quando começam a andar parece que correrão para sempre. Eles crescem muito rapidamente. A vida passa como um sopro e, em breve, os papéis serão invertidos. Os filhos serão nossa proteção contra os inimigos do tempo, contra os problemas de saúde, de locomoção, ou, simplesmente, serão nosso consolo ao nos trazer os netos para "bagunçar" a casa que ficou vazia desde que saíram os filhos.

Devemos enxergar o privilégio de ter filhos, aproveitar cada instante, investir pesado, com excelência, tempo e dinheiro, para que o projeto de Deus para cada um deles se realize. Devemos fazer de nossos filhos, amigos. Devemos amá-los e ter nosso coração totalmente voltado a eles, crendo que o Senhor fará a parte que lhe cabe: transformar o coração deles e atraí-los para Si.

Quem recebe uma herança nada fez para merecer, assim, quem dá à luz filhos e deles pode cuidar recebeu uma dádiva indescritível.

Destaque:
Paternidade

Notas

Vamos orar

Pai, obrigado pelos filhos que o Senhor confiou aos cuidados desta casa. Ajuda-nos a depender de Ti e a aproveitar cada instante, priorizando o relacionamento com eles. A parar tudo quando surgir uma dúvida. A ouvir e ensinar, corrigir e disciplinar, contando com Tua maravilhosa graça. Em nome de Jesus, amém.

@prjosuegoncalves
@pra.rousegoncalves

29

DE AGOSTO

Devocional • 241 de 365

Feliz e numeroso

Bem-aventurado aquele que teme o Senhor e anda nos seus caminhos! Você comerá do fruto do seu trabalho, será feliz, e tudo irá bem com você. Sua esposa, no interior de sua casa, será como a videira frutífera; seus filhos serão como rebentos da oliveira ao redor da sua mesa.
Salmos 128.1-3, NAA

Ser feliz é ter a aprovação do Todo-Poderoso, que deseja expressar o modo de viver amoroso que Ele experimenta na Trindade, na vida e na família de Seus filhos.

Destaque:
Prosperidade

Temer ao Senhor é ter o ponto de vista de Deus, que nos leva a decidir sempre pelo que O agrada. Assim, a felicidade consiste em andar com Deus e, nessa caminhada, cooperar com Ele em obediência para cada aspecto e fase da vida.

Ser feliz é ter a aprovação do Todo-Poderoso, que deseja expressar o modo de viver amoroso que Ele experimenta na Trindade, na vida e na família de Seus filhos.

Depois que Adão e Eva pecaram, houve uma série de consequências desastrosas. Entre elas, a oposição da terra amaldiçoada ao trabalho do homem, que ouviu de Deus: "[...] em fadigas você obterá dela o sustento durante os dias de sua vida" (Gênesis 3.17, NAA). Porém, esse salmo parece indicar uma reversão dessa "maldição" ao declarar que quem teme ao Senhor "comerá do fruto do seu trabalho, será feliz e tudo irá bem" com ele.

A esposa está protegida física e emocionalmente para que possa desenvolver plenamente o seu cuidado com os filhos. A mesa é lugar de intimidade e relacionamento, em constante celebração à maravilha cotidiana da vida em família, que é bênção para quem reconhece a grandeza de Deus e O busca em intimidade e obediência.

Notas

Vamos orar

Pai, obrigado pelo Teu coração bondoso. O Senhor deseja abençoar seus filhos e vê-los espelhando o seu amor eterno no dia a dia. Obrigado pelo Senhor Jesus, que pagou o preço pelo pecado de Adão e pelo nosso. Vem viver a Tua vida em nossa família. Em nome de Jesus, amém.

Treinamento real

Provérbios de Salomão, filho de Davi, rei de Israel [...]. Meu filho, ouça o ensino de seu pai e não despreze a instrução de sua mãe.

Provérbios 1.1,8, NAA

30

DE AGOSTO

Devocional • 242 de 365

Parte do livro de Provérbios foi atribuída a Salomão, que escreve para o seu filho com base na maneira como foi criado, ou treinado, por seu pai, Davi, o rei de Israel. A proposta de um provérbio é condensar, em poucas palavras, conceitos e valores de sabedoria para serem reproduzidos e facilmente memorizados.

Existe um cuidado e uma ação deliberada do pai em educar o filho. Deixar o filho crescer e permitir que ele receba influências aleatórias não é o projeto divino para a criação de filhos. Pelo contrário, o Senhor nos recomenda uma ação concentrada e organizada na criação dos pequenos.

Ao longo do livro, a expressão "meu filho" aparece aproximadamente 25 vezes, ressaltando o caráter exortativo do livro. O apóstolo Paulo, centenas de anos depois, resumiu a obrigação dos progenitores: "E vocês, pais, não provoquem os seus filhos à ira, mas tratem de criá-los na disciplina e na admoestação do Senhor" (Efésios 6.4).

Merkh[1] afirma que o chamado dos pais é "treinar e manter os filhos no caminho em que devem andar". A ideia não é só de um ensino formal teórico, mas de um acompanhamento, no qual interferências são necessárias e constantes. Segundo ele, Provérbios traz ensinamentos sobre "finanças, trabalho, sexualidade, casamento, liderança, família e comunicação".

Existe um cuidado e uma ação deliberada do pai em educar o filho.

Destaque: Discipulado

Notas

[1] MERKH, David J. *Comentário bíblico lar, família e casamento*. São Paulo: Hagnos, 2019, p. 228.

Vamos orar

Pai celeste, dá-nos o poder e a vontade para nos dedicarmos à nobre tarefa de criar filhos para o Senhor, usando as ferramentas que Tu nos deste em Tua Palavra. Em nome de Jesus, amém.

31

DE AGOSTO

Devocional • 243 de 365

O marido prudente

Quem teme ao Senhor tem forte amparo, e isso é refúgio para os seus filhos [...]. Quem acha uma esposa acha o bem; recebeu uma bênção do Senhor [...]. Ensine a criança no caminho em que deve andar, e ainda quando for velho não se desviará dele.

Provérbios 14.26; 18.22; 22.6, NAA

O marido que agrada a Deus reconhece o valor da esposa e sabe que ela é um presente de Deus.

Destaque: Modelo

De acordo com o livro de Provérbios, o pai de família modelo teme ao Senhor, valoriza a esposa como bênção de Deus e se dedica à criação dos filhos, pois entende que são uma atribuição e um privilégio divino.

Ao longo dos séculos, Deus deixou um livro que O apresenta e descreve a Sua atuação ao longo da história. Nesse livro, está tudo o que é necessário para a salvação da humanidade, inclusive a maneira correta de viver, de acordo com o projeto do Criador.

Quem teme ao Senhor é estável, pois encontra nas Escrituras Sagradas referências claras e seguras. Filhos precisam de limites bem definidos; todos nós precisamos do Todo-Poderoso.

Quando Deus permite que o homem se case, uma mulher é confiada a ele. Um ser à imagem e conforme a semelhança de Deus, uma filha querida, uma representante do alto, uma ajudadora. Alguém tão excelente que nem mesmo o mais digno dos mortais poderia merecer. O marido que agrada a Deus reconhece o valor da esposa e sabe que ela é um presente divino.

A chegada dos filhos é uma bênção e um desafio. Devemos ensinar a criança enquanto é nova para que os valores e a vida dela com Deus a sustentem na maturidade. O ideal é que ela seja capaz de repetir o processo com os próprios filhos quando chegarem. Assim, a bênção se estende aos netos.

Notas

Vamos orar

Pai, obrigado pela minha família. Sou grato pelo cônjuge, pelos filhos, por todos os que moram comigo. Pai, sei que o modelo perfeito é Jesus, o Teu Filho amado. Que o Espírito d'Ele, que habita em mim, possa trabalhar em prol dessas pessoas a quem nós tanto amamos. Em nome de Jesus, amém.

prjosuegoncalves
pra.rousegoncalves

SETEMBRO

09/12

1º
DE SETEMBRO

Devocional • 244 de 365

Mulher de valor 1

Mulher virtuosa, quem a achará? O seu valor muito excede o de finas joias. O coração do seu marido confia nela, e não haverá falta de ganho. Ela lhe faz bem e não mal, todos os dias da sua vida.
Provérbios 31.10-12, NAA

Quem caminha com Deus se torna parecido com Ele e desfruta de Suas bênçãos.

Destaque:
Talento

Notas

Provérbios faz uma descrição maravilhosa sobre a esposa de valor. Quem lê todo o trecho da descrição descobre que o padrão divino para o papel da mulher é nobre e elevado. Essa mulher descrita em Provérbios 31.10-31 pode ser a representação da própria sabedoria descrita em todo livro.

A mulher virtuosa é rara e valiosa. Suas principais características não estão na beleza física, até porque ela dura muito pouco. Nos versos iniciais, o autor afirma que ela é tão íntegra que o marido confia plenamente nela. Não há brigas por cartão de crédito, desconfiança com amizades ou diferenças na educação dos filhos, pois o marido confia nela; afinal, em todo o tempo do casamento ele descobriu que ela sempre visa ao bem da família e até do marido, a quem ela "faz bem e não mal".

Lembro-me da descrição que a Bíblia faz de José, do Egito, em que ele conquistava a confiança dos líderes por sua integridade e competência. O segredo da esposa-modelo é o mesmo do marido-padrão: o temor do Senhor. Quem caminha com Deus se torna parecido com Ele e desfruta de Suas bênçãos. De alguma forma, ela será bem-sucedida onde colocar a mão.

Você tem caminhado com Deus? Seu marido pode dizer que você só lhe faz bem e não mal todos os dias? Seu marido tem motivos para confiar plenamente em você? Há uma graça de abundância na sua administração? Louvemos ao Senhor, que é poderoso para nos aperfeiçoar e merece gratidão pelo que já crescemos até aqui.

Vamos orar

Pai, obrigado pela criação da mulher. Obrigado, Senhor, por essa esposa e mãe. Ninguém em nossa casa merece uma mulher tão abençoada como essa. Pedimos que a ajudes a se aperfeiçoar cada vez mais e ficar mais parecida com Jesus, à medida que ela caminha com o Senhor. Em nome de Jesus, amém.

Mulher de valor 2

É ainda noite, e ela já se levanta, e dá mantimento à sua casa e tarefa às suas servas. Ela examina uma propriedade e adquire-a; planta uma vinha com a renda do seu trabalho.
Provérbios 31.15, NAA

2
DE SETEMBRO

Uma esposa trabalhadora e realizada tem autonomia e lidera o espaço que lhe cabe com competência e graça. Ela está conectada aos negócios imobiliários e agrícolas. Ela tem a sua produção de tecidos e investe na plantação e colheita de uvas. Essa mulher não é oprimida, subjugada ou ignorante. A mulher de valor, idealizada por Deus, é uma ajudadora competentíssima.

Os estereótipos mundanos não resistem a tal descrição. O próprio Deus exalta a mulher que O teme, pois o Criador desejou adotar mulheres (homens também) para que fizessem parte da Sua família, por meio de Jesus Cristo. O Pai ama Suas filhas mais perfeitamente do que o mais amoroso pai biológico. Essa mulher, embora fizesse parte de uma cultura familiar patriarcal, tem uma expressão plena da imagem e semelhança de Deus.

À semelhança do homem que teme ao Senhor e é bem-sucedido em seus negócios, essa mulher prospera em seus empreendimentos, já que a sua casa, os seus filhos e o marido estão perfeitamente cuidados e atendidos. Ela transborda e cuida dos carentes de fora da sua família. Ela ajuda com conselhos aos aflitos, com provisões aos necessitados (31.20), e o marido dela é abençoado por sua sabedoria (31.23).

Os modelos apresentados nas Escrituras podem ser estimulantes e ao mesmo tempo ameaçadores e desafiadores. Mulher alguma consegue se equiparar a tantas virtudes, por isso elas podem contar com Jesus, que habita nelas e as pode conduzir a um crescimento contínuo.

A mulher de valor, idealizada por Deus, é uma ajudadora competentíssima.

Destaque:
Competência

Notas

Vamos orar

Pai Santo, obrigado pelo modelo apresentado nas Escrituras. Obrigado pelo projeto fantástico para as mulheres, com as quais o Senhor comparou a Sabedoria. Ajuda-as a acessarem ao Senhor e a se saciarem na Tua graça maravilhosa. Em nome de Jesus, amém.

prjosuegoncalves
pra.rousegoncalves

3

DE SETEMBRO

Devocional • 246 de 365

O marido da sabedoria

O coração do seu marido confia nela, e não haverá falta de ganho. [...] Seus filhos se levantam e a chamam de bem-aventurada; seu marido a louva, dizendo: "Muitas mulheres são virtuosas no que fazem, mas você supera todas elas".
Provérbios 31.11,28-29, NAA

O retrato que o autor descreve mostra um homem feliz por ter uma mulher assim.

Destaque:
Apreciação

Notas

A mulher de valor é, como a sabedoria, exaltada em todo o livro de Provérbios. Junto à descrição do caráter e da conduta da mulher valorosa, o seu marido é citado algumas vezes. Na primeira, ele confia na esposa; depois, "seu marido a louva", elogia-a. A mulher dele é extraordinária. Por causa dela, ele é bem-visto na comunidade e tem lugar junto aos líderes da cidade.

O retrato que o autor descreve mostra um homem feliz por ter uma mulher assim. E os maridos que você conhece, como se sentem quando a mulher deles é talentosa? O fato de ela ser atraente gera ciúmes no esposo? Será que faz sentido uma mulher assim chegar em casa e flagrar o marido investigando o celular dela e fazendo cenas de ciúme? Se a esposa nunca deu margem à desconfiança, por que alimentar fantasias de ciúme? Que o marido seja grato a Deus.

Alguns maridos, em vez de desfrutarem do talento de sua esposa valorosa, preferem competir com ela, buscando defeito e oportunidades para criticar seu desempenho, seu trabalho, suas decisões e a maneira como gerencia a casa. Esses homens não perceberam que o casal forma uma unidade abençoada pelo Senhor, para realizar o projeto de Deus. Cabe ao homem buscar a Deus, apontar a direção, servir, proteger e prover para a esposa e para os filhos. Ele deve aproveitar toda ajuda possível, sempre reconhecendo a esposa publicamente e expressando sua gratidão e admiração.

Vamos orar

Pai Santo, ajuda os maridos a elogiarem sua esposa. Que eles possam reconhecer a bênção que têm em casa e que o façam publicamente, de modo que os filhos o imitem. Pai, traz o Céu para esse lar. Em nome de Jesus, amém.

A antecipação no ensino

Meu filho, se os pecadores quiserem seduzir você, não consinta. Talvez eles digam: "Venha conosco! Vamos preparar uma emboscada para matar alguém; vamos espreitar os inocentes, ainda que sem motivo.

Provérbios 1.10-11, NAA

4

DE SETEMBRO

Devocional • 247 de 365

A maneira como o sábio Salomão ensina seu filho é por meio de advertências, nas quais ele descreve o cenário onde a tentação se desenrola e, em seguida, aponta para o fim dos transgressores. Essa sequência acontece quando ele fala de ladrões assassinos em busca de parceiros, fala de mulheres casadas em busca de amantes, de gente que busca fiadores, etc.

Nesse início do primeiro capítulo de Provérbios, Deus revela a conversa dos bandidos ao fazerem um convite sedutor: "Venha fazer parte do grupo, você será um de nós". Para se proteger dessa cilada, seu filho precisa pertencer à família, à igreja, à sua escola, a um grupo de esportes.

Em seguida, eles apresentam um plano "infalível" para ganhar dinheiro facilmente e exercitar a violência. Prometem riquezas e garantem justiça na divisão do roubo. E, em seguida, o pai alerta: "Meu filho, não se ponha a caminho com eles [...]" (1.15, NAA).

O óbvio precisa ser dito, a verdade deve ser verbalizada. Precisamos nos adiantar aos traficantes, ladrões e drogados que abordarão nossos filhos, pois o autor revela o destino daquele bando: "Este é o fim de todo ganancioso; e este espírito de ganância tira a vida de quem o possui" (1.19, NAA).

Um pai criativo e amoroso se lembrará de gente que começou no crime e pereceu jovem. Executados publicamente pelos parceiros de crime, torturados pelo bando rival, ou, simplesmente, morto pela polícia. Bandidos têm vida curta. Jesus precisou ensinar a Pedro: "Coloque a espada de volta no seu lugar, pois todos os que lançam mão da espada à espada perecerão" (Mateus 26.52, NAA). Jesus tinha planos para Pedro e não queria que ele morresse desnecessariamente. Você e Deus têm planos para os seus filhos.

O óbvio precisa ser dito, a verdade deve ser verbalizada.

Destaque:
Antecipação

Notas

Vamos orar

Pai de amor, ensina-nos a educar o "nosso" filho, aquele que Tu nos confiaste, mas que Te pertence. Que nos antecipemos ao Diabo, aos bandidos e aos colegas ímpios. Que ele seja sábio. Em nome de Jesus, amém.

prjosuegoncalves
pra.rousegoncalves

5 DE SETEMBRO

Devocional • 248 de 365

O perigo do adultério

Porque os lábios da mulher imoral destilam mel, e as suas palavras são mais suaves do que o azeite; mas o seu fim é amargo como fel, e cortante como uma espada de dois gumes.
Provérbios 5.3-4, NAA

Uma das estratégias da mulher que busca homens casados é insuflar a vaidade, por meio de elogios que nem a esposa mais dedicada faz.

Destaque:
Sedução

Notas

Com poesia e precisão, o pai, Salomão, adverte o seu "menino" sobre as estratégias da mulher adúltera. Ela é classificada como *imoral*, palavra que pode significar prostituta ou até repugnância. Há um claro contraste entre o que ela é e como se comporta, como se apresenta. As palavras que ela usa, em tom de voz sedutor, são lisonjeiras. Parecem suaves.

Uma das estratégias da mulher que busca homens casados é insuflar a vaidade, por meio de elogios que nem a esposa mais dedicada faz. A adúltera oferece facilidades e prazeres mentirosos. Ela se posiciona, muitas vezes, nas pequenas ingratidões do marido, que, como um menino mimado, acredita que merece mais reconhecimento, mais benesses sexuais e mais de tudo um pouco, já que a carne é insaciável.

Cabe ao pai classificar a mulher infiel pelo seu caráter reprovável, sem romantizar o adultério como fazem os filmes. É sujo, é feio, é cruel, é mau. A mulher que busca um homem casado não é carente, é má. Há muitos homens descomprometidos, mas ela quer aquele que tem esposa. Nunca devemos defender a amante ou ter pena de quem escolheu a transgressão. Vale avisar ao filho sobre as consequências desastrosas do adultério.

Salomão fala de amargura e morte. O sexo pode durar alguns minutos, o envolvimento, uma noite. Mas as consequências são terríveis. A maneira mais destrutiva de atacar um casamento é por meio de um adultério, que traz consigo toda sorte de destruição e dor. Salomão aponta que há prejuízos financeiros, risco de vida, perda da honra e grande sofrimento para quem escolhe seguir o perfume envenenado da infiel.

Vamos orar

Pai Santo, guarda-nos do adultério. Livra-nos de acreditar nas doces mentiras do mundo, que romantiza o pecado e esconde suas consequências mortais. Livra-nos, Senhor, de relacionamentos dúbios, de situações de perigo, de gente ímpia que está a serviço do Diabo. Queremos nos deleitar em nosso cônjuge todos os dias. Em nome de Jesus, pedimos. Amém.

Prevenção ao adultério

Seja bendito o seu manancial, e alegre-se com a mulher da sua mocidade, corça amorosa e gazela graciosa. Que os seios dela saciem você em todo o tempo; embriague-se sempre com as suas carícias. Meu filho, por que você andaria cego atrás de uma estranha e abraçaria os seios de outra?

Provérbios 5.18-20, NAA

6

DE SETEMBRO

Devocional • 249 de 365

Além de advertir para os perigos de uma relação extraconjugal, Salomão aponta um caminho que ajuda a manter a fidelidade no casamento: o desfrute da relação conjugal. Em primeiro lugar, a esposa é descrita como um manancial, que jorra muito mais do que o dono poderia conseguir beber. A esposa sempre "dá conta" das necessidades sexuais do marido. Quem põe término às relações sexuais é o marido, nunca a esposa, que é capaz, se quisesse, de atender a diversos homens, pois a sua estrutura é de uma fonte que jorra ininterruptamente. Todo marido tem, em casa, uma fonte inesgotável de prazer e intimidade.

Salomão descreve a esposa como a "mulher da sua mocidade", a namorada com quem ele decidiu se casar. Ela é capaz de encantá-lo por sua graciosidade e até de embriagá-lo com certa intimidade, que é impossível de haver em relações furtivas. O tempo e o convívio trazem bênção tal que o casal volta ao Éden antes da Queda. Prazer, amor e aprovação divina cabem no leito sem mácula do casal cristão casado.

Assim, "Digno de honra entre todos seja o matrimônio, bem como o leito conjugal sem mácula; porque Deus julgará os impuros e os adúlteros" (Hebreus 13.4, NAA). Se por um lado há grande bênção no encontro amoroso do casal, há grande derrota e sofrimento na impureza e na traição.

Todo marido tem, em casa, uma fonte inesgotável de prazer e intimidade.

Destaque:
Saciedade

Notas

Vamos orar

Pai, obrigado pela bênção do casamento. Ajuda-nos a crescer em intimidade e prazer conjugal, enquanto nos aperfeiçoamos a fazer o nosso cônjuge cada vez mais realizado e suprido. Oramos em nome de Jesus, amém.

7

DE SETEMBRO

Devocional • 250 de 365

Murmuração e queixa

Melhor é morar numa terra deserta do que com a mulher briguenta e geniosa. [...] A goteira contínua num dia chuvoso e a esposa briguenta são semelhantes.
Provérbios 21.9; 27.15

O livro apresenta ainda um padrão de mulher excepcional [...] mas também fala duas vezes da mulher que ficou amarga no convívio do lar e passou a se queixar constantemente.

Destaque:
Murmuração

Notas

O livro de Provérbios apresenta contrastes interessantes ao retratar a mulher. Ele fala da mulher imoral, que contrasta com a nobre "mulher da sua mocidade" (5.3,18). Fala da "mulher bondosa" que "alcança honra" (11.6) e da "mulher bonita" sem juízo (11.22). Acrescenta ainda que "a mulher virtuosa é a coroa do seu marido, mas a que envergonha o marido é como podridão nos seus ossos" (12.4). O livro apresenta ainda um padrão de mulher excepcional no último capítulo, mas também fala duas vezes da mulher que ficou amarga no convívio do lar e passou a se queixar constantemente.

Vale destacar que não é "privilégio" feminino reclamar. Há muitos homens que murmuram dia e noite, entre muxoxos e queixas. Porém, o autor de Provérbios destaca um perfil que serve de alerta para as esposas: "a mulher rixosa e iracunda", em outra tradução, *briguenta e geniosa*.

Com as demandas do lar, a pressão de filhos pequenos e a, aparente, indiferença do marido, há grande tendência entre as esposas de reclamarem, sem perceber que estão transformando a sua casa, que deveria ser um pedaço do Céu, em um campo de tortura.

O autor compara as constantes queixas de uma mulher amarga a um gotejar contínuo (27.15) e a saída que sugere é "morar em uma terra deserta" (21.19). Mas o que fazer diante de situações difíceis? Se a esposa não concordar com determinada atribuição ou pedido, não faça. Se resolver fazer, mesmo achando injusto, não reclame. Deus deseja que tudo o que a esposa fizer seja patrocinado pela fé de que ela está agradando a Deus. O pai da esposa é Deus. Assim, se ela decidir guardar uma roupa que ficou fora do lugar, que o faça com alegria e em louvor ao Senhor. Se ela entende que não cabe a ela guardar a roupa do filho, ou do marido, deixe onde está. Quer guarde, quer deixe de guardar, faça para o Senhor.

Vamos orar

Pai Santo, ajuda-nos a não reclamar e a ter um coração grato. Se decidirmos atender a um pedido de alguém ou se decidirmos andar a segunda milha, queremos fazê-lo com alegria. Ajuda-nos. Em nome de Jesus, amém.

Preguiça e pobreza

Ó preguiçoso, até quando vai ficar deitado? Quando se levantará do seu sono? Um pouco de sono, um breve cochilo, braços cruzados para descansar, e a sua pobreza virá como um ladrão, a miséria atacará como um homem armado.

Provérbios 6.9-11, NAA

8

DE SETEMBRO

O livro de Provérbios apresenta alguns personagens, entre os quais se destaca o preguiçoso. Ora sendo sarcástico, ora advertindo com severidade, a preguiça é denunciada e traz consigo consequências devastadoras para o lar. Um homem preguiçoso pode arruinar uma família e sobrecarregar todos os seus componentes.

O preguiçoso não consegue pensar no futuro, próximo ou distante, por isso, quando é hora de semear o campo, por exemplo, ele não o faz e quando chega a época da colheita, fica sem alimento (24.4). O preguiçoso é um mau empregado e atormenta até os patrões (10.26). Apesar de tudo, o preguiçoso gosta de consumir e gasta o dinheiro alheio com facilidade (21.25).

Um homem de família deve trabalhar duro e diligentemente (12.24,27; 21.5) para que possa ter o que comer e com que ajudar ao necessitado. O trabalho foi estabelecido antes da Queda e pode trazer realizações e prazeres tão intensos, que alguns chegam a idolatrá-lo. Precisamos vigiar nosso coração e o dos filhos. O entretenimento, as redes sociais, os jogos eletrônicos, os filmes e a preguiça assolam boa parte dos jovens e adultos. Principalmente dos homens.

A saída para essa forte atração carnal da preguiça é voltar o coração para o Senhor, de onde vêm a vida e a verdade. Somente uma vida voltada para o Pai é capaz de viver exemplarmente em uma geração perversa, em que os homens são incentivados a se apoiarem no trabalho das mães e esposas trabalhadoras.

Um homem preguiçoso pode arruinar uma família e sobrecarregar todos os seus componentes.

Destaque:
Diligência

Notas

Vamos orar

Pai Santo, dá-nos graça para trabalhar com dedicação. Ajuda-nos a treinar nossos filhos para que sejam adoradores do Deus Único e, assim, possam viver trabalhando com alegria para Tua glória. Livra a nossa casa da preguiça. Em nome de Jesus, amém.

9 DE SETEMBRO

Devocional · 252 de 365

Para ensinar os filhos, precisamos de regras claras, que eles possam entender de acordo com a idade, bem como das consequências, em caso de desobediência.

Destaque:
Disciplina

Notas

Disciplina terapêutica

A tolice está ligada ao coração da criança,
mas a vara da disciplina a afastará dela.
Provérbios 22.15, NAA

As crianças não nascem puras (cf. Salmos 51.5). Elas já saem do ventre com a semente do pecado e, ainda muito jovens, revelam a maldade de seu coração. O autor de Provérbios chamará isso de "tolice ligada ao coração" em outra tradução "propensão a tolices". "A disciplina sábia transmite sabedoria; adolescentes mimados envergonham os pais" (Provérbios 29.15, AM).

Embora o cenário bíblico sombrio possa nos desanimar, o mesmo texto nos orienta sobre como agir com os filhos para que eles sejam sábios. Uma tradução trará "vara da disciplina", a outra, simplesmente, "disciplina". Trata-se de uma consequência desagradável para o caso de desobediência deliberada.

Para ensinar os filhos, precisamos de regras claras, que eles possam entender de acordo com a idade, bem como das consequências, em caso de desobediência. As regras servirão para apontar a incapacidade deles de obedecer de coração, e nosso papel é aplicar a disciplina quando necessário, sempre focando no coração da criança, adolescente ou jovem, a fim de que entendam que só conseguem se livrar dessa tolice se tiverem o Espírito Santo habitando neles.

Amor e limite é a fórmula infalível para a criação de filhos.

Vamos orar

Pai, Tu és o exemplo de Pai perfeito. Jesus é o Filho perfeito e tanto o Senhor, quanto o Cristo, habitam em nós, na pessoa do Espírito Santo. Senhor, dirige-nos e concede-nos sabedoria e graça para educar os nossos filhos e visita cada um deles com a Sua salvação. Em nome de Jesus, amém.

Atenção às viagens

Como a ave que vagueia longe do seu ninho, assim é quem anda vagueando longe do seu lar.
Provérbios 27.8, NAA

10
DE SETEMBRO
Devocional • 253 de 365

Os patriarcas da Bíblia viajavam sempre em companhia de seu clã, o que incluía família, servos, empregados, gado e até suas casas, que eram tendas montadas e desmontadas de acordo com a necessidade. Depois que o povo de Israel se estabeleceu na terra de Canaã, ficou estabelecido que um jovem recém-casado deveria passar pelo menos um ano com a sua esposa e, nesse caso, durante esse período, ele não poderia sair em viagem com as tropas para travar batalhas.

O texto sagrado diz: "Um homem recém-casado não sairá à guerra, nem lhe será imposto qualquer encargo. Durante um ano ficará livre em casa e fará feliz a mulher com quem se casou" (Deuteronômio 24.5, NAA).

A proximidade gera intimidade; o afastamento, frieza. Algumas profissões exigem viagens constantes. Entre as mais pesadas estão ocupações como as da Marinha Mercante, na qual o empregado fica retido por vários meses no mar, longe da sua família. Os pilotos de avião estão sempre em trânsito, porém têm mais facilidade de voltar frequentemente para casa. Palestrantes viajam constantemente, podendo ou não levar a esposa, dependendo da idade dos filhos.

Independentemente da profissão, é necessária atenção para aumentar deliberadamente o convívio com a família, principalmente com o cônjuge.

A ave que vagueia longe do seu ninho pode voltar e encontrar o ninho atacado, pode voltar e, sequer haver ninho. Precisamos tomar decisões profissionais e ministeriais que privilegiem o convívio com a família.

Independentemente da profissão, é necessária atenção para aumentar deliberadamente o convívio com a família, principalmente com o cônjuge.

Destaque:
Vigilância

Notas

Vamos orar

Deus de toda graça, ensina-nos a discernir quando dizer sim ou não ao trabalho. Não queremos ser preguiçosos nem imprudentes com a família. Dá-nos, Senhor, empregos justos e com tempo suficiente para um convívio saudável no lar. Em nome de Jesus, amém.

prjosuegoncalves
pra.rousegoncalves

11 DE SETEMBRO

Devocional • 254 de 365

O preço da paz

Melhor é o pouco, havendo o temor do Senhor, do que um grande tesouro onde há inquietação. Melhor é um prato de legumes onde há amor do que um boi inteiro acompanhado de ódio.
Provérbios 15.16-17, NAA

Há certos empregos, grupos, amigos e oportunidades que devem ser dispensados, porque o lucro financeiro será pequeno, se comparado à inquietação e ao ódio que o acompanham.

Destaque: Discernimento.

Notas

Quanto Satanás tentou Jesus no deserto, ofereceu-Lhe os reinos deste mundo e a glória deles. O Capeta afirmou que poderia dá-los a quem desejasse. Jesus mesmo chamou essa criatura de Príncipe deste Século, de modo que é possível obter riquezas e bens sem a bênção de Deus, prostrando-se diante de Mamom (deus do dinheiro) e se metendo em intrigas e desonestidade.

No primeiro capítulo de Provérbios, há um apelo ao filho para que não se envolva com os bandidos, que ganham dinheiro atacando e roubando. Há grande inquietação e aflição nesse convívio. Os clássicos filmes que retratam a Máfia de Chicago do século passado mostram a aflição que acompanha o convívio com gente que não teme o Senhor e mente, trai, tortura e engana.

Há certos empregos, grupos, amigos e oportunidades que devem ser dispensados, porque o lucro financeiro será pequeno se comparado à inquietação e ao ódio que o acompanham. Quem consegue desfrutar de uma refeição cara com adrenalina no sangue? Quem desfruta de uma sobremesa sofisticada se está profundamente angustiado? O grande tesouro é o acesso a Deus, de onde procedem tanto relacionamento, justificação, paz, esperança e os recursos necessários para uma vida de contentamento.

Vamos orar

Senhor, não queremos cair na armadilha da cobiça e aceitar propostas que nos afastem do Senhor, da família e da igreja. Sabemos que há aflições no mundo e que devemos conviver com quem não é cristão para sermos luz; mesmo assim, pedimos sabedoria para decidir em que trabalhar e com quem conviver. Em nome de Jesus, amém.

Servos do banco

O rico domina sobre o pobre, e o que pede emprestado é servo de quem empresta.
Provérbios 22.7, NAA

"Compre tudo em até 60 meses". Os gerentes de banco oferecem empréstimos; as propagandas afirmam que você precisa adquirir esse novo produto, pois quem os possui é mais feliz que os outros. Tanto o comércio – que faz contrato com as financeiras e parcela os pagamentos em muitas prestações –, como quem oferece dinheiro, ambos desejam enriquecer às custas da cobiça de consumidores desavisados.

Provérbios os classificaria como: símplices, ingênuos, tolos e imprudentes. Um financiamento de 100 mil reais, pode chegar a 180 mil se for pago em dois ou três anos. Se for pago em 30 anos, como no financiamento de uma casa própria, pode chegar a 500 mil reais. Naturalmente, que se você paga aluguel e pode, simplesmente, pagar a prestação pode ser uma boa ideia, mas devemos ter muito cuidado com as promessas de dinheiro fácil.

Segundo o Banco Central,[1] em março de 2023, mais de 15 milhões de brasileiros estavam severamente endividados. Deus não deseja que façamos parte desse grupo de endividados. Devemos, portanto, evitar ao máximo as compras a crédito e a solicitação de financiamentos. Devemos fugir do uso de cheque especial e cartão de crédito, pois os juros fazem a dívida aumentar exponencialmente.

Deus não deseja que façamos parte desse grupo de endividados. Devemos evitar ao máximo as compras a crédito.

Destaque:
Contentamento

Notas

[1] BANCO CENTRAL DO BRASIL. *Cidadania Financeira*. Disponível em: <https://www.bcb.gov.br/detalhenoticia/752/noticia>. Acesso em 16 nov 2024.

Vamos orar

Deus, Senhor dos Céus e da Terra, dono do ouro e da prata, detentor de toda sabedoria, ensina-nos a usar nossos recursos com sabedoria. Que o contentamento nos faça sábios e que Tu nos dirijas a comprar somente o necessário, e quando tivermos recursos. Em nome de Jesus, amém.

prjosuegoncalves
pra.rousegoncalves

13

DE SETEMBRO

Devocional · 256 de 365

Servindo vida

Quem fala com justiça é como fonte que dá vida,
mas a boca do perverso é um poço de violência.
Provérbios 10.11, AM

O provérbio nos desafia a falar com justiça e levar vida e saúde aos nossos ouvintes.

Destaque:
Serviço

Uma dona de casa prepara e serve o delicioso jantar para toda a família, que se alimenta com alegria e se desenvolve de forma saudável. O pai de família assa um churrasco e convida os amigos e parentes. Ele serve picanha ao ponto, carne quente, crocante, que desmancha na boca. Também oferece nutrição e sabor para quem ele ama.

A cena se transforma em filme de terror se a dona de casa envenenar o alimento ou se o homem preparar uma carne com prazo de validade vencido, ou mesmo estragada. Depois da refeição, os infelizes convidados sofrerão os efeitos nocivos do banquete maldito. Não é comum, salvo em roteiros macabros, cenas como essa, porque costumamos servir alimentos saudáveis.

Porém, quando "servimos" palavras, não temos o mesmo cuidado. Assim como um alimento vencido ou estragado tem o poder de adoecer severamente quem o consome, palavras carregadas de violência e perversidade podem gerar um processo torturante na mente e nas emoções de quem escuta, levando à morte do relacionamento e da esperança.

O provérbio nos desafia a falar com justiça e levar vida e saúde aos nossos ouvintes. Como podemos falar com justiça? Reproduzindo o que Deus diz em Sua Palavra. O que Deus diz do seu cônjuge convertido? É isso que você deve dizer? O que Deus diz dos seus filhos? Conte para eles e trate-os com a nobreza que merecem, mesmo que estejam aprontando. Castigue-os como quem castiga um príncipe que um dia irá realizar nobres funções.

Encha o seu coração com o Espírito Santo, abasteça-se com a Palavra de Deus, capriche, fique abarrotado, saturado, transbordante de Deus e, quando os seus lábios se abrirem, uma "saborosa refeição" será servida, "um churrasco excelente" será saboreado. Quem os provar, terá vida.

Notas

Vamos orar

Deus de toda graça, Pai de nosso Senhor Jesus Cristo, inclina o nosso coração para a Tua Palavra, controla-nos e usa nossos lábios para gerar vida e nunca morte. Em Cristo pedimos, amém.

Vida na língua

A morte e a vida estão no poder da língua;
quem bem a utiliza come do seu fruto.
Provérbios 18.21, NAA

14

DE SETEMBRO

Devocional · 257 de 365

"Você não presta para nada!"; "Sua vagabunda, vai morrer na pobreza! Você é um lixo!"; "Maldito dia que me casei com você! Você me dá nojo".

Palavras como essas têm o poder de matar uma pessoa por dentro. Como uma doença, consomem o ouvinte lentamente. Quando você utiliza mal a sua língua, pode destruir o plano de Deus para a vida de quem convive com você. Tanto que Jesus ressaltou "[...] que todo aquele que se irar contra o seu irmão estará sujeito a julgamento; e quem insultar o seu irmão estará sujeito a julgamento do tribunal; e quem o chamar de tolo estará sujeito ao inferno de fogo" (Mateus 5.22, NAA).

Por outro lado, é possível projetar diante dos olhos de nossos amados um futuro glorioso, que combine com os nobres projetos de Jesus para eles: "Deus me ama muito, pois me deu uma esposa como você!"; "Filha, a sua chegada trouxe muita alegria para essa casa e ainda trará, você é um presente de Deus para nós"; "O Senhor caprichou quando fez você, bonito por dentro e por fora". Ainda que o cônjuge tenha falhado ou que os filhos tenham pecado, você pode dizer: "Isso não combina com você, pois você é um filho de Deus!"; ou ainda "O Espírito de Deus habita em você e você não é mais escravo do pecado".

Deus enxergava José do Egito diferentemente de seus irmãos, e até de seu pai, Jacó. Que possamos ver nossos filhos como Deus os vê e cooperar com Ele na formação dos pequenos, usando as palavras para moldá-los à imagem de Cristo Jesus. Que nosso cônjuge seja tratado como uma bênção de Deus para nós.

Que possamos ver nossos filhos como Deus os vê e cooperar com Ele na formação dos pequenos, usando as palavras para moldá-los à imagem de Cristo Jesus.

Destaque:
Bênção

Notas

Vamos orar

Pai, usa-nos para abençoar esta casa, nunca amaldiçoar. Que preguemos a verdade e a vida com palavras e exemplos. Pai, dá-nos a Tua visão gloriosa de quem são essas pessoas que o Senhor nos confiou, para que as abençoemos diariamente. Em nome de Jesus, amém.

@ prjosuegoncalves
@ pra.rousegoncalves

15
DE SETEMBRO

Devocional • 258 de 365

Desfrute reverente

Portanto, vá e coma com alegria o seu pão e beba com prazer o seu vinho, pois Deus já se agradou do que você faz. Que as suas vestes sejam sempre brancas, e que nunca falte óleo sobre a sua cabeça.
Eclesiastes 9.7-8, NAA

Nosso Pai Eterno nos presenteia diariamente com provisão e saúde. Que desfrutemos dessas bênçãos com alegria, gratidão e temor.

Destaque:
Desfrute

Deus demonstra Sua bondade sobre justos e injustos. Ele faz nascer o Sol sobre bons e maus. Não há garantia de que seremos livres de males e sofrimentos; porém, por vezes, experimentamos presentes dos quais não somos, absolutamente, merecedores.

O texto fala de pão e vinho: provisão e excesso, luxo, requinte. Mais que o necessário, que seria pão e água. As roupas escondem a nudez, o branco representa uma vida bem resolvida diante de Deus, sem pecado, o que se recebe por meio da obra do Messias (futura para os leitores de Salomão e passada para nós). A justificação em Cristo garante uma caminhada digna, já que a dignidade é dada gratuitamente.

O óleo sobre a cabeça perfuma e enfeita. Um cosmético antigo que, por vezes, era usado como símbolo da unção, da aprovação ou da comissão de Deus. O Espírito Santo era representado pelo óleo.

Hoje temos alimentação farta e variada, roupas e sapatos, sabonete e pasta de dentes, médicos e dentistas. Temos muito! Somos ricos. Não que mereçamos, mas em Sua bondade, o Senhor nos concede todas essas coisas. Somos supridos e abençoados.

Em Cristo, temos acesso a Deus, por meio de nosso irmão mais velho, Jesus. Recebemos o Espírito Santo e, com Ele, acesso ao Trono da Graça. Nosso Pai Eterno nos presenteia diariamente com provisão e saúde.

Que desfrutemos dessas bênçãos com alegria, gratidão e temor.

Notas

Vamos orar

Pai Santo, como agradecer por tudo o que temos recebido de Tuas bondosas e generosas mãos? O que podemos dizer? Tu sabes que não merecemos, mas queremos desfrutar de tudo isso com coração grato e generoso, dedicando ao Senhor cada bênção, cada pedaço de pão, cada gole de vinho, cada gota de azeite, cada roupa branca. Em nome de Jesus, amém.

Acompanhado é melhor

Aproveite a vida com a mulher que você ama, todos os dias dessa vida fugaz que Deus lhe deu debaixo do sol, porque esta é a parte que lhe cabe nesta vida pelo trabalho com que você se afadigou debaixo do sol.
Eclesiastes 9.9, NAA

16
DE SETEMBRO

Devocional • 259 de 365

Que texto tocante. A vida é breve, de fato. Temos, sim, a esperança da eternidade. Não vivemos para desfrutar, mas Deus, em Sua bondade, concedeu-nos um cônjuge a quem amamos. A vida é bem melhor quando compartilhada com uma pessoa tão extraordinária como o nosso cônjuge. Um sorvete é mais doce em boa companhia, o filme é mais divertido com a pessoa que amamos, as vitórias são conquistadas e celebradas, e até nos multiplicamos, gerando filhos.

Que Deus maravilhoso, que nos concedeu um cônjuge, com quem podemos adorá-Lo juntos.

Deus é bom e criou um mundo maravilhoso. O inimigo de Deus quer que vejamos o Criador como um estraga-prazeres, como um velho ranzinza que tem prazer no sofrimento dos outros. O nosso Deus criou tudo perfeito e Ele é tão bom, que preparou um cenário exuberante, uma vida extraordinária, que, se não fosse o pecado, seria perfeita.

Cada fase da vida tem aspectos agradáveis. A chegada dos bebês, os primeiros passos, os abraços, as perguntas engraçadas, uma promoção no trabalho, o primeiro salário, uma conquista, o dia em que conhecemos o nosso amor, o primeiro beijo, o casamento, a lua de mel, as lutas e as conquistas, o casamento dos filhos e a chegada dos netos.

Nossa "vida fugaz" passa tão rapidamente, mas o Senhor promete vida eterna para quem n'Ele crê; ressurreição para uma vida eterna para os que O amam. Desfrute eterno diante d'Ele. "Portanto, quer comais, quer bebais ou façais outra coisa qualquer, fazei tudo para a glória de Deus" (1Coríntios 10.31, ARA).

O inimigo de Deus quer que vejamos o Criador como um estraga-prazeres.

Destaque:
Companhia

Notas

Vamos orar

Deus, muito obrigado porque Tu és bom e tens prazer em nos abençoar. Somos gratos por podermos desfrutar dessa breve existência na Terra em Tua companhia e fazendo o bem às pessoas com quem o Senhor nos presenteou. Muito obrigado pela família que nos deste. Em nome de Jesus, amém.

@prjosuegoncalves
@pra.rousegoncalves

17
DE SETEMBRO

Beijo caprichado

Beija-me com os beijos de tua boca;
porque melhor é o teu amor do que o vinho.
Cântico dos cânticos 1.2, ARA

Deus não fica corado nem gagueja quando fala de sexo. Ele criou esse complexo mecanismo que envolve alma e corpo, com paixões, emoções fortes, desejo, prazer, envolvimento e variedade.

Destaque:
Aquecimento

Notas

As Escrituras Sagradas declaram que o sexo é criação divina. Quando "[...] Deus criou os seres humanos; criou-os à semelhança de Deus, refletindo a natureza de Deus. Ele os criou macho e fêmea, E, então, os abençoou: 'Cresçam! Reproduzam-se! Encham a terra! Assumam o comando!' [...] Deus olhou para todas as coisas que havia feito; tudo era tão bom; tudo era ótimo!" (Gênesis 1.26,31, AM).

A avaliação do Senhor da criação do primeiro casal, bem como a ordem para se multiplicarem, obviamente tendo relações sexuais, é que era "tão bom" ("muito bom", ARA). Do primeiro ao quinto dia da Criação, disse que "era bom" (cf. Gênesis 1.4,10,12,18,21), mas no sexto, era muito bom (Gênesis 1.31, ARA).

Deus não fica corado nem gagueja quando fala de sexo. Ele criou esse complexo mecanismo, que envolve alma e corpo, com paixões, emoções fortes, desejo, prazer, envolvimento e variedade. O próprio Senhor determina ao casal que se tornem uma só carne (cf. Gênesis 2.24) e ressalta que os dois estavam nus, mas não sentiam vergonha (cf. Gênesis 2.25).

Precisamos resgatar a verdade de que o sexo é criação de Deus, um presente do Criador para que a humanidade desfrute de intimidade no casamento. O sexo deve esperar até o casamento para então se tornar parte integrante da relação do casal. No contexto conjugal, o "namoro" agrada a Deus. Reconquistar o cônjuge, dia após dia, semana após semana, é uma tarefa excepcional que faz aumentar o compromisso, e o prazer se espalha do corpo para a alma e da alma para o corpo. Deus é glorificado, Ele se agrada do sexo no ambiente de aliança que é o casamento.

Alguns casais perderam o hábito e o benefício de namorar. Muitos não se beijam mais, e ficaram restritos aos "finalmente" do sexo.

Que desfrutemos do amor conjugal em glória e louvor ao Criador.

Vamos orar

Pai, obrigado por criares a sexualidade e o casamento. Una-nos mais ainda como casal e que nosso amor reflita o Teu perfeito amor. Em Cristo, amém.

prjosuegoncalves
pra.rousegoncalves

Prazer na exclusividade

Quando meu rei, meu amado, estava em seu jardim, meu perfume exalava amor sem fim. Meu amado é como um sachê perfumado que descansa entre meus seios. Meu amado é como um buquê de flores do campo colhidas só para mim no oásis de En-Gedi.
Cântico dos Cânticos 1.12, AM

18
DE SETEMBRO

Devocional • 261 de 365

Amor conjugal e sexo andam de mãos dadas, e o Criador projetou para que fosse exatamente assim. O apóstolo João nos dirá que Deus é amor, referindo-se à Sua natureza Trina, relacional e doadora; um Deus que existe e trabalha em favor do outro (cf. Isaías 64.4).

Todos os sentidos são ativados na intimidade sexual. A Sulamita fala dos perfumes que ela exalava e do forte aroma que se exala do marido, quando coloca sua cabeça entre os seios dela. O sachê é refrescante e tátil; a mulher percebe sua beleza como das rosas e haverá de provar os lábios do amado. O som da voz, ao pé do ouvido, as palavras de fidelidade ressaltam a exclusividade, pois o amado "é como um buquê de flores do campo colhidas *só para mim*".

"Deus planejou o êxtase e a satisfação para nós, celebrados na poesia de Cântico dos Cânticos".[1] Devemos, portanto, obediente e corajosamente, entregar-nos ao romance e ao desfrute, sabendo que cada encontro amoroso, no contexto santo do casamento, é um verdadeiro espetáculo de êxtase do maravilhoso amor, criado por um Deus extraordinariamente bondoso e generoso.

Que tal dar atenção ao seu cônjuge hoje? Que tal presenteá-lo com um pequeno agrado? Que tal um convite, uma antecipação de um encontro romântico, para que a celebração seja intensa e grata.

O som da voz, ao pé do ouvido, as palavras de fidelidade ressaltam a exclusividade, pois o amado, que "é como um buquê de flores do campo colhidas só para mim".

Destaque:
Convite

Notas

[1] Introdução ao livro Cânticos dos Cânticos na Bíblia *A Mensagem*. São Paulo: Vida, 2018.

Vamos orar

Pai Santo, ensina-nos a desfrutar do sexo no casamento sem nos deixar seduzir pelas tolas sujeiras do mundo, que arroga para si a exclusividade da sexualidade. Amamos o Senhor e somos gratos, porque, em Cristo, podemos viver cada aspecto para a glória do Pai. Em Cristo, amém.

@prjosuegoncalves
@pra.rousegoncalves

19

DE SETEMBRO

Devocional • 262 de 365

A lua de mel

[Esposa]: Desperte, vento norte, e venha, vento sul! Soprem no meu jardim, para que se derramem os seus aromas. Que o meu amado venha ao seu jardim e coma os seus frutos excelentes!
[Esposo]: Já entrei no meu jardim, meu amor, minha noiva. Colhi a minha mirra com as especiarias, comi o meu favo com o mel, bebi o meu vinho com o leite.
Cântico dos Cânticos 4.16—5.1, NAA

Desperte, vento norte, e venha, vento sul! Soprem no meu jardim, para que se derramem os seus aromas.

Destaque:
Consumação

Notas

A o longo do livro de Cântico dos Cânticos – ou Cantares de Salomão –, algumas frases são repetidas e providenciam um ritmo e uma conexão entre as poesias, que parecem começar com o encontro do casal e o noivado (1.2-4.15); a lua de mel (4.16-5.1) e, volta às lembranças do noivado e do encontro (5.2-8.14).[1] No centro do livro está a lua de mel, quando o casal finalmente se entrega.

Nesse trecho central, a esposa se entrega, a poesia é belíssima, e as referências aos "odores" e "frutos" são inspiradoras. Ela o convida a entrar em seu jardim fechado, exclusivo e ele transpõe o jardim do seu amor e da sua noiva, eles se entregam, e ela é doce como o mel, inebriante como o vinho e traz a saciedade do leite.

A nobreza como se referem um ao outro serve-nos de exemplo. A sensualidade nunca é vulgar no livro de Cântico dos Cânticos e deve ser desfrutada no contexto do casamento, com gratidão e temor.

Que seja plena e que seja íntima, particular, velada.

[1] Essa estrutura quiasmática é explicada em Merkh, David J. *Cantares para casais.* São Paulo: Hagnos, 2022, p. 58.

Vamos orar

Deus Criador, Senhor de toda bondade, como agradecer a profundidade e complexidade dos prazeres com os quais o Senhor envolveu a procriação e a relação íntima do casal? O Senhor é um Deus maravilhoso. Ensina-nos a desfrutar, a pensar no outro, a servir o outro, segundo a Tua maravilhosa graça. Em nome de Jesus, amém.

@ prjosuegoncalves
@ pra.rousegoncalves

Amor durável

Põe-me como selo sobre o teu coração, como selo sobre o teu braço, porque o amor é forte como a morte, e duro como a sepultura, o ciúme; as suas brasas são brasas de fogo, são veementes labaredas. As muitas águas não poderiam apagar o amor, nem os rios, afogá-lo; ainda que alguém desse todos os bens da sua casa pelo amor, seria de todo desprezado.

Cântico dos Cânticos 8.6-7, ARA

20

DE SETEMBRO

Devocional • 263 de 365

"O verdadeiro amor reflete o amor sobrenatural de Deus quando une os que se entregam ao amor em paciência, pureza e perseverança".[1] Essas três características devem acompanhar o amor romântico que agrada a Deus e são perceptíveis pelas expressões: 1) PACIÊNCIA: "...não acordarão nem despertarão o amor, até que este o queira" (2.7, NAA); 2) PUREZA: "eu sou do meu amado, e o meu amado é meu" (6.3, NAA); e 3) PERSEVERANÇA: "As muitas águas não poderiam apagar o amor, nem os rios, afogá-lo. Ainda que alguém oferecesse todos os bens da sua casa para comprar o amor, receberia em troca apenas desprezo" (8.7, NAA).

O padrão divino é o melhor. Não apenas porque é obediente e traz consigo a aprovação e a bênção de Deus, como também é a maneira mais sábia de passar pela vida, pois Ele sabe como "funciona" a nossa estrutura. Esperar até o momento certo com paciência, ser fiel ao cônjuge e perseverar no relacionamento são o padrão e o ápice do que podemos experimentar nesta Terra no contexto do casamento.

Em uma sociedade imediatista, de consumo descartável, torna-se mais urgente que nunca a sabedoria da perseverança, por meio da renovação constante dos votos, do amor, da aliança, do romance, da fidelidade, da reconquista, da reconciliação, da consagração e da resiliência.

A amor é forte e não pode ser apagado pelos rios e oposições deste mundo.

O padrão divino é o melhor. Não apenas porque é obediente e traz consigo a aprovação e a bênção de Deus, como também é a maneira mais sábia de passar pela vida.

Destaque: Resiliência

Notas

[1] Merkh, David J. *Cantares para casais.* São Paulo: Hagnos, 2022, p. 57.

Vamos orar

Pai, queremos ser fiéis e perseverantes. Renova nossos votos, nosso romance, nossa amizade, nosso desejo. Que sejamos agradáveis a Ti. Em Cristo, oramos. Amém.

prjosuegoncalves
pra.rousegoncalves

21 DE SETEMBRO

Devocional • 264 de 365

O Criador é o seu marido

Porque o seu Criador é o seu marido; Senhor dos Exércitos é o seu nome. O Santo de Israel é o seu Redentor; ele é chamado O Deus de toda a terra.
Isaías 54.5, NAA

Deus é [...] poderoso, santo e criador, O governante de toda Terra.

Destaque:
Confiança

Notas

O livro de Isaías pode ser dividido em três partes. A terceira concentra-se no estabelecimento do governo de Deus, em que a idolatria será extirpada e punida, e o reino de bênção e salvação será iniciado pelo Servo do Senhor.[1] O texto de Isaías 54.5 está nessa terceira parte, e refere-se ao momento futuro em que o Senhor exaltará Israel, que é comparado à sua esposa.

Deus é, portanto, nesse contexto, destacado como poderoso, santo e criador, O governante de toda Terra. Esse Deus se identifica como marido e redentor de Israel. Marido que supre, cuida e tem um relacionamento de fidelidade com a esposa. Esse marido é redentor, pois Ele pagará pelos pecados de Israel e se comprometerá com a nação.

Após o falecimento do meu pai, pastor Zico, minha mãe, dona Marina, ficou aflita. Sentia-se desamparada e chorava muito. Orava e chorava. Chorava e orava. Em um desses momentos de oração, o texto de Isaías 54.5 lhe veio à mente, como se o próprio Deus estivesse dizendo: "Eu vou cuidar de você. Eu serei seu provedor. Eu serei o seu marido". Assim como aconteceu com Ana, esposa de Elcana, dona Marina sentiu alívio após orar. Secou as lágrimas e foi cuidar da casa. Pouco depois, uma pilha de contas se acumulou sobre a mesa. Com fé simples, ela pôs a mão sobre os boletos e orou: "Senhor, faça o que meu marido faria. Pague essas contas". Sem saber da oração da minha mãe, senti um forte impulso: deveria ir até a casa dela e quitar todas aquelas dívidas. E foi exatamente o que fiz. Deus proveu, por meio do filho, aquilo que prometeu como Marido e Redentor.

[1] As outras partes e a estrutura de Isaías podem ser aprofundados em *Foco e desenvolvimento no Antigo Testamento*, de Carlos Osvaldo PINTO. São Paulo: Hagnos, 2006, p. 592.

Vamos orar

Pai, que possamos confiar na Tua provisão e cuidado. Que não andemos aflitos como quem não tem esperança. Em Cristo, oramos. Amém.

Fiel à esposa infiel

Disse-me o Senhor: — Vai outra vez, ama uma mulher, amada de seu amigo e adúltera, assim como o Senhor ama os filhos de Israel, embora eles olhem para outros deuses e amem bolos de passas.
Oseias 3.1, NAA

22
DE SETEMBRO

Devocional • 265 de 365

O livro de Oseias retrata um homem cuja vida espelhou o caráter amoroso de Deus, que comparou o Seu amor pela nação de Israel ao amor que Oseias devotou a uma prostituta, com quem ele se casou e teve filhos. Mesmo diante de uma nova oportunidade, de viver dignamente em família, a esposa de Oseias se vendeu à vida de prostituição e saiu de casa.

Ainda assim, o amor de Oseias – como o amor de Deus – não rejeitou sua esposa. Ele tomou a iniciativa de procurá-la e trazê-la novamente para si, mesmo depois de tudo o que ela havia feito. Esse drama emocional de extrema e rara bondade ao encontrar uma pessoa no fundo do poço e se misturar a ela em casamento, seguido da traição, expõe um Deus que sente, sofre, ira-se e se compadece.

A nação de Israel foi formada, redimida e entrou em aliança com Deus no Sinai. Contudo, ela se desviou e foi infiel. Mas o Senhor não a rejeitou para sempre e a resgatou novamente.

Precisamos desse tipo de amor em nosso coração, nas nossas relações, já que todos somos, ora como Oseias, ora como Gômer. O amor de Deus está ligado e tem sua força no caráter do próprio Deus, não no desempenho de quem Ele ama. Hoje, somos chamados a amar nosso cônjuge da mesma maneira, e a fonte desse amor deve ser o Senhor. Devemos nos abastecer d'Ele, para que Ele ame nosso cônjuge por meio de nós.

Devemos concordar com Deus e perdoar. Assim também precisamos facilitar quando os traidores somos nós, pedindo perdão e dando frutos dignos de arrependimento. O perdão é incondicional, mas a confiança depende, sim, das ações transformadas de quem foi perdoado.

Precisamos desse tipo de amor em nosso coração, nas nossas relações, já que todos somos, ora como Oseias, ora como Gômer.

Destaque: Compaixão

Notas

Vamos orar

Pai Santo, é difícil entender o Teu amor. Se por um lado não nos vemos perdoando com tal desprendimento, por outro, necessitamos desesperadamente de tal amor, já que somos pecadores como Israel e Gômer. Obrigado porque em Cristo o Senhor nos aceitou, nos comprou, nos deu um novo coração e um novo futuro. Em Cristo, oramos. Amém.

prjosuegoncalves
pra.rousegoncalves

23

DE SETEMBRO

Devocional • 266 de 365

Atenção à vocação

Mas, com a voz do agradecimento, eu te oferecerei sacrifício; o que prometi cumprirei. Ao SENHOR pertence a salvação!" E o SENHOR falou ao peixe, e este vomitou Jonas na terra.
A palavra do SENHOR veio a Jonas pela segunda vez, dizendo:
— Levante-se, vá à grande cidade de Nínive e pregue contra ela a mensagem que eu lhe darei.
Jonas 2.9—3.2, NAA

Quando há uma desistência, Deus pode travar tudo para chamar a atenção do "profeta fujão".

Destaque:
Rendição

Notas

O profeta Jonas é conhecido das crianças e de todos nós pela peculiaridade de ter sido engolido por um peixe e, depois, vomitado. A história é citada por Jesus como fato verídico e não devemos encará-la como um mito publicitário judaico. Deus ordenou solenemente que Jonas fosse pregar em Nínive, mas o profeta recusou-se a obedecer à ordem. Ele fugiu em um navio que enfrentou uma tempestade e quase naufragou.

Depois de perder toda a carga, os tripulantes pegaram Jonas e o lançaram ao mar, e a tempestade parou. Um grande peixe engoliu o profeta, que de dentro do ventre do peixe orou comprometido a, finalmente, obedecer. Assim, Deus repetiu a ordem e, dessa vez, o profeta obedeceu.

Ainda hoje, Deus vocaciona Seu povo na Igreja de Cristo. Existe a vocação universal para santificação e para o evangelismo. Existem os dons particulares, mas, por vezes, os irmãos entendem que Deus os convida – convoca – para um serviço específico, eles começam obedecendo e, em algum momento do processo, desistem. Seja por pressão familiar, dos amigos, ou até da vida confortável que levam. Quando há uma desistência, Deus pode travar tudo para chamar a atenção do "profeta fujão".

Cônjuges precisam de sensibilidade para compreender a vocação ministerial do seu parceiro e devem cooperar com temor e tremor. Deus não nos chamou para termos uma vida confortável, embora Ele se agrade em nos abençoar. Submissão é se alinhar à missão do marido, que precisa estar clara e ativa na família.

Vamos orar

Pai Santo, ajuda-nos a viver o Teu chamado, como família. Ensina-nos a obedecer e a seguir o que o Senhor nos convida — convoca — a realizar. Em Cristo, oramos. Amém.

Cônjuge idólatra não

Judá tem sido infiel, e abominação foi cometida em Israel e em Jerusalém. Porque Judá profanou o santuário do Senhor, o qual ele ama, e se casou com a adoradora de deus estranho. O Senhor eliminará das tendas de Jacó aquele que fizer isso, seja ele quem for, mesmo que apresente ofertas ao Senhor dos Exércitos.

Malaquias 2.11-12, NAA

24

DE SETEMBRO

Devocional • 267 de 365

O profeta Malaquias exerceu seu ministério aproximadamente quinhentos anos antes da chegada do Senhor Jesus. Depois dele houve um silêncio profético que preparava o anúncio angelical da chegada do Messias (cf. Lucas 1.26). O povo de Israel já havia voltado do Exílio, mas ainda vivia desviado de Deus. Entre os muitos pecados, os israelitas se casavam com mulheres que não temiam a Deus e eram adoradoras de deuses estranhos. As entidades que assolavam aquela região demandavam cultos grosseiros, exigiam desde relações sexuais com o sacerdote de serviço, até sacrifícios de crianças, que eram queimadas vivas.

Como se tornar uma só carne com alguém que deseja queimar o filho vivo como sacrifício? Israel deveria ser modelo para as outras nações , mas quem visse um Israelita casado com um cônjuge endemoninhado não perceberia diferença alguma.

O politeísmo, a adoração de muitos deuses, era a religião de Canaã. A proposta do Senhor era que o povo adorasse a um só Deus e, como sinal disso, tivesse uma esposa e fosse fiel a ela, assim como o Senhor havia se "casado" com o povo de Israel ao fazer aliança no Sinai.

Precisamos orar desde já pelo casamento de nossos filhos. Não podemos deixar de alertá-los para os perigos de um casamento com cônjuges que não tenham o Espírito Santo habitando neles. A batalha da fé demanda planejamento e concentração. Devemos buscar intencionalmente rapazes e moças crentes, cheios do Espírito, para serem nossos genros e noras.

Como se tornar uma só carne com alguém que deseja queimar o filho vivo como sacrifício?

Destaque:
Coerência

Notas

Vamos orar

Pai de amor, permite que nossos filhos encontrem noivos e noivas cristãs. Faze convergir os caminhos, une aqueles que formarão um casal abençoado, no qual o Senhor será glorificado, Teu Reino estabelecido e a Tua imagem espalhada pela Terra. Que Jesus seja conhecido na família de nossos filhos e filhas. Pedimos em nome de Jesus, amém.

@ prjosuegoncalves
@ pra.rousegoncalves

25

DE SETEMBRO

Testemunha da aliança

[O Senhor] já não olha para a oferta nem a aceita com prazer. E vocês perguntam: "Por quê?" Porque o Senhor foi testemunha da aliança entre você e a mulher da sua mocidade, a quem você foi infiel, sendo ela a sua companheira e a mulher da sua aliança.
Malaquias 2.13-14, NAA, acréscimo nosso

Por vezes, queixavam-se dos maridos que, depois de ficar com elas por toda a vida, queriam trocá-las por outras mais jovens.

Destaque: Compromisso

Notas

As cerimônias e festas de casamento ocupam o imaginário das meninas e movimenta grande quantidade de recursos. Sejam casamentos coletivos simples, realizados diante de um juiz de paz, sejam os mais elaborados, celebrados em grandes catedrais, seguidos de suntuosas festas. Todos os casamentos têm uma pessoa presente. Em todos, ao longo dos séculos, Ele sempre está presente, ouvindo os votos e testemunhando o compromisso do casal.

Os casamentos realizados em Israel têm significado mais icônico ainda, pois é o povo da Aliança que Deus fez com Abraão, Isaque, Jacó, Moisés e Davi. O povo que representava a Deus. As esposas israelitas oravam, clamavam e invocavam o nome do Senhor dos Exércitos. Por vezes, queixavam-se dos maridos que, depois de ficar com elas por toda a vida, queriam trocá-las por outras mais jovens e, simplesmente, as descartavam, com uma carta de divórcio.

Deus não atende a oração desses maridos nem recebe com prazer a oferta deles. O mesmo princípio pode ser observado na primeira carta de Pedro, quando ele afirma: "Maridos, vocês, igualmente, vivam a vida comum do lar [...] Agindo assim, as orações de vocês não serão interrompidas" (1Pedro 3.7, NAA). Precisamos entender que a esposa traída, desprezada e desonrada tem acesso a Deus! Ela é filha de Deus! Que pai gostaria que abandonassem a sua filha depois que a tivessem "usado"?

Repudiar "a mulher da sua mocidade" não agrada, em absoluto, a Deus, pois Ele estava no casamento quando os votos foram feitos e espera que sejam cumpridos externamente, nos atos e no coração, nos pensamentos, desejos e compromissos.

Vamos orar

Santo Deus, renova nosso amor e compromisso no casamento. Ensina-nos a sermos fiéis aos nossos votos, de coração. Em nome de Jesus, amém.

Deus odeia o divórcio

Não fez o SENHOR somente um, mesmo que lhe sobrasse o espírito? E por que somente um? Porque buscava uma descendência piedosa. Portanto, tenham cuidado para que ninguém seja infiel para com a mulher da sua mocidade. Porque o SENHOR, o Deus de Israel, diz que odeia o divórcio e também aquele que cobre de violência as suas roupas, diz o Senhor dos Exércitos. Portanto, tenham cuidado e não sejam infiéis.

Malaquias 2.15-16, NAA

26

DE SETEMBRO

Devocional • 269 de 365

O texto associa divórcio à infidelidade. Poucas palavras poderiam ser tão fortes como "Deus odeia"! Ele odiava – e ainda odeia – o repúdio e o consequente divórcio que se seguia. O marido insensível, que dispensava a esposa, não conseguia mensurar o sofrimento indescritível que causava à sua companheira de décadas, que lhe tinha devotado seus talentos, seus sonhos, sua energia, suas orações, seu corpo, sua vida!

Naquela época, alguns homens tinham mais de uma esposa, mas os homens despediam a mulher para não ter tantas despesas. As juras de amor, os presentes, os mimos, a cumplicidade, os momentos difíceis que passaram juntos, as crises do marido que ela ajudou a vencer, tudo esquecido, deliberadamente ignorado pelo egoísmo absolutamente insensível de quem tem o poder de acabar com a mulher a quem ele jurou fidelidade eterna.

Embora fosse juridicamente válida, a carta de divórcio era moral e eticamente desprezível. Uma prática que Deus odiava e que ainda odeia. Mesmo que fique mais popular, mesmo que a mulher tenha como se sustentar, mesmo que seja recomendação "médica", Deus odeia o divórcio.

As juras de amor, os presentes, os mimos, a cumplicidade, os momentos difíceis que passaram juntos, as crises do marido que ela ajudou a vencer, tudo esquecido

Destaque:
Cuidado!

Notas

Vamos orar

Deus, queremos focalizar o nosso coração em Ti e em Tua fidelidade. Remove, Senhor, do nosso coração toda queixa, toda mágoa sutil — atitudes de gente mimada, que exige demais do cônjuge. Inclina, Senhor, o nosso coração ao nosso cônjuge, e que, com ele, celebremos o amor que Tu tens por nós. Em nome de Jesus, pedimos. Amém.

prjosuegoncalves
pra.rousegoncalves

27

DE SETEMBRO

Devocional • 270 de 365

A genealogia da graça 1

Livro da genealogia de Jesus Cristo, filho de Davi, filho de Abraão. [...] Judá gerou de Tamar a Perez [...] Salmom gerou de Raabe a Boaz; este, de Rute, gerou a Obede [...] Jessé gerou ao rei Davi; e o rei Davi, a Salomão, da que fora mulher de Urias.

Mateus 1.1,3,5-6, ARA

Nas entrelinhas do texto, percebe--se a intenção do autor de destacar a graça de Deus, pois Mateus cita Tamar, Raabe, Rute e Bate-Seba [...] mulheres cuja história não é isenta de problemas.

Destaque: Ascendência

Notas

O Evangelista Mateus apresenta uma genealogia real, provando o direito de Jesus reclamar o trono da nação de Israel. Tal genealogia se encaixa precisamente nas promessas e profecias a respeito do Messias. Jesus atente a todos os requisitos. Jesus é o descendente prometido a Davi (cf. 2Samuel 7.12-13,16) e é "a descendência de Abraão", por meio da qual "serão benditas todas as nações da terra" (Gênesis 22.18, NAA).

Nas entrelinhas do texto, percebe-se a intenção do autor de destacar a graça de Deus, pois Mateus cita Tamar, Raabe, Rute e Bate-Seba, quatro mulheres cuja história não é isenta de problemas. A primeira delas é Tamar, que levou a culpa pela morte prematura de dois filhos de Jacó, os quais a Escritura ressalta que eram maus. Ela foi buscar justiça junto ao sogro, empregando um método, no mínimo, fora do convencional: fingiu ser uma prostituta e teve relações com Jacó, seu sogro, gerando dois filhos, dos quais, um é Perez.

A outra é Raabe, descrita no livro de Gênesis como "Raabe, a meretriz" ("a prostituta Raabe", cf. Josué 6.25). Essa mulher creu no Deus de Israel, salvou a vida dos espias e se juntou à nação de Israel, casando-se com Salmom e gerando um filho: Boaz, que vem a ser o protagonista da narrativa do livro de Rute.

Deus incluiu gente de passado complicado, mulheres pecadoras, na genealogia de Seu Filho, apontando para Jesus, que se identificaria de tal modo com os pecados da humanidade, que entregaria a própria vida, em sacrifício santo, já que Ele nunca pecou. Graça superabundante.

Vamos orar

Senhor, quem conhece os Teus planos? Quem pode sondar os Teus desígnios? Obrigado por incluíres Tamar e Raabe, bem como Judá, que se desviou tão radicalmente. Obrigado por nos escolher, e à nossa família. Cumpre, Senhor, os Teus desígnios em nossa vida. Pedimos no nome do Santo Jesus, amém.

@ prjosuegoncalves
@ pra.rousegoncalves

A genealogia da graça 2

Livro da genealogia de Jesus Cristo, filho de Davi, filho de Abraão. [...] Judá gerou de Tamar a Perez [...] Salmom gerou de Raabe a Boaz; este, de Rute, gerou a Obede [...] Jessé gerou ao rei Davi; e o rei Davi, a Salomão, da que fora mulher de Urias.

Mateus 1.1,3,5-6, ARA

28

DE SETEMBRO

Devocional • 271 de 365

No devocional anterior, vimos como o Senhor Deus, soberanamente, escolheu incluir na genealogia real de Seu filho mulheres cuja história poderia não ser destacada. Elas foram visitadas pela Graça salvadora e receberam uma honra inimaginável: serem as únicas mulheres (além de Maria) citadas na genealogia do Rei, cujo reinado nunca terminará.

Quando ainda habitava em Moabe, sua nação, Rute se enamorou e se casou com o filho de Noemi. As duas ficaram amigas, Rute se converteu ao Deus de Israel e, depois que todos os homens da família morreram tragicamente, Rute aceitou ser uma imigrante na terra de Israel e continuar a viver com sua sogra, Noemi.

O filho de Raabe agiu como resgatador e tomou Rute por esposa. Dessa união, nasceu Jessé, o avô do rei Davi. Vale o destaque à frase de Boaz para Rute: "[...] Que você receba uma grande recompensa do SENHOR, Deus de Israel, sob cujas asas você veio buscar refúgio" (Rute 2.12, NAA).

Outra mulher, cuja vida grita sobre a graça de Deus, é Bate-Seba, pivô do adultério seguido de homicídio que trouxe desgraça à família de Davi e à nação de Israel. "Então Davi consolou Bate-Seba, sua mulher. Teve relações com ela, e ela teve um filho, a quem Davi deu o nome de Salomão; e o SENHOR o amou" (2Samuel 12.24, NAA).

Não conseguimos alcançar o amor de Deus; nossa justiça é insuficiente. Mas podemos saber que a mesma misericórdia está disponível para nós e nossa família ainda hoje.

[...] mulheres [...] que foram visitadas pela Graça salvadora e receberam uma honra inimaginável: serem as únicas mulheres (além de Maria) citadas na genealogia do Rei.

Destaque: Honra

Notas

Vamos orar

Senhor, obrigado por preparares uma linhagem para o Teu Filho Jesus, linhagem essa que combina conosco e com a graça de que precisamos diariamente. Que sejamos humildes e gratos pela Tua salvação. Em Cristo, oramos. Amém.

29

DE SETEMBRO

Devocional • 272 de 365

José, o justo obediente

Enquanto ele [José] refletia sobre isso, eis que lhe apareceu em sonho um anjo do Senhor, dizendo: — José, filho de Davi, não tenha medo de receber Maria como esposa, porque o que nela foi gerado é do Espírito Santo. Ela dará à luz um filho e você porá nele o nome de Jesus, porque ele salvará o seu povo dos pecados deles.
Mateus 1.20-21, NAA

Não é fácil criar filhos hoje, assim como não foi fácil para José. Assim como ele, devemos lembrar que "trabalhamos" para Deus e que ser pais é um ministério importantíssimo.

Destaque:
Serviço

O Evangelho de Mateus tem como público-alvo os judeus. Ele começa com uma genealogia real e, em seguida, narra como foi o nascimento de Jesus pela ótica de José. Naquela época, quando o casal "ficava noivo", estava legalmente casado, faltando somente morar junto e terem relações sexuais. Assim, José estava comprometido com Maria, mas ela disse a ele que estava grávida e que havia recebido a visita de um anjo. Parece que José não acreditou em Maria. De qualquer jeito, ele sofreria. Se abandonasse Maria, ficaria na dúvida e a faria sofrer; se consumasse o casamento, poderia se sentir um tolo, que acreditou em uma história impossível.

Em meio a esse conflito interior, José pegou no sono e o anjo da parte de Deus lhe entregou uma mensagem clara: ele não deveria temer, pois a história de Maria era verdadeira. O anjo ainda falou do Filho de Deus, que José criaria, e que seria o salvador daquele povo.

Lendo a história hoje, conhecendo o fim, fica fácil saber que José fez a escolha acertada, mas, na época, ele agiu com fé e coragem. Mateus afirma que ele era justo. Ele teria o direito de acabar com a vida de Maria, mas, em vez disso, creu no Senhor, acolheu Maria e criou Jesus, provendo um lar para o Filho de Deus.

Não é fácil criar filhos hoje, assim como não foi fácil para José. Assim como ele, devemos lembrar que "trabalhamos" para Deus e que ser pais é um ministério importantíssimo, pois, assim como José foi um bom pai e cooperou com o plano eterno de Deus, nós também podemos cooperar, sendo obedientes nas pequenas e nas grandes decisões, fazendo tudo em dependência e temor.

Notas

______

______

______

______

______

______

Vamos orar

Deus, Pai de Jesus, no passado, Tu chamaste José para um ministério santo. Hoje, o chamado é nosso. Que sejamos piedosos, íntimos de Ti, corajosos para obedecer às Tuas instruções e fiéis em criar nossos filhos para o Teu prazer. Guia-nos, Senhor, com Tua sabedoria. Em nome de Jesus, amém.

@ prjosuegoncalves
@ pra.rousegoncalves

José, piedoso e preciso

30

DE SETEMBRO

Devocional • 273 de 365

Depois que os magos foram embora, um anjo do Senhor apareceu em sonho a José e disse: — Levante-se, tome o menino e a sua mãe e fuja para o Egito. Fique por lá até que eu avise você; porque Herodes há de procurar o menino para matá-lo. Levantando-se José, tomou de noite o menino e a sua mãe e partiu para o Egito, onde ficou até a morte de Herodes [...].

Mateus 2.13-15, NAA

Tudo estava acontecendo exatamente como o anjo havia dito. O bebê era um menino, e José o chamou de Jesus. Quando o bebê nasceu, alguns pastores apareceram contando que viram anjos anunciando que Jesus seria o Salvador. Depois de algum tempo, já estabilizado, José recebeu a visita de três reis que vieram do Oriente trazendo presentes caríssimos para o Rei que acabara de nascer.

Entretanto, José recebeu novas instruções, seguindo a mesma maneira como Deus havia falado da primeira vez: um anjo falou com ele enquanto dormia. As instruções eram claras: fuja com Maria e com o bebê, porque o rei mandará matar Jesus por temer à concorrência.

José não só entendeu que Deus falara com ele, como também obedeceu à ordem recebida.

José era uma pessoa consagrada ao Senhor, um homem que ouvia e atendia. Ele acreditou, como da primeira vez, e partiu sob a proteção da noite, deixando tudo o que havia preparado na cidade para trás. Talvez os presentes financiassem a viagem para o Egito, de onde Jesus retornaria, representando Israel.

Assim como José era consagrado como pai, nós também devemos ser. Devemos vigiar para obedecer ao que já sabemos das Escrituras Sagradas. Devemos crer no nascimento sobrenatural de Jesus e nos render a Ele diariamente. Que sejamos instrumentos úteis por meio dos quais o Senhor possa guiar nossa família.

Assim como José era consagrado como pai, nós também devemos ser. Devemos vigiar para obedecer ao que já sabemos das Escrituras Sagradas.

Destaque:
Presteza

Notas

Vamos orar

Pai Santo, queremos ser úteis ao Senhor, sensíveis e obedientes à Tua voz. Queremos cooperar com o Teu Reino, vivendo de modo consagrado para Teu Filho Jesus. Dedicamos ao Senhor tudo o que temos e somos. No nome d'Ele, oramos. Amém.

prjosuegoncalves
pra.rousegoncalves

"

Não conseguimos alcançar o amor de Deus; nossa justiça é insuficiente. Mas podemos saber que a mesma misericórdia está disponível para nós e nossa família ainda hoje.

"

OUTUBRO

10/12

1º DE OUTUBRO

Devocional • 274 de 365

José, três filhos no Cânon

E Jacó gerou José, marido de Maria,
da qual nasceu Jesus, que se chama o Cristo.
Mateus 1.16, NAA

E não vi outro dos apóstolos, a não ser Tiago, o irmão do Senhor.
Gálatas 1.19, NAA

Judas, servo de Jesus Cristo e irmão de Tiago, aos que foram chamados, são amados em Deus Pai e guardados em Jesus Cristo.
Judas 1, NAA

O mais famoso dos filhos que José criou foi Jesus, o Messias, diante de quem todo joelho se dobrará.

Destaque:
Honra

Notas

A genealogia e os vínculos familiares presentes nos versículos de Mateus 1.16, Gálatas 1.19 e Judas 1 nos revelam verdades poderosas sobre identidade, propósito e graça. Jacó gerou José, que, embora não tenha sido o pai biológico de Jesus, foi escolhido para ser o guardião terreno do Filho de Deus. Isso nos ensina que *nem sempre o sangue define a missão*, mas sim o chamado do Senhor. José acolheu o propósito divino e se tornou parte essencial da história da redenção.

Tiago, citado por Paulo, em Gálatas, como "irmão do Senhor", e Judas, que se apresenta humildemente como "servo de Jesus Cristo e irmão de Tiago", também mostram como o convívio familiar com Jesus não os isentou do caminho da fé, da transformação e do serviço. Ambos não usaram sua ligação com Cristo como status, mas se puseram em posição de humildade e submissão ao Senhor ressurreto. Isso nos confronta: *não basta estar perto de Jesus, é preciso se render a Ele.*

Esses homens, ligados a Jesus por laços familiares, escolheram servi-Lo como discípulos, não apenas conviver com Ele como parentes. A maior honra na família de Deus não é o título, mas o coração rendido. Seja você parte biológica ou adotiva, próxima ou distante, todos temos acesso ao centro da história: Jesus, o Cristo. E a verdadeira filiação é aquela que brota da fé e se expressa na obediência. Hoje, você pode escolher fazer parte da linhagem que vive para glorificá-Lo.

Vamos orar

Senhor Jesus, obrigado por nos incluir em Tua família, não por mérito, mas por graça. Que vivamos como José, Tiago e Judas — rendidos ao Teu chamado, humildes no serviço e firmes na fé. Que aprendamos a valorizar nossa identidade em Ti acima de qualquer título. Amém

@ prjosuegoncalves
@ pra.rousegoncalves

Também podemos vencer

2

DE OUTUBRO

Devocional • 275 de 365

Então, Jesus lhe ordenou: Retira-te, Satanás, porque está escrito: Ao Senhor, teu Deus, adorarás, e só a ele darás culto. Com isto, o deixou o diabo, e eis que vieram anjos e o serviram.
Mateus 4.10-11, ARA

Jesus, o Filho de Deus, se fez gente. Ao se esvaziar (cf. Filipenses 2.6), Cristo não abandonou a sua divindade, mas escolheu limitar temporariamente o uso de suas prerrogativas divinas.

Ele tinha pleno acesso ao Pai e era cheio do Espírito Santo, de modo que realizou milagres impressionantes, pregou mensagens insuperáveis, trouxe um ensino inigualável e ainda passou todos os Seus dias sem cometer sequer um pecado. Jesus nunca pecou. Ele foi tentado em todas as coisas, mas sem pecado.

Adão e Eva estavam no Jardim do Éden quando foram seduzidos pelo Diabo. Caíram e trouxeram grande destruição e morte para o Planeta e para toda humanidade. Jesus, por sua vez, colocou-se em fraqueza ao jejuar por 40 dias. No último dia, antes de encerrar o seu jejum, Jesus teve o encontro com o Diabo, que tentou O convencer a provar que era filho de Deus exercendo Seu poder independentemente do Pai, a saltar de um lugar muito alto para forçar um milagre e, por fim, a antecipar a herança adorando o anjo caído.

Jesus não caiu na conversa do golpista enganador, e nós também não precisamos cair. Jesus venceu em nosso lugar. Hoje, temos acesso a Deus e à herança de Jesus porque Ele resolveu compartilhá-la conosco, para agradar ao Seu Pai.

Satanás continua tentando-nos de diversas maneiras, oferecendo atalhos para a plenitude de paz. Ele mente e tenta enganar, dizendo que precisamos de dinheiro, de fama, de poder e de prazeres para sermos felizes. Mentira! Devemos estabelecer nossa família baseados na verdade. Jesus é o caminho, a verdade e a vida.

Jesus não caiu na conversa do golpista enganador, e nós também não precisamos cair. Jesus venceu em nosso lugar.

Destaque:
Beneficiar-se

Notas

Vamos orar

Pai, obrigado por nos dares Teu Filho Jesus! Ele fez uma obra excelente. Venceu por nós, e agora, n'Ele, queremos viver para Teu inteiro agrado. Desejamos que toda a nossa casa sirva a Teu Reino e que vivamos a vitória conquistada por Jesus. Assim oramos, amém.

@prjosuegoncalves
@pra.rousegoncalves

3

DE OUTUBRO

Devocional • 276 de 365

Convite inigualável

Jesus lhes disse: — Venham comigo, e eu os farei pescadores de gente. Então eles deixaram imediatamente as redes e o seguiram.
Mateus 4.19-20, NAA

[...] depois de tentarem por algum tempo, os pais percebem que não podem mudar o coração dos filhos.

Destaque:
Dependência

Notas

Jesus já havia começado Seu ministério há algum tempo. Os irmãos pescadores já O conheciam e já eram Seus discípulos, mas não em tempo integral, até que Jesus os convidou a deixar o negócio da família e a trabalhar exclusivamente para Ele, em prol do Reino de Deus.

Para serem úteis, eles deveriam, primeiramente, ir após Jesus – segui-Lo, caminhar com Ele, acompanhá-Lo – e, no tempo certo, obedecer às solicitações que Ele fizesse. Jesus não disse: "vá pescar gente". Não, Jesus disse: "venha até Mim, e EU farei de vocês pescadores de gente".

Um dos maiores desafios dos pais é ganhar seus filhos para o Senhor. Batizar um filho nas águas é uma realização e um alívio para pais que anelam ver seus filhos servindo o Deus Vivo, nascidos de novo, com os nomes no Céu. Entretanto, depois de tentarem por algum tempo, os pais percebem que não podem mudar o coração dos filhos. Eles podem falar, pregar, ensinar, exortar, disciplinar, rogar, explicar, dar exemplos, mas nunca conseguem mudar o coração dos filhos. Cabe ao Espírito Santo convencê-los e dar um novo coração a eles.

Assim, o chamado principal para "pais pescadores de filhos" é seguir a Cristo. Voltando o coração para Ele, buscando, seguindo, pesquisando, estudando, ouvindo, louvando, cultuando, se reunindo, evangelizando, ajudando e servindo ao Salvador que já nos alcançou.

Nós devemos segui-Lo ao dedicar nossos maiores esforços e investimentos em amar o Senhor, nosso Deus, de todo o nosso coração, de toda a nossa alma e de todo o nosso entendimento. Ele nos ensinará e capacitará a amar o cônjuge, os filhos e o próximo como a nós mesmos.

Vamos orar

Senhor Deus, Pai de amor, inclina nosso coração a Ti. Livra-nos de tentar fazer Tua parte, como se fôssemos muito poderosos. Dependemos de Ti para tudo. Enche-nos de assombro e desejo, para que Te busquemos enquanto fazes de nós pescadores de filhos. Em nome de Jesus, amém.

Jesus eterno Deus

No princípio era o Verbo, e o Verbo estava com Deus, e o Verbo era Deus.
João 1.1, NAA

No princípio, Deus criou os céus e a terra.
Gênesis 1.1, NAA

4

DE OUTUBRO

Devocional • 277 de 365

O evangelho de João foi o último a ser escrito; ele é o mais filosófico e contém muito material original, que não consta nos outros três evangelhos, chamados de sinóticos. João nos conta que "na verdade, Jesus fez diante dos seus discípulos muitos outros sinais que não estão escritos neste livro. Estes, porém, foram registrados para que vocês creiam que Jesus é o Cristo, o Filho de Deus, e para que, crendo, tenham vida em seu nome" (João 20.30-31).

Esse evangelho faz um paralelo deliberado com o primeiro livro da Bíblia, Gênesis.[1] João não quer deixar dúvidas de que aquele homem de Nazaré, com quem ele convivera por alguns anos, era o Deus eterno. Além de usar "no princípio", ele usa o verbo "ser", também fazendo um paralelo ao Deus Eu Sou (cf. João 8.58). Como essas sutilezas podiam não ser percebidas, ele se fez mais claro: Jesus estava com Deus antes que qualquer elemento fosse criado e Ele mesmo era também Deus.

Não consigo explicar como Deus se torna um homem nem como esse homem está, com corpo glorificado, assentado à direita do trono celestial. Porém, posso saber que o Mediador entre a minha família e Deus tem um nome: Jesus, o Messias, o Filho eterno de Deus. Jesus, que é Deus, substituiu a humanidade na cruz, de modo que todos podemos ser salvos por meio da fé no nome d'Ele – pura graça.

[...] posso saber que o Mediador entre a minha família e Deus tem um nome: Jesus, o Messias, o Filho eterno de Deus. Jesus, que é Deus, substituiu a humanidade na cruz.

Destaque:
Divindade

Notas

[1] Comparando-se o grego de João e o de Gênesis na Septuaginta, temos as duas primeiras palavras idênticas: Ἐν ἀρχῇ ἦν ὁ Λόγος... (João) e εν αρχη εποιησεν ο θεος... (Gênesis)

Vamos orar

Santo Deus, obrigado por Teu Filho. Obrigado pelo registro claro no evangelho de João, que não deixa dúvidas sobre a origem do Filho de Deus nem sobre Sua essência. Que possamos compartilhar isso com nossa família, desfrutar de Tua presença e servir-Te todos os dias de nossa breve existência na Terra, crendo que nossos dias serão prolongados na ressurreição que Jesus conquistou para nós. Em nome d'Ele, amém.

@prjosuegoncalves
@pra.rousegoncalves

5
DE OUTUBRO

Devocional • 278 de 365

Evangelismo "venha e veja"

Filipe encontrou Natanael e lhe disse: — Achamos aquele de quem Moisés escreveu na Lei, e a quem se referiram os profetas: Jesus, o Nazareno, filho de José. Então Natanael perguntou: — De Nazaré pode sair alguma coisa boa? Filipe respondeu: — Venha ver!

João 1.45-46, NAA

[...] uma família que se encontra com "Jesus, o Nazareno, filho de José" não se contém. Ela compartilha com amigos e conhecidos, com o porteiro e os caixas de mercado.

Destaque:
Testemunho

A família é um poderoso centro de evangelização. Quem entra pelas portas da sua casa precisa perceber a diferença entre gente que vive para os ídolos do prazer, das posses, do poder e da popularidade e gente que adora o Deus Vivo. A linguagem é diferente, não só porque não há palavrões emporcalhando as frases, mas porque a murmuração é rara, a maledicência é inexistente e há uma cultura de honra entre os membros. O casal se ama e se elogia, os filhos estão seguros e a graça de Deus circula nos corredores afetuosos da rotina diária.

Filipe era discípulo de João Batista e ficou muito feliz ao encontrar-se com Jesus. Quando encontramos um tesouro, queremos compartilhar; e foi o que ele fez ao contar a novidade para seu amigo, Natanael. O relato de Filipe é impressionante: ele havia ligado os pontos e reconhecido que Jesus era o Messias esperado, prometido nas Escrituras.

Quando, porém, Natanael pediu detalhes, com uma pitada de incredulidade, Filipe resolveu conduzi-lo a Cristo pessoalmente. E, naquele primeiro encontro, Natanael se converteu.

Da mesma forma, uma família que se encontra com "Jesus, o Nazareno, filho de José" não se contém. Ela compartilha com amigos e conhecidos, com o porteiro e os caixas de mercado. Nosso desafio é contar a história do Evangelho de modo que o não crente a compreenda.

Podemos convidá-lo para nossa casa, apresentá-lo aos irmãos da fé ou mesmo levá-lo a uma reunião da igreja, na esperança de que esse se encontre, pessoalmente, com Jesus, nosso Senhor amado.

Notas

Vamos orar

Senhor, assim como Filipe pregou para Natanael e ele se converteu, ajuda-nos a ser testemunhas corajosas e coerentes. Que anunciemos as Boas-Novas de salvação. Que nossa casa seja um lugar de salvação, e que quem entrar nela possa encontrar-se Contigo. Em nome de Jesus, amém.

Jesus vai a casamentos

Três dias depois, houve um casamento em Caná da Galileia, e a mãe de Jesus estava ali. Jesus também foi convidado, com os seus discípulos, para o casamento. Assim, em Caná da Galileia, Jesus deu início a seus sinais. Ele manifestou a sua glória, e os seus discípulos creram nele.
João 2.1-2,11, NAA

6

DE OUTUBRO

João nos conta o que aconteceu naquela festa de casamento em que Jesus transformou água em vinho. Era o início do Seu ministério público – talvez os primeiros meses. Jesus foi convidado e compareceu à celebração. É possível que os noivos não soubessem que Jesus era o Messias, o Filho de Deus, o Rei de Israel; mesmo assim, eles fizeram bem em convidá-Lo.

O vinho acabou mais cedo. Não é de hoje que cometemos erros. Quem organizou a festa calculou mal a quantidade de bebida, e isso seria muito vergonhoso para a família. Mas eles haviam convidado Jesus, e ele estava lá: disponível, amoroso, prestativo, maravilhoso.

O relato conta que Jesus transformou 600 litros de água em vinho! A bênção foi abundante, superabundante! Se a festa fosse durar quatro horas, haveria vinho para 1.200 pessoas.

Não se tem relato de um milagre como esse: água transformada miraculosamente em vinho de excelente qualidade! Uma quebra absoluta das leis naturais. Um milagre inquestionável; parte dos "sinais" que Jesus realizaria para mostrar que o Reino de Deus havia chegado, com nova ordem, abundância, curas e consolos.

Talvez não vivamos os milagres do Senhor, mas podemos desfrutar da Sua providência maravilhosa diariamente. Devemos entender que Jesus comparece aos casamentos e está disponível para nos auxiliar sempre que lhe pedirmos ajuda e estivermos dispostos a obedecer às Suas instruções. Que venha o Reino dos céus em nosso casamento! Que o vinho da alegria e da providência seja farto e nos abençoe.

Um milagre inquestionável; parte dos "sinais" que Jesus realizaria para mostrar que o Reino de Deus havia chegado.

Destaque:
Sinais

Notas

Vamos orar

Senhor, obrigado por Tua disposição de comparecer ao nosso casamento e providenciar proteção, provisão e graça. Em nome de Jesus, amém.

prjosuegoncalves
pra.rousegoncalves

7

DE OUTUBRO

Devocional • 280 de 365

Nascer de novo

A isto, respondeu Jesus: Em verdade, em verdade te digo que, se alguém não nascer de novo, não pode ver o reino de Deus.
João 3.3, ARA

Quem não nasceu de novo deve crer e confessar. Quem já o fez, deve viver de modo digno da oportunidade que recebeu: foi feito filho de Deus.

Destaque:
Natalidade

Notas

Nicodemos, um fariseu, doutor da Lei, líder respeitado e destacado entre os judeus, procurou Jesus à noite. Quer por ser um horário mais sossegado para longas conversas ou porque estivesse se escondendo, teve disposição de procurar Jesus e abriu o coração diante dele, apresentando a sua lógica: "o senhor deve ser de Deus, porque os milagres sinalizam isso".

Jesus prontamente ofereceu ao professor uma explicação que ainda nos instrui e desafia: Quem não nasce de novo não se habilita para o Reino de Deus!

Jesus explica que todos nascem naturalmente do ventre da mãe, porque o casal, planejando ou não, providenciou um bebê. Quem nasce naturalmente faz parte da descendência de Adão e Eva. Porém, Jesus oferece uma nova linhagem, na qual o Espírito Santo passa a habitar no ser humano e o reconecta ao Criador, tornando-o filho de Deus e templo do Espírito Santo.

Esse é o passo mais importante que um ser humano pode dar para ficar de bem com Deus, para ficar sem dívidas no Céu, para passar a vida eterna ao lado de Deus Pai. Mais adiante, no texto, o Senhor Jesus explica que crer no Filho de Deus é o caminho para a vida eterna, consequência de quem nasce de novo.

Crer é entender, concordar e aderir ao projeto de salvação de Deus. O Filho de Deus se fez homem, nunca pecou, morreu como inocente no lugar da humanidade pecadora, ressuscitou depois de três dias e voltará do céu para governar a terra e julgar os povos.

Quem reconhece que nunca poderia ficar de bem com Deus sem o auxílio de Jesus, admite que é um pecador e decide confessar sua fé em Jesus passa a ser habitação de Deus e nasce de novo. Quem não nasceu de novo deve crer e confessar. Quem já o fez, deve viver de modo digno da oportunidade que recebeu: foi feito filho de Deus.

Vamos orar

Jesus, nosso Senhor, obrigado por Teu bom trabalho, por Tua disposição de deixar a glória do Pai e morrer em nosso lugar. Queremos viver em gratidão. Em Teu nome oramos, amém.

@ prjosuegoncalves
@ pra [illegible]goncalves

Resumo do Evangelho

Porque Deus amou o mundo de tal maneira que deu o seu Filho unigênito, para que todo o que nele crê não pereça, mas tenha a vida eterna.

João 3.16, ARA

8

DE OUTUBRO

Devocional • 281 de 365

Algumas das melhores mensagens de Jesus foram "pregadas" para uma só pessoa. Foram registradas, provavelmente, por um ouvinte secundário, como o discípulo João. Às vezes, podemos pensar que Jesus maltratou o professor, mas a explicação que o Senhor deu àquele homem ainda ecoa na eternidade, convidando outros à salvação. Ainda dá tempo. Quem crê tem a vida eterna!

Esse é um verso excelente para você memorizar com a sua família. Independentemente da idade dos filhos, ou se já tem netos ou bisnetos, esse é um verso que deve ser inculcado, repetido e memorizado. O resumo que Jesus fez de Sua mensagem nesse verso é poderosíssimo! Fala de um Deus pessoal, participativo e amoroso. Capaz de um amor radical, pois dá o que tem de mais precioso: Seu próprio Filho.

Qualquer pai prefere dar a vida em lugar do filho. Deve doer demais ver o filho sofrendo. Deus prova o Seu amor por nós entregando Seu Filho, que abandonou a glória para pagar o preço dos pecados da humanidade.

Quem crer também morrerá, mas não passará a eternidade longe de Deus. E mais: pode desfrutar imediatamente da conexão com o Deus Vivo.

Não anunciamos uma energia, um deus distante e indiferente. Não pregamos um extraterrestre ou uma entidade qualquer. Falamos do Deus Criador dos Céus e da Terra, do Deus e Pai do nosso Senhor Jesus Cristo. Sim, podemos ficar de bem com Deus (justificação) e caminhar com Ele diariamente, tornando-nos parecidos com Seu Filho Jesus (santificação)

Jesus revela um Deus pessoal, participativo e amoroso. Capaz de um amor radical, pois dá o que tem de mais precioso: Seu próprio Filho.

Destaque: Novidades

Notas

Vamos orar

Obrigado, Senhor, pela mensagem da salvação. Obrigado por teres pagado o preço. Que sejamos uma pregação ambulante, que ensinemos nossos filhos e netos, que não nos contenhamos e falemos aos vizinhos, colegas, chefes e empregados. Em nome de Jesus, amém.

9
DE OUTUBRO

Devocional • 282 de 365

Manancial eterno e interno

Jesus respondeu: — Quem beber desta água voltará a ter sede, mas aquele que beber da água que eu lhe der nunca mais terá sede. Pelo contrário, a água que eu lhe der será nele uma fonte a jorrar para a vida eterna.
João 4.13-14, NAA

O Espírito Santo passou a habitar naquele coração, que antes buscava realização e proteção em homens.

Destaque:
Manancial

Ela não era bem-vista, fazia uma longa caminhada na hora mais quente do dia para tirar água do poço. Evitava as pessoas, mas o Filho de Deus foi ao encontro dela, em pleno meio-dia, ao esperá-la no reservatório de água.

Jesus estava sentado ao lado do Poço de Jacó. A mulher foi buscar H²O, mas encontrou a Fonte de Água Viva. Aquele que sustenta todas as coisas pelo poder de Sua palavra tomou a iniciativa de saciar a sede daquela mulher samaritana.

Jesus iniciou o diálogo, pedindo um copo com água. Quando Deus nos pede algo, não precisa é que Ele necessite daquilo; na verdade, Ele tem muito mais a nos oferecer. Era esse o caso.

A samaritana logo se interessou. Jesus, então, a desafiou a confessar onde ela esteve buscando saciar a sede da alma, a sede existencial: em maridos e amantes.

Ela percebeu que Jesus era diferente e quis saber quem Ele era. "Então Jesus disse: – Eu sou o Messias, eu que estou falando com você" (João 4.26, NAA). Ela creu. E não guardou a descoberta consigo. Correu para anunciar à cidade inteira que Jesus estava ali.

O texto não detalha, mas presumo que do interior daquela mulher passou a jorrar um manancial de Água Viva. O Espírito Santo passou a habitar naquele coração, que antes buscava realização e proteção em homens. Ela pôde então desfrutar do Deus que é Espírito.

Devemos fugir dos ídolos que alimentamos em nosso coração e voltar a beber das fontes que jorram para a vida eterna. O Espírito Santo habita em nós. Devemos aprender a beber dessa água fresca, a nos abastecer e a saciar nossa sede de sentido nele. Vida eterna habitando em nós!

Notas

Vamos orar

Pai, obrigado pelo Manancial de águas vivas que habita em nós. Ensina-nos a desfrutar d'Ele diariamente. Em nome de Jesus, amém.

Na dúvida, persevere

10

DE OUTUBRO

Devocional • 283 de 365

[...] muitos dos seus discípulos o abandonaram e já não andavam com ele. Então Jesus perguntou aos doze: — Será que vocês também querem se retirar? Simão Pedro respondeu: — Senhor, para quem iremos? O senhor tem as palavras da vida eterna, e nós temos crido e conhecido que o senhor é o Santo de Deus.

João 6.66-69, ARA

Jesus estava rodeado de gente sincera, de opositores, de oportunistas e de discípulos. Embora explicasse e se identificasse frequentemente, as pessoas não conseguiam – ou não queriam – entender quem Ele era e qual a Sua missão.

Depois de multiplicar pães no deserto, Ele usou figuras de linguagem e afirmou ser a provisão de Deus para a salvação da humanidade. Ele disse: "Eu sou *o pão da vida*".

Alguns já O haviam rejeitado no coração. Outros, que O seguiam de maneira rasa, e escolheram se afastar de Jesus. Os apóstolos, porém, declararam que, embora não entendessem tudo a respeito de Jesus e Suas palavras, ficariam ao lado d'Ele, pois haviam entendido que Jesus era o Messias, o Salvador, o Filho de Deus e o Santo que poderia compartilhar vida eterna.

Nem sempre teremos respostas às situações da vida. Haverá perplexidade, enfermidade, prejuízo, violência, injustiça e momentos em que nos confundiremos com as palavras de Deus, que nos parecerão difíceis de compreender. Ainda assim, devemos ser como Pedro e declarar: "Senhor, para quem iremos? O senhor tem as palavras da vida eterna [...]".

Mesmo na dúvida, permaneceremos fiéis ao Senhor, caminhando com Ele até que possamos enxergar o que acontece com mais clareza.

Devemos ser como Pedro e declarar: "Senhor, para quem iremos? O senhor tem as palavras da vida eterna".

Destaque:
Perseverança

Notas

Vamos orar

Jesus, queremos caminhar Contigo. Sabemos quem Tu és: o Filho de Deus, prometido pelas Escrituras, que, depois de morrer em nosso lugar, ressuscitou e está reinando. Desejamos andar Contigo e seguir-Te, pois somente em Ti encontramos conexão com o Deus Eterno. Amém.

prjosuegoncalves
pra.rousegoncalves

11 DE OUTUBRO

Devocional • 284 de 365

A agenda celestial

Vão vocês para a festa. Eu não vou, porque o meu tempo ainda não se cumpriu. Tendo dito isso, Jesus continuou na Galileia.
João 7.8-9, NAA

Não precisamos aceitar compromissos pressionados, como se o fato de sermos cristãos nos obrigasse a sempre dizer "sim" como forma de amor.

Destaque:
Prioridades

Haviam jurado matar Jesus, por isso Ele procurava andar discretamente. Ainda assim, pregava publicamente, conforme a programação da agenda do Pai para Ele. Em uma famosa festa judaica, que durava vários dias, Jesus foi pressionado por Seus irmãos, filhos de José e Maria, a ir com eles publicamente para a festa. O evangelista João nos esclarece que eles não criam em Jesus, que, por Sua vez, não se via na obrigação de acompanhá-los.

"Quando a festa já estava na metade, Jesus foi ao templo e começou a ensinar" (João 7.14, NAA).

Quando necessário, Jesus se protegia. Ele não andava deliberadamente com quem O rejeitava e perseguia, mesmo que fosse da família. Aliás, o Mestre nos alerta que os membros da família podem ser nossos maiores perseguidores (cf. Mateus 10.36). Não precisamos aceitar compromissos pressionados, como se o fato de sermos cristãos nos obrigasse a sempre dizer "sim" como forma de amor.

O que determinava os convites que Jesus aceitava era a Sua agenda. Ele sabia a hora de ir para a festa. Sabia ainda quando se pronunciar e quando se revelar.

O nosso compromisso como família deve ser crer em Jesus e desfrutar dos rios de água viva que jorram do nosso coração, cheio do Espírito Santo. Devemos viver e nos organizar para servir a Deus em cada decisão, em cada compromisso e em cada encontro, atentando para amar a Deus nos conectando com Ele e para amar quem nos rodeia. Devemos amá-los do jeito de Deus e não como eles demandam ou exigem.

Notas

Vamos orar

Pai de amor, ensina-nos a organizar nosso tempo conforme Tuas prioridades, conforme Tua agenda. Que tenhamos coragem para dizer "não" a quem não anda Contigo e "sim" aos Teus planos de evangelismo e anúncio do Reino. Em nome de Jesus, amém.

@prjosuegoncalves
pra.rousegoncalves

Graça e compromisso

Levantando-se, Jesus perguntou a ela: — Mulher, onde estão eles? Ninguém condenou você? Ela respondeu: —Ninguém, Senhor! Então Jesus disse: — Também eu não a condeno; vá e não peque mais.
João 8.10-11, NAA

A Lei de Moisés previa a execução por apedrejamento do casal flagrado em adultério (cf. Deuteronômio 22.22). Trouxeram a Jesus uma mulher que fora flagrada em adultério. Ou ela adulterava sozinha, ou simplesmente deixaram partir, completamente livre, o homem com quem ela mantinha relações.

Eles queriam encurralar a Jesus. Primeiro, apenas a mulher foi levada a Jesus, e não o casal, o que contrariava a Lei. Segundo, os romanos haviam proibido os israelitas de condenar pessoas à morte (cf. João 18.31). Qualquer decisão tomada por Jesus parecia incriminá-lo, pois se mandasse a mulher embora, seria acusado de não cumprir a Lei de Moisés.

Como sempre, a sabedoria de Jesus o levou a se abaixar e escrever na terra. Não sabemos o que foi escrito, mas temos certeza de que João incluiu essa informação de propósito. Estaria Jesus escrevendo os pecados de cada um deles? Não sabemos.

"Como eles insistiam na pergunta, Jesus se levantou e lhes disse: – Quem de vocês estiver sem pecado seja o primeiro a atirar uma pedra nela" (João 8.7).

A história é conhecida. Ninguém lançou pedra alguma, e a mulher ficou sozinha com Jesus. Ela foi salva da morte iminente. Graça. Favor imerecido. Diante dela, o Sol da justiça a perdoou, mas também a responsabilizou a não pecar novamente. A graça precisa vir acompanhada de responsabilidade.

Precisamos encontrar esse lugar de dependência da graça de Deus para perdão e para santificação. A graça nos livra da condenação eterna e nos conduz, diariamente, à responsabilidade de sermos moldados à imagem do nosso Senhor Jesus Cristo.

Precisamos encontrar esse lugar de dependência da graça de Deus para perdão e para santificação.

Destaque:
Dependência

Notas

Vamos orar

Pai, como Te agradecer pelo perdão? Como aquela mulher, somos dignos de condenação, mas Jesus conteve os acusadores, tomou sobre Si os nossos pecados e não nos condenou. Pelo contrário, empoderou-nos com Teu Espírito para que não pequemos mais. Agradecemos, em nome de Jesus, amém.

prjosuegoncalves
pra.rousegoncalves

13 DE OUTUBRO

Devocional • 286 de 365

Porta para Vida

Eu sou a porta. Se alguém entrar por mim, será salvo; entrará, sairá e achará pastagem. O ladrão vem somente para roubar, matar e destruir; eu vim para que tenham vida e a tenham em abundância.

João 10.9-11, NAA

Jesus faz a mediação entre as criaturas e o Criador, entre os pecadores e um Deus santo, entre os réus culpados e o justo juiz.

Destaque:
Acesso

João, o evangelista, registrou sete declarações de Jesus – os sete "eu sou": O pão vivo que desceu do céu (6.51); a luz do mundo (8.12); a porta do aprisco (10.9); o bom pastor (10.11); a ressurreição e a vida (11.25); o caminho, a verdade e a vida (14.6); e a videira verdadeira (15.1). Vamos conversar sobre a terceira declaração, quando Jesus afirma que Ele é a porta pela qual devem entrar todos os que desejam ser salvos.

"Porta" descreve uma ligação, que conecta um ambiente a outro. Jesus faz a mediação entre as criaturas e o Criador, entre os pecadores e um Deus santo, entre os réus culpados e o justo juiz. Quem entra por Ele deixa de ser apenas uma criatura e se torna filho de Deus. Quem atravessa essa porta – que é Jesus – tem seus pecados perdoados e passa a contar com os créditos conquistados por Jesus. Quem transpõe a Porta é considerado inocente, pois se identifica com Aquele que sofreu a pena em nosso lugar – e, com Ele, morre para o pecado e vive para Deus!

Em contraste com o convite de acesso a Deus por meio de Jesus, há "o ladrão", que representa as inúmeras filosofias falsas, as centenas de religiões e filosofias diferentes, que alegam que Jesus não é a única porta para Deus. Qualquer promessa de vida e realização que não considera Jesus como o único caminho para um relacionamento no qual estamos justificados diante de Deus é promovido pelo "ladrão", e o resultado é roubo, morte e destruição.

Pode parecer excesso de simplificação, mas a sua casa só precisa de uma porta. A família que entra por essa porta encontra descanso para o coração, pois tem segurança, propósito e consolo.

Que o Céu se estabeleça nessa casa que passa pela porta que é Cristo.

Notas

Vamos orar

Deus vivo, obrigado pela bendita mediação de Jesus. Obrigado porque Ele é suficiente para que estejamos em paz Contigo. Que encontremos descanso e consolo, certeza e refrigério em Sua companhia. Que esta casa seja agradável a Ti. Em Cristo, amém.

@ prjosuegoncalves
@ pra.rousegoncalves

Nunca mais morrer

14

DE OUTUBRO

Devocional • 287 de 365

Então Jesus declarou: — Eu sou a ressurreição e a vida. Quem crê em mim, ainda que morra, viverá. E todo o que vive e crê em mim não morrerá eternamente. Você crê nisto?
João 11.25-26, NAA

A três quilômetros de Jerusalém, no povoado de Betânia, morava uma família por quem Jesus nutria especial afeto. João diz que Jesus amava os irmãos Marta, Maria e Lázaro; e sempre que precisava ir a Jerusalém, Jesus se hospedava na casa deles.

Lázaro adoeceu e morreu. Quando Jesus chegou, Seu amigo já estava morto havia quatro dias. Marta, uma das irmãs, conversava com Jesus perplexa. Ela sabia que Ele poderia ter evitado aquela morte, mas agora seu irmão estava enterrado. Foi nesse contexto que Jesus fez uma das declarações mais incríveis e encorajadoras que já se ouviu: "Eu sou a ressurreição". Se alguém que crê n'Ele morrer, voltará à vida para nunca mais morrer! A afirmação é tão extraordinária que Jesus verifica, perguntando diretamente: "Você crê nisto?".

A história é bem conhecida. Jesus foi ao túmulo que prendia Lázaro, mandou que tirassem a pedra que selava o sepulcro e bradou: "Lázaro, venha para fora!" (cf. João 11.43, NAA). Para estarrecimento de todos, o morto há quatro dias saiu da cova, todo enfaixado, talvez saltando com as pernas atadas. Esse milagre de Jesus é um sinal do que acontecerá no final dos tempos (cf. 1Tessalonicenses 4.16).

Devemos viver em família considerando a eternidade e a ressurreição. Este corpo será substituído por um corpo imortal, como o que Jesus adquiriu depois da ressurreição. Lázaro voltou no mesmo corpo e morreu de novo, talvez vários anos depois, mas Jesus é o primeiro dos que morreram e ressuscitarão com corpo eterno. A dor nas costas, no joelho, o colesterol alto, os dentes cariados e todas as enfermidades serão uma história distante de uma realidade que já passou.

Devemos viver em família considerando a eternidade e a ressurreição. Esse corpo será substituído por um corpo imortal, como o que Jesus adquiriu depois da ressurreição.

Destaque:
Ressurreição

Notas

Vamos orar

Deus nosso, ajuda-nos a viver, a fazer planos e a liderar nosso lar com os olhos na eternidade. Que não fiquemos angustiados como quem não tem esperança de ressuscitar e receber um corpo novo. Em nome de Jesus, amém.

@ prjosuegoncalves
@ pra.rousegoncalves

15 DE OUTUBRO

Devocional • 288 de 365

Divinas lágrimas

Quando Jesus viu que ela [Maria] chorava, e que os judeus que a acompanhavam também choravam, agitou-se no espírito e se comoveu. E perguntou: — Onde vocês o puseram [Lázaro]? Eles responderam: — Senhor, venha ver! Jesus chorou.
João 11.33-35, NAA

Deus não garante ausência de dores, mas assegura Sua presença compassiva.

Destaque:
Compaixão

Tendo chegado às suas queridas amigas que haviam perdido o irmão havia quatro dias, Jesus mergulhou no sofrimento humano. Ele ressuscitaria o morto. Ele tinha tudo sob controle e devolveria para aquela família enlutada seu ente querido e amigo de Jesus. Mesmo assim, Jesus não evitou sentir a dor do luto dos presentes. Ele se compadeceu, sofreu com eles e chorou!

Não é incrível saber que, mesmo tendo tudo sob controle, mesmo tendo a salvação futura, na qual Ele recompensará Seus filhos e os consolará de toda dor, Jesus se aproxima das pessoas pronto a compartilhar a dor delas?

Diante da inevitabilidade da dor neste século estragado pelo pecado, Deus não garante ausência de dores, mas assegura Sua presença compassiva. Ninguém precisa sofrer sozinho, basta clamar o nome de Jesus e irá encontrá-Lo sofrendo junto, sentindo o luto, a perplexidade e a tristeza do momento.

Deus deu direito de escolha ao primeiro casal, Adão e Eva. Ele nunca quis uma adoração obrigada, por isso Jesus disse que "os verdadeiros adoradores adorarão o Pai em espírito e em verdade" (João 4.23, NAA), e o salmista disse: "Eu te oferecerei sacrifícios voluntariamente; louvarei o teu nome, ó Senhor, porque é bom" (Salmos 54.6, NAA). Para que Deus pudesse se relacionar com seres que são segundo a Sua imagem e conforme a Sua semelhança, Ele deu à humanidade o poder de rejeitá-Lo – o que aconteceu – e, com isso, toda a criação foi permeada pela catástrofe do pecado.

A dor e o sofrimento são oriundos de uma Terra ferida, de homens pecadores que ferem outros, do próprio pecado e até de Satanás. Deus tem uma boa-nova: Jesus, o Filho de Deus, levou sobre Si os pecados da humanidade, e, n'Ele, todos podemos nos relacionar com Deus, tendo a certeza da Maravilhosa companhia, que duplica as alegrias e divide as dores, ao se colocar compassivamente ao nosso lado.

Notas

Vamos orar

Jesus, querido Mestre, Tu ainda sofres conosco, intercedes por nós junto ao Pai e Te compadeces de nós. Obrigado por Tua maravilhosa companhia, na pessoa do Santo Espírito. Que esta casa Te conheça e desfrute de Ti todos os dias. Amém

prjosuegoncalves
pra.rousegoncalves

Jesus defende os d'Ele

— Por que este perfume não foi vendido por trezentos denários e o valor não foi dado aos pobres? Mas Jesus disse: — Deixe-a! Que ela guarde isto para o dia do meu sepultamento.
João 12.5,7, NAA

16
DE OUTUBRO

Devocional • 289 de 365

"Seis dias antes da Páscoa, Jesus foi para Betânia, onde estava Lázaro, a quem ele havia ressuscitado dentre os mortos. Prepararam-lhe, ali, uma ceia. Marta servia, e Lázaro era um dos que estavam à mesa com Jesus. Então Maria, pegando um frasco de perfume de nardo puro, muito precioso, ungiu os pés de Jesus e os enxugou com os seus cabelos. E toda a casa se encheu com o cheiro do perfume" (João 12.1-3, NAA).

Diante dessa expressão de amor, Judas ficou irritado. Indignou-se com o que considerava um "desperdício" daquele perfume caríssimo derramado e que não viria para o seu bolso desonesto. Ele se opôs abertamente à adoração de Maria e a repreendeu publicamente. Mas quem escolhe investir em Jesus experimenta a proteção d'Ele.

Podemos nos lembrar de outro momento, quando Maria estava assentada aos pés de Jesus para ouvir os ensinamentos d'Ele, e sua irmã, Marta, também ficou incomodada e pediu que Jesus ordenasse a Maria que saísse do Seu lado e fosse ajudá-la com as tarefas. Jesus também se opôs abertamente e defendeu Maria. Ele disse que Maria havia escolhido "a boa parte" e, o mais impressionante, completou Ele: "e essa não lhe será tirada!".

Maria adorou ao Senhor de maneira singular. Além de defendê-la, Jesus lhe garantiu um nome na história: "Em verdade lhes digo que, onde for pregado em todo o mundo o evangelho, também será contado o que ela fez, para memória dela" (Marcos 14.9, NAA).

Que tenhamos essa prioridade em nossa casa. O mais importante investimento é em pessoas, principalmente na Pessoa perfeita, que é Jesus! Passar tempo com Ele e caminhar com Ele deve ser o nosso ideal de vida.

Quem escolhe investir em Jesus experimenta a proteção d'Ele.

Destaque:
Confiança

Notas

Vamos orar

Pai, ajuda-nos a priorizar-Te como Maria fazia. Coloca em nós uma inclinação para esse relacionamento. Que toda a nossa casa invista o melhor de seus dias em caminhar Contigo e em adorar-Te. Em nome de Jesus, amém.

@prjosuegoncalves
@pra.rousegoncalves

17
DE OUTUBRO
Devocional • 290 de 365

A dor da traição

Depois de dizer isso, Jesus se angustiou em espírito e afirmou:
— Em verdade, em verdade lhes digo que um de vocês vai me trair.
João 13.21, NAA

Jesus conhece a profunda e devastadora dor de ser traído. Ele pode se compadecer, sabe como interceder e Ele está com você agora.

Destaque:
Deslealdade

Notas

Jesus estava a poucas horas de ser preso, julgado injustamente, torturado, exposto, humilhado e pregado em uma cruz. Mas, o pior, Ele levaria sobre Si os pecados da humanidade e atrairia sobre Si a ira de Deus contra os pecados da raça humana, ficando, assim, desamparado pelo Pai. Ele sabia de tudo isso, mas, "como ovelha muda diante dos seus tosquiadores" (Isaías 53.7, NAA), seguia corajosamente Seu destino.

Antes, porém, Ele teria um momento pelo qual esperara com santa expectativa: a última Ceia; e, enquanto desfrutava daquele momento tão esperado, Ele angustiou-se, Seu interior se afligiu, e a pressão interna foi tão grande que ele interrompeu o agradável momento à mesa para avisar que seria traído. Ele quis deixar claro a todos que nada daquilo lhe foi surpresa; e deu ao traidor a oportunidade de se arrepender e voltar atrás. Jesus afirmou: "O Filho do Homem vai, como está escrito a seu respeito; mas ai daquele por quem o Filho do Homem está sendo traído! Melhor seria para ele se nunca tivesse nascido!" (Mateus 26.24, NAA).

Quando chegou o derradeiro momento, no jardim do Getsêmani, quando Judas se aproximou de Jesus e "disse: Salve, Mestre! E o beijou" (Mateus 26.49, NAA), Jesus lhe disse: "Amigo, o que você veio fazer?" (Mateus 26.50, NAA); "– Judas, com um beijo você trai o Filho do Homem?" (Lucas 22.48, NAA). O Senhor ainda buscava alcançar o coração traidor. As profecias se cumpririam, e Judas, aliado de Satanás, usaria da confiança que Jesus depositara nele para indicar qual daqueles homens no jardim era Jesus.

Jesus conhece a profunda e devastadora dor de ser traído. Ele pode se compadecer, sabe como interceder e Ele está com você agora. A culpa da traição é do traidor, não de Jesus nem de quem é traído. Apegue-se ao Senhor, receba o consolo e perdoe.

Vamos orar

Jesus, nosso Senhor, Tu não merecias, e foste traído. Pagaste o preço da traição de Adão, sofreste a traição de Judas e do povo judeu que clamou por Tua crucificação. Ajuda-nos a lidar com a traição e a perdoar. Em Teu nome oramos, amém.

O único caminho

Respondeu-lhe Jesus: Eu sou o caminho, e a verdade, e a vida; ninguém vem ao Pai senão por mim.
João 14.6, ARA

18
DE OUTUBRO
Devocional · 291 de 365

O cardápio politeísta se apresenta à nossa geração. Cada um escolhe um deus segundo as suas preferências e vícios. Há quem prefira adorar a si mesmo e cai na "inocente" armadilha da superstição. Tal ambiente se ressente da verdade absoluta proferida com tanta clareza por Alguém que veio do Céu e para lá voltou. O único homem de quem se tem notícia de que ressuscitou dos mortos e vive através dos séculos.

Esse homem é Jesus, o Filho de Deus. Aquele que é como Deus e que é Deus, que participou de todo processo da Criação e existe antes de qualquer elemento criado. Esse Jesus mantém o Universo funcionando pela palavra do Seu poder. Sem Ele, as leis fundamentais não existiriam, e o Universo entraria em colapso.

O Messias, o Filho de Deus, se fez gente para religar a humanidade com Deus. Qualquer outro caminho é uma mentira grosseira elaborada pelo Inimigo de Deus, cujo desejo é arrastar consigo o maior número possível de pessoas para que, de maneira sádica, compartilhem consigo da condenação eterna.

Por isso, não devo me encolher, corar ou me desculpar por declarar que Jesus é o único caminho para "ficar de bem" (ser justificado) com Deus. "Pois não me envergonho do evangelho, porque é o poder de Deus para a salvação de todo aquele que crê [...]" (Romanos 1.16, NAA).

Qualquer outro caminho é uma mentira grosseira desenvolvida pelo Inimigo de Deus.

Destaque:
Absoluto

Notas

Vamos orar

Obrigado, Pai, por teres providenciado um meio de permanecermos conectados Contigo, sem dívidas e aguardando a herança que Jesus conquistou para nós. Dá-nos poder para testemunhar e levar muitos a conhecer-Te. Em nome de Jesus, amém.

prjosuegoncalves
pra.rousegoncalves

19
DE OUTUBRO

Devocional • 292 de 365

Conexão vital

Eu sou a videira, vocês são os ramos. Quem permanece em mim, e eu, nele, esse dá muito fruto; porque sem mim vocês não podem fazer nada.
João 15.5, NAA

Ele [Jesus] destaca que Deus é homenageado e se agrada quando essas evidências são numerosas e inquestionáveis.

Destaque:
Conexão

Notas

O Mestre estava a caminho do Getsêmani. De lá, seguiria para torturas, julgamentos fraudados e manipulados e, por fim, uma das maneiras mais torturantes de execução inventadas pela humanidade: a crucificação.

Ao sair do terraço de uma casa (cenáculo), onde havia celebrado a última[1] refeição com Seus discípulos. Eles atravessaram o Vale do Cedrom (cf. João 18.1) em direção ao Getsêmani, onde poderia haver vastas plantações de uva.

Nesse contexto, Jesus contou uma parábola na qual Deus era o agricultor, Ele era a videira e os discípulos, os galhos, de onde brotam as uvas. Ele exortou os discípulos a permanecerem n'Ele para frutificar. Os frutos são evidências de uma vida conectada com Deus por meio de Cristo.

O Mestre ressalta a importância da Palavra de Deus para limpar o cristão. Ele destaca que Deus é homenageado e se agrada quando essas evidências são numerosas e inquestionáveis – o que evidencia que são discípulos de Jesus.

Amar o próximo e viver conforme os padrões de Deus são parte de permanecer n'Ele. Uma vida de dependência de Cristo, espelhada pela oração e pelo estudo das Escrituras, é o primeiro passo para a permanência. Essa vida em Cristo nos levará ao amor prático e servil, no qual cada membro da família fará a sua parte, promovendo o Céu em casa.

[1] Depois, com o corpo ressuscitado e glorificado, Jesus ainda faria refeições com os seus discípulos.

Vamos orar

Jesus, queremos permanecer em Ti. Não queremos ser enganados e pensar que conseguimos viver sem Ti, ou fazer Tua obra sem Tua presença. A verdade é que, sem Ti, NADA podemos fazer. Por isso, voltamo-nos a Ti e pedimos: conecta-nos a Ti por Tua graça e misericórdia. Amém.

@prjosuegoncalves
@pra.rousegoncalves

Casamento em crise

Ora, o Espírito afirma expressamente que, nos últimos tempos, alguns apostatarão da fé, por obedecerem a espíritos enganadores e a ensinos de demônios, pela hipocrisia dos que falam mentiras e que têm a consciência cauterizada, que proíbem o casamento.
1Timóteo 4.1-3, NAA

20
DE OUTUBRO
Devocional • 293 de 365

Quando o apóstolo Paulo escreveu sua carta ao discípulo Timóteo, no primeiro século da era cristã, previu como seriam os últimos tempos. A descrição dos ensinos heréticos combina com a "outra doutrina" (cf. 1Timóteo 1.3) que Timóteo deveria combater e que já trazia as sementes do que Paulo profetizou para um futuro próximo de Timóteo e para um futuro distante, que seria o século 21.

No tempo do fim, haverá apostasia, afastamento, abandono da fé causado por ensinos de seres espirituais da maldade que selecionam seus "mestres", criam filosofias, manipulam a cultura e mentem deliberadamente. Seja se fazendo cristão para introduzir heresias dentro da igreja ou assumindo a postura anticristã de combate aos valores cristãos, que já contam com apoio estatal.

"Quer percebamos, quer não, estamos envolvidos em um conflito espiritual cósmico entre Deus e Satanás, no qual casamento e família são áreas de suma importância dentro das quais são travadas batalhas espirituais e culturais".[1] A causa da confusão é espiritual e não cultural, portanto, a solução é espiritual. Devemos voltar ao que Deus diz sobre o casamento e permitir que os padrões divinos dirijam a nossa vida e nossas decisões.

"Quer percebamos, quer não, estamos envolvidos em um conflito espiritual cósmico entre Deus e Satanás, no qual casamento e família são áreas de suma importância dentro das quais são travadas batalhas espirituais e culturais".

Destaque:
Combate

Notas

[1] Köstenberger, Andreas J. *Deus, casamento e família: reconstruindo o fundamento bíblico*. São Paulo: Vida Nova, 2015, p. 20.

Vamos orar

Pai Santo, Tu instituíste a família, que é parte fundamental de Teu projeto de implantação do Teu Reino na Terra. Pedimos que nos ensines a viver como Tu esperas, e não conforme as exigências da nossa cultura. Queremos agradar-Te e experimentar Teu plano, Tua cultura e Tua presença dentro de nossa casa. Pedimos em nome de Jesus, amém.

prjosuegoncalves
pra.rousegoncalves

21

DE OUTUBRO

Devocional • 294 de 365

O que é casamento

Disse mais o Senhor Deus: Não é bom que o homem esteja só; far-lhe-ei uma auxiliadora que lhe seja idônea.
Gênesis 2.18, ARA

Assim, o casamento é uma aliança sagrada, uma instituição divina monogâmica, heterossexual, vitalícia e exclusiva.

Destaque:
Aliança

Notas

Como os seres humanos foram criados para cumprir o mandato de Deus de dominar e sujeitar a Terra, o casamento foi o maravilhoso recurso de auxílio mútuo, sinergia e multiplicação estabelecido pelo Criador. Assim, o casamento foi criado por Deus para que o homem tivesse companhia e pudesse cumprir adequadamente o seu propósito com uma mulher, que seria essencialmente igual, mas com atribuições diferentes das dele.

A iniciativa do projeto veio do Senhor Deus, que sabia não ser possível ao homem realizar sozinho o desafio de representá-Lo e de multiplicar-se. Além dos aspectos emocional e relacional, implícitos na afirmação da narrativa que "para o homem não se achava uma auxiliadora que fosse semelhante a ele" (Gênesis 2.20), houve a sumária, porém eloquente, comemoração de Adão ao ver Eva: "Esta, afinal, é osso dos meus ossos e carne da minha carne; será chamada varoa, porque do varão foi tirada" (Gênesis 2.23). Ele já vinha dando nome a todos que encontrava e aproveitou para dar nome àquele espetáculo de criatura.

Assim, o casamento é uma aliança sagrada, uma instituição divina monogâmica, heterossexual, vitalícia e exclusiva, que visa a complementação um do outro e o cumprimento da missão de Deus de multiplicação e representação. O casal passa a ter uma união profunda e indissolúvel, com a fusão dos sonhos, projetos, propósitos e dos corpos que se unem sexualmente. O casamento deve refletir a união entre Cristo e Sua igreja com um amor sacrificial, fiel e operacional.

Casamento não é invenção humana e não deve ser vivido segundo os padrões mundanos. Quem se casa, o faz perante Deus e tem compromissos familiares, sociais e comunitários que vão muito além do amor entre os dois.

Vamos orar

Senhor Deus, sabemos que há recursos em Ti para obedecermos às Tuas ordens de fidelidade e amor vitalício para com nosso cônjuge. Renova o amor, desabrocha o perdão, muda nossa perspectiva e permite que experimentemos o que Tinhas em mente ao estabelecer tão excelente projeto. Em nome de Jesus, amém.

@ prjosuegoncalves
@ pra.rousegoncalves

Inimigos do casamento

Jesus respondeu: — Vocês não leram que o Criador, desde o princípio, os fez homem e mulher e que disse: "Por isso o homem deixará o seu pai e a sua mãe e se unirá à sua mulher, tornando-se os dois uma só carne"? De modo que já não são mais dois, porém uma só carne. Portanto, que ninguém separe o que Deus ajuntou.
Mateus 19.4-6, NAA

22
DE OUTUBRO
Devocional • 295 de 365

O pecado estragou e distorceu o maravilhoso projeto de Deus. Homem e mulher andavam em perfeita harmonia com Deus e um com o outro, assim, eles tinham toda a criação cooperando com eles para realizar os propósitos de Deus. Mas o Diabo semeou a desconfiança, que se tornou pecado e aumentou exponencialmente a suspeita sobre Deus e o cônjuge. A Terra se contorceu com o veneno do pecado e ainda agoniza, opondo-se ao homem.

Caim matou Abel, os homens passaram a oprimir as mulheres, que se dispuseram a competir, já que não era mais possível confiar. A confusão dos papéis, a poligamia, o adultério, o divórcio e a homossexualidade se apresentaram como inimigos do casamento e como opositores ao bem da humanidade, já que o projeto perfeito de Deus incluía um casamento monogâmico, heterossexual, fiel e vitalício.

Sem que faça as pazes com Deus por meio do sacrifício de Jesus e da fé em Seu gracioso Evangelho, o ser humano não consegue se relacionar adequadamente um com o outro, torna-se escravo de todo tipo de pecado, sendo arrastado ao adultério, à perversão e à homossexualidade. A família sofre, e os filhos gemem sob os abusos dos padrastos e do abandono. Fica cada vez mais difícil resistir aos ímpios, que desenvolvem filosofias que cobrem com açúcar a gororoba venenosa a escravidão sexual.

A boa notícia é que Cristo venceu o pecado, venceu o mundo e podemos, n'Ele, vencer também. Ele nos dá o Seu Espírito, que instrui e dá poder para nos tornarmos filhos de Deus.

A confusão dos papéis, a poligamia, o adultério, o divórcio e a homossexualidade se apresentaram como inimigos do casamento e como opositores ao bem da humanidade.

Destaque:
Resiliência

Notas

Vamos orar

Pai, obrigado porque Jesus nos libertou, e agora podemos investir em nosso casamento, combatendo os inimigos com a Palavra da verdade, a comunhão Contigo e com Teu povo. Em Cristo, Te louvamos. Amém.

23

DE OUTUBRO

Devocional • 296 de 365

Humanismo e sodomia

Por causa disso, Deus os entregou a paixões vergonhosas. Porque até as mulheres trocaram o modo natural das relações íntimas por outro, contrário à natureza.
Romanos 1.26, NAA

Embora se digam sábios, são tolos para Deus, pois deixaram de adorá-Lo para idolatrar gente, moda, religiões, bandas, corpos e até animais e deuses bizarros.

Destaque:
Sodomia

Notas

Ao escrever a carta aos romanos, o apóstolo Paulo declara que a justa ira de Deus está sobre a humanidade que O rejeita, que não Lhe dá honra e não Lhe obedece. Além disso, aponta que os homens "[...] se tornaram nulos em seus próprios raciocínios, e o coração insensato deles se obscureceu" (cf. Romanos 1.21, NAA). Embora se digam sábios, são tolos para Deus, pois deixaram de adorá-Lo para idolatrar gente, moda, religiões, bandas, corpos e até animais e deuses bizarros.

"Eles trocaram a verdade de Deus pela mentira, adorando e servindo a criatura em lugar do Criador" (Romanos 1.25, NAA) e, como resultado, o próprio Criador os entregou "sob custódia" para as "paixões infames", vergonhosas, desgraçadas e antinaturais. Tornaram-se escravos de seus desejos pervertidos; e mulheres se envolveram sexualmente com mulheres, assim como os homens com homens. A idolatria dá as costas para Deus e traz consigo seu terrível equipamento de adoração: perversão sexual, engano, promessas vazias, demônios e entidades.

Nada disso é novidade. Na Roma do primeiro século, tais práticas eram comuns, mas as perversões parecem tão antigas quanto a humanidade pecadora. Ainda nos tempos de Abraão, uma cidade inteira foi destruída por sua ganância, opressão e perversão. Cerca de dois mil anos antes de Cristo, Sodoma se tornou referência de pecado e juízo. O texto de Gênesis 13.13 descreve os habitantes da cidade como "grandes pecadores".

A boa-nova é que, uma vez invertido o processo, voltando o coração para Deus com uma teologia bíblica, rendendo-se ao Seu cuidado e adorando o Seu Filho, o poder do Santo Espírito capacita e conduz a uma nova vida que flui e reprograma crenças, paixões, sentimentos e valores, que refaz os compromissos, trazendo um novo estilo de vida, que é conforme o projeto de Deus.

Vamos orar

Senhor, toma conta de nós por completo. Se há alguma área de nossa vida que ainda não rendemos a Ti, mostra-nos e perdoa-nos. Queremos renunciar a nossos ídolos — tanto aquilo que tememos perder quanto aquilo que desejamos intensamente obter. Em nome de Jesus, amém.

Cultura de Sodoma

Por causa disso, Deus os entregou a paixões vergonhosas. Porque até as mulheres trocaram o modo natural das relações íntimas por outro, contrário à natureza.
Romanos 1.26, NAA

24
DE OUTUBRO

O juízo da cidade de Sodoma é narrado em Gênesis. A primeira referência à cidade aparece no contexto do estabelecimento dos limites da terra dos cananeus e continua com o relato do sobrinho de Abraão, Ló, mudando-se para lá. Sodoma é descrita como sendo habitada por "grandes pecadores contra o Senhor".

Enquanto Deus compartilha com Abraão que pretende destruir a cidade, declara que "[...] o clamor de Sodoma e Gomorra tem-se multiplicado, e o seu pecado se tem agravado muito". Abraão intercede pela cidade, mas Deus deixa claro que não havia sequer 10 justos na cidade. Os anjos entram na cidade, e a narrativa destaca os graves pecados. Os homens da cidade, de crianças a idosos, cercaram a casa de Ló e exigiram que os dois visitantes fossem entregues a eles para que abusassem sexualmente deles.

A pedofilia está implícita, já que as crianças fariam parte do estupro coletivo sobre homens que sofreriam violência sexual de outros homens. As filhas de Ló foram desprezadas, pois a perversão consistia em violar homens que não compartilhavam da mesma prática. Os anjos cegaram os habitantes de Sodoma, que não conseguiram invadir a casa e, na sequência, a cidade foi destruída com fogo e enxofre ardente caindo do céu.

Quadro semelhante se descortina diante de nós. Os estabelecimentos de ensino têm exposto crianças cada vez mais jovens a conteúdos pervertidos. Os múltiplos casamentos e relacionamentos desordenados multiplicam os abusos, que se desdobram em prática homossexual na vida adulta. A sociedade sodomita não somente pratica, mas impõe violentamente aos outros suas perversões.

Quadro semelhante se descortina diante de nós. Os estabelecimentos de ensino têm exposto crianças cada vez mais jovens a conteúdos pervertidos.

Destaque:
Cultura

Notas

Vamos orar

Senhor, dá-nos coragem, determinação e sabedoria. Neste tempo do fim, em que uma cultura sodomita cerca a Igreja e ataca a família. Que cumpramos Teu mandato e proclamemos Teu evangelho bendito, fazendo, batizando e ensinando filhos-discípulos em Teus caminhos. Em Cristo, amém.

@prjosuegoncalves
@pra.rousegoncalves

25
DE OUTUBRO

Devocional • 298 de 365

Proibição à sodomia

Ou vocês não sabem que os injustos não herdarão o Reino de Deus? Não se enganem: nem imorais, nem idólatras, nem adúlteros, nem afeminados, nem homossexuais, nem ladrões, nem avarentos, nem bêbados, nem maldizentes, nem roubadores herdarão o Reino de Deus. Alguns de vocês eram assim. Mas vocês foram lavados, foram santificados, foram justificados no nome do Senhor Jesus Cristo e no Espírito do nosso Deus.
1Coríntios 6.9-11, NAA

Quem deseja saber qual é a vontade de Deus, pode consultá-la na eterna, inerrante, imutável e infalível Palavra de Deus.

Destaque:
Proibição

Notas

A família vem sendo atacada há décadas. O adultério e o sexo antes do casamento têm sido vendidos como prática comum e tolerável – em alguns casos, até desejável. Na esteira da cultura anticristã, a homossexualidade ganhou destaque, com seus pressupostos sendo amplamente promovidos na agenda dos produtores de filmes e séries, inseridos nas casas legislativas e invadido as instituições de ensino.

A lista na qual "afeminados e homossexuais" estão inseridos aborda outros pecados, como fornicação, idolatria, adultério, roubo, usura, bebedice, difamação e roubo. Talvez chegue o dia em que a sociedade celebre todos esses pecados como virtude; mas quem deseja saber qual é a vontade de Deus, pode consultá-la na eterna, inerrante, imutável e infalível Palavra de Deus.

A palavra "afeminado" é tradução de *malako*, jovens macios e tenros que se submetiam a outros homens para serem sexualmente possuídos. A palavra "homossexuais" é tradução de *arsenokoites*, composta por *arsen* (macho) e *koite* (coito). Pode significar alguém que se deita com homem e com mulher, sodomita. Ao citar *malakos* e *arsenokoites*, Paulo denuncia a homossexualidade passiva e ativa, deixando claro que é pecado. Quem pratica abertamente, quem considera correto ou quem está de bem com esse pecado não nasceu de novo e não herdará o Reino de Deus, pois: "Todo aquele que é nascido de Deus não vive na prática de pecado; pois o que permanece nele é a divina semente; ora, esse não pode viver pecando, porque é nascido de Deus" (1João 3.9, ARA).

Vamos orar

Senhor Deus, obrigado pela clareza de Tua Palavra. Conduze-nos a viver corajosamente neste mundo, declarando a verdade. Em Cristo, amém.

Sexo precoce

Fugi da impureza. Qualquer outro pecado que uma pessoa cometer é fora do corpo; mas aquele que pratica a imoralidade peca contra o próprio corpo. Acaso, não sabeis que o vosso corpo é santuário do Espírito Santo, que está em vós, o qual tendes da parte de Deus, e que não sois de vós mesmos?

1Coríntios 6.18-19, ARA

26

DE OUTUBRO

Uma pesquisa realizada pelo Ministério da Saúde revela que 30% dos adolescentes entre 13 e 15 anos já iniciaram a vida sexual. O índice de gravidez na adolescência no Brasil está bem acima da média mundial. Além disso, cerca de 66% dessas gestações não são planejadas e 75% dessas jovens mães abandona a escola. Essa iniciação precoce pode levar a uma série de problemas, como gravidez indesejada e doenças sexualmente transmissíveis (DSTs).[1] Muitas mães decidem matar o bebê no ventre e levam essa culpa para a vida adulta.

Precisamos falar sobre sexo com nossos filhos. O melhor momento é quanto eles perguntam. Quando percebemos que estão com dúvidas ou já recebendo informações de outras fontes, é uma boa oportunidade. O Estado tem antecipado cada vez mais a abordagem desse assunto nas instituições de ensino, alegando que a criança / adolescente deve ser informada e se prevenir praticando "sexo seguro". Devemos chegar antes e contar para os pequenos o belo plano de Deus para o sexo no contexto de uma aliança, do casamento e da reprodução, o que viabiliza o Seu maravilhoso projeto de encher a Terra com representantes de Deus.

Precisamos falar sobre sexo com nossos filhos. O melhor momento é quanto eles perguntam. Quando percebemos que estão com dúvidas ou já recebendo informações de outras fontes, é uma boa oportunidade.

Destaque:
Antecipação

Notas

[1] Disponível em: <https://www.gov.br/mdh/pt-br/assuntos/noticias/2020-2/fevereiro/campanha-visa-reduzir-altos-indices-de-gravidez-precoce-no-brasil?formCode=MG0AV3>. Acesso em: 21 nov 2024.

Vamos orar

Senhor, queremos consagrar os nossos filhos ao Senhor. Proteja-os das armadilhas mundanas. Dê-nos sabedoria e graça para ensinar a eles o Seu maravilhoso projeto para o sexo, incentivando-os a esperar o momento certo. Pai querido, que sejamos abertos e amorosos para ouvir as dúvidas e inseguranças de nossos filhos como o Senhor faz conosco, com toda graça e entendimento. Agradecemos pela dádiva de sermos pais. Em nome de Jesus, amém.

27

DE OUTUBRO

Crianças abusadas

Traze para fora o homem que entrou em tua casa,
para que abusemos dele.
Juízes 19.22, ARA

Não podemos mudar as circunstâncias ou as pessoas, mas podemos ser cautelosos e vigilantes.

Destaque:
Vigilância

Notas

No Brasil, entre 2015 e 2021, 80 crianças / adolescentes foram abusados por dia. No total, mais de 200 mil crianças que carregarão traumas pela vida toda. Elas são expostas, na maioria das vezes, a estupro, a algum tipo nefasto de assédio sexual ou à pornografia. Há inúmeras maldades no mundo, e essas são as mais cometidas. A maioria dos abusadores eram familiares. Amigos e conhecidos vêm em seguida nas estatísticas. A residência e a escola são os locais mais comuns.[1]

Vivemos em um mundo caído e o livro de Gênesis mostra como os habitantes de Sodoma exigiam que os hóspedes de Ló lhes fossem entregues para serem violentados. No livro de Juízes, é narrada uma história semelhante em que um bando desocupado também cercou uma casa e exigiu que o visitante lhes fosse entregue para ser violentado. Não podemos mudar as circunstâncias ou as pessoas, mas podemos ser cautelosos e vigilantes.

Diante disso, cada situação cotidiana deve ser vista como um perigo em potencial, independentemente da idoneidade do "responsável". Faça o que puder para estar presente, ausentar-se por pouco tempo e nunca deixar dormir fora de casa. A infância passa rapidamente e você não se arrependerá de ter tomado cuidados. A criança precisa ser instruída previamente a não permitir aproximações, toques e intimidades. Ressalte que, se a pessoa pedir segredo, aí mesmo é que a criança deve relatar. Prepare os pequenos para o pior e seja excessivamente cauteloso. Nunca os exponha. Entre uma oportunidade de emprego e a segurança dos filhos, escolha a segunda.

[1] Disponível em: <https://g1.globo.com/politica/noticia/2023/05/18/brasil-registrou-2029-mil-casos-de-violencia-sexual-contra-criancas-e-adolescentes-de-2015-a-2021-diz-boletim.ghtml>. Acesso em: 21 nov 2024.

Vamos orar

Pai Santo, tem misericórdia de nós. Permite que não façamos parte das terríveis estatísticas de abuso. Ensina-nos a ser vigilantes e sábios. Guarda nossa casa, protege nossos filhos e permite que eles passem por esse delicado período sem sofrer abusos. Em nome de Jesus, amém.

Pais e filhos de bem

Ele converterá o coração dos pais aos seus filhos
e o coração dos filhos aos seus pais [...].
Malaquias 4.6, NAA

E irá adiante do Senhor no espírito e poder de Elias,
para converter o coração dos pais aos filhos [...].
Lucas 1.17, NAA

28
DE OUTUBRO
Devocional • 301 de 365

Deveria ser normal ter um coração totalmente voltado aos filhos e aos pais, afinal, os pais dedicam muito de seu tempo e recursos para criar os filhos. Estes, por sua vez, já nascem com um desejo de se conectar aos pais. Porém, a desconfiança na bondade de Deus levou o primeiro casal a pecar, contaminando todos os relacionamentos.

Os filhos desconfiam do amor dos pais e têm queixas, demandas e críticas, que comprometem o relacionamento. Os pais, por sua vez, esperam gratidão, reconhecimento e admiração dos filhos, e, quando não conseguem isso, se ressentem. Assim, pais e filhos concluem de maneira errada que não são amados.

A única pessoa que consegue amar perfeitamente é Deus. Ele é o Pai perfeito, e Jesus é o filho-modelo. Por meio de Jesus, podemos saciar nossa carência paterna ao nos deliciarmos no Pai eterno. Para sermos filhos melhores, podemos aprender com o Filho de Deus, que nos habita por meio do Seu Santo Espírito. Este, faz uso das Escrituras para nos reprogramar e dar poder para amar e testemunhar do nosso relacionamento com Deus Pai.

Devemos pedir perdão e perdoar nossos filhos e pais. Eles amam como podem, e nós também amamos de modo imperfeito. Por meio de Cristo, podemos nos amar mais e melhor.

A única pessoa que consegue amar perfeitamente é Deus. Ele é o Pai perfeito, e Jesus é o Filho-modelo.

Destaque:
Conversão

Notas

Vamos orar

Pai Santo, obrigado porque restauraste nossa confiança e nossa fé em Ti, o Deus todo-poderoso, cheio de bondade e bons planos para nós. Converte nosso coração aos filhos e aos pais. Tu nos aceitaste quando ainda éramos pecadores. Ajuda-nos a perdoar e a pedir perdão. Em Cristo, amém.

prjosuegoncalves
pra.rousegoncalves

29

DE OUTUBRO

Devocional • 302 de 365

Audição amorosa

Saibam, porém, que o SENHOR distingue para si o piedoso;
o SENHOR me ouve quando eu clamo por ele.
Salmos 4.3, NAA

Como pais, somos convidados a representar o Deus Pai diante de nossos filhos. Ele é um Pai que ouve, recebe e acolhe.

Destaque:
Acolhimento

A certeza de sermos ouvidos por Deus nos traz grande encorajamento. Como pode uma pessoa tão importante, ocupada e dotada de tanta responsabilidade como o Deus criador e mantenedor do Universo ouvir a mim? Sou alvo do amor de Deus por causa do caráter d'Ele, não do meu desempenho. Posso ter acesso a Deus a qualquer momento, e o autor de Hebreus nos convida: "Portanto, aproximemo-nos do trono da graça com confiança, a fim de recebermos misericórdia e encontrarmos graça para ajuda em momento oportuno" (Hebreus 4.16, NAA).

Como pais, somos convidados a representar o Deus Pai diante de nossos filhos. Ele é um Pai que ouve, recebe e acolhe. Assim como nós precisamos da presença de Deus para abrir o coração, contar para Ele como nos sentimos e pedir ajuda, os filhos deveriam ter esse mesmo acesso a nós. Embora imperfeitos, nós podemos ser para os filhos os ouvidos e os braços do Pai.

Chama atenção a ousadia de Davi quando faz perguntas como: "até quando te esquecerás de mim?" (Salmos 13.1, NAA); "até quando o meu inimigo se exaltará sobre mim?" (Salmos 13.2, NAA). Deus entende que o salmista está expressando a sua dor e a está fazendo diante d'Ele! Assim também nossos filhos vêm contar para nós, ou se queixar, e não o fazem de maneira doce, muitas vezes. Precisamos aprender a ouvir, a processar o que dizem, a fazer novas perguntas, a nos identificar com o filho, a consolar, a encorajar e, por fim, a instruir e direcionar.

Notas

Vamos orar

Pai, queremos aprender a ouvir sem nos ofender tão rapidamente com um tom de voz, uma palavra mal colocada ou uma expressão facial que nos perturba. Dá-nos Tuas características amorosas para ouvirmos com amor e nos colocarmos no lugar de nossos filhos. Que sejamos instrumentos Teus para consolar e instruir. Em nome de Jesus, amém.

@ prjosuegoncalves
@ pra.rousegoncalves

Dose extra de amor

Bondoso e compassivo é o Senhor,
tardio em irar-se e grande em misericórdia.
Salmos 145.8

30
DE OUTUBRO
Devocional • 303 de 365

Os adolescentes estão debaixo de forte pressão social. A cultura deste mundo entra com força em nossa casa através da internet, que traz uma infinidade de conteúdos, muitos deles distorcidos e nocivos. Em pleno processo de transição da idade infantil para a adulta, tendo o corpo efervescendo de hormônios e sofrendo alterações, os adolescentes costumam buscar novas fontes de informação para estabelecerem sua identidade.

O mundo pressiona com modelos de sexualidade fluidos e famílias alternativas, imputando rótulos pejorativos aos padrões tradicionais de família. O mundo ataca a cultura do Reino de Deus e o faz sem filtro.

Esse é um momento delicado em que o adolescente consolidará seus valores no Senhor e se "reconverterá" ou decidirá experimentar o jeito do mundo. Os pais não controlam a decisão, mas podem acolher, compreender, participar e se empenhar para representar bem a Deus, de modo que o filho possa escolher a Cristo e Seus padrões.

Por misericórdia, os pais redobrarão a atenção e regularão o consumo de "lixo" pelos filhos. Proibir e regular é essencial no processo de educação, bem como oferecer conteúdo e o próprio tempo para a convivência intencional formativa. Devemos ser instrumentos de Deus por meio de Sua bondade, colocar-nos no lugar dos filhos, não romper o relacionamento com eles no coração e dar doses extra de amor nessa fase tão delicada.

Trabalhe com dois extremos: atenção e limites. Ame, abrace, ouça e paparique, mas estabeleça limites claros de horário, de acesso e de companhias, e conduza deliberadamente ao convívio dos santos na igreja. Adquira livros, Bíblias, canais de assinatura de filmes edificantes e faça o que for necessário para que o seu filho se decida por Cristo.

Por misericórdia, os pais redobrarão a atenção e regularão o consumo de "lixo" pelos filhos.

Destaque:
Dobrado

Notas

Vamos orar

Pai, só Tu és verdadeiramente bom. Só Tu sentes as dores de nossos filhos e és paciente com eles. Que possamos conduzi-los a Ti, representando-Te adequadamente, e que esses filhos que são Teus e nossos escolham servir ao Todo-Poderoso. Em nome de Jesus, amém.

prjosuegoncalves
pra.rousegoncalves

31

DE OUTUBRO

Devocional • 304 de 365

Paternidade é missão

Assim Deus criou o ser humano à sua imagem, à imagem de Deus o criou; homem e mulher os criou. E Deus os abençoou e lhes disse: — Sejam fecundos, multipliquem-se, encham a terra e sujeitem-na.
Gênesis 1.27-28, NAA

Educar, discipular, amar, proteger, ensinar, encorajar, orar, interceder, conversar, ouvir, sorrir, celebrar e lamentar são parte do incrível e desafiador projeto de preparar cópias de Cristo.

Destaque:
Missão

Na missão de Deus para a humanidade, estava incluída a multiplicação. Homens e mulheres, imagem de Deus, deveriam encher toda a Terra com representantes do Altíssimo. O amor e o cuidado do Criador deveriam refletir a Sua glória por toda parte. Adão e Eva pecaram, e a imagem de Deus foi comprometida. Ainda assim, depois do Dilúvio, "Deus abençoou Noé e os seus filhos, dizendo: – Sejam fecundos, multipliquem-se e encham a terra" (Gênesis 9.1, NAA).

Não há nas Escrituras revogação dessa ordem. Assim, ainda hoje, Deus espera que enchamos a Terra com pessoas que O representem, e nada mais estratégico do que cristãos nascidos de novo, criando filhos para Deus, educando-os na disciplina e na admoestação do Senhor, até que tenham o seu encontro pessoal com o Pai celeste, por meio de Jesus Cristo, nosso Senhor.

Educar, discipular, amar, proteger, ensinar, encorajar, orar, interceder, conversar, ouvir, sorrir, celebrar e lamentar são parte do incrível e desafiador projeto de preparar cópias de Cristo, de cooperar com o Espírito Santo e Sua graça, para que essas vidas sejam d'Ele. Quando fazemos a nossa parte, Deus faz a d'Ele. Sim, a nossa parte também depende d'Ele para que o reconhecimento final do trabalho seja d'Ele. Fazemos tudo para a glória d'Ele.

Se você é pai ou mãe, já tem um ministério desafiador, emocionante e importantíssimo. Dedique-se a ele integralmente, pois você tem duas dezenas de anos, no máximo, para influenciar fundamentalmente o caráter dos pequenos discípulos de Cristo. Entregue-se em dependência a Deus, confie n'Ele e faça a sua parte.

Notas

Vamos orar

Deus, obrigado pelo desafio estimulante, agradável, divertido e, às vezes, tenso e preocupante de criar filhos para Ti. Dá-nos graça, poder, sabedoria e entendimento para cumprir essa missão de encher a Terra com Teus representantes, que são imagem de Jesus, em nome de quem oramos. Amém.

prjosuegoncalves
pra.rousegoncalves

NOVEMBRO

11/12

1º DE NOVEMBRO

Devocional • 305 de 365

Quem ama corrige

Quem não corrige seu filho não o ama;
ame seu filho, não deixe de discipliná-lo!
Provérbios 13.24, AM

Independentemente da idade, o coração humano é rebelde. Alguns se rebelam de forma barulhenta e confrontadora; outros o fazem em silêncio, em pensamento [...].

Destaque:
Correção

Notas

Corrigir o filho dá trabalho, é estressante e muda o clima emocional da casa. Embora devêssemos nos alegrar quando alguém aponta um defeito de nossa personalidade ou uma falha em nosso caráter, a nossa natureza caída odeia que suas falhas sejam apontadas; menos ainda quando temos de pedir desculpas, refazer uma tarefa ou obedecer a ordens que inicialmente rejeitamos.

Os nossos filhos não são diferentes. Independentemente da idade, o coração humano é rebelde. Alguns se rebelam de forma barulhenta e confrontadora; outros o fazem em silêncio, em pensamento, e desenvolvem padrões de desobediência oculta. Um pai responsável saberá identificar e cuidar dos filhos na dimensão do coração.

"Os propósitos do coração humano [de qualquer idade] são como águas profundas, mas quem é inteligente sabe como trazê-los à tona" (Provérbios 20.5, NAA, acréscimo nosso). Por isso, devemos perceber a desobediência, conversar com nossos filhos, fazer perguntas que ajudem a identificar as raízes da rebeldia e, quando necessário, aplicar correções proporcionais à rebeldia do coração e à idade. Devemos deixar as regras claras e explicar o que acontece em caso de desobediência. Se isso acontecer, é importante relembrar a regra, sondar o coração da criança, aplicar a correção de maneira justa e sempre lembrar de orar com ela, pedindo o perdão de Deus. Talvez seja necessário pedir perdão para outras pessoas envolvidas.

Deus "[...] disciplina o filho que ama; o filho que ele abraça, ele também corrige" (Hebreus 12.6, AM), e nós, como pais, devemos representá-Lo. Não podemos ser irresponsáveis e preguiçosos. Precisamos amar tanto que paremos o que estivermos fazendo para conversar e disciplinar os filhos quando necessário.

Vamos orar

Somente Tu conheces e transformas o que acontece no coração dos filhos. Precisamos da Tua orientação, graça, firmeza e compaixão para treiná-los para o Senhor. Abençoa os nossos pequenos, muda o coração deles e estabelece o Teu Espírito neles. Que tenham um coração transformado pelo Senhor. Em nome de Jesus, amém.

@ prjosuegoncalves
@ pra.rousegoncalves

E vocês, pais... 1

E vocês, pais, não provoquem os seus filhos à ira, mas tratem de criá-los na disciplina e na admoestação do Senhor.
Efésios 6.4, NAA

2
DE NOVEMBRO

Devocional • 306 de 365

Em sua carta aos efésios, Paulo dedica três capítulos para mostrar que os cristãos são filhos adotivos e alvo do amor de Deus; que fazem parte da família e têm direito à herança de Jesus, pois foram comprados e resgatados; foram escolhidos e selados com o Espírito Santo, e, portanto, têm poder para experimentar uma vida livre da escravidão do pecado. Somente depois disso, o apóstolo exorta os cristãos a viverem de maneira digna da vocação que receberam. Ele orienta que sejamos cheios do Espírito e submissos uns aos outros, para estabelecer os papéis dentro da família.

As esposas seguem a liderança dos maridos, que, por sua vez, as amam, servindo-as com honra e dedicação. O casal deve cuidar dos filhos, que precisam ser obedientes. Nesse conjunto de atribuições, cabe aos pais "não provocar os filhos à ira" e "criá-los na disciplina e na admoestação do Senhor". Pais extremistas e incoerentes provocam a ira. Se um filho é deixado sem limites, sem parâmetros, mas recebe muito carinho, ele se torna um delinquente mimado. Se ele é submetido a exigências rígidas e não é abraçado, pode ficar revoltado. A sabedoria está na correta aplicação de carinho e correção.

Os filhos podem ficar desanimados também quando exigimos um padrão que não seguimos. Um pai fumante tem pouca influência para evitar que o filho se entregue a esse vício. Devemos ser coerentes. Se necessário, devemos nos santificar por amor aos filhos, que não exigem perfeição, mas, repito, coerência. Assim, o pai fumante deve buscar interromper o vício na própria vida para poder influenciar e exigir o mesmo do filho.

Pais extremistas e incoerentes provocam a ira. [...] A sabedoria está na correta aplicação de carinho e correção.

Destaque:
Coerência

Notas

Vamos orar

Pai Santo, o Teu padrão é correto, mas nós tropeçamos muitas vezes. Em alguns momentos exageramos, paparicando demais e, em outros, exigindo sem coerência e sem dar exemplo. Precisamos da Tua ajuda e do Teu poder. O Senhor é um Pai perfeito e com o Teu Espírito em nós, podemos cumprir a nossa parte e não provocar os filhos à ira, como o Senhor ordena. Mostra, Senhor, quando estivermos errando. Que tenhamos humildade para pedir perdão aos filhos e ao Senhor. Em nome de Jesus, amém.

@prjosuegoncalves
@pra.rousegoncalves

3

DE NOVEMBRO

E vocês, pais... 2

E vocês, pais, não provoquem os seus filhos à ira, mas tratem de criá-los na disciplina e na admoestação do Senhor.
Efésios 6.4, NAA

Com sabedoria, no lugar certo, na hora certa e da maneira correta, o pai sempre agirá oportunamente, mesmo que haja tensão.

Destaque:
Desafio

Notas

Não provocamos os filhos à ira quando não exageramos nas exigências ou nos paparicos, e quando somos coerentes, servindo como exemplos, e sempre reconhecendo quando pecamos. Pais que pedem perdão ensinam os filhos a fazerem o mesmo. O Senhor nos desafia a não provocarmos a ira dos filhos e a "criá-los na disciplina [...] do Senhor".

A palavra traduzida do grego como "disciplina" traz a ideia de treinar os pequenos mentalmente para diferenciar certo e errado, usando recursos como ordens, repreensões, encorajamentos e até punições. Existe uma progressão. Há momentos em que pediremos (cf. Romanos 12.1; Efésios 4.1; Hebreus 13.22); em outros, seguiremos a sequência que Paulo dá a Timóteo e que serve perfeitamente para um pai: "[...] pregue a palavra, insista, quer seja oportuno, quer não, corrija, repreenda, exorte com toda a paciência e doutrina" (2Timóteo 4.2).

Primeiro, o pai apresenta o padrão bíblico (pregue), em seguida, ele repete e mostra novamente o padrão (insista). Com sabedoria, no lugar certo, na hora certa e da maneira correta, o pai sempre agirá oportunamente, mesmo que haja tensão. O pai diz que aquele comportamento específico está errado (corrige), em seguida ele usa de autoridade, dá uma ordem (repreenda) e, por fim, exortará, pegará pelo braço e fará o que for necessário para ter a atenção do filho, incluindo a disciplina.

Os pais devem depender do Espírito Santo para lhes dar disposição, determinação e sabedoria para serem usados por Deus com toda humildade no processo de criar na disciplina do Senhor.

Vamos orar

Senhor, criar filhos é impossível sem a Tua graça operando por meio de nós, pais. Que privilégio é sermos pais e como é bom ver os filhos crescerem. Mas que desafio é educá-los na mesma Palavra que nos corrige e educa. Queremos contar com Tua ação em nós e em nossos filhos para que eles conheçam o Senhor pessoalmente e recebam de Ti um novo coração. Em nome do Filho perfeito, Jesus, amém.

E vocês, pais... 3

4

DE NOVEMBRO

Devocional • 308 de 365

E vocês, pais, não provoquem os seus filhos à ira, mas tratem de criá-los na disciplina e na admoestação do Senhor.
Efésios 6.4, NAA

Os pais não provocam os filhos à ira sendo coerentes. Para criá-los na disciplina do Senhor, devem ser coerentes e liderar com exemplos, usando corretamente a Palavra de Deus. Além de criá-los na "disciplina", devemos fazê-lo na "admoestação do Senhor".

A palavra *nouthesia* foi traduzida como "admoestação" e significa, literalmente, "ato de pôr em mente". Trata-se de treinamento pela Palavra, cujo alvo é o coração, não somente o comportamento. Facilmente nos contentamos com uma obediência exterior e um filho que conseguiu cumprir as regras da família e se adaptou bem à cultura da casa pode passar por alguém obediente e "justo".

Sabemos que é possível ter um comportamento aparentemente correto e, assim mesmo, ter um mundo interior revoltado, cheio de orgulho, abastecido da idolatria do *eu*. Nossos filhos NÃO são convertidos de berço. Eles nascem pecadores e precisam reconhecer essa condição para clamarem por um Salvador. O pai que "admoesta no Senhor" está atento ao que se passa nos pensamentos, sentimentos e decisões dos filhos.

As batalhas são travadas no interior do ser humano. A primeira de todas é conduzir os filhos a Cristo, mostrando como o coração deles pode estar desviado. Não basta dividir a sobremesa com o irmão e dar o maior pedaço para ele, é preciso fazê-lo alegremente. Nesse ponto, a maioria dos filhos tropeça e é nesse momento que apresentamos o Evangelho: "Filho, eu também não consigo sozinho, por isso preciso de Jesus. Sou como você, mas confessei meu egoísmo a Deus e Ele me perdoou".

Assim, constante e sistematicamente, admoestamos os filhos para que se reconciliem com Deus por meio do Evangelho.

Sabemos que é possível ter um comportamento aparentemente correto e, assim mesmo, ter um mundo interior revoltado, cheio de orgulho, abastecido da idolatria do eu.

Destaque:
Foco

Notas

Vamos orar

Pai Santo, o Senhor sabe que não acerto sempre e que luto com egoísmo e orgulho constantemente. Ajuda-me a criar um ambiente de justiça e graça para que meus filhos se vejam pecadores por um lado e redimidos por outro. Que eles desfrutem do Evangelho, e que eu seja um bom mordomo Teu, criando-os na disciplina e na Tua admoestação. Peço em nome de Jesus, amém.

prjosuegoncalves
pra.rousegoncalves

5 DE NOVEMBRO

Devocional • 309 de 365

Longevos e prósperos

"Honre o seu pai e a sua mãe", que é o primeiro mandamento com promessa, "para que tudo corra bem com você, e você tenha uma longa vida sobre a terra".
Efésios 6.2-3, NAA

Se um filho é desobediente, ele peca contra Deus, os pais e os irmãos.

Destaque:
Honra

Notas

O mandamento de honrar os pais e lhes obedecer é direcionado aos filhos. Porém, quem deve ensiná-los a cumprir essa ordenança? Isto mesmo: os pais. Cabe a esses, por amor aos filhos, treiná-los para serem obedientes e respeitosos com a mãe, o pai e as autoridades.

Se um filho é desobediente, ele peca contra Deus, os pais e contra os irmãos, dependendo do caso. A desobediência dos filhos "incomoda muita gente", como diria a canção infantil do elefante. "A criança entregue a si mesma envergonha a sua mãe" (Provérbios 29.15, NAA). Quem já não ficou constrangido diante de uma criança malcriada que não obedece aos pais e os desonra publicamente?

Existe um processo normal no qual os filhos são treinados e, em diversas ocasiões, serão inevitavelmente desobedientes. A questão é se a desobediência será confrontada e punida, ou ignorada e racionalizada. "Ah, ele está nervoso"; "Ah, ele não gosta de visitas"; "A professora é muito rígida". Fazemos mal aos nossos filhos quando, por preguiça, permitimos que sejam desobedientes.

Durante o processo de formação, haverá desobediências, e isso é esperado. Mas cada ato de desobediência é uma oportunidade de pastoreio, confrontação e apresentação do Evangelho. Quando são irreverentes, respondões e cínicos, precisam de intervenção. Se um filho responde mal à mãe, o pai deve agir energicamente, exigindo respeito e retratação. Para isso, ele deve ser exemplo, tratando sua esposa com honra, pois os filhos o imitarão.

A responsabilidade pela educação é nossa, dos pais. Não é dos avós, da escola ou da igreja.

Vamos orar

Pai, educar filhos é um grande desafio, ainda mais segundo os Teus parâmetros justos e bons. Pedimos ajuda, sabedoria, humildade e graça para ensinarmos nossos filhos a serem obedientes e reverentes a nós. Que eles sejam prósperos diante do Senhor e tenham longa vida para fazer o que Te agrada. Em nome de Jesus, amém.

@prjosuegoncalves
@pra.rousegoncalves

Profissão: pais

Maridos, vocês, igualmente, vivam a vida comum do lar [...].
1Pedro 3.7, NAA

E vocês, pais, [...] tratem de criá-los na disciplina e na admoestação do Senhor.
Efésios 6.4, NAA

6

DE NOVEMBRO

Devocional • 310 de 365

As demandas do mercado de trabalho extrapolam os limites de qualquer ser humano. Se trabalhasse todo o dia, sem tirar algum tempo para dormir, ainda assim haveria tarefas a serem feitas. Há sempre alguém desejando o seu lugar. A empresa tem metas de crescimento que se renovam constantemente. O desgaste de um dia de trabalho nos lembra da sentença: "com o suor do rosto você obterá alimento [na NAA, "comerá o seu pão"]" (Gênesis 3.19, NVT).

Todo expediente de trabalho tem um fim. Ao final do dia, voltamos para casa exaustos – física, mental e emocionalmente. A melhor maneira de descansar de um dia exaustivo de trabalho é mergulhando de cabeça no novo trabalho: a paternidade, a vida comum do lar. Ao contrário do que pode parecer, deixar o escritório do lado de fora e envolver-se com a casa é a atividade mais restauradora que você pode experimentar. Isso porque Deus espera que você realize tais tarefas, e Ele dará poder e graça para isso.

Em vez de concentrar-se em si mesmo e nos ferimentos do combate diário, ouça como foi o dia do seu cônjuge, envolvam-se juntos no cuidado com os filhos e entrem no mundo deles; pastoreiem, riam, chorem, eduquem, papariquem, abracem, celebrem as pequenas vitórias e enfrentem os desafios dos pequenos como se fossem seus; afinal, diante de Deus, os desafios do escritório e do ensino fundamental são bem parecidos.

A melhor maneira de descansar de um dia exaustivo de trabalho é mergulhando de cabeça no novo trabalho: a paternidade, a vida comum do lar.

Destaque:
Desprendimento

Notas

Vamos orar

Senhor, obrigado por nos teres permitido ser cônjuges e pais. Temos muita dificuldade em chegar do trabalho e servir nossa família. Queremos isolamento, cuidado e nos sentimos tão importantes que relutamos em ouvir os outros. Perdoa-nos, Senhor. Ajuda-nos. Coloque em nosso coração o Teu amor e a Tua sabedoria. Em nome de Jesus, amém.

prjosuegoncalves
pra.rousegoncalves

7

DE NOVEMBRO

Devocional • 311 de 365

No mesmo barco

Filhos, obedeçam a seus pais no Senhor, pois isto é justo. "Honre o seu pai e a sua mãe" [...]. E vocês, pais, não provoquem os seus filhos à ira, mas tratem de criá-los na disciplina e na admoestação do Senhor.
Efésios 6.1,2,4, NAA

Precisamos de muita ajuda para criá-los [os filhos] na disciplina e admoestação do Senhor e mais ainda para "ter filhos crentes"!

No lar, todos têm suas obrigações e responsabilidades. As exigências do Senhor são altíssimas e só podem ser cumpridas se Ele mesmo as cumprir em nosso favor. Cada relacionamento familiar apresenta as próprias demandas. Os filhos devem obedecer e honrar, um desafio e tanto. Obedecer pode não parecer tão difícil, principalmente se vier ligado à honra, uma condição do coração.

Independentemente da idade, todos somos filhos. Depois de adultos não devemos obediência como quando éramos crianças, porém, a honra deve nos acompanhar por toda a vida. Mesmo depois de os pais partirem, devemos continuar a honrá-los, referindo-nos a eles com respeito e gratidão. Ser um bom filho não é tarefa simples.

Ser um bom pai é igualmente desafiador. Deus não espera somente que paguemos as contas de saúde, moradia e educação. As atribuições de serviço são, praticamente, impossíveis, principalmente quando Deus espera que tenhamos "filhos crentes" (Tito 1.6)! Precisamos de muita ajuda para "criá-los na disciplina e admoestação do Senhor" e mais ainda para "ter filhos crentes"! Não temos poder de convencer os filhos! O novo nascimento é uma decisão pessoal. Os pais dependem integralmente de Deus para cumprir o desafio e o privilégio da paternidade.

Deus nunca falha e sempre faz a parte d'Ele. Por meio da comunhão, da confissão, da humildade e do reconhecimento da bondade e poder de Deus, Ele mesmo realiza o impossível em nosso cotidiano. Pais e filhos estão no mesmo barco, no qual Jesus é o capitão.

Destaque:
Dependência

Notas

Vamos orar

Deus de amor e poder, obrigado porque temos acesso a Jesus e paz com o Senhor. O Teu Espírito derrama amor em nosso coração para que sirvamos confiantes de que farás a Tua parte e ainda nos ajudarás, praticamente nos conduzindo pela mão, para fazermos a nossa. Que haja humildade e sabedoria em nós. Em nome de Jesus, amém.

@prjosuegoncalves
@pra.rousegoncalves

Pais intercessores

Quando se encerrava um ciclo de banquetes, Jó chamava os seus filhos e os santificava; levantava-se de madrugada e oferecia holocaustos segundo o número de todos eles. Pois Jó pensava assim: Talvez os meus filhos tenham pecado e blasfemado contra Deus em seu coração. Jó fazia isso continuamente.

Jó 1.5, NAA

8

DE NOVEMBRO

Devocional • 312 de 365

O justo Jó é retratado por Deus como "homem íntegro e reto, que teme a Deus e se desvia do mal" (Jó 1.8, NAA). Tenho a impressão de que Jó era bem mais justo que eu. *Íntegro* fala de um coração inteiro, sem altos e baixos e sem zonas cinzentas. Ele era reto porque fazia o que devia ser feito. Ao longo do livro constatamos como a vida do patriarca era cheia de boas obras. Jó se desviava sabiamente do mal.

Jó era um exemplo de homem de Deus para seus filhos, um sábio educador e, certamente, fazia um trabalho excepcional na criação deles. Mesmo assim, ou por isso mesmo, Jó intercedia pelos filhos. Ele era um sacerdote que tomava a iniciativa de levar os filhos "ao culto", de recomendar hábitos santos e de orar e interceder por eles. Naquela época era costume sacrificar animais, e Jó fazia isso com frequência.

Hoje nós devemos orar continuamente baseados no sacrifício único e suficiente de Jesus. É em Seu nome que oramos e intercedemos.

A oração de Jó por seus filhos era contínua. Mesmo depois que os filhos já haviam deixado a casa e tinham suas famílias, Jó ainda cumpria seu papel de intercessor.

Também somos chamados a cultivar a terra do coração dos nossos filhos, lançando a semente da Palavra, regando com mais palavra, removendo as pedras da rebeldia e os espinhos do orgulho, e dependendo do Deus que manda sol e chuva. Não controlamos o tempo, por isso, oramos. Em cada etapa da vida dos filhos trabalharemos em dependência e oraremos fervorosamente para que Senhor cumpra seu bom propósito na vida deles.

Que sejamos sacerdotes reais, santifiquemos nossa casa e que haja nela um povo santo.

[...] somos chamados a cultivar a terra do coração dos nossos filhos, lançando a semente da Palavra, regando com mais palavra, removendo as pedras da rebeldia e os espinhos do orgulho, e dependendo do Deus que manda sol e chuva.

Destaque:
Intercessão

Notas

Vamos orar

Pai, dependemos de Ti. Jesus, obrigado por Tua boa obra e pela mediação que o Teu sangue assegurou. Espírito Santo, ensina-nos a orar pelos nossos filhos para que o desejo de Deus Pai se cumpra neles. Em nome de Jesus, amém.

prjosuegoncalves
pra.rousegoncalves

9
DE NOVEMBRO

Devocional • 313 de 365

Presentes ou presença?

Então, designou doze para estarem com ele e para os enviar a pregar.
Marcos 3.14, ARA

Todo pai gosta de presentear os filhos, e isso é legítimo, mas o que eles mais precisam é da nossa presença, do convívio, do exemplo, do tempo juntos, do cotidiano, da vida comum.

Destaque:
Convívio

Notas

Como pais, podemos cair na armadilha de dedicar tanto tempo trabalhando para suprir nossos filhos que acabamos não passando tempo com eles. Na visão da sociedade, bons pais são aqueles que pagam as melhores escolas; matriculam os filhos em cursos de inglês na instituição mais renomada da cidade; colocam-nos em aulas de judô, balé e natação; pagam a mensalidade do clube; contratam aulas particulares; e ainda investem em viagens e na aquisição de bens para que o filho "não passe vexame".

E os eletrônicos? Celulares caríssimos, jogos de console, computadores, notebooks, tablets, minigames... Uma lista sem fim, que representa milhares de reais investidos para alienar os filhos da vida real e estabelecê-los na realidade virtual, onde podem ser o que desejam. Será que isso é ser um bom pai aos olhos de Deus?

Quando Deus nos confiou os filhos, será que Ele queria que déssemos "coisas", presentes a eles? Todo pai gosta de presentear os filhos, e isso é legítimo, mas o que eles mais precisam é da nossa presença, do convívio, do exemplo, do tempo juntos, do cotidiano, da vida comum.

Quando Jesus treinou os seus doze sucessores, investiu muito tempo, durante três anos! E para criar filhos? O princípio é o mesmo: precisamos nos organizar para conviver com eles, intencionalmente. Melhor do que dar uma bicicleta nova a um filho é passear com ele, mesmo na bicicleta velha. Eles não se lembrarão da bicicleta, mas manterão vivo na memória os passeios e as experiências que tiveram na companhia dos pais.

Vamos orar

Pai, queremos submeter ao Senhor a nossa agenda. Existe algum compromisso que deveríamos dispensar para investir mais tempo com os filhos? Como podemos caprichar mais na criação deles? Estamos convivendo por tempo suficiente? Dá-nos, Senhor, da Tua graça e Teu poder. Em nome de Jesus, amém.

Mentira não

10
DE NOVEMBRO

Devocional • 314 de 365

Por isso, deixando a mentira, que cada um fale a verdade com o seu próximo, porque somos membros do mesmo corpo.
Efésios 4.25, NAA

O casal é uma só carne. Homem e mulher se unem maravilhosamente ao se casarem. Passam a ter o mesmo sobrenome, a mesma missão, o mesmo endereço, a mesma cama, a mesma conta bancária e, muitas vezes, o mesmo destino. O casal fica de tal maneira unido que se um estiver entristecido o outro nunca ficará totalmente feliz.

Alguns acreditam que existem mentiras justificáveis ou "mentirinhas do bem". Mas tal comportamento compromete severamente a confiança do casal. Pequenas alterações da verdade para fazê-la mais agradável são, na verdade, uma especialidade de Satanás. Jesus o chama de "o pai da mentira" (João 8.44, NAA). Uma meia-verdade é uma mentira inteira.

A mentira dura pouco, mas traz consigo um resultado amargo. Jesus espera que a nossa palavra seja tão consistente que não exija confirmações, reforços ou mesmo juramentos. O "sim" deve ser sim; o "não" deve ser não. A verdade pode trazer certo constrangimento no momento e até causar sofrimento, especialmente se envolver confissões ou admissão de erros. Também pode ser difícil dizer "não" a compromissos que não poderemos atender; mas, ainda assim, o pequeno desconforto da verdade constrói um caráter semelhante ao de Cristo.

Quem não gostaria de confiar no cônjuge? A confiança é construída ao longo da vida, mas basta um segundo de mentira para que ela se perca totalmente. Por isso, os filhos devem ser encorajados a falar a verdade. Quando confessam espontaneamente um erro, talvez nem devam ser punidos. Por outro lado, a punição mais severa deve ser para a mentira. Pai e mãe são chamados a ensinar pelo exemplo, sem nunca mentir.

Pai e mãe são chamados a ensinar pelo exemplo, não mentindo ao chefe, ao policial, ao professor ou ao cônjuge.

Destaque:
Integridade

Notas

Vamos orar

Senhor, Tu és a verdade que habita em nós e nos liberta dos enganos deste mundo. Afia nossa consciência para que sejamos verdadeiros em nossos relacionamentos. Em nome de Jesus, amém.

prjosuegoncalves
pra.rousegoncalves

11

DE NOVEMBRO

Devocional • 315 de 365

Ira sob controle

Fiquem irados e não pequem. Não deixem que o sol se ponha sobre a ira de vocês, nem deem lugar ao diabo.
Efésios 4.26-27, NAA

Quanto mais perto estamos uns dos outros, mais nos esbarramos e ferimos. Muitas vezes, quem mais nos ama é também quem mais nos fere.

Destaque:
Moderação

Notas

Com que facilidade nos iramos! Basta que alguém ou algo se coloque entre nós e nosso objetivo para que nos exaltemos. A ira nos deixa vulneráveis ao erro e, na maioria das vezes, nos impulsiona a pecar enfaticamente. Quem reage no influxo da ira comete loucuras (cf. Provérbios 14.17). "O tolo derrama toda a sua ira, mas o sábio se domina e a reprime" (Provérbios 29.11).

Dominar e reprimir a ira são importantes ações para desacelerar e se acalmar. Não se deve tomar decisões impulsivamente. O sábio se domina e se acalma antes de agir e responder.

Quanto mais perto estamos uns dos outros, mais nos esbarramos e ferimos. Muitas vezes, quem mais nos ama é também quem mais nos fere. Por isso, somos chamados resolver as questões difíceis rapidamente. O parâmetro bíblico é "antes que o sol se ponha", ou, pelo menos, até a hora de dormir. Não devemos dormir com assuntos pendentes. Algumas pessoas dormem muito mal quando se deitam sem resolver os conflitos.

Além disso, o Diabo passa a ter um ambiente mais apropriado para jogar suas mentiras e semear seus planos de adultério, vingança e retaliação. Uma boa conversa é capaz de dissipar as chamas acesas por palavras precipitadas, e o perdão funciona como poderoso extintor das labaredas da ira.

Vamos orar

Pai Santo, só a Tua ira é perfeita e justa. Raríssimas vezes nos iramos por causa da Tua glória e porque um pecado foi cometido contra o Senhor ou outra pessoa. Normalmente, queremos nos defender e proteger egoisticamente. Ajuda-nos, Senhor, socorre-nos. Queremos aprender a conversar, a pedir perdão e a perdoar. Ajuda-nos a dominar e a reprimir a ira até que possamos tratar a questão de forma sóbria. Pedimos em nome de Jesus. Amém.

Comunicação graciosa

Não saia da boca de vocês nenhuma palavra suja, mas unicamente a que for boa para edificação, conforme a necessidade, e, assim, transmita graça aos que ouvem. E não entristeçam o Espírito Santo de Deus, no qual vocês foram selados para o dia da redenção.

Efésios 4.29-30, NAA

12 DE NOVEMBRO

As palavras são poderosas para o bem e para o mal. Depende de como são usadas. Elas têm o poder de alterar radicalmente o clima espiritual e emocional de uma família. Palavras podem destruir ou construir.

Deus nos ordena a fechar a boca para palavras sujas. Outras traduções possíveis são: torpes (ARA), insultantes (NVT), que causam destruição, apodrecidas e por aí vai. Uma analogia interessante, embora repugnante, é o vômito. Enquanto está guardado no interior do corpo não afeta ninguém, porém, uma vez sendo projetado para fora, contamina e azeda por onde passa. No final, o ambiente fica tão malcheiroso que outros também sentem ânsia de vômito. Palavras torpes funcionam da mesma maneira: contaminam, sujam, estragam e entristecem quem está por perto.

O oposto disso é a palavra graciosa, que pode ser comparada a uma refeição bem-preparado, que exala perfume e, uma vez servida à mesa, faz salivar, e, quando ingerida, alimenta, fortalece e promove saúde. Assim devem ser as palavras que saem de nossos lábios: devem promover edificação, alimentar e transmitir graça.

A pessoa mais próxima de nós é o Espírito Santo, que graciosamente habita em nós, o primeiro a ter contato com as nossas palavras. Ele sabe cada pensamento, sente o que falamos e pode se entristecer quando usamos mal as palavras e, presumo, também se alegrar quando falamos com sabedoria e graça. Ele aprova ou não o que falamos, seja por meio da consciência, seja por meio de uma suave tristeza quando agimos ou falamos mal.

As palavras são poderosas para o bem e para o mal. Depende de como são usadas.

Destaque: Virtude

Notas

Vamos orar

Senhor, perdoa-nos, porque usamos mal as nossas palavras. Queremos ser como Jesus, que sempre as usou com maestria. Queremos oferecer nossos lábios para as Tuas palavras de edificação e graça. Em nome de Jesus, amém.

Sempre o perdão

Pelo contrário, sejam bondosos e compassivos uns para com os outros, perdoando uns aos outros, como também Deus, em Cristo, perdoou vocês.
Efésios 4.32, NAA

Não temos o direito de ser grosseiros por estarmos sofrendo, mas devemos oferecer graça a quem nos fere, especialmente se a pessoa estiver enfrentando um momento de dor.

Destaque:
Compaixão

Amargura, indignação, ira, gritaria, ultraje e baixaria podem ser ouvidos pelas janelas de algumas casas. Anos de afrontas não perdoadas, de aflições inflamadas, de ofensas berradas e de insultos trocados geram uma família doente. Deus não deseja isso para os seus filhos. Por isso, o apóstolo Paulo começa o verso 32 com "pelo contrário".

O primeiro parâmetro é a bondade. A regra de ouro nos serve: o que queremos que nos façam, devemos fazer (cf. Mateus 7.12). Ou seja, o modo como queremos ser tratados é o modelo de como devemos tratar o outro. Isso é agir com bondade. Pergunte-se: se eu fosse o meu cônjuge, nessa situação, com esse temperamento, com essa história de vida, debaixo de tanta pressão, como eu gostaria de ser tratado?

Compaixão é a capacidade de sentir a dor do outro. Muitas vezes, quando estamos sofrendo, somos mais ríspidos e agressivos, e devemos dar um desconto para quem nos fere. Não temos o direito de ser grosseiros por estarmos sofrendo, mas devemos oferecer graça a quem nos fere, especialmente se a pessoa estiver enfrentando um momento de dor, pois gostaríamos que nos tratassem assim. Repito: sofrer não pode ser desculpa para pecar, mas devo ser compassivo com quem sofre.

O perdão é um recurso precioso, essencial nos relacionamentos. Somos perdoados e perdoamos, principalmente, porque Deus, em Cristo, nos perdoou! Que modelo, que graça, que privilégio é esse de ter sido perdoado e poder ter relacionamentos renováveis pela misericórdia do perdão. Perdoamos porque Ele nos perdoou primeiro. Perdoamos porque Ele nos ordena perdoar. Perdoamos porque faz bem para quem perdoa e para quem é perdoado. O perdão promove a manutenção dos relacionamentos familiares de gente imperfeita.

Notas

Vamos orar

Obrigado, Pai, pelo Teu perdão! Glórias ao Teu Filho, Jesus, que pagou o preço das nossas transgressões, que atraiu a justa ira do Pai, que nos reconciliou com nosso Deus. Agradecemos no nome do Santo, amém.

Tal pai, tal filho

Portanto, sejam imitadores de Deus, como filhos amados. E vivam em amor, como também Cristo nos amou e se entregou por nós, como oferta e sacrifício de aroma agradável a Deus.
Efésios 5.1-2, NAA

14
DE NOVEMBRO
Devocional • 318 de 365

O projeto de Deus é encher a Terra com gente igual a Jesus. Quando criou Adão à sua imagem e o instruiu a encher a Terra, já revelava este objetivo: formar uma família de muitos filhos semelhantes a Cristo. Ainda hoje, quando pregamos o Evangelho, o Espírito Santo continua essa obra, gerando filhos para Deus, que O imitam. Quem olha para um cristão deveria ver Cristo, "o resplendor da glória de Deus e a expressão exata do seu Ser" (Hebreus 1.3, NAA).

Deus conta com a nossa família para encher a Terra de filhos amados d'Ele. Pais que foram adotados por Deus por meio de Cristo vivem um processo contínuo: caminham com Ele, ouvem, obedecem, se aproximam, lutam, caem, pedem perdão, se levantam e, nesse processo de glória, se tornam "a cara do Pai". Os filhos do casal, por sua vez, imitam os pais, mas não conseguem ser como eles, até que também sejam levados ao Senhor e nasçam de novo, sendo adotados como filhos de Deus, por meio de Cristo Jesus.

Quando pais e filhos nascem de novo, se tornam todos como o Pai. Assim, passam a imitar como o Deus Pai ama o Deus Filho e como o Espírito Santo fala bem do Filho, que exalta o Pai. Ao conviver com Deus, os filhos de Deus vivem em amor uns pelos outros, pois entendem e relembram o sacrifício de Jesus, que agradou ao Pai e garantiu para Ele uma multidão de filhos parecidos com Cristo!

Pais que andam com Deus geram filhos que são alcançados por Ele e quem olha para eles pode dizer: tal Pai, tal filho.

Que mergulhemos na aventura de caminhar com Deus, imitá-Lo e viver em amor.

Deus conta com a nossa família para encher a Terra de filhos amados d'Ele.

Destaque:
Multiplicação

Notas

Vamos orar

Que nossa família seja também como um aroma suave para o nosso Pai Celeste. Nós amamos o Senhor e queremos imitar cada Pessoa: Espírito Santo, o Filho e o Pai. Queremos viver em amor e contamos com o Senhor. Enche-nos, Senhor, vive a Tua vida em nós e glorifica o Teu maravilhoso nome, amém.

@prjosuegoncalves
@pra.rousegoncalves

15

DE NOVEMBRO

Promiscuidade não

Que a imoralidade sexual e toda impureza ou avareza não sejam nem sequer mencionadas entre vocês, como convém a santos.
Efésios 5.3, NAA

Uma família cristã pode, em diferentes níveis, ser atingida por essa cultura de perversão sexual.

Destaque:
Desvio

Notas

Depois de apresentar o padrão positivo de como os cristãos devem agir, Paulo aponta os pecados a serem evitados. Ele começa pela área sexual, que impacta o comportamento, as conversas e, principalmente, o coração (curiosidade, fantasias, projetos, desejos).

"Imoralidade sexual" é a tradução da palavra grega *porneia*, termo genérico para toda forma de atividade sexual proibida na Bíblia: adultério, relações entre solteiros, homossexualidade, bestialidade – a lista é extensa e constrangedora. A ênfase está na ação, no pecado consumado, no corpo contaminado.

"Toda impureza" é *akatharsia*, ações movidas pela luxúria, que incluem não somente as relações sexuais, mas as conversas, o estilo de vida, o vestuário e as insinuações. A última palavra da lista é "avareza", *pleoxia*, geralmente usada para finanças, mas que cabe na questão da luxúria, pois é um desejo ávido de ter mais, um processo mental escravizador. A ênfase aqui é no coração.

Infelizmente, uma família cristã pode, em diferentes níveis, ser atingida por essa cultura de perversão sexual. A semente da luxúria provém de diversas origens: conversas triviais, jogos, filmes, séries, programas, *podcasts*, redes sociais e quaisquer outras influências que normalizam e promovam, direta ou indiretamente, a cultura sexual pervertida dentro de casa.

O processo de solução passa por três passos fundamentais: reconhecimento do pecado (cf. Provérbios 28.13); confissão (cf. 1João 1.9) e mudança de modo de pensar. Mergulhar na Palavra de Deus (cf. Salmos 1.2) e fechar as portas de entrada do conteúdo também é imperativo (cf. Salmos 1.1; Mateus 5.30). A prestação de contas, com pedidos de ajuda à igreja local, costuma consolidar o processo de santificação (cf. Tiago 5.16).

Vamos orar

Senhor, perdoa a nossa perversão de mente e atitudes. Lava-nos com o Teu sangue e aponta-nos o caminho da santificação por meio do Teu Filho, Jesus. Mostra-nos irmãos confiáveis que possam nos ajudar. Em nome de Jesus, amém.

Nada de palavrões

Não usem linguagem grosseira, não digam coisas tolas nem indecentes, pois isso não convém; pelo contrário, digam palavras de ação de graças.
Efésios 5.4, NAA

16
DE NOVEMBRO
Devocional • 320 de 365

A cultura de um povo se relaciona com a sua língua. Em Portugal, por exemplo, a população evita absorver palavras estrangeiras e busca alternativas dentro do próprio idioma. Os brasileiros dizem "celular", os portugueses, "telemóvel". É possível arriscar a origem da pessoa pelas palavras que ela usa.

Desejamos ser uma embaixada do Céu na Terra e que nossa casa seja um ambiente que exala o Reino de Deus. Para isso devemos usar "palavras de ação de graças". Essa é a proposta de Paulo: não usar "linguagem grosseira", obscena nem imoral.

A primeira ideia é a palavra que gera uma repulsa em quem escuta, uma sensação de nojo. Ao se referir depreciativamente à prática sexual ou às partes do corpo envolvidas, a repulsa deveria se apresentar. Comentários tolos, vulgares, com conotação sexual, que envolvem de modo jocoso ou depreciativo partes do corpo ligadas à reprodução é pecado e aponta para uma mentalidade oposta à santidade que Deus espera do seu povo.

A tolice é superficial, fútil, vazia, e quando acrescida da impureza sexual, estabelece uma cultura infernal, absolutamente oposta ao ambiente de santidade do Reino de Deus. Paulo é claro: "Não se deixem enganar com palavras vazias, porque a ira de Deus vem sobre os filhos da desobediência por causa dessas coisas" (Efésios 5.6, NAA).

Somos filhos de Deus. Nossa cultura é celestial e nossa linguagem deve "entregar, revelar" nossa filiação e origem celestiais. Que sejamos especialistas em ações de graças e tenhamos farto vocabulário que exalte a "profundidade da riqueza, tanto da sabedoria quanto do conhecimento de Deus" (Romanos 11.33, NAA).

Somos filhos de Deus. Nossa cultura é celestial e nossa linguagem deve "entregar, revelar" nossa filiação e origem celestiais.

Destaque:
Louvores

Notas

Vamos orar

Senhor, obrigado por nos teres adotado e porque podemos dizer que temos uma pátria no Céu que, um dia, virá à Terra! Pertencemos à enorme família de Cristo, nascemos para exibir Tua bondade, graça e sabedoria. Que o Teu Espírito nos use para exaltar os maravilhosos feitos do Senhor e do Teu Filho, Jesus. Oramos em nome d'Ele. Amém.

@ prjosuegoncalves
@ pra.rousegoncalves

17

DE NOVEMBRO

Devocional • 321 de 365

Precioso tempo

Portanto, tenham cuidado com a maneira como vocês vivem, e vivam não como tolos, mas como sábios, aproveitando bem o tempo, porque os dias são maus. Por esta razão, não sejam insensatos, mas procurem compreender qual é a vontade do Senhor.

Efésios 5.15-17, NAA

Tempo é vida e nós prestaremos conta. "Porque é necessário que todos nós compareçamos diante do tribunal de Cristo [...]".

Destaque:
Sensatez

Notas

"Relatório da consultoria *AppAnnie* indica que, em 2021, usuários no Brasil passaram quase cinco horas e meia por dia no *smartphone*. Entre aplicativos sociais, WhatsApp e TikTok têm os maiores tempos de uso".[1] Adolescentes costumam gastar uma média de 2h40min em jogos eletrônicos e o tempo gasto *on-line* tem aumentado.

Estar conectado, em si, não é problema, mas o que se acessa e consome, sim. Quem se vê na armadilha dos vídeos curtos assiste conteúdos variados, na sua maioria "inofensivos", lícitos, mas vazios, que dispersam o foco e sobrecarregam as capacidades mentais. Não fomos criados para viver *on-line*.

Tempo é vida e nós prestaremos conta. "Porque é necessário que todos nós compareçamos diante do tribunal de Cristo, para que cada um receba segundo o bem ou o mal que tiver feito por meio do corpo" (2Coríntios 5.10, NAA). Deus nos adverte a não sermos tolos, desperdiçando o tempo, mas a aproveitá-lo bem, já que "os dias são maus". A exortação continua e devemos "procurar compreender qual é a vontade do Senhor".

Nosso Deus é trabalhador. Ele não dorme e ama profundamente a humanidade, a quem busca salvar por meio do Evangelho de Jesus Cristo, Seu Filho. Precisamos nos unir a Deus na missão de fazer "discípulos de todas as nações, batizando-os em nome do Pai, do Filho e do Espírito Santo, ensinando-os a guardar todas as coisas que" Jesus ordenou (Mateus 28.19-20).

[1] Disponível em: <https://g1.globo.com/tecnologia/noticia/2022/01/12/brasileiros-sao-os-que-passam-mais-tempo-por-dia-no-celular-diz-levantamento.ghtml>. Acesso em 29 nov 2024.

Vamos orar

Senhor, tem misericórdia de nós! Quanto tempo jogado fora, quanta energia desperdiçada! Desperta-nos e leva-nos a atender, por meio da graça, o Teu desafio de fazer discípulos e cuidar bem deles. Oramos em nome de Jesus, amém.

prjosuegoncalves
pra.rousegoncalves

Controlados pelo Espírito 1

E não se embriaguem com vinho, pois isso leva à devassidão, mas deixem-se encher do Espírito, falando entre vocês com salmos, hinos e cânticos espirituais, cantando e louvando com o coração ao Senhor, dando sempre graças por tudo a nosso Deus e Pai, em nome de nosso Senhor Jesus Cristo.

Efésios 5.18-20, NAA

18
DE NOVEMBRO

Devocional • 322 de 365

Uma casa controlada pelo Espírito Santo expressa "o amor, a alegria, a paz, a paciência, a delicadeza, a bondade, a fidelidade, a humildade e o domínio próprio" (Gálatas 5.22-23, NTLH). Quem não gostaria de viver em um ambiente assim?

Em oposição à embriaguez causada pela bebida alcoólica, somos desafiados a nos abastecermos do Espírito Santo. Lembramos o que aconteceu no dia de Pentecostes, quando o Espírito Santo veio sobre os 120 reunidos no cenáculo de Jerusalém, e alguns pensaram que os discípulos estavam embriagados (cf. Atos 2.13). Experimentar paz e alegria se opõe aos prazeres gerados pelos ídolos deste mundo: álcool, trabalho excessivo, jogos eletrônicos, filmes, drogas, pornografia, sexo ilícito, jogos de azar e a lista continua.

É maravilhoso quando estamos cheios do Espírito, somos controlados por Ele, guiados, consolados e impulsionados pelo nosso Querido. E como isso acontece? O texto responde: "falando entre vocês com salmos, hinos e cânticos espirituais, cantando e louvando com o coração ao Senhor, dando sempre graças por tudo a nosso Deus".

Quanto mais louvor ouvirmos, quanto mais textos da Bíblia lermos, quanto mais Evangelho compartilharmos, quanto mais gratidão expressarmos, mais cheios do Espírito seremos! Já temos uma tarefa: nos empanturrar com todo o conteúdo bíblico possível, até que ele exale pelos nossos poros em vida, em adoração, em domínio próprio, em todo fruto do Espírito. Que nossa casa seja um pedaço do Céu na Terra.

Quanto mais louvor ouvirmos, quanto mais textos da Bíblia lermos, quanto mais Evangelho compartilharmos, quanto mais gratidão expressarmos, mais cheios do Espírito seremos!

Destaque:
Plenitude

Notas

Vamos orar

Pai de amor, obrigado porque nos revelaste como podemos ser controlados e conduzidos pelo Espírito Santo. Como Ele é bom, como é prazeroso ser conduzido por Ele! Que a nossa casa seja cheia do Senhor e da Tua cultura. Que o Teu nome seja glorificado em nós e por meio de nós. Em nome de Jesus, amém.

19

DE NOVEMBRO

Devocional • 323 de 365

Controlados pelo Espírito 2

[...] mas enchei-vos do Espírito, [...] sujeitando-vos uns aos outros no temor de Deus.
Efésios 5.18,21, ARA

O padrão é muito alto, porém, quanto mais obedecemos, mais nos enchemos d'Aquele que nos dá poder.

Destaque:
Retroalimentação

Notas

Além de nos enchermos de conteúdos bíblicos e vivermos cantando salmos, cânticos e louvores, devemos andar em submissão dentro de casa. Diante de Deus todos têm um papel a cumprir.

O texto de Efésios nos conta o que cada um deve saber e fazer no convívio com a família. O marido tem em Cristo o seu líder, a esposa está sujeita ao marido e a Cristo; os filhos devem se sujeitar aos pais e a Cristo, assim como também os empregados, que devem se sujeitar ao patrão e a Jesus. Todos, sem exceção, se submetem a Jesus, principalmente quando cumprem o papel previsto pelo Criador.

Não há tarefa fácil, nem papel tranquilo. Pais são desafiados a criar filhos crentes; estes devem obedecer aos pais e honrá-los, o marido deve amar a esposa como Cristo amou a Igreja, e a mulher deve seguir a liderança dele! Quem é patrão deve tratar os empregados como se eles fossem o próprio Jesus. Quem é empregado também deve ver o patrão como o Senhor.

Para cumprir nossos papéis na família, dependemos do Senhor. O padrão é muito alto, porém, quanto mais obedecemos, mais nos enchemos d'Aquele que nos dá poder. O próprio Deus cumpre as exigências que faz por meio do Espírito Santo que habita em nós.

Vamos orar

Senhor, não conseguimos obedecer sozinhos. Sei que deveríamos obedecer, mas, sem Tua capacitação, falhamos vergonhosamente. Por isso, queremos nos inclinar para o Senhor e pedir a Tua ajuda. Em Cristo, amém.

prjosuegoncalves
pra.rousegoncalves

Namoro com crente

20
DE NOVEMBRO

Devocional • 324 de 365

[...] para que eu te faça jurar pelo Senhor, Deus do céu e da terra, que não tomarás esposa para meu filho das filhas dos cananeus, entre os quais habito; mas irás à minha parentela e daí tomarás esposa para Isaque, meu filho.
Gênesis 24.3-4, ARA

Na belíssima narrativa do livro de Gênesis, Abraão entende que o tempo de seu filho, Isaque, se casar havia chegado. O homem já estava com quarenta anos, e sua mãe falecera havia pouco. Assim, o patriarca confia ao seu servo de confiança a missão de buscar uma esposa para seu filho. A moça deveria ser proveniente da casa dos parentes de Abraão. Depois de muitas aventuras que você pode conferir ao ler todo o capítulo 24, o servo voltou com Rebeca, sobrinha-neta de Abraão, e a apresentou a Isaque, que se casou com ela.

Podemos observar alguns parâmetros registrados por Deus nessa narrativa que nos apontam para importantes aspectos a serem observados ao buscar um cônjuge. Em nossa cultura, tudo começa com uma namorada. O que devemos observar ao buscar uma namorada? Ou ainda: se já estamos namorando, o que devemos observar e investigar?

A moça deveria ser da família da fé. Abraão disse: "[...] não tomarás esposa para meu filho das filhas dos cananeus" (v. 3). A terra de Canaã era famosa pela idolatria dominante, em uma mistura grosseira de prostituição e sacrifícios humanos, incluindo até crianças! Assim, as mulheres da terra eram criadas e exercitadas na idolatria. Não serviam para se casar com Isaque, que seria o herdeiro da promessa feita a Abraão.

Da mesma maneira, devemos nos certificar de que a pessoa com a qual pretendemos passar toda a vida, tendo um destino comum com ela, seja alguém que conhece a Deus, que se relaciona com Ele e que é da família da fé cristã. Conversas que investiguem o real envolvimento da pessoa com Deus são fundamentais, já que, simplesmente, frequentar uma igreja não torna a pessoa cristã.

[...] devemos nos certificar de que a pessoa com a qual pretendemos passar toda a vida [...] conhece a Deus [...] e que é da família da fé cristã.

Destaque:
Piedade

Notas

Vamos orar

Senhor Deus, queremos honrar-Te com nossa vida e nosso casamento. Ajuda-nos a conhecer bem a pessoa com quem nossos filhos irão se relacionar, pois queremos que se envolvam com pessoas que sejam verdadeiramente comprometidas com o Senhor e tenham desejo de Te servir de todo o coração. Em nome de Jesus, amém.

prjosuegoncalves
pra.rousegoncalves

21

DE NOVEMBRO

Devocional • 325 de 365

Deus no namoro

O Senhor, Deus do céu, que me tirou da casa de meu pai e de minha terra natal, e que me falou, e jurou, dizendo: À tua descendência darei esta terra, ele enviará o seu anjo, que te há de preceder, e tomarás de lá esposa para meu filho.
Gênesis 24.7, ARA

Deus e Abraão estavam alinhados na busca de uma esposa para Isaque.

Destaque:
Dependência

Notas

A tarefa de encontrar uma esposa para o filho de Abraão era como buscar uma agulha no palheiro. Não havia meios de comunicação. Se fosse hoje, bastaria Abraão mandar uma mensagem de texto para seu irmão e combinar o encontro, que poderia até mesmo ser virtual, quem sabe uma videochamada de Isaque com Rebeca. Pois é, naquela época não era assim. Nem correio havia. O servo deveria encontrar a família de Abraão, dentro dessa família uma moça adequada para Isaque, combinar os detalhes do casamento, pagar o dote, fornecer os presentes e, acima de tudo, saber se a moça concordava em acompanhá-lo.

Sabendo de tudo isso, Abraão contava com a ajuda do "Senhor, Deus do céu", afinal o casamento de Isaque era estratégico para o cumprimento dos planos de Deus de dar aos filhos, netos, bisnetos e para toda descendência de Abraão aquela terra. Deus e Abraão estavam alinhados na busca de uma esposa para Isaque. Abraão não podia sair para procurar, porque estava bem velhinho e alquebrado pelos anos, mas o Deus de Abraão não envelhece, não se cansa nem precisa dormir. Esse mesmo Deus mandaria o anjo d'Ele para acompanhar o servo de Abraão e achar a esposa para Isaque.

O casamento dos filhos é estratégico para nós, para Deus e para o Seu Reino. É interesse do Altíssimo que as famílias sejam formadas e edificadas em Cristo para a expansão do Reino de Deus, por isso, podemos contar com Ele na complexa e delicada tarefa de encontrar alguém para ser namorada e noiva de nosso filho – e namorado e noivo de nossa filha –; alguém que será um cônjuge para a vida e para a missão do Reino. Podemos contar com Deus.

Vamos orar

Pai, pedimos que o Senhor nos guie para encontrar uma pessoa com quem nosso filho possa edificar uma família forte, construída sobre a Rocha, que abrace pessoas, multiplique discípulos e busque busque o Teu reino e a Tua justiça. Pedimos em nome de Jesus, amém.

@prjosuegoncalves
@pra.rousegoncalves

Apontando a namorada

Em seguida perguntou: — Diga-me: De quem você é filha? [...] Ela respondeu: — Sou filha de Betuel, que é filho de Milca e de Naor. [...] Então o homem se inclinou e adorou o SENHOR. E disse: — Bendito seja o SENHOR, Deus de meu senhor Abraão, que [...] me guiou à casa dos parentes do meu senhor.

Gênesis 24.23-24,26-27, NAA

Debaixo da bênção de Abraão, o "mais antigo servo da sua casa" (Gênesis 24.2, ARA) partiu com a missão de encontrar uma esposa para Isaque. Esse servo pediu a Deus que o ajudasse e sugeriu uma estratégia: ir para o lugar da cidade em que as jovens iam buscar água e pedir um pouco de água do poço. A moça que oferecesse para dar água aos camelos, além do copo de água para ele, seria a pessoa certa.

Tal moça deveria ter iniciativa e disposição, pois cada camelo pode beber até 140 litros de água e havia 10 camelos na caravana (cf. Gênesis 24.10). Mais de mil litros de água que a moça teria de tirar do poço e derramar nos bebedouros! Ela o fez com disposição.

No combinado do servo de Abraão com Deus não precisava ser logo a primeira, pois ela poderia ter lhe dado água sem se oferecer para abastecer os bebedouros. Entretanto, a primeira moça a quem ele abordou fez exatamente o que ele pedira. Depois, ele perguntou de qual família ela era e descobriu que a moça, incrivelmente, pertencia à família dos parentes de Abraão, aqueles a quem ele estava procurando! Deus havia, soberanamente, conduzido cada detalhe daquele encontro.

Saber que Deus faz milagres e participa das nossas aventuras neste mundo é muito bom, mas viver esses momentos nos proporciona uma história de vida compartilhada com Ele. Como disse o apóstolo Paulo: "Porque Deus é quem efetua [...] tanto o querer como o realizar, segundo a sua boa vontade" (Filipenses 2.13, ARA). Ele quer participar do cotidiano da sua família.

Saber que Deus faz milagres e participa das nossas aventuras neste mundo é muito bom, mas viver esses momentos nos proporciona uma história de vida compartilhada com Ele.

Destaque: Experiência

Notas

Vamos orar

Senhor, Tu és bem-vindo, aliás, és imprescindível. Precisamos da Tua ajuda para encontrar futuros genros e noras, que cooperam com os Teus propósitos. Em Cristo oramos, amém.

prjosuegoncalves
pra.rousegoncalves

23

DE NOVEMBRO

Devocional • 327 de 365

Namorando a família

Você estará desobrigado do seu juramento, caso você for até a minha família e eles não quiserem dar a moça a você [...].
Gênesis 24.41, NAA

A cultura mudou, mas o princípio se mantém. Quem se casa deve buscar o acolhimento e a bênção da família.

Destaque:
Fraternidade

Casamento envolve duas partes: o noivo e a noiva – e, naturalmente, suas respectivas famílias. Não basta encontrar uma boa moça e dizer "você será a esposa do meu filho". Tanto a família quanto a noiva devem concordar. Obviamente.

Enquanto relatava à família de Rebeca a incrível história de como Deus o havia conduzido até a casa deles, o servo explicou que eles poderiam não concordar e que, nesse caso, ele voltaria de onde veio. Naquela época, o casamento não começava, necessariamente, com o interesse mútuo do casal, mas com as famílias. A família de Isaque estava representada pelo servo mais experiente da casa de Abraão e a família de Rebeca, por seu pai e seu irmão. Antes mesmo de saber se Rebeca gostava da ideia, os familiares deveriam se entender. E a resposta foi positiva: "Labão e Betuel responderam: – Isto procede do Senhor. Nada temos a dizer, nem a favor nem contra. Aqui está Rebeca; leve-a com você e que ela seja a mulher do filho do seu senhor, segundo a palavra do Senhor Deus" (Gênesis 24.51, NAA).

A cultura mudou, mas o princípio se mantém. Quem se casa deve buscar o acolhimento e a bênção da família. Cabe aos interessados investir não somente um no outro. Candidatos sábios conquistam as famílias e fazem questão do apoio e do favor deles. O servo de Abraão sabia disso, e conseguiu a aprovação da família de Rebeca para levá-la para ser esposa de Isaque.

A família de origem é muito importante, pois cada cônjuge trará a sua cultura de origem. Além disso, é desejável que haja um bom relacionamento com os pais e os sogros. Ter bons pais e sogros é uma bênção desejável que deve ser buscada antes da escolha da namorada.

Notas

Vamos orar

Pai Santo, Tu conheces as famílias e o que se passa no interior de cada coração. Desejamos ser boa família e encontrar boa família para nossos filhos. Dependemos do Senhor; guia-nos e que, enquanto esperamos, nos santifiquemos para formar filhos parecidos com Jesus. Em Cristo, oramos. Amém.

prjosuegoncalves
pra.rousegoncalves

Namoro entusiasmado

24

DE NOVEMBRO

Devocional • 328 de 365

Caso a mulher não queira seguir-te, ficarás desobrigado do teu juramento; entretanto, não levarás para lá meu filho.
Gênesis 24.8, ARA

Abraão não queria uma nora relutante. Ele não pensou em sequestrar uma esposa para o seu filho. O casamento deve ser voluntário. A futura esposa de seu filho precisava desejar fazer parte da nova família. A toda família de Rebeca pareceu bem que ela se casasse com o filho de Abraão, mas houve um momento (finalmente) em que ela foi consultada. "Chamaram, pois, Rebeca e lhe perguntaram: Você quer ir com este homem? Ela respondeu: Sim, quero" (Gênesis 24.58, ARA).

A escolha valoriza a mulher. Ela é desejada, aprovada e convidada. Mesmo assim, pode não aceitar. Ela também precisava querer o marido, pois seus destinos estariam entrelaçados para sempre. Essa escolha mútua tão comum na humanidade contém características românticas e afetivas com perspectiva de uma vida compartilhada e multiplicada pelos filhos que podem vir.

Ser escolhida e escolher são ações desejadas e sonhadas pela maioria das mulheres, cuja vida se mesclará de tal maneira com o do marido que até o seu nome será mudado.

Isaque já estava com quarenta anos, era o único herdeiro de Abraão e tinha sido treinado pelo pai para dar prosseguimento nos negócios da família e na missão de Deus para ele. Isaque era um homem de Deus, o que era evidenciado pela maneira sobrenatural com que o casamento estava sendo conduzido. Rebeca quis, decidiu e, corajosamente, deixou a sua casa para viajar ao encontro daquele que seria o seu marido e companheiro até o final da vida.

Para que haja um casamento abençoado, a moça deve responder entusiasmada e positivamente ao convite do rapaz, a quem admira, valoriza e vê como alguém com quem deseja compartilhar a vida e a missão de Deus.

Para que haja um casamento abençoado, a moça deve responder entusiasmada e positivamente ao convite do rapaz, a quem admira, valoriza e vê como alguém com quem deseja compartilhar a vida e a missão de Deus.

Destaque:
Correspondência

Notas

Vamos orar

Pai Santo, que haja a confluência de encontros e oportunidades, de maneira que nossos filhos que desejarem encontrem bons cônjuges, gente que teme a Deus e com quem formarão um núcleo agradável ao Senhor. Amém.

prjosuegoncalves
pra.rousegoncalves

25

DE NOVEMBRO

Devocional • 305 de 365

Namorando a missão

Então ele disse:— Sou servo de Abraão. O Senhor tem abençoado muito o meu senhor, e ele se tornou um grande homem. O Senhor lhe deu ovelhas e bois, prata e ouro, servos e servas, camelos e jumentos. Sara, mulher do meu senhor, já era idosa quando lhe deu à luz um filho, a quem o meu senhor deu tudo o que tem.

Gênesis 24.34-36, NAA

Antes do casamento, talvez antes mesmo de namorar, é essencial que os pretendentes conheçam o propósito de Deus para a vida um do outro.

Destaque: Submissão

Notas

Ao pedir Rebeca em casamento para Isaque, o servo de Abraão disse que a prosperidade financeira de Abraão se devia à bênção do Senhor. Ele explicou que Isaque era o herdeiro de tudo e contou como esse Deus estava presente e ativo, conduzindo o encontro com Rebeca.

Embora Rebeca não tivesse noção de todas as implicações que envolviam casar-se com o herdeiro da promessa – de que a descendência de Abraão seria "como o pó da terra" e que nele seriam "benditas todas as famílias da terra" (Gênesis 28.14, NAA) –, ela sabia do profundo envolvimento da família de seu futuro marido com o Senhor e qual o tipo de negócio em que a parentela dele estava envolvida.

Antes do casamento, talvez antes mesmo de namorar, é essencial que o os pretendentes conheçam o propósito de Deus para a vida um do outro. Imagine um rapaz que queira servir a Deus com seus bens, sendo um médico cirurgião bem remunerado, que se dedica ao trabalho e às ofertas, sendo ativo na igreja local. Agora, imagine uma moça cujo chamado é servir a Deus em tempo integral, talvez como missionária em cidades carentes onde o Evangelho não tem muita presença. Ambos os chamados são legítimos, mas podem ser incompatíveis, caso ambos não estejam dispostos a ajustar sonhos e rotinas aos planos de Deus para o outro.

A princípio, a esposa é chamada a servir como "auxiliadora" e, se a ideia de ser uma esposa de médico, que vive na cidade e se dedica aos filhos servindo à igreja local, for impensável para ela, fica óbvio que ela não deve "seguir" o convite do noivo, fica desobrigada.

Vamos orar

Senhor, ajuda-nos a conversar, esclarecer e investigar as possibilidades de ter um relacionamento que glorifica o Teu nome. Precisamos do Senhor no processo; guia-nos, Pai. Pedimos em nome de Jesus. Amém.

@prjosuegoncalves
@pra.rousegoncalves

Namorada bonita

A moça era muito bonita, virgem, a quem nenhum homem havia possuído. Ela desceu até a fonte, encheu o seu cântaro e subiu.
Gênesis 24.16, NAA

26
DE NOVEMBRO

As descrições físicas nas Escrituras são raras e, quando aparecem, têm um propósito específico. Nesse caso, compor o quadro de uma mulher com várias características desejáveis para futura esposa do rapaz a quem o servo representava.

A namorada deve ser bonita aos olhos de quem a deseja. Muitas pessoas podem ser boas amigas, irmãs comprometidas, mas, se não despertam interesse romântico, se não lhe parecem atraentes, não servem para uma aliança do tipo "até que a morte os separe". Mesmo assim, a estética não deve ser o principal elemento, pois é superficial e passageira.

A Escritura Sagrada adverte que "Enganosa é a graça e vã é a formosura, mas a mulher que teme o Senhor essa será louvada" (Provérbios 31.30, NAA). Afinal, "[...]o que importa não é a aparência exterior, – o estilo do cabelo, as joias, o corte da roupa –, mas sim sua atitude interior, [...] beleza interior, do tipo gracioso e gentil que agrada a Deus" (1Pedro 3.2-4, AM).

Que a busca pela beleza integral possa nos conduzir, zelando pelo belo templo do Espírito, que é o corpo, cuidando da saúde – alimentação, sono, pele, cabelo, dentes. Acima de tudo, porém, a busca por se parecer com o Ser mais belo que pisou neste Planeta: Jesus, o perfeito Filho de Deus. Que tenhamos o elegante caráter do Rei.

A namorada deve ser bonita aos olhos de quem a deseja [...]. Mesmo assim, a estética não deve ser o principal elemento, pois é superficial e passageira.

Destaque:
Formosura

Notas

Vamos orar

Deus do corpo e da alma, que a busca por beleza e saúde total possa ser agradável ao Senhor. Queremos nos aproximar cada vez mais do Maravilhoso Conselheiro, Deus Forte e Pai da Eternidade. Transforma-nos "de glória em glória, na sua própria imagem" (2Coríntios 3.18). Desejamos Te imitar. Em nome de Jesus, oramos. Amém.

prjosuegoncalves
pra.rousegoncalves

27

DE NOVEMBRO

Namorada pura

A moça era muito bonita, virgem, a quem nenhum homem havia possuído. Ela desceu até a fonte, encheu o seu cântaro e subiu.
Gênesis 24.16, NAA

Vale mais um coração puro de uma menina arrependida do que um corpo intocado de uma mulher cujo coração é pervertido e rebelde.

Destaque:
Pureza

Notas

Nos tempos bíblicos, a pureza da noiva era desejável e importante. Uma mulher que se guarda para o casamento valoriza o marido e destaca o valor de exclusividade da relação sexual. O livro bíblico de Cântico dos Cânticos (NAA), ou Cantares (ARC), usa a analogia de um jardim fechado, no qual os perfumes e as cores são desfrutados unicamente pelo seu dono.

Jesus chama a atenção para uma pureza interior ao dizer que quem olha para uma mulher com intenção impura no coração já pecou na imaginação. Assim, é possível ter um corpo não tocado e uma mente pervertida. O desafio é interno e externo para a noiva e para o noivo. Ambos devem guardar-se, um para o outro, de modo a descobrirem juntos os prazeres da intimidade quando se casarem.

O passado sexual do novo casal deve ser esclarecido antes do casamento, para que não haja surpresas. Noivo e noiva devem ser transparentes e confessar suas lutas e quedas do passado. Não é necessário detalhar nada, mas deixar claro *se* e *o que* houve. Beijos exagerados, carícias, pornografia e até relações sexuais antes do casamento são infelizmente comuns e devem ser confessadas e abandonadas.

Vale mais um coração puro de uma pessoa arrependida do que um corpo intocado de uma mulher cujo coração é pervertido e rebelde. Gosto de lembrar que "Se confessarmos os nossos pecados, ele é fiel e justo para nos perdoar os pecados e nos purificar de toda injustiça" (1João 1.9, ARA). O perdão quita a dívida que estava registrada nos cartórios celestiais, e a purificação atua na consciência e no coração, lavando as roupas e fazendo-as brancas por meio do sangue do Cordeiro (cf. Apocalipse 7.14).

Vamos orar

Deus Maravilhoso, Deus de graça e de perdão, queremos a Tua santidade completa, no corpo e na alma. Guia-nos pelos caminhos agradáveis ao Senhor. Que sejamos capacitados a guardar o nosso corpo para Tua inteira glória. Oramos em nome de Jesus. Amém.

Namorado maduro

[...] Era Isaque de quarenta anos, quando tomou por esposa a Rebeca, filha de Betuel, o arameu de Padã-Arã, e irmã de Labão, o arameu.
Gênesis 25.20, ARA

28
DE NOVEMBRO

Devocional • 332 de 365

Isaque era o filho que Abraão e Sara tiveram na velhice. Quando Abraão recebeu a promessa, ele estava com cem anos (cf. Gênesis 17.17). A narrativa bíblica conta que o patriarca só morreu aos 175 anos (cf. Gênesis 25.7). Assim, se Isaque nasceu quando Abraão tinha 101 anos, esse tinha 141 quando promoveu o casamento do filho. Para nós parece até uma idade bem avançada, 40 anos, principalmente com um pai idoso.

Foi somente após a morte de Sara que Abraão e Isaque decidiram pelo casamento, e o pai providenciou uma esposa para o filho. Casamento é para homens, não para meninos. Adão já foi criado maduro e tinha a sua missão e o seu sustento quando Deus lhe deu a esposa. Não foi diferente com Isaque, que já era maduro, já trabalhava com seu pai havia muito tempo e estava apto a assumir os negócios da família. Há rapazes que, mesmo jovens, têm maturidade, e há homens que, mesmo tendo idade mais avançada, são meninos irresponsáveis.

Quem deseja namorar deve estar pronto a se casar em poucos anos. Não que o jovem já tenha muito dinheiro e estabilidade, mas que ele tenha um projeto de vida e visão clara de sua missão diante de Deus. Isaque tinha os dois e, portanto, estava pronto para "namorar". Quem vive para Deus e para o próximo amadurece mais rapidamente. Quem desenvolve rotinas que não buscam somente a autossatisfação vive como um adulto.

Que sejamos maduros e criemos filhos para a maturidade. Que as moças busquem jovens maduros para "namorar" e que em todo esse processo, o amor a Deus e o serviço ao próximo sejam promotores de uma vida alinhada aos propósitos de Deus e Seu Reino.

Há rapazes que, mesmo jovens, têm maturidade, e há homens que, mesmo tendo idade mais avançada, são meninos irresponsáveis.

Destaque:
Maturidade

Notas

Vamos orar

Pai, que desafio, Senhor, sermos adultos como o Teu Filho, Jesus! Criar filhos e filhas alinhados com a maturidade de quem vive para o Senhor e para o próximo é impossível sem o Teu auxílio e direção. Que estejamos todos bem ligados e enxertados na Videira Verdadeira, para que a seiva que brota de Cristo possa nos levar a gerar frutos permanentes e agradáveis — primeiro a Deus, e depois às pessoas que nos rodeiam. Pedimos no nome de Jesus. Amém.

29

DE NOVEMBRO

Devocional • 333 de 365

Namorado centrado

E tornou Isaque a abrir os poços que se cavaram nos dias de Abraão, seu pai (porque os filisteus os haviam entulhado depois da morte de Abraão), e lhes deu os mesmos nomes que já seu pai lhes havia posto.
Gênesis 26.18, ARA

As moças devem buscar rapazes bem treinados e capazes de administrar com segurança uma casa.

Destaque:
Treinamento

A escavação de poços no deserto é uma ciência complexa que foi passada de Abraão para Isaque, seu filho. Quando Abraão enviou seu servo em busca de uma esposa para o filho, o rapaz já tinha adquirido todo conhecimento e prática necessários para uma vida autônoma na qual ele poderia prover para sua família. Além do mais, "Abraão deu tudo o que tinha a Isaque" (Gênesis 25.5, NAA) e o servo conta que "o Senhor tem abençoado muito o meu senhor, [Abraão] e ele se tornou um grande homem. O Senhor lhe deu ovelhas e bois, prata e ouro, servos e servas, camelos e jumentos" (24.35, NAA). Isaque tinha bens herdados e sabia como gerenciá-los.

Ao longo de sua jornada de vida, Isaque tomou decisões baseadas no aprendizado que tivera com o pai. Até alguns maus hábitos ele imitou, pois mentiu para o rei filisteu dizendo que sua esposa era sua irmã. Mentiu como viu ou soube que seu pai havia feito. Ele não precisava ter repetido o pecado de Abraão e foi repreendido por um rei que não temia ao Senhor (26.9-10) e era adorador de ídolos.

Embora ele tenha imitado Abraão no erro que cometera, não resta dúvidas de que Isaque havia sido instruído e tinha passado tempo com o pai, o que lhe acrescentara perícia para reagir na vida adulta. Ele tinha condições financeiras e cognitivas de administrar o novo lar. Estava apto. Por isso, é essencial que as moças busquem rapazes bem treinados e capazes de administrar com segurança uma casa. Aos pais cabe treiná-los; aos jovens, aprender e crescer.

Notas

Vamos orar

Pai, sabemos que não prometes riquezas materiais, mas queremos pedir sabedoria para administrar o que nos tens dado e ainda darás. Que nossos filhos sejam sábios e nossas filhas encontrem jovens maduros e aptos para administrar uma nova casa. Pedimos em nome de Jesus. Amém.

Namorado piedoso

30

DE NOVEMBRO

Devocional • 334 de 365

Ao cair da tarde, Isaque saiu para meditar no campo [...] Isaque orou ao Senhor por sua mulher, porque ela era estéril. O Senhor ouviu as orações dele, e Rebeca, a mulher de Isaque, ficou grávida. [...] O Senhor apareceu a Isaque e lhe disse: — Não desça ao Egito, mas fique na terra que eu lhe indicar [...] Multiplicarei a sua descendência como as estrelas dos céus e a ela darei todas estas terras. Na sua descendência serão benditas todas as nações da terra [...] Isaque, pois, ficou em Gerar.

Gênesis 24.63; 25.21; 26.2,4,6, NAA

De todas as características desejáveis para um "namorado", amar o Senhor e ter um relacionamento intenso com Ele é a mais importante, já que tal característica sustenta todas as outras. Quando Rebeca estava chegando da viagem, encontrou seu futuro marido meditando no campo, o que sinaliza uma vida de oração. Depois de casados, o drama da infertilidade os assolou. Não sabemos por quanto tempo, mas a Escritura nos conta que Isaque orou pela esposa e Deus ouviu a oração dele, concedendo os filhos gêmeos – Esaú e Jacó.

Como tinham um estilo de vida nômade, enquanto saía de uma região para outra, o Senhor "apareceu" para Isaque e o instruiu a permanecer na terra de Canaã. Isaque teve sensibilidade espiritual para reconhecer e saber com certeza que aquela "aparição" era o Senhor; e obedeceu, indo morar na cidade de Gerar.

Isaque não somente tinha vida de oração, intimidade com Deus e prática da obediência, mas também sabia qual era sua vocação. Ele era o filho do milagre, que fora oferecido em sacrifício no monte, mas foi salvo pela providência divina. Isaque ouviu do próprio Deus a renovação da aliança feita a seu pai, Abraão. Ele conhecia sua vocação e se dedicava em obediência a atendê-la diante de Deus, que lhe forneceu tudo de que precisava ao longo da sua carreira.

De todas as características desejáveis para um "namorado", amar o Senhor e ter um relacionamento intenso com Ele é a mais importante.

Destaque: Piedade

Notas

Vamos orar

Senhor, queremos andar em Tua companhia como Isaque andou — com intimidade, escuta obediente e meditando na Palavra. Queremos ser sensíveis e obedientes à Tua voz. Além disso, queremos treinar nossos filhos para que O conheçam e se comportem da mesma maneira. Que nossas filhas encontrem homens assim para formar uma família que honre o Teu nome e cumpra o Teu propósito. Pedimos em nome de Jesus. Amém.

"

É interesse do Altíssimo que as famílias sejam formadas e edificadas em Cristo.

"

DEZEMBRO

12/12

1º
DE DEZEMBRO

Família espetacular

Mulher virtuosa, quem a achará?
O seu valor muito excede o de finas joias.
Provérbios 31.10, NAA

Ambos [marido e esposa] dependem de Deus e são desafiados pelo padrão elevado de ter uma família espetacular.

Destaque:
Modelo

Notas

No último capítulo do livro de Provérbios, o autor apresenta o retrato de quem ele define como "a mulher virtuosa", e a quem os tradutores chamam também "esposa exemplar" (NVI), "boa esposa" (NTLH), ou uma "boa mulher" (AM). Tal retrato costuma tirar o fôlego das mais piedosas e trabalhadoras esposas, que percebem logo tratar-se de um padrão elevadíssimo. Pode ser que tal retrato seja a personificação da personagem Sabedoria, tão exaltada ao longo de todo o livro.

Mesmo sendo um padrão elevado, ele serve de régua para estabelecer a mulher ideal, que se parece com a Sabedoria, que tem o caráter de Cristo. A série de devocionais que se seguem não têm como objetivo oprimir ou exigir comportamento assim das esposas, mas desafiar à excelência, já que um Espírito excelente habita o coração das mulheres que se aproximam de Deus, por meio de Cristo.

Talvez pudéssemos dizer que, para que a esposa atinja tal excelência, ela precisaria ter um marido tão competente como o descrito no intervalo de Provérbios 31.10-31. Certamente, os maridos também estão distantes do padrão de homem perfeito. Assim, tanto eles quanto elas dependem da graça e do poder de Cristo. Ambos devem buscar tamanha excelência a fim de que Deus seja elogiado por quem tiver contato com essa família espetacular.

O único marido que não falha é o Senhor: Isaías disse à nação de Israel certa vez: "Porque o seu Criador é o seu marido [...]" (cf. Isaías 54.5). A única mulher que não comete erros é a Sabedoria. Assim, ambos dependem de Deus e são desafiados pelo padrão elevado de ter uma família espetacular.

Vamos orar

Senhor, Tua lei é boa e Teu padrão é correto. Somente Teu Filho foi capaz de viver e atingir os mais excelentes parâmetros de caráter. Sim, Ele venceu por nós, e não dependemos de desempenho para sermos aceitos. Mas queremos experimentar uma família tão extraordinária quanto a Tua, na qual o amor eterno de uns pelos outros traz Deus à Terra e O leva a se tornar gente — gente que entrega a vida pela gente. Em Cristo, amém.

@ prjosuegoncalves
@ pra.rousegoncalves

O valor espetacular

Mulher virtuosa, quem a achará?
O seu valor muito excede o de finas joias.
Provérbios 31.10, NAA

2
DE DEZEMBRO
Devocional • 336 de 365

A esposa que teme ao Senhor é de grande valor para Ele. Uma mulher não deve avaliar o seu valor pelo seu desempenho, já que todos falhamos constantemente. Tampouco deve avaliar-se com base no que as pessoas dizem, já que o temor de homens funciona como armadilha. O quanto ela consegue ganhar ou poupar também não define o seu valor.

Há mulheres que entendem que a beleza estética é seu bem mais precioso e, quando envelhecem ou se comparam a outros tipos de beleza, ficam inseguras e infelizes. O valor da mulher não está em sua aparência.

Há períodos em que as mais dedicadas não conseguem manter o ritmo de disciplinas espirituais que vinham mantendo. A chegada dos filhos, um hóspede inesperado, a doença de um familiar, a necessidade de um trabalho extra e tantos imprevistos atrapalham a dedicação da mulher às Escrituras e à oração. A boa-nova é que uma mulher não é valorizada aos olhos de Deus pelo seu desempenho piedoso.

Não é a beleza, não é a reputação, não é a influência ou a capacidade de ganhar dinheiro que definem o valor da mulher. Quer ela ganhe muito ou pouco dinheiro, ela tem valor porque Deus a amou tanto que entregou a pessoa que Ele mais valorizava, Seu filho Jesus. Ela vale tanto que foi adotada e, hoje, faz parte da família de Deus. Ela é filha de Deus. E quanto vale uma filha para o pai?

Uma filha de Deus vale tanto que Ele a resgatou do cativeiro, pagando o resgate com preço de sangue. Alguém se ofereceu para absorver a ira divina de modo que a valorosa mulher pudesse ficar de bem com o Pai Eterno. Ah, ela vale muito, porque é parte do Corpo de Cristo. O valor altíssimo de uma filha de Deus só depende do que Deus diz a respeito dela.

Não é a beleza, não é a reputação, não é a influência ou a capacidade de ganhar dinheiro que definem o valor da mulher.

Destaque:
Valor

Notas

Vamos orar

Senhor, ajuda-nos a enxergar o valor da mulher como alguém que foi comprada por preço altíssimo. Joias, dólares, ouro, bens e terras nada valem diante da vida preciosa e santa de Teu Filho, que morreu por ela. Obrigado por tão grande salvação, que confere valor à Tua filha. Em nome de Jesus, amém.

@prjosuegoncalves
@pra.rousegoncalves

3

DE DEZEMBRO

Devocional • 337 de 365

Confiança espetacular

O marido confia nela sem reservas, e disso nunca se arrependerá.
Provérbios 31.11, AM

A confiança é adquirida ao longo dos anos, mas pode ser perdida em um instante.

Destaque:
Convicção

Notas

A confiança é adquirida ao longo de anos, mas pode ser perdida em um instante. Ser alvo da confiança de alguém é um grande privilégio. Um casal que se conhece tão bem, a ponto de um confiar no outro, chegou ao nível ideal de intimidade e maturidade.

Na relação de casamento, várias dimensões da vida são compartilhadas e em cada uma delas deve haver confiança mútua. É comum haver desconfiança quanto à integridade sexual. Há cônjuges que extrapolam os limites do leito conjugal e se lançam a diversos tipos de adultério. A menor das perversões sexuais já é suficiente para comprometer a confiança.

Quem sempre diz a verdade, mas mentiu em determinada ocasião, comprometeu severamente a confiança. Mais ainda quem mantém uma prática de mentiras, omissões e exageros. Há grande insegurança quando se convive com uma pessoa mentirosa.

Os vícios costumam ser fator de desgraça, pois comprometem o convívio, as finanças e a segurança da família. Quem se perde em um *shopping* gastando descontroladamente os recursos da família perde a confiança e, enquanto permanece na prática pecaminosa, tende a mentir e usar de meios ilícitos para conseguir mais dinheiro.

A mulher ideal desfruta de uma confiança espetacular, pois ela tem um caráter excepcional acompanhado de um histórico irrepreensível. A boa mulher não causa intriga sobre o marido, não o difama nem o engana. Pelo contrário, ela supera e surpreende, dando mostras de fidelidade em todas as esferas: sexual, financeira e verbal. Quanto mais o marido confia, mais feliz e próspero ele é, pois sua confiança se prova constantemente como acertada.

Vamos orar

Senhor, ajuda-nos a ser confiáveis. Que sejamos íntegros internamente, sem cobiçar sexualmente pessoas fora do casamento; que estejamos contentes com os recursos que temos e vivamos dentro deles. Que nosso falar seja íntegro e que não nos queixemos nem julguemos malignamente nosso cônjuge. Em Cristo Jesus, amém.

@prjosuegoncalves
@pra.rousegoncalves

Bondade irretocável

Ela lhe faz bem e não mal, todos os dias da sua vida.
Provérbios 31.12, NAA

4
DE DEZEMBRO

Devocional • 338 de 365

A bondade depende mais de quem a exercita do que de quem a recebe. Quando Deus age com bondade, Ele manifesta o Seu caráter. Jesus diz que Ele é benigno até com os ingratos e maus, pois libera Sua graça sobre todos. Mesmo em um mundo ferido pela Queda, ainda é possível perceber a manifestação exuberante da bondade do Criador.

A vingança pode ser uma tentação grande no casamento. Já soube de uma esposa que prejudicou o marido em seu ambiente profissional; outra, o difamou, isolando-o socialmente para tê-lo só para si mesma. Tais comportamentos ferem, igualmente, a quem se vinga, pois o casal tem um destino comum. Quando um sofre, ambos se ressentem.

A esposa excelente consegue digerir uma afronta internamente, sem, contudo, prejudicar o outro. O perdão é a única maneira de conviver adequadamente, isto é, perdão acompanhado de oração e diálogo honesto, preferencialmente de arrependimento eficaz e mudança de comportamento da parte ofensora. Qualquer ataque ao outro é um ataque ao casal; portanto, mesmo durante as conversas difíceis, a bondade deve permear o trato comum.

Mais impressionante que saber que a esposa excepcional só faz o bem ao marido é a frequência e a durabilidade dessa atitude: "todos os dias da sua vida". A bondade, assim como a confiança, pode ser frágil. Uma palavra mal colocada ou uma atitude impensada pode comprometer anos de trabalho e demandar muito tempo de cura e restauração.

A mulher valorosa faz bem ao marido todos os dias do casamento deles. Até quando ela precisa ser desagradável para o bem do marido, ela é bondosa.

A bondade, assim como a confiança, pode ser frágil. Uma palavra mal colocada ou uma atitude impensada pode comprometer anos de trabalho e demandar muito tempo de cura e restauração.

Destaque:
Bondade

Notas

Vamos orar

Deus de graça e poder, ajuda os maridos a valorizarem suas esposas. Que elas possam se inclinar a Ti de tal maneira que aprendam Teus modos, imitem Teu caráter e ajam com sabedoria dentro de casa. Que o lar delas seja edificado com graça, ternura e coragem. Em Cristo, amém.

prjosuegoncalves
pra.rousegoncalves

5

DE DEZEMBRO

Devocional • 339 de 365

Eficiência sem par

Busca lã e linho e de bom grado trabalha com as mãos. É como o navio mercante: de longe traz o seu pão. É ainda noite, e ela já se levanta, e dá mantimento à sua casa e tarefa às suas servas.
Provérbios 31.13-15, NAA

Sua capacidade administrativa somada à bênção de Deus trazia prosperidade e riqueza para os ambientes sobre os quais exercia seu governo.

Destaque:
Governo

Notas

José do Egito era um homem eficiente. Sua capacidade administrativa somada à bênção de Deus trazia prosperidade e riqueza para os ambientes sobre os quais exercia seu governo. José nunca foi o principal. Na casa de seu pai, Jacó, ele auxiliava o ancião. Na fazenda de Potifar, ele administrava para o militar egípcio e, depois, ficou a serviço do Faraó, como seu administrador. José estava mesmo debaixo da autoridade de Deus e servia ao Senhor, administrando e ajudando a quem pudesse.

Ter uma esposa com tais características atrai as bênçãos do Céu e os recursos da Terra, pois há princípios que abençoam a todos quando colocados em prática. Ao buscar as matérias-primas (lã e linho) e manufaturá-las, preparando as roupas e cobertas, ela acrescenta valor ao produto e, além de fornecer vestimentas para todos, economiza. Se a produção for boa, ela pode até vendê-la.

Ela busca o melhor pão, com maior qualidade e preço justo. Se necessário, ela irá buscar longe de casa. A prioridade dela não é o conforto pessoal, mas a eficiência de sua tarefa. Percebe-se nas pessoas eficientes o prazer de realizar um bom trabalho. Podemos ler nas entrelinhas que ela tem prazer em realizar com rapidez e excelência as suas tarefas. Ela não faz somente o essencial, ela vai além.

Como toda boa gerente, ela precisa se relacionar bem com as colaboradoras (servas) para poder multiplicar a força de trabalho. Ela sabe que esclarecimento e organização na distribuição das funções fazem bem para todos e trazem resultados para lá de satisfatórios. Precisamos ser mais como a varoa valorosa.

Vamos orar

Pai, somente debaixo do Teu governo e impulsionados pelo Teu poder podemos ser assim, tão eficientes. Tu és perfeitamente organizado e ajudaste José no Egito. Ajuda-nos também a agradar-Te com a excelência do nosso trabalho. Em nome de Jesus, amém.

prjosuegoncalves
pra.rousegoncalves

Empreendedora

6

DE DEZEMBRO

Ela examina uma propriedade e adquire-a;
planta uma vinha com a renda do seu trabalho.
Provérbios 31.16, NAA

A mulher excepcional de Provérbios consegue multiplicar os recursos. Onde ela coloca a mão, prospera. Ela entende de mercado financeiro e fica à vontade no agronegócio, pois tem a capacidade de transformar um campo cheio de mato em uma bela, frutífera e rentável vinha, de onde são fabricados diversos produtos como vinho, vinagre, uvas passas, geleias, óleo de semente de uva e, claro, as uvas.

A palavra contemporânea que talvez melhor descreva essa mulher é: empreendedora. Ela possui características de uma visionária, que percebe as oportunidades onde outros só enxergam obstáculos; é resiliente, superando os desafios com coragem, determinação e persistência; e é tão criativa que inova constantemente nas soluções. Essa empreendedora é ética e correta, pois teme ao Senhor, mas nem por isso deixa de ser adaptável e flexível.

O perfil da varoa valorosa parece retratar uma esposa cujos filhos não estão mais na infância, pois eles a elogiam. Ela fala com sabedoria, ajuda os aflitos e percebe-se, pelo conjunto da descrição, que é uma mulher mais experiente, o que a torna apta para ajudar uma mãe de filhos pequenos – que se enquadra no perfil estabelecido por Paulo, quando escreve a Tito. Segundo Tito 2.4-5, as "jovens recém-casadas" devem aprender a amar o marido e os filhos, sendo, ainda, "sensatas, puras, boas donas de casa, bondosas, sujeitas ao marido".

Deus não espera que uma mulher com um bebê de colo, outro agarrado nas suas pernas e mais um correndo pela casa seja tão ativa quanto aquela cujos filhos são maiores e têm mais autonomia. Quem trabalha eficazmente no lar já faz muito e depende do Altíssimo em suas tarefas do dia a dia.

Deus não espera que uma mulher com um bebê de colo, outro agarrado nas suas pernas e mais um correndo pela casa seja tão ativa no mercado quanto aquela cujos filhos são maiores e têm mais autonomia.

Destaque:
Visão

Notas

Vamos orar

Senhor, que as esposas possam, em cada fase, desfrutar do privilégio de serem donas de casa e, em alguns casos, mães. Que contem com a sabedoria do Teu Espírito para governar o espaço que lhes confiaste, com coragem, humildade e dependência. Em nome de Jesus, amém.

prjosuegoncalves
pra.rousegoncalves

7 DE DEZEMBRO

Abençoadora

Abre a mão aos aflitos; e ainda a estende aos necessitados. [...] Fala com sabedoria, e a instrução da bondade está na sua língua.
Provérbios 31.20,26, NAA

As mulheres precisam aprender com essa mulher. Os homens precisam aprender com essa sabedoria, pois esse padrão é divino.

Destaque: Bondade

Esse modelo de mulher é impressionante. Certamente, homens e mulheres devem alinhar-se a ele. O texto mostra como uma mulher, alinhada e empoderada pelo Santo Espírito, pode ser plenamente usada no contexto da família e da comunidade.

A generosidade dela reflete a de Deus. Essa mulher trabalha muito, acorda cedo e não cede à preguiça. No entanto, ela sabe que o bom resultado do seu trabalho, inclusive a saúde para realizá-lo, são dádivas de Deus. Assim, ela reparte, doa e compartilha com os "aflitos".

Existe no Senhor um anelo por suprir os "necessitados". Ele se compadece dos quebrantados de coração, está atento aos órfãos e às viúvas, e "quem se compadece do pobre empresta ao Senhor, e este lhe retribuirá o benefício" (Provérbios 19.17, NAA). A mulher de valor sabe auxiliar, servir a Deus e investir em Seus anelos.

Ela abençoa com bens, recursos e alimentos a quem precisa, mas, quando necessário, "fala com sabedoria", provê "instrução", direcionamento e conforto. Ambos devem seguir juntos: recursos e conselhos. A característica da ajuda não é grosseira, mas encorajadora, trazendo conforto e provisão; é a "instrução da bondade".

As mulheres precisam aprender com essa mulher. Os homens precisam aprender com essa sabedoria, pois esse padrão é divino. A Igreja é a noiva de Cristo e, como tal, deve ser a esposa valorosa que serve com bens e carinho os que Jesus deseja alcançar.

Notas

Vamos orar

Senhor, Tua bondade é insondável. Precisamos aprender Contigo todos os dias e relembrar constantemente Tua maior doação: a vida de Jesus, dada, derramada, entregue em nosso lugar. Obrigado porque ainda nos abençoas diariamente com alimento, abrigo, roupas, conforto, filhos, família, trabalho, ministério, saúde e, milagrosamente, com Teu Santo Espírito. Queremos compartilhar o cotidiano com Ele e servir como aquela mulher descrita em Tua Palavra. Em nome de Jesus, amém.

Reconhecimento familiar

Seus filhos se levantam e a chamam de bem-aventurada; seu marido a louva, dizendo: Muitas mulheres são virtuosas no que fazem, mas você supera todas elas.
Provérbios 31.28-29, NAA

8
DE DEZEMBRO

Todos nós gostamos de reconhecimento. Quem não aprecia um elogio sincero?

Embora Deus seja o único digno de honra e glória suprema, Ele compartilha com Seus filhos algumas homenagens. Certo pastor nos contou que, durante suas campanhas de pregação, recebe muitos elogios e os armazena na memória, simplesmente agradecendo quando os recebe, apontando para Deus sempre que pode. Quando volta para casa, ele relembra os elogios e os deposita, um a um, aos pés do Senhor em oração. Ele se lembra de um, em que uma pessoa lhe disse que foi liberta da mentira e ele diz a Deus: "Foi o Senhor, não foi? Muito obrigado". Assim, ele compartilha com o Pai as homenagens que recebe.

A esposa que tem seus esforços reconhecidos pode ser grandemente encorajada. O marido deve ser o primeiro a expressar esse reconhecimento, pois ele dá o exemplo aos filhos. A maneira como marido trata a mulher molda os filhos, que o imitam. Estes, por sua vez, além de incentivados a repetir sinceramente os elogios, devem ser advertidos e repreendidos quando faltam com o respeito devido.

Os elogios devem ser consistentes e sinceros. Ninguém gosta de bajulação fútil. Há o tempo certo para tudo. Em público, os elogios; no particular, os ajustes e repreensões. Se os homens não gostam de ser corrigidos em público, por que as mulheres apreciariam o mesmo?

Devemos conhecer nosso cônjuge e elogiá-lo apropriadamente, reconhecendo a ação de Deus na vida dele, que abençoa a família, a igreja e a comunidade.

Embora Deus seja o único digno de honra e glória suprema, Ele compartilha com Seus filhos algumas homenagens.

Destaque:
Condecoração

Notas

Vamos orar

Senhor, muito obrigado porque podemos reconhecer nas pessoas Tua graça. Que sejamos especialistas em perceber os talentos e realizações que colocaste em nosso cônjuge. Que cultivemos em nosso lar uma cultura de honra e encorajamento. Em nome de Jesus, amém.

9

DE DEZEMBRO

Devocional • 343 de 365

Beleza eterna

Enganosa é a graça, e vã é a formosura, mas a mulher que teme o Senhor, essa será louvada. Deem a ela o fruto das suas mãos, e que de público as suas obras a louvem.
Provérbios 31.30-31, NAA

Deus enxerga a mulher como um todo, um ser humano feito à Sua imagem e semelhança. Deus vê o Seu Filho em cada crente.

Destaque:
Perpetuidade

Notas

O valor atribuído a essa esposa e mãe não tem conexão com sua aparência física. Ela não é vista como objeto sexual, ou como uma boneca de luxo enfeitada e fútil. Não problema algum na beleza estética, no capricho, nos adornos e na limpeza. Que o digam a Sulamita, quando se preparava com mirra para esperar o seu amado Salomão (cf. Cântico dos Cânticos 5.5). Tudo isso tem seu lugar no casamento; faz parte da intimidade e do afeto. Mas Deus enxerga a mulher como um todo, um ser humano feito à Sua imagem e semelhança. Deus vê o Seu Filho em cada crente.

O apóstolo Pedro destaca que "o que importa não é a aparência exterior – o estilo do cabelo, as joias, o corte da roupa –, mas sim sua atitude interior". Em seguida, ele recomenda: "Cultivem a beleza interior, do tipo gracioso e gentil que agrada a Deus. As mulheres santas de antigamente eram lindas na presença de Deus desse modo e eram boas e leais aos maridos" (1Pedro 3.4-5, AM).

O que mais impressiona no retrato da varoa valorosa é a capacidade de cumprir plenamente o seu papel na família – como esposa e mãe –, e ainda administrar a casa, atuar no mercado e alcançar a comunidade. Essa mulher "sobra" na casa, porque anda com Deus, porque é cheia do Espírito Santo e exala sabedoria. Suas boas obras são resultado inevitável de uma pessoa nascida de novo, que se dedica à oração e ao estudo da Palavra de Deus.

Enxergar a Cristo através dos olhos do cônjuge é vê-lo belíssimo. Seja com dois anos de casamento, com dez, vinte ou mais – mesmo quando a pele já tiver cedido à implacável força da gravidade –, em todo tempo a aparência de uma pessoa rendida e exuberante na presença de Deus continua sendo bela.

Vamos orar

Pai Santo, obrigado porque nos deste a possibilidade de sonhar com a eternidade. Obrigado porque colocaste em nós um Espírito eterno e nos garantiste estar Contigo para todo sempre. Que sejamos sempre belos como Teu Filho Jesus. Ele é belíssimo. No nome d'Ele oramos, amém.

Marido responsável

10
DE DEZEMBRO
Devocional · 344 de 365

Maridos, vocês, igualmente, vivam a vida comum do lar com discernimento, dando honra à esposa, por ser a parte mais frágil e por ser coerdeira da mesma graça da vida. Agindo assim, as orações de vocês não serão interrompidas.
1Pedro 3.7, NAA

Em Sua soberania, Deus estabeleceu os homens como líderes de sua casa. A última palavra é do marido, bem como a responsabilidade pelo bom andamento da casa. O privilégio de ser o líder traz consigo responsabilidades e desafios. Ao nos lembrarmos da fatídica Queda, Eva foi quem primeiro comeu do fruto proibido, porém, Adão foi chamado primeiro a prestar contas.

Quer queira, quer não, o homem prestará contas de sua família a Deus. Escrevendo aos coríntios, Paulo afirma que "[...] é necessário que todos nós compareçamos diante do tribunal de Cristo, para que cada um receba segundo o bem ou o mal que tiver feito por meio do corpo" (2Coríntios 5.10, NAA). Homens são responsáveis por tudo o que acontece na casa. Tudo. Vazamentos, manutenção, desempenho escolar dos filhos, depressão da esposa, más amizades, vícios. De tudo isso os homens prestarão contas a Deus, que confiou a eles suas respectivas famílias.

Se um time de futebol está perdendo jogos, o primeiro a ser demitido é o treinador. Ao averiguar o comportamento de uma tropa, o oficial procura o sargento responsável. Assim também Deus espera que prestemos contas do andamento de nossa casa.

A tarefa parece impossível. Como arrancar a depressão da esposa, ou converter o coração dos filhos? Por isso, o marido deve trabalhar em parceria com o Todo-Poderoso, que é o único capaz de realizar o sobrenatural. Cabe aos homens serem treinados pelo Espírito Santo, buscarem intimidade e obedecerem ao que Ele disser; assim, terão poder para fazer a sua parte. E o Espírito Santo realizará o impossível na família, curando e convertendo quem ali está.

Quer queira, quer não, o homem prestará contas de sua família a Deus.

Destaque:
Encargo

Notas

Vamos orar

Senhor Jesus, tem misericórdia de nós. Ajuda-nos nesse desafio de sermos maridos e pais. Quebranta nosso coração. Que vivamos em constante dependência de Ti, com obediência e dedicação. Que nos entreguemos a essa tarefa tão nobre de servir como líderes responsáveis em nossa casa. Em Cristo, amém.

11
DE DEZEMBRO

Devocional • 345 de 365

Marido presente

Maridos, vocês, igualmente, *vivam a vida comum do lar com discernimento*, dando honra à esposa, por ser a parte mais frágil e por ser coerdeira da mesma graça da vida. Agindo assim, as orações de vocês não serão interrompidas.
1Pedro 3.7, NAA

"Viver a vida comum do lar" é juntar-se a Deus no pastoreio dos membros da família.

Destaque:
Intencionalidade

Notas

Alguns homens precisam se lembrar de que a casa não é hotel, a esposa não é empregada, e os filhos não são anjos obedientes. Ah, e, sim, é verdade que, nem sempre, a mulher terá disposição para uma noite de amor.

Existe em cada homem uma fantasia coletiva, talvez importada de comerciais de margarina, na qual os filhos vivem bem arrumados, sorridentes e obedientes; a esposa está maquiada e com o cabelo feito, sorrindo e servindo com alegria. O marido imagina voltar para casa e encontrar somente descanso e reconhecimento por ter trabalhado tão duramente naquele dia, como se somente ele trabalhasse e fosse digno de todos os paparicos.

A casa é o lar, é o ambiente de trabalho do homem, no qual esposa e filhos são abençoados, supridos e protegidos. Isso dá trabalho e beira o impossível.

É comum que os homens estejam presentes apenas fisicamente, com a mente repassando o dia de trabalho, alheio ao que acontece em casa. O desafio é estar verdadeiramente presente, concentrado no momento, nos relacionamentos, nas histórias, nos problemas, e neles mergulhar, para se colocar ao lado de Deus e disponível a Ele, que está interessadíssimo no dia da esposa e nas batalhas travadas pelos filhos.

"Viver a vida comum do lar" é juntar-se a Deus no pastoreio dos membros da família. É prestar atenção, ouvir, abraçar, instruir, tomar providências e colher material para intercessão, porque haverá questões que extrapolam o poder humano. Ainda bem que os homens podem contar com o Senhor Deus nessa tarefa.

Vamos orar

Pai Santo, que estejamos presentes integralmente em nossa casa, atentos ao que acontece, disponíveis, amistosos e prontos para amar os membros deste lar, que é Teu. Queremos servir no Teu poder, do Teu jeito, contando com Tua direção. Em nome de Jesus, amém.

prjosuegoncalves
pra.rousegoncalves

Marido especialista

Maridos, vocês, igualmente, vivam a vida comum do lar *com discernimento*, dando honra à esposa, por ser a parte mais frágil e por ser coerdeira da mesma graça da vida. Agindo assim, as orações de vocês não serão interrompidas.

1Pedro 3.7, NAA

12

DE DEZEMBRO

Devocional • 346 de 365

Se há uma faculdade que nunca termina é a faculdade da família. Os estudos se iniciam na terna idade, quando as crianças observam os pais e formam seus valores e cultura familiar. Quando se casam, precisam se adaptar à cultura um do outro até que uma nova seja estabelecida.

O lar é uma nova identidade, a do casal, e depois, do casal e dos filhos. Cada membro imprime uma característica na nova cultura familiar. Os integrantes da família, especialmente o marido, devem conhecer uns aos outros e as Escrituras para serem capazes de servir com excelência. No curso de formação de maridos, conhecer as particularidades da esposa é matéria obrigatória, bem como os talentos dos filhos e suas principais limitações.

Bons técnicos de futebol conhecem cada jogador, suas habilidades e talentos. Conhece também seus pontos fracos. O bom técnico está presente dentro e fora do campo; na hora da formatura e no aconchego do lar, ao fazer uma oração na hora de dormir.

O técnico que trabalha na família se dedica mesmo quando seus queridos não estão por perto, buscando estratégias e respostas para fomentar as virtudes e melhorar as debilidades. O bom técnico preocupa-se pouco consigo mesmo; seu foco maior está em conhecer os membros da família e levar a Deus os seus desafios. Ele é especialista na esposa, nos filhos e em Deus. E, com esse conhecimento, ele se coloca no meio cooperando, clamando, ouvindo, servindo, dirigindo, aconselhando, abraçando, chorando e rindo juntos.

Os integrantes da família, especialmente o marido, devem conhecer uns aos outros e as Escrituras para serem capazes de servir com excelência.

Destaque:
Conhecimento

Notas

Vamos orar

Pai, sabemos que estamos muito aquém do Teu padrão. Perdoa nossa ausência e falta de conhecimento como pais. Entregamos a Ti as debilidades e os sonhos de nosso cônjuge. Entregamos também as debilidades e os sonhos de nossos filhos. Pai, ajuda-nos, pois Tu os amas mais do que nós. Em nome de Jesus, amém.

prjosuegoncalves
pra.rousegoncalves

13

DE DEZEMBRO

Devocional • 347 de 365

Marido respeitoso

Maridos, vocês, igualmente, vivam a vida comum do lar com discernimento, *dando honra à esposa*, por ser a parte mais frágil e por ser coerdeira da mesma graça da vida. Agindo assim, as orações de vocês não serão interrompidas.
1Pedro 3.7, NAA

O desafio do marido é [...] se preocupar com o que ela [a esposa] deseja compartilhar, ouvindo com atenção o que ela demanda, lembrando-se de que ela é instrumento de Deus no auxílio do marido!

Destaque:
Honra

Notas

Em seu livro *Amor e respeito: O que ela mais deseja, o que ele mais precisa*,[1] Emerson Eggerichs enfatiza a diferença no que os cônjuges mais valorizam. Ele defende que, para os homens, o respeito é um valor supremo e que para as mulheres é o amor. Porém, isso pode levar as esposas a caírem na armadilha de desprezarem a importância de amar os maridos, ou a fazer que os maridos se concentrem no amor romântico e negligenciem o respeito que Deus espera que as esposas recebam.

O entendimento do valor estratégico da esposa no propósito de Deus é essencial para que ela seja honrada. A esposa é *ezer*, auxiliadora, representante do próprio Deus para espalhar e espelhar Sua imagem nesta Terra. Às vezes, é a única a se dar ao trabalho de contestar, ou sugerir, ou a apontar uma área que precisa ser aperfeiçoada na vida do marido. Alguém assim ama de tal maneira que fala, admoesta, insiste e encoraja.

Há maridos que veem a mulher ativa na santificação do casal como inconveniente, que atrapalha o sossego. Essa visão desonra, rouba o respeito e manifesta um coração desconfiado de si mesmo e da esposa, que deve ser vista como quem deseja melhorar o relacionamento e o caráter do casal.

O desafio do marido é se tornar um especialista em saber conversar, absorvendo algum possível descontrole emocional que ela tenha. É se preocupar com o que ela deseja compartilhar, ouvindo com atenção o que ela demanda, lembrando-se de que ela é instrumento de Deus no auxílio do marido! Considerá-la portadora da Palavra de Deus é honrá-la, sem dúvida.

[1] EGGERICHS, Emerson, *Amor e respeito: o que ela mais deseja, o que ele mais precisa*. São Paulo: Mundo Cristão, 2008.

Vamos orar

Pai, ajuda marido e esposa a se amarem, respeitando as diferenças. Que os homens sejam usados por Ti para encorajar as esposas, e que elas tenham tato e paciência para apontar os ajustes necessários. Que ambos sejam iluminados por Teu Espírito para reconhecer seus pecados e acertar o rumo por meio do arrependimento e da mudança. Em nome de Jesus, amém

prjosuegoncalves
pra.rousegoncalves

Marido cuidadoso

14

DE DEZEMBRO

Devocional • 348 de 365

Maridos, vocês, igualmente, vivam a vida comum do lar com discernimento, dando honra à esposa, por ser *a parte mais frágil* e por ser coerdeira da mesma graça da vida. Agindo assim, as orações de vocês não serão interrompidas.
1Pedro 3.7, NAA

Nesse versículo, o apóstolo Pedro está explicando como os maridos devem amar sua esposa: liderando com presença, conhecendo-a bem, participando da vida dela e honrando-a. Para respeitar uma mulher e tratá-la como "parte mais frágil", ele precisa se colocar no lugar dela, tentar enxergar a vida pela ótica dela e tratá-la com super, mega, hiper e extra cuidado, pois ele é bruto, se comparado a ela.

O físico é um bom exemplo disso. Geralmente, os homens são mais musculosos e maiores. Um golpe físico desferido por um homem pode destruir uma mulher, mas o oposto dificilmente acontece. Queremos crer que Pedro não está pensando em violência doméstica, mas no correto uso das palavras. As mulheres são mais facilmente feridas e, assim como um homem não deve agredir fisicamente uma mulher, não deve fazê-lo verbalmente.

O tom de voz pode transformar uma palavra em uma arma cortante. Devemos vigiar o que está no coração, que patrocina o tom de voz alterado. A linguagem corporal também pode ofender, dependendo da expressão facial, do olhar e dos gestos que acompanham as palavras. Simples palavras como: "Está bem", podem ser terríveis, se ditas aos berros.

Os homens precisam realmente enxergar a esposa como delicada e que deve ser "manuseada" com cuidado, como uma caixa de preciosas peças de cristal. O Senhor deu inteligência, sensibilidade e, acima de tudo, deu o Seu Espírito, que capacita os maridos a agirem corretamente e sinaliza, apitando na consciência, quando agem rispidamente e não honram a esposa com o cuidado que Deus espera.

As mulheres são mais facilmente feridas e, assim como um homem não deve agredir fisicamente uma mulher, não deve fazê-lo verbalmente.

Destaque:
Precisão

Notas

Vamos orar

Pai de amor, capacita homens e mulheres a se amarem. Oramos pelos maridos, pedindo-Te que lhes dês clareza e sensibilidade para tratarem suas esposas como Tu tratas a Igreja. Em Teu nome, amém.

prjosuegoncalves
pra.rousegoncalves

15

DE DEZEMBRO

Devocional • 349 de 365

Mesma graça de vida

Maridos, vocês, igualmente, vivam a vida comum do lar com discernimento, dando honra à esposa, por ser a parte mais frágil e por ser coerdeira da *mesma graça da vida*. Agindo assim, as orações de vocês não serão interrompidas.
1Pedro 3.7, NAA

No casamento, a nota que o marido ganha é a mesma da esposa. Não importa quem pisou na flor de quem.

Destaque:
Perícia

Notas

Em certo país, havia um concurso de jardinagem. Cada casal recebia um pedaço de terra onde deveria cultivar plantas e flores, criando um belo jardim que lhes possibilitasse ganhar o prêmio de melhor jardim. Perto do final do período de preparação, certa esposa deu um passo errado e pisou na roseira que o marido cuidava, arruinando severamente o trabalho dele. Irado, ele se levantou e deu um pontapé no delicado canteiro de margaridas dela, espalhando flores e terra para todos os lados. Sabendo que ele havia investido muito tempo no cultivo de umas orquídeas, ela as arrancou todas em poucos instantes. O casal foi interrompido pelos jurados, que já estavam com as pranchetas na mão para analisar o jardim e pararam diante daquele triste espetáculo.

No casamento, qualquer tristeza causada à esposa é sentida pelo marido. Um prejuízo financeiro, um mau negócio, ou mesmo uma falha de caráter, afeta o casal que tem tudo em comum. Pedro dirá que a esposa tem a "mesma graça de vida".

Quando o marido faz sua parte e está presente, concentrado, dedicado a honrar a mulher e a protegê-la como preciosa e delicada, ele garante um belo jardim, que pode ser avaliado por Deus positivamente.

No casamento, a nota que o marido recebe é a mesma da esposa. Não importa quem pisou na flor de quem. Cabe ao marido e à mulher maduros lidar com os escorregões um do outro, recorrendo ao perdão e ao arrependimento para minimizar os efeitos do pecado no seio da família. Graças a Deus, que nos deu o Seu bendito Espírito.

Vamos orar

Senhor, perdoa-nos quando damos vexame. Perdoa os maridos que pensam ter vencido uma discussão ao pisarem na esposa, causando dor a ela e a si mesmos. Dá aos homens a destreza de um bom jardineiro, que cultiva sua flor com competência e amor. Em nome de Jesus, amém.

Céu aberto

16

DE DEZEMBRO

Devocional • 350 de 365

Maridos, vocês, igualmente, vivam a vida comum do lar com discernimento, dando honra à esposa, por ser a parte mais frágil e por ser coerdeira da mesma graça da vida. Agindo assim, as orações de vocês não serão interrompidas.
1Pedro 3.7, NAA

As orações podem ser comparadas a ligações de áudio que fazemos para Deus. Às vezes, parece que não temos certeza se o outro está nos ouvindo e não ouvimos resposta. Todo cristão deve orar e buscar um estreito relacionamento com Deus. Há, porém, ocasiões em que parece que o céu está fechado. As orações não passam do teto. Por mais que oremos, o assunto não "emplaca" e nada faz sentido.

Há uma analogia que talvez nos ajude a entender o que acontece. Certas companhias de telefone celular oferecem pacotes de crédito. Compra-se determinado valor e, depois de usar, acabam-se os créditos, que devem ser renovados. Quando os créditos acabam, o telefone não faz ligação para lugar algum, exceto para a companhia telefônica, para comprar novos créditos.

Da mesma maneira, quando o casal se ofende, "os créditos" ficam retidos na presença de Deus. Ele se recusa a conversar sobre a promoção no trabalho, sobre a escola dos filhos ou sobre a vizinha que está pensando em se mudar e você está querendo a casa dela. Só há um assunto sobre o qual Deus deseja conversar: o relacionamento do casal.

Tanto marido como esposa fazem suas queixas a Deus. Usemos o marido como exemplo. Ele se ajoelha para orar e, talvez, Deus diga a Ele: "Sabe quem me procurou ontem à noite? A minha filha, sua esposa. Ela me disse que você gritou com ela, lançou objetos pela casa e a ameaçou. Isso é verdade?". Se o marido mudar de assunto, a ligação cai.

A esposa é filha de Deus! Ele espera que ela seja tratada com respeito e carinho. Quando o homem faz a parte dele, a esposa costuma reagir positivamente, e as orações do casal não são mais interrompidas; pelo contrário, encontram o Céu aberto.

A esposa é filha de Deus! Ele espera que ela seja tratada com respeito e carinho.

Destaque:
Conexão

Notas

Vamos orar

Deus, Pai da esposa e do marido, que tenhamos coragem, respeito e humildade para conversar e nos arrepender de nossos pecados. Nossas conversas podem ser melhores. Queremos imitar-Te e usar de misericórdia e graça um com o outro. Ajuda-nos, Senhor, a nos amar de forma prática. Em nome de Jesus, amém.

@ prjosuegoncalves
@ pra.rousegoncalves

17
DE DEZEMBRO

Devocional • 351 de 365

Família sacerdotal

[...] àquele que nos ama e, pelo seu sangue, nos libertou dos nossos pecados, e nos constituiu reino, sacerdotes para o seu Deus e Pai, a ele a glória e o domínio para todo o sempre. Amém!
Apocalipse 1.5-6, NAA

Os sacerdotes não decidem ser sacerdotes, eles são chamados por Deus, e é uma grande honra poder se apresentar diante do Ser mais deslumbrante, poderoso e santo que existe.

Destaque:
Privilégio

Notas

O último livro da Bíblia foi escrito por volta do ano 90 d.C. Seu autor, João, o evangelista, aquele a quem Jesus amava, estava exilado em Patmos, uma ilha-prisão. O imperador da época era Domiciano, que exigia adoração e perseguia implacavelmente à Igreja de Cristo.

Os irmãos do passado e do presente, os perseguidos física ou ideologicamente, os crentes de todo mundo são amados. Você e eu somos amados. O amor de Deus por nós não é teórico ou piegas, mas prático e sacrificial. Jesus deixou seu lugar exaltado e se fez gente, passou 30 anos aqui – sem cometer um pecado sequer – e se entregou por mim e por você. Na morte deles, nós também morremos e nossas dívidas eternas foram quitadas. Hoje, estamos de bem com Deus. Nada devemos.

Uma vez que tenhamos crido que Deus ressuscitou Jesus dentre os mortos, fomos adotados como filhos de Deus e fazemos parte da família d'Ele! Ele é o grande Rei de toda a Terra! Por isso, João diz que somos Reino. Em termos humanos, diríamos que temos sangue azul, sangue de reis, mas, na verdade, o nosso DNA real é o Espírito Santo, que habita em nós e perpassa todas as células do nosso corpo.

Além de sermos amados, filhos e pertencermos à realeza, somos sacerdotes. Os sacerdotes não decidem ser sacerdotes, eles são chamados por Deus, e é uma grande honra poder se apresentar diante do Ser mais deslumbrante, poderoso e santo que existe.

Vamos orar

Deus, muito obrigado pela obra de Jesus! Que nossa família seja assim: família de Deus, família real, família sacerdotal, completamente dedicada a Ti. Que cada momento, pensamento, abraço, compra, caminhada ou refeição seja total e plenamente dedicado a Ti. Em Cristo, amém.

Visão formadora

18
DE DEZEMBRO

Devocional • 352 de 365

[...] semelhante ao Filho do Homem. Vestia um manto comprido, com uma faixa de ouro sobre o peito. A cabeça e os cabelos eram brancos como a lã e a neve, e os olhos, como chamas de fogo. Os pés eram como bronze polido, refinado numa fornalha, e a voz ressoava como fortes ondas do mar. Na mão direita tinha sete estrelas, e de sua boca saía uma espada afiada dos dois lados. A face brilhava como o sol em todo o seu esplendor.
Apocalipse 1.13-16, NVT

A maneira como vemos a Jesus determina como vivemos. Se em nossa casa houver uma cruz com uma escultura esquálida representando Jesus, teremos a visão de um Deus fraco e vencido. Se orarmos sem expectativa de respostas, projetaremos a visão de um Deus indiferente ou sem poder. Para termos uma visão correta a respeito de Jesus, precisamos nos lembrar de que Ele está exaltado.

Aquele que foi espancado, torturado e que morreu penosamente teve o Seu corpo transformado, revestido de incorruptibilidade e eternidade. O Seu corpo foi revestido de glória e venceu a morte. Ele tem um corpo melhor que o de qualquer super herói; pode aparecer e desaparecer, voar e estar onde decidir. Esse é o nosso Deus, e essa visão precisa dirigir nosso caminho. Ele é "semelhante ao filho do homem", e no trono mais elevado do Universo há um homem assentado: Jesus, à direita do Pai. Esse homem é nosso irmão.

As roupas que Jesus estava usando quando se apresentou a João eram nobres. Uma faixa de ouro prendia um belo manto de linho. Seus cabelos eram branquíssimos, talvez contrastassem com a pele morena; seus olhos eram profundos e perscrutadores, como chamas de fogo, e nada se esconde desse olhar. Os pés tinham a firmeza do bronze e exalavam esplendor. A voz d'Ele era aterradora e envolvente como águas de alta cachoeira! Ele portava estrelas e caminhava ao redor das igrejas. O rosto resplandecia, mais forte que as explosões de hidrogênio do Sol.

Para ter uma visão correta a respeito de Jesus, precisamos nos lembrar de que Ele está exaltado.

Destaque:
Conexão

Notas

Vamos orar

Jesus, sabemos que Tu não estás mais na cruz. Não estás enterrado no túmulo emprestado de José de Arimateia. Tu ressuscitaste e foste exaltado, condecorado e celebrado. Que essa visão nos conduza em casa e em nossos relacionamentos. Em Teu nome oramos, amém.

@prjosuegoncalves
@pra.rousegoncalves

19

DE DEZEMBRO

Devocional • 353 de 365

O primeiro amor

Conheço as obras que você realiza, tanto o seu esforço como a sua perseverança. Sei que você não pode suportar os maus e que pôs à prova os que se declaram apóstolos e não são, e descobriu que são mentirosos. Você tem perseverança e suportou provas por causa do meu nome, sem esmorecer.

Apocalipse 2.2-3, NAA

Com o passar do tempo, ela foi se acostumando ao sagrado, perdendo o assombro e a intensa alegria que tivera no início.

Destaque:
Entusiasmo

Notas

Quando Jesus apareceu a João na ilha de Patmos, mandou que ele escrevesse sete cartas para sete igrejas. A primeira foi endereçada à igreja de Éfeso, uma comunidade operosa, dedicada em seu trabalho em prol do Reino de Deus e perseverante. Além disso, aquela igreja não tinha bons olhos para impostores e hereges. Quem quisesse ensinar absurdos seria prontamente denunciado. Mesmo passando por maus bocados, a igreja não desistiu.

Uma armadilha, porém, a pegou. Com o passar do tempo, ela foi se acostumando ao sagrado, perdendo o assombro e a intensa alegria que tivera no início. Continuava sendo igreja, continuava realizando os cultos, mas aquela fagulha de esplendor, aquele encanto único de perceber, pela primeira vez, que Deus é real e se importa, se fora. Jesus a convida a se lembrar de onde havia caído e voltar às práticas do início.

Filhos e cônjuges percebem a diferença entre a vida religiosa e a verdadeira religião. Talvez tivéssemos de perceber quando foi a primeira vez que você não quis ir à reunião da igreja? O que teria acontecido pouco antes? Alguma decepção, um pecado não confessado, um perdão não liberado? Será que alguma mentira se alojou no coração? O que precedeu a perda do primeiro amor? Uma ponta de orgulho? Achar-se, por fim, merecedor da graça de Deus? Qualquer que seja a razão, ela precisa ser encontrada e removida, pois tem o potencial de se alastrar.

Vamos orar

Senhor, nossa família precisa de exemplos. Precisamos ser fervorosos. Perdoa-nos quando falamos mal dos líderes, quando murmuramos por ter que sair de casa, por preferirmos assistir tolices a celebrar no seio da igreja. Jesus, leva-nos ao arrependimento e a trilhar um novo caminho. Faz de nossa casa uma igreja, onde haja oração e louvores, espaço para ler uma biografia, aprender uma nova canção, compartilhar o dia da nossa conversão... Senhor, ajuda-nos a voltar à prática das primeiras obras. Em nome de Jesus, amém

@ prjosuegoncalves
@ pra.rousegoncalves

Não tenha medo

Não tenha medo das coisas que você vai sofrer. Eis que o diabo está para lançar alguns de vocês na prisão, para que vocês sejam postos à prova, e passem por uma tribulação de dez dias. Seja fiel até a morte, e eu lhe darei a coroa da vida.
Apocalipse 2.10, NAA

20
DE DEZEMBRO
Devocional • 354 de 365

Jesus se identifica como quem esteve morto e tornou a viver. Ele venceu a morte, estava vivo quando ordenou que João escrevesse a carta e está vivo agora, enquanto você está lendo estas linhas. Ele viverá pelos séculos dos séculos, e o Seu reino será eterno. Essa é a base que leva Jesus a desafiar Seu povo a não ter medo. Mesmo depois de morto, Ele vive.

Apesar de saber que haverá sofrimentos, Jesus diz: "Não se entreguem ao medo". Sabemos que o medo se apresenta, mas como lidamos com ele? Se o medo for acolhido ou se suas demandas não forem explicadas, ele pode crescer e nos aprisionar em uma espiral de ansiedade, aflição e surto.

Jesus conhece o que acontece na nossa família. As injustiças e difamações, os prejuízos, as enfermidades, as falhas, as vergonhas e as perseguições. Jesus nunca nos enganou; pelo contrário, Ele nos advertiu: "No mundo, vocês passam por aflições; mas tenham coragem: eu venci o mundo" (João 16.33, NAA).

Outra razão para não se entregar ao medo é que a tribulação tem dia para terminar. Jesus disse que seriam dez dias (cf. Apocalipse 1.10). Todo sofrimento tem data de validade. As tempestades não duram eternamente. Nosso desafio é permanecermos fiéis até a morte, pois ela não é o fim.

Jesus sabe o que estamos passando e o que ainda virá. Ele está conosco e controla o curso da história. Ele reconhece o que fazemos de bom e planeja nos recompensar. Os prêmios são multiplicados quando somos fiéis até o final. A promessa é a mais sublime possível: vida eterna.

Os prêmios são multiplicados quando somos fiéis até o final. A promessa é a mais sublime possível: vida eterna.

Destaque:
Esperança

Notas

Vamos orar

Senhor, obrigado por Tua soberania e cuidado. Podemos confiar que estamos sendo observados e guardados por Ti. O pior que pode nos acontecer é morrermos — e, nesse caso, há um novo corpo nos aguardando para a ressurreição. Dá-nos coragem, ousadia e perseverança. Em nome de Jesus, amém.

21

DE DEZEMBRO

Devocional • 355 de 365

Pecados sorrateiros

Tenho, porém, contra você algumas coisas: estão aí em seu meio os que sustentam a doutrina de Balaão, o qual ensinava Balaque a armar ciladas diante dos filhos de Israel para que comessem coisas sacrificadas aos ídolos e praticassem a prostituição.
Apocalipse 2.14, NAA

Quanto mais as famílias abraçam a agenda deste século, menos exigentes e mais tolerantes — no mau sentido — se tornam.

Destaque:
Atenção

Notas

A igreja de Pérgamo tinha permanecido firme, mas sorrateiramente os padrões do mundo haviam invadido essa comunidade de fé. O que antes consideravam pecado passou a ser aceito com naturalidade.

Balaão foi um feiticeiro, uma espécie de profeta atrapalhado que não conseguiu amaldiçoar o povo de Israel, mas que usou de seus conhecimentos para preparar armadilhas aos israelitas. Mulheres ofereciam-se para fazer sexo e convidavam ao sacrifício de deuses estranhos; Israel foi castigada por isso. Na igreja de Pérgamo, acontecia algo semelhante. Havia distorções e filosofias afirmando que o sexo fora do casamento não era pecado. Parecia estar tudo bem, embora o pecado houvesse entrado na igreja. Mas Jesus deixa claro: Ele não tolera o pecado.

A cultura pressiona intensamente as famílias. Abortos, namoros recreativos, bebedices, homossexualidade, desobediência, irreverência e impiedade são vistos pelos pais como normais. Quanto mais as famílias abraçam a agenda deste século, menos exigentes e mais tolerantes – no mau sentido – se tornam.

Mas o convite de Jesus para Pérgamo também serve para a família dos nossos dias: "Arrependa-se". Comece dando o nome certo ao pecado; depois, confesse-o; e, então, abandone-o. Combine com seus filhos e cônjuge que determinado comportamento será combatido. Unam-se em torno da santidade e da misericórdia. Celebrem a vitória sobre o pecado.

Vamos orar

Senhor, a pressão é tão grande que acabamos achando normal e trivial alguns comportamentos prejudiciais que Tu, acertadamente, não aprovas. Dá-nos sensibilidade e perdoa-nos. Não queremos nos acostumar com o pecado; pelo contrário, queremos nos parecer Contigo, Jesus. Que sejamos firmes com nosso próprio pecado e misericordiosos com os pecados dos filhos, auxiliando-os e encorajando-os a desfrutar da liberdade de não pecar. Ajuda-nos a ter práticas de uma família agradável a Ti. Em nome de Jesus, amém.

Chamas de fogo

— Ao anjo da igreja em Tiatira escreva: "Estas coisas diz o Filho de Deus, que tem os olhos como chama de fogo e os pés semelhantes ao bronze polido. Conheço as obras que você realiza, o seu amor, a sua fé, o seu serviço, a sua perseverança e as suas últimas obras, mais numerosas do que as primeiras.

Apocalipse 2.18-19, NAA

22

DE DEZEMBRO

Devocional · 356 de 365

A igreja é do Senhor Jesus. Ele não está alheio ou distraído. O Senhor sabe e conhece tudo; Ele entende. Os olhos d'Ele são como "chama de fogo" e enxergam tudo o que está nas sombras da vida e do coração. Nos porões escuros da alma, a chama de fogo alcança e ilumina. Jesus sabe o que fazemos n'Ele, reconhece o esforço e o bom trabalho.

Ele conhecia o amor (*ágape*) deles, tanto o oculto do coração quanto o visível, que são as obras do amor. Algumas traduções consideram o aspecto prático tão importante que o traduzem por caridade. O amor verdadeiro não se contém, mas transborda em atos de justiça. E Jesus é capaz de ver o coração e a prática da fé da sua vida e família.

Há trabalhos que fazemos que ficam no ostracismo. Quase ninguém sabe e, por vezes, somos cobrados como se nada ou pouco fizéssemos ou ainda como se o que realizamos não fosse "mais do que a obrigação". Tais injustiças não vêm de Jesus. Ele mesmo reconhece nosso esforço como cônjuge e como pais. Ele diz: "Conheço as obras que você realiza". Em seguida, Ele lista: amor, fé, serviço, perseverança e obras mais numerosas! Há, sim, um alerta, mas hoje nos alegraremos no caráter justo do Senhor e no reconhecimento d'Ele.

O amor verdadeiro não se contém, mas transborda em atos de justiça. E Jesus é capaz de ver o coração e a prática da fé da sua vida e família.

Destaque:
Reconhecimento

Notas

Vamos orar

Jesus, não conhecemos ninguém tão nobre, tão agradável, tão justo e tão bom de conviver como Tu. Saber que usas Teu poder para reconhecer nosso trabalho traz tanto conforto, tanta alegria, que somos imensamente gratos. Também Te pedimos mais graça e mais poder para caminharmos, em família, Contigo. Enche-nos de Tua graça, porque tudo o que somos e fazemos de bom vem do Teu Espírito. Em Teu nome oramos, amém.

23

DE DEZEMBRO

Santos e zumbis

Conheço as obras que você realiza, que você tem fama de estar vivo, mas está morto. Mas você tem aí em Sardes umas poucas pessoas que não contaminaram as suas vestes. Elas andarão comigo, vestidas de branco, pois são dignas.
Apocalipse 3.1,4, NAA

Aqueles irmãos ainda frequentavam os cultos, usavam o mesmo vocabulário litúrgico, traziam ofertas e tomavam decisões, mas a conexão vital deles com Jesus fora rompida.

Destaque:
Contraste

A igreja que se reunia na cidade de Sardes estava em apuros, embora tivesse boa fama. A maioria dos irmãos havia se afastado tanto de Jesus que estavam praticamente mortos espiritualmente. Eram como zumbis, mortos-vivos, que se moviam, mas, já haviam se separado da vida. Aqueles irmãos ainda frequentavam os cultos, usavam o mesmo vocabulário litúrgico, traziam ofertas e tomavam decisões, mas a conexão vital deles com Jesus fora rompida. Inevitavelmente, o pecado passou a fazer parte do cotidiano deles e da igreja.

Em contraste com os "zumbis", havia os que não haviam contaminado as suas vestes, os santos. Permita-me explicar: quando o texto fala de roupas brancas, se refere a quem está sempre se limpando através da confissão. Todos nós pecamos constantemente, mas quando acontece, pedimos perdão, arrependemo-nos e desfrutamos do perdão garantido pela obra de Cristo na cruz. Quem tem as roupas sujas é quem não confessa e racionaliza o pecado para continuar nele, até se tornar um morto-vivo diante de Deus.

Na igreja de Sardes, havia irmãos valorosos, que caminhavam com Deus, mas também os que viviam em pecado. Situação semelhante pode ser encontrada na sala de aula dos filhos, no escritório de trabalho do cônjuge, no clube da família e até na igreja. Jesus sabe tudo o que acontece, conhece quem age corretamente e os que fingem. Ele tomará providências e trará recompensas, podemos confiar n'Ele.

Notas

Vamos orar

Senhor, não permitas que sejamos insensíveis ao Teu Espírito. Que nossa família aprenda a confessar e a se arrepender. Queremos ter nossos pecados perdoados. Agradecemos-Te por Tua obra, porque já pagaste pelos nossos pecados. Queremos nos apegar a Ti e odiar o pecado. Tem misericórdia dos que estão enganados pelo pecado; que Teu Espírito os convença. Em nome de Jesus, amém.

Desejável fraqueza

— Ao anjo da igreja em Filadélfia escreva: "Estas coisas diz o santo, o verdadeiro, aquele que tem a chave de Davi, que abre, e ninguém fechará, e que fecha, e ninguém abrirá. Conheço as obras que você realiza. Eis que tenho posto diante de você uma porta aberta, a qual ninguém pode fechar. Sei que você tem pouca força, mas guardou a minha palavra e não negou o meu nome.

Apocalipse 3.7-8, NAA

Ao escrever para a igreja de Filadélfia, o Senhor Jesus não trouxe repreensão alguma. Eles haviam sido fiéis e não tinham muita força, mas o Senhor abriu uma porta diante deles. O perfil de quem vence é oposto ao que imaginamos. Por isso, o Senhor disse que os pobres de espírito são felizes, que os perseguidos são bem-aventurados e que o consolo vem para quem chora (cf. Mateus 5.3-12).

O apóstolo Paulo entendeu essa verdade e disse: "Por isso, sinto prazer nas fraquezas, nos insultos, nas privações, nas perseguições, nas angústias, por amor de Cristo. Porque, quando sou fraco, então é que sou forte" (2Coríntios 12.10, NAA). A igreja que não recebeu repreensões tinha pouca força, "mas guardou a [...] palavra e não negou o [...] nome".

Devemos observar dois aspectos importantes: O primeiro é quando tudo parece estar indo bem. Quando a obra pode ser realizada sem a intervenção sobrenatural, quando parece que temos os meios e os talentos e que podemos dar conta do recado. Nesse momento, estamos desviados do coração de Jesus.

O segundo é quando estamos "vencidos". As circunstâncias são mais fortes que nós. Não conseguimos prosseguir, os desafios são grandes demais e só venceremos se um Deus poderoso abrir a porta. Sim, chegaremos onde Ele mesmo nos chamou para estar. Nesse momento, em que estamos fracos e impotentes, Deus faz a Sua vontade.

O perfil de quem vence é oposto ao que imaginamos. Por isso, o Senhor disse que os pobres de espírito são felizes, que os perseguidos são bem-aventurados e que o consolo vem para quem chora.

Destaque:
Fragilidade

Notas

Vamos orar

Senhor, percebemos que nos queixamos quando não estamos fortes, quando não temos os meios, quando não conseguimos encontrar uma saída — e, muitas vezes, desistimos! Agimos como se dependêssemos de nosso próprio poder e não do Teu! Pai, rendemos a Ti nossa família. Não há poder em nós ou nela. Dependemos totalmente de Ti. Abre a porta do evangelismo, da santificação, da perseverança e do estabelecimento poderoso do Teu Reino. Em nome de Jesus, amém.

25

DE DEZEMBRO

Devocional • 359 de 365

Disciplina amorosa

Você diz: "Sou rico, estou bem de vida e não preciso de nada. Mas você não sabe que é infeliz, sim, miserável, pobre, cego e nu. Eu repreendo e disciplino aqueles que amo. Portanto, seja zeloso e arrependa-se.
Apocalipse 3.17,19, NAA

[...] quando conquistamos tudo o que desejamos facilmente tendemos a confiar nas riquezas e a idolatrar o que o conforto nos oferece.

Destaque:
Perigo

Ao contrário da fraca igreja de Filadélfia, que só recebeu elogios, Laodiceia enxergava a si mesma muito acima da realidade. A igreja estava em uma cidade próspera e parecia não ter qualquer necessidade. O conforto construído sobre elementos visíveis de prosperidade pode roubar da igreja os verdadeiros valores: a comunhão com Deus, a alegria no Espírito, a prosperidade da dependência, a riqueza de Deus, a visão da verdade e as elegantes roupas do perdão e da santificação.

A fascinação das riquezas engana. Jesus disse: "[...] ai de vocês, os ricos, porque vocês já receberam a consolação!" (Lucas 6.24). Laodiceia confiava em seus próprios recursos e não era totalmente dedicada, pois pensava que poderia agradar a Deus sem se indispor com o mundo. Jesus os chamou de mornos, intragáveis, insuportáveis.

Quando estamos desviados, a disciplina é a manifestação do amor d'Ele. Assim também quando disciplinamos os filhos. Não há amor maior do que se dar ao trabalho de mudar o clima emocional para trazer uma advertência do Céu.

Ansiamos por recursos, uma casa, móveis, um carro, estabilidade, roupas e alimentos. No entanto, quando conquistamos tudo o que desejamos, facilmente tendemos a confiar nas riquezas e a idolatrar o que o conforto nos oferece. Lentamente, o coração se desvia de confiar no Senhor para confiar nos recursos; de buscar realização na recompensa eterna para receber um prêmio no trabalho, um elogio na escola ou popularidade nas redes sociais. Precisamos dedicar tudo o que temos ao Senhor e colocar somente n'Ele a nossa confiança.

Notas

Vamos orar

Senhor, queremos consagrar a Ti nossa família, nossa saúde, os estudos, o casamento dos filhos e os bens que Tu nos deste. E pedimos: inclina nosso coração a Ti. Retira de nós todo engano. Que possamos comprar de Ti os valores do Teu Reino eterno. Que nossa casa seja quente, fervorosa e agradável a Ti! Em Cristo, amém.

Ele ainda conta com você

Depois disso, Jesus se manifestou outra vez aos discípulos junto ao mar de Tiberíades [...].

João 21.1, NAA

26

DE DEZEMBRO

Depois de ressuscitado, Jesus apareceu para diversas pessoas em um período de quarenta dias. Entre se mostrar vivo para Maria Madalena e Sua ascensão, Jesus apareceu nessa praia. Mar de Tiberíades é outro nome para mar da Galileia. Ali era "a praia de Pedro", o local onde ficavam guardados os barcos da família de Pedro e André, que era sócia da família de Tiago e João, os filhos de Zebedeu.

Foi nesse local que, alguns anos antes (cf. Lucas 5.1-11), Jesus estivera pregando, usando o barco de Pedro como tablado e púlpito, afastando-se um pouco da praia para distanciar-se da multidão. Assim que terminou de pregar e despediu as multidões, Jesus desafiou Pedro a voltar ao mar para pescar novamente e, depois de jogar a rede, Pedro pegou tantos peixes que ficou aterrado, entendendo que, diante dele, estava o Filho de Deus. Pedro caiu de joelhos, confessando-se pecador e indigno. Jesus disse a ele que não tivesse medo e que daí em diante não seria mais pescador de peixes, mas de pessoas. Foi li que Pedro, André, Tiago e João foram chamados a seguir Jesus em tempo integral.

Entre aquele chamado e essa nova manifestação de Jesus na mesma praia, houve grandes aventuras, mas, nesse processo, Pedro havia falhado, negando três vezes que conhecia Jesus. Cristo, então, decidiu se manifestar justamente ali, no mesmo lugar onde tudo começou, para alcançar aquele que seria o líder do colégio apostólico.

Não é maravilhoso como Jesus se dá ao trabalho de vir ao encontro de Seus filhos? Pedro já está com Deus, aguardando a ressurreição. Nós, aqui na Terra, seguimos sendo encontrados por Jesus, que continua vindo ao nosso encontro para dizer que conta conosco – com você e sua família.

Pedro já está com Deus, aguardando a ressurreição. Nós, aqui na Terra, seguimos sendo encontrados por Jesus, que continua vindo ao nosso encontro para dizer que conta conosco — com você e sua família.

Destaque:
Vigência

Notas

Vamos orar

Pai, obrigado por Tua iniciativa de enviar Teu Filho Jesus a nós. Obrigado por sabermos que Ele nos ama tanto que, não apenas veio há dois mil anos, mas ainda hoje fala conosco por meio do Espírito Santo. Obrigado por falares conosco, ainda hoje. Somos Teus e desejamos servir-Te com todo o nosso coração, força e entendimento. Em nome de Jesus, amém.

prjosuegoncalves
pra.rousegoncalves

27

DE DEZEMBRO

Devocional • 361 de 365

Mesmo que as memórias atormentem você, Jesus pode restaurá-lo e lhe dar novos desafios.

Destaque:
Memórias

Notas

Déjà-vu

Estavam juntos Simão Pedro, Tomé, chamado Dídimo, Natanael, que era de Caná da Galileia, os filhos de Zebedeu e mais dois discípulos de Jesus. Simão Pedro disse aos outros: — Vou pescar. Os outros responderam: — Nós também vamos com você. Foram e entraram no barco, mas, naquela noite, não pegaram nada.
João 21.2-3, NAA

A descrição do local e do acontecimento é muito semelhante àquela encontrada em Lucas 5.1-11. Nessa época, Pedro, André, João e Tiago já eram discípulos de Jesus, mas ainda em tempo parcial. Na narrativa de João, Jesus já havia ressuscitado, e Pedro tinha resolvido voltar a pescar peixes. Líder que era, não precisou convidar, seu exemplo já arrastou consigo os companheiros. Todos passaram a noite no barco, pescando, mas sem apanhar sequer um peixinho.

O que Pedro teria pensado durante a noite? O que lhe passava pela cabeça? Estaria ele relembrando o dia em que Jesus o desafiara a ser pescador de homens? Teria Pedro se lembrado de como ele fora crescendo em influência dentro do grupo de discípulos e como Jesus parecia preferi-lo e elogiá-lo? É bem verdade que Pedro entrara por um caminho equivocado, achando que estava no mesmo nível que Jesus e chegando, mesmo, a repreendê-Lo por entregar Sua vida em Jerusalém.

Agora, tudo parecia distante, como se o chamado tivesse acontecido em outra vida. Ele estava de volta à praia da sua infância, adolescência e juventude. Toda a sua vida fora passada ali, pescando. O que teria acontecido do chamado? Era tudo tão familiar. As lembranças eram vívidas, mas ele, Pedro, pensava ter estragado tudo.

Déjà-vu. Já vi isso. Já vivi isso. Lembro-me vividamente desse dia. Você também já se achou tão pecador, que não conseguia mais enxergar qualquer possibilidade de voltar a servir ao Senhor com todas as suas forças, energias e tempo? Mesmo que as memórias atormentem você, Jesus pode restaurá-Lo e lhe dar novos desafios. Não importa o que você ou sua família tenha feito, Jesus é o mesmo. E Ele ainda conta com você.

Vamos orar

Senhor, muitas vezes as lembranças nos desanimam e nos fazem sentir desqualificados. Ficamos abatidos ao lembrar de nossas faltas. Ajuda-nos a voltar-nos para Ti, olhando para Teu poder, e não para nossas limitações. Em nome de Jesus, amém.

@ prjosuegoncalves
@ pra.rousegoncalves

Distraídos

28

DE DEZEMBRO

Devocional • 362 de 365

Ao romper o dia, Jesus estava na praia, mas os discípulos não reconheceram que era ele.
João 21.4, NAA

Que cena! Sete homens retornando do mar depois de uma noite cansativa. Um barco rústico, do primeiro século, remos, redes, água salgada por toda parte, cheiro de peixe misturado com o gosto da derrota de quem lançou as redes e as recolheu inúmeras vezes, somente para constatar que continuavam vazias. Teriam orado? Teriam pedido ao Criador misericórdia para lhes enviar alguma provisão? "Somente um peixe", podiam ter pedido.

Uma época difícil. O Espírito Santo ainda não fora derramado, e Jesus, mesmo ressuscitado, não andava mais com eles como antes, não morava mais com Maria, Sua mãe, nem se hospedava na casa de Pedro, em Cafarnaum. Era um período de espera, no qual Pedro resolveu pescar à moda antiga, pescar peixes mesmo, não somente pessoas, como Jesus lhe propusera anos antes.

O Senhor estava na praia. Aquele que poderia responder às questões mais profundas da alma, ou mesmo indicar o próximo passo, estava na praia, aguardando por eles. Mas eles não enxergavam. O que nos impede de perceber o Senhor?

Às vezes, estamos tão mergulhamos em tarefas cotidianas, desafios diários e trabalhos desgastantes, que nossa atenção é desviada do Eterno. Seria possível trabalhar sem tirar os olhos d'Ele? Como pescar e ter os olhos na praia? Jesus estava na praia aguardando o retorno dos sete "pescadores", assim como está bem perto de nós, aguardando somente que o reconheçamos e d'Ele desfrutemos.

Tudo de que precisamos está em Jesus, e Ele está bem perto.

O Senhor estava na praia. Aquele que poderia responder às questões mais profundas da alma [...] Mas eles não enxergavam.

Destaque:
Distração

Notas

Vamos orar

Pai amado, não queremos viver distraídos com as atividades e ocupações deste mundo. Queremos manter nossa atenção em Ti. Queremos fazer tudo em parceria e submissão a Ti. Enche-nos de Tua Palavra, do Teu controle e da sensibilidade para perceber o que estás fazendo em nossa família. Em nome de Jesus, amém.

@prjosuegoncalves
@pra.rousegoncalves

29

DE DEZEMBRO

Devocional • 363 de 365

Alvorada do milagre

Jesus lhes perguntou: —Filhos, será que vocês têm aí alguma coisa para comer? Eles responderam: — Não. Então Jesus disse: — Joguem a rede à direita do barco e vocês acharão. Assim fizeram e já não podiam puxar a rede, tão grande era a quantidade de peixes.
João 21.5-6, NAA

Eles atenderam ao conselho do colega pescador desconhecido e, em pouco tempo, pescaram tantos peixes grandes que mal conseguiam tirá-los da água.

Destaque:
Sincronia

Notas

Deus faz perguntas não por falta de conhecimento, mas para que aprendamos as respostas. Mesmo assim, Ele pergunta: "Filhos, será que vocês têm aí alguma coisa para comer?". Quando os pescadores que conheço passam um pelo outro, perguntam-se: "Você pegou alguma coisa – peixe, siri ou polvo?". Se a resposta for positiva, o outro estende a cesta para mostrar o resultado da pescaria ao companheiro. A pergunta seguinte é: "Onde os apanhou?", e a dica é compartilhada.

Jesus perguntou pela pesca e deu a dica de onde poderiam apanhar. Eles atenderam ao conselho do colega pescador desconhecido e, em pouco tempo, pescaram tantos peixes grandes que mal conseguiam tirá-los da água. Muito peso, movimento intenso, afinal, os peixes não têm boa vontade de deixar a água do mar.

Como precisamos ouvir a voz de Jesus! Não somente escutar, mas atender e obedecer. O segredo é a obediência à Palavra de Deus, na hora que Ele fala. Em Números 14, temos o exemplo de uma ordem que o Senhor deu ao povo e que não foi obedecida no tempo certo. Quando finalmente decidiram obedecer, Deus disse que eles haviam perdido a oportunidade; eles resolveram "obedecer", mas na hora errada! Os discípulos ouviram e obedeceram. O resultado foi uma provisão extraordinária.

Vamos orar

Senhor, desejamos perceber-Te, queremos ouvir-Te e obedecer prontamente. Ansiamos experimentar a vida extraordinária que vem de caminhar Contigo, ouvir Tua voz e atender ao Teu chamado. Que nossa família atenda às Tuas diretrizes e que Tu Te alegres conosco. Em nome de Jesus, amém.

Peixe pela manhã

30
DE DEZEMBRO

Devocional • 364 de 365

E o discípulo a quem Jesus amava disse a Pedro: — É o Senhor! Simão Pedro, ouvindo que era o Senhor, cingiu-se com a sua túnica, porque tinha tirado a roupa, e lançou-se ao mar. Os outros discípulos vieram no barquinho puxando a rede com os peixes, porque estavam somente a uns noventa metros da margem. Ao saltarem em terra, viram ali umas brasas com peixe por cima; e também havia pão.
João 21.7-9, NAA

Como pode uma pessoa que tem o Universo como quintal, que pode passear sobre as nuvens e receber louvor do melhor coral de anjos celestiais, deixar a Sua glória para tomar café da manhã com sete pescadores frustrados? O amor do Senhor é insondável. Jesus foi ao encontro dos sete, mas tinha em Pedro uma restauração necessária.

Naquela mesma ocasião, depois de terem se alimentado, Jesus perguntou três vezes se Pedro O amava, e, em seguida, reafirmou seu chamado para pastorear o rebanho de Cristo. Pedro ainda era assombrado pelo fracasso de ter negado Jesus, e o bondoso Mestre foi ao encontro dele para curá-lo completamente dessas memórias recorrentes.

Jesus o amava e desejava restaurá-lo, assim como deseja restaurar a mim e a você hoje. Ele nos procura, não porque sejamos brilhantes, espetaculares ou gente que não peca. Pelo contrário, Ele deu Sua vida na cruz para que fôssemos aceitáveis a Deus. Por isso, ainda que tenhamos pendências, devemos – e podemos – nos aproximar de Jesus, com ousadia, pois Ele deseja nos restaurar à comunhão e ao serviço. Ele deseja conviver conosco, pois nos ama profundamente.

Incluamos o Senhor em nossas refeições e confraternizações. A oração que precede a primeira garfada deve ser cheia de significado e sinceridade.

[Jesus] nos procura, não porque sejamos brilhantes, espetaculares ou gente que não peca. Pelo contrário, Ele deu Sua vida na cruz para que fôssemos aceitáveis a Deus.

Destaque: Camaradagem

Notas

Vamos orar

Senhor, queremos convidar-Te a participar conosco do cotidiano: nas refeições simples, nas festas, nas leituras e até quando estivermos assistindo a filmes. Esteja presente em nossos cultos e passeios. Tu és uma companhia excelente, e nos sentimos profundamente honrados com Tua presença constante em nós, por meio do Espírito Santo. Obrigado por nos amares. Em nome de Jesus, amém.

prjosuegoncalves
pra.rousegoncalves

31

DE DEZEMBRO

Amizade divina

Jesus disse a eles: — Venham comer. Nenhum dos discípulos ousava perguntar: "Quem é você?" Porque sabiam que era o Senhor. Jesus veio, pegou o pão e deu a eles. Depois fez a mesma coisa com o peixe. E esta já era a terceira vez que Jesus se manifestava aos seus discípulos depois de ressuscitado dentre os mortos.
João 21.12-14, NAA

Amor simples e profundo; humilde e cheio de significado. Essa é a paixão que se rende e se entrega.

Destaque:
Amor

Depois de ressuscitar, Jesus se manifestou. Ele era o primogênito dentre os mortos, o primeiro a receber um corpo glorificado que nunca morrerá. Nesse corpo transformado, as pessoas nem sempre reconheciam o Senhor. Maria Madalena pensou que Ele fosse o jardineiro; os discípulos acharam que Ele fosse um fantasma; e, no caminho de Emaús, os viajantes custaram a perceber que era Jesus quem os estava acompanhando.

João recebeu uma visita ilustre na prisão de Patmos. O próprio Messias, com corpo glorificado, apareceu para ele com olhos como chama de fogo, voz como de muitas águas e cabelos brancos. Mesmo assim, com Seu corpo glorificado, foi reconhecido por Seus discípulos e amigos. Jesus os serviu. O Todo-Poderoso, o Criador, o Grande Eu Sou preparou uma refeição e a serviu os Seus amigos.

Amor simples e profundo; humilde e cheio de significado. Essa é a paixão que se rende e se entrega. Deus gosta de nós. "Porque Deus amou o mundo de tal maneira que deu o seu Filho unigênito, para que todo o que nele crê não pereça, mas tenha a vida eterna" (João 3.16).

Deus ama você, seu cônjuge e sua família. Não sei como Ele consegue, mas conhece a todos e ama profundamente cada um deles. Jesus gosta de estar na sua família.

Notas

Vamos orar

Senhor, não somos dignos do Teu amor, mas queremos desfrutá-lo com humildade e gratidão. Obrigado por Teu imenso amor. Que amemos aqueles que estão próximos a nós. Em nome de Jesus, amém.

@prjosuegoncalves
@pra.rousegoncalves

SOBRE OS AUTORES

“

Jesus gosta de estar na sua família.

”

Josué Gonçalves é pastor, terapeuta familiar, conferencista internacional e autor de diversos livros voltados à edificação da família cristã. Sua trajetória ministerial começou ainda na juventude, quando, aos 17 anos, já pregava em escolas, hospitais e igrejas da região de Bragança Paulista (SP). Influenciado pelo testemunho de fé de seu pai, Josué entregou sua vida integralmente ao ministério, especialmente após uma experiência marcante com Deus em 1984.

Ao longo dos anos, desenvolveu seu trabalho pastoral em diferentes cidades do estado de São Paulo, sendo consagrado ao ministério pastoral em 1992, aos 29 anos. Tornou-se conhecido nacionalmente como fundador do Ministério Amo Família, iniciativa que já alcançou milhares de casais e famílias por meio de palestras, livros, cursos e encontros presenciais. É também pastor sênior da Igreja Família Debaixo da Graça, em Bragança Paulista.

Com formação em Teologia e especializações em Aconselhamento Pastoral e Terapia de Casais, Josué Gonçalves se tornou uma referência nacional no cuidado de famílias e no aconselhamento conjugal cristão. Sua linguagem acessível, aliada a uma profunda compreensão das Escrituras e da dinâmica familiar contemporânea, tornou seus livros e mensagens recursos valiosos para pastores, líderes e famílias

prjosuegoncalves
pra.rousegoncalves

inteiras. Entre suas obras mais conhecidas estão *104 erros que um casal não pode cometer*, *Família indestrutível* e *A arte de educar filhos*.

Além de escritor, ele atua como palestrante no Brasil e em diversos outros países, como Estados Unidos, Japão, Alemanha, Canadá, Portugal e Inglaterra, onde compartilha ensinamentos sobre casamento, paternidade, vida emocional e ministério. Também lidera o programa *Casa de Recuperação de Casamentos*, que tem sido instrumento de restauração para casais em crise. Seu alcance também se estende ao público pastoral, por meio da mentoria *PDP – Pastor Discipulando Pastor*, voltada à saúde emocional e relacional de líderes espirituais.

Casado com Rousemary desde 1985, é pai de três filhos – Letícia, Douglas e Pedro – e avô. Ao lado de sua amada esposa, o pastor Josué não apenas construiu um lar abençoado, mas também um ministério voltado ao fortalecimento de lares segundo os princípios bíblicos. Sua própria família é testemunho vivo daquilo que ele prega: um lar edificado sobre a rocha da Palavra de Deus.

Josué Gonçalves é reconhecido não apenas por seu conhecimento técnico e bíblico, mas por seu coração pastoral, seu zelo pelo próximo e sua incansável missão de transformar lares em pequenos pedaços do Céu na Terra.

ROUSEMARY GONÇALVES é esposa, mãe dedicada de três filhos e uma voz profética para esta geração. Com um coração pastoral e sensível à dor do próximo, ela tem sido um referencial para mulheres que desejam viver com propósito, fé e equilíbrio. Ao lado de seu marido, Josué Gonçalves, idealizou o SOS Casamento Curado, programa que tem restaurado famílias e curado relacionamentos em todo o Brasil. Por meio das redes sociais, sua mensagem tem alcançado centenas de milhares de mulheres, inspirando-as a serem mães presentes, esposas sábias e filhas amadurecidas espiritualmente.

prjosuegoncalves
pra.rousegoncalves

PLANO ANUAL

DE LEITURA BÍBLICA

JANEIRO

1º ☐ GÊNESIS 1.1—2.25 MATEUS 1.1-25 SALMOS 1. 1-6	**2** ☐ GÊNESIS 3.1—5.8 MATEUS 2.1-23 SALMOS 2.1-6	**3** ☐ GÊNESIS 5.9—7.12 MATEUS 3.1—4.4 SALMOS 2.7-12	**4** ☐ GÊNESIS 7.13—9.23 MATEUS 4.5-25 SALMOS 3.1-8	**5** ☐ GÊNESIS 9.24—11.19 MATEUS 5.1-26 SALMOS 4.1-8	**6** ☐ GÊNESIS 11.20—14.7 MATEUS 5.27-48 SALMOS 5.1-6	**7** ☐ GÊNESIS 14.8—17.2 MATEUS 6.1-24 SALMOS 5.7-12
8 ☐ GÊNESIS 17.3—18.33 MATEUS 6.25—7.12 SALMOS 6.1-7	**9** ☐ GÊNESIS 19.1—20.18 MATEUS 7.13—8.4 SALMOS 6.8—7.5	**10** ☐ GÊNESIS 21.1—22.24 MATEUS 8.5-27 SALMOS 7.6-17	**11** ☐ GÊNESIS 23.1—24.33 MATEUS 8.28—9.13 SALMOS 8.1-9	**12** ☐ GÊNESIS 24.34—25.28 MATEUS 9.14-38 SALMOS 9.1-6	**13** ☐ GÊNESIS 25.29—27.17 MATEUS 10.1-20 SALMOS 9.7-14	**14** ☐ GÊNESIS 27.18—29.6 MATEUS 10.21-42 SALMOS 9.15-20
15 ☐ GÊNESIS 29.7—30.28 MATEUS 11.1-24 SALMOS 10.1-9	**16** ☐ GÊNESIS 30.29—31.42 MATEUS 11.25—12.21 SALMOS 10.10-18	**17** ☐ GÊNESIS 31.43—33.12 MATEUS 12.22-45 SALMOS 11.1-7	**18** ☐ GÊNESIS 33.13—35.18 MATEUS 12.46—13.23 SALMOS 12.1-8	**19** ☐ GÊNESIS 35.19—37.2 MATEUS 13.24-52 SALMOS 13.1-6	**20** ☐ GÊNESIS 37.3—38.24 MATEUS 13.53 —14.21 SALMOS 14.1-7	**21** ☐ GÊNESIS 38.25—41.4 MATEUS 14.22—15.9 SALMOS 15.1—16.2
22 ☐ GÊNESIS 41.5—42.5 MATEUS 15.10-31 SALMOS 16.3-11	**23** ☐ GÊNESIS 42.6—43.23 MATEUS 15.32—16.20 SALMOS 17.1-7	**24** ☐ GÊNESIS 43.24—45.16 MATEUS 16.21—17.13 SALMOS 17.8-15	**25** ☐ GÊNESIS 45.17—47.12 MATEUS 17.14—18.9 SALMOS 18.1-6	**26** ☐ GÊNESIS 47.13—49.15 MATEUS 18.10-35 SALMOS 18.7-19	**27** ☐ GÊNESIS 49.16—50.26 MATEUS 19.1-24 SALMOS 18.20-30	**28** ☐ ÊXODO 1.1—3.10 MATEUS 19.25—20.19 SALMOS 18.31-42
29 ☐ ÊXODO 3.11—5.14 MATEUS 20.20—21.11 SALMOS 18.43-50	**30** ☐ ÊXODO 5.15—7.19 MATEUS 21.12-32 SALMOS 19.1-9	**31** ☐ ÊXODO 7.20—9.19 MATEUS 21.33—22.14 SALMOS 19.10-14				

Notas

prjosuegoncalves
pra.rousegoncalves

FEVEREIRO

1º ☐ ÊXODO 9.20—11.10 MATEUS 22.15-40 SALMOS 20.1-9	**2** ☐ ÊXODO 12.1—13.8 MATEUS 22.41—23.15 SALMOS 21.1-7	**3** ☐ ÊXODO 13.9—15.11 MATEUS 23.16-39 SALMOS 21.8-13	**4** ☐ ÊXODO 15.12—17.7 MATEUS 24.1-22 SALMOS 22.1-11	**5** ☐ ÊXODO 17.8—19.20 MATEUS 24.23-51 SALMOS 22.12-21	**6** ☐ ÊXODO 19.21—21.25 MATEUS 25.1-23 SALMOS 22.22-31	**7** ☐ ÊXODO 21.26—23.15 MATEUS 25.24-46 SALMOS 23.1-6
8 ☐ ÊXODO 23.16—25.22 MATEUS 26.1-22 SALMOS 24.1-10	**9** ☐ ÊXODO 25.23—26.37 MATEUS 26.23-46 SALMOS 25.1-11	**10** ☐ ÊXODO 27.1—28.38 MATEUS 26.47-68 SALMOS 25.12-22	**11** ☐ ÊXODO 28.39—30.5 MATEUS 26.69—27.14 SALMOS 26.1-5	**12** ☐ ÊXODO 30.6—32.6 MATEUS 27.15-44 SALMOS 26.6-12	**13** ☐ ÊXODO 32.7—34.7 MATEUS 27.45-66 SALMOS 27.1-6	**14** ☐ ÊXODO 34.8—35.29 MATEUS 28.1-20 SALMOS 27.7-14
15 ☐ ÊXODO 35.30—37.16 MARCOS 1.1-22 SALMOS 28.1-9	**16** ☐ ÊXODO 37.17—39.21 MARCOS 1.23-45 SALMOS 29.1-6	**17** ☐ ÊXODO 39.22—40.38 MARCOS 2.1-22 SALMOS 29.7-11	**18** ☐ LEVÍTICO 1.1—2.16 MARCOS 2.23—3.19 SALMOS 30.1-5	**19** ☐ LEVÍTICO 3.1—5.6 MARCOS 3.20—4.12 SALMOS 30.6-12	**20** ☐ LEVÍTICO 5.7—7.15 MARCOS 4.13-34 SALMOS 31.1-5	**21** ☐ LEVÍTICO 7.16—8.36 MARCOS 4.35—5.17 SALMOS 31.6-13
22 ☐ LEVÍTICO 9.1—11.8 MARCOS 5.18-43 SALMOS 31.14-18	**23** ☐ LEVÍTICO 11.9—13.8 MARCOS 6.1-20 SALMOS 31.19-24	**24** ☐ LEVÍTICO 13.9—14.9 MARCOS 6.21-44 SALMOS 32.1-5	**25** ☐ LEVÍTICO 14.10—15.11 MARCOS 6.45—7.13 SALMOS 32.6-11	**26** ☐ LEVÍTICO 15.12—16.34 MARCOS 7.14-37 SALMOS 33.1-5	**27** ☐ LEVÍTICO 17.1—19.8 MARCOS 8.1-21 SALMOS 33.6-12	**28** ☐ LEVÍTICO 19.9—20.27 MARCOS 8.22—9.4 SALMOS 33.13-17

Notas

MARÇO

1º ☐	2 ☐	3 ☐	4 ☐	5 ☐	6 ☐	7 ☐
LEVÍTICO 21.1—22.33 MARCOS 9.5-27 SALMOS 33.18-22	LEVÍTICO 23.1—24.12 MARCOS 9.28-50 SALMOS 34.1-7	LEVÍTICO 24.13—25.46 MARCOS 10.1-25 SALMOS 34.8-14	LEVÍTICO 25.47—26.46 MARCOS 10.26-45 SALMOS 34.15-22	LEVÍTICO 27.1-34; NÚMEROS 1.1-23 MARCOS 10.46—11.14 SALMOS 35.1-8	NÚMEROS 1.24—2.28 MARCOS 11.15—12.2 SALMOS 35.9-12	NÚMEROS 2.29—3.51 MARCOS 12.3-27 SALMOS 35.13-18
8 ☐	**9 ☐**	**10 ☐**	**11 ☐**	**12 ☐**	**13 ☐**	**14 ☐**
NÚMEROS 4.1—5.4 MARCOS 12.28—13.4 SALMOS 35.19-22	NÚMEROS 5.5—7.5 MARCOS 13.5-27 SALMOS 35.23-28	NÚMEROS 7.6-59 MARCOS 13.28—14.11 SALMOS 36.1-6	NÚMEROS 7.60—8.26 MARCOS 14.12-31 SALMOS 36.7-12	NÚMEROS 9.1—10.36 MARCOS 14.32-52 SALMOS 37.1-7	NÚMEROS 11.1—13.2 MARCOS 14.53-72 SALMOS 37.8-15	NÚMEROS 13.3—14.25 MARCOS 15.1-20 SALMOS 37.16-22
15 ☐	**16 ☐**	**17 ☐**	**18 ☐**	**19 ☐**	**20 ☐**	**21 ☐**
NÚMEROS 14.26—15.41 MARCOS 15.21-41 SALMOS 37.23-31	NÚMEROS 16.1—17.7 MARCOS 15.42—16.20 SALMOS 37.32-40	NÚMEROS 17.8—19.22 LUCAS 1.1-22 SALMOS 38.1-8	NÚMEROS 20.1—21.30 LUCAS 1.23-45 SALMOS 38.9-16	NÚMEROS 21.31—23.10 LUCAS 1.46-66 SALMOS 38.17-22	NÚMEROS 23.11—25.13 LUCAS 1.67—2.07 SALMOS 39.1-6	NÚMEROS 25.14—26.51 LUCAS 2.8-32 SALMOS 39.7-13
22 ☐	**23 ☐**	**24 ☐**	**25 ☐**	**26 ☐**	**27 ☐**	**28 ☐**
NÚMEROS 26.52—28.25 LUCAS 2.33-52 SALMOS 40.1-8	NÚMEROS 28.26—30.9 LUCAS 3.1-20 SALMOS 40.9-17	NÚMEROS 30.10—31.54 LUCAS 3.21—4.2 SALMOS 41.1-7	NÚMEROS 32.1—33.4 LUCAS 4.3-22 SALMOS 41.8-13	NÚMEROS 33.5—34.15 LUCAS 4.23-44 SALMOS 42.1-5	NÚMEROS 34.16—36.13 LUCAS 5.1-21 SALMOS 42.6-11	DEUTERONÔMIO 1.1—2.9 LUCAS 5.22—6.4 SALMOS 43.1-5
29 ☐	**30 ☐**	**31 ☐**				
DEUTERONÔMIO 2.10—3.29 LUCAS 6.5-23 SALMOS 44.1-8	DEUTERONÔMIO 4.1—5.5 LUCAS 6.24-45 SALMOS 44.9-16	DEUTERONÔMIO 5.6—6.25 LUCAS 6.46—7.17 SALMOS 44.17-26				

Notas

ABRIL

1º ☐ DEUTERONÔMIO 7.1—9.12 LUCAS 7.18-39 SALMOS 45.1-5	2 ☐ DEUTERONÔMIO 9.13—11.17 LUCAS 7.40—8.8 SALMOS 45.6-12	3 ☐ DEUTERONÔMIO 11.18—13.11 LUCAS 8.9-29 SALMOS 45.13-17	4 ☐ DEUTERONÔMIO 13.12—15.18 LUCAS 8.30-51 SALMOS 46.1-6	5 ☐ DEUTERONÔMIO 15.19—18.12 LUCAS 8.52—9.17 SALMOS 46.7-11	6 ☐ DEUTERONÔMIO 18.13—21.9 LUCAS 9.18-41 SALMOS 47.1-5	7 ☐ DEUTERONÔMIO 21.10—23.14 LUCAS 9.42-62 SALMOS 47.6-9
8 ☐ DEUTERONÔMIO 23.15—26.5 LUCAS 10.1-22 SALMOS 48.1-8	9 ☐ DEUTERONÔMIO 26.5—28.14 LUCAS 10.23-42 SALMOS 48.9-14	10 ☐ DEUTERONÔMIO 28.15-68 LUCAS 11.1-28 SALMOS 49.1-6	11 ☐ DEUTERONÔMIO 29.1—31.8 LUCAS 11.29-54 SALMOS 49.7-12	12 ☐ DEUTERONÔMIO 31.9—32.35 LUCAS 12.1-21 SALMOS 49.13-20	13 ☐ DEUTERONÔMIO 32.36—34.12 LUCAS 12.22-41 SALMOS 50.1-6	14 ☐ JOSUÉ 1.1—3.17 LUCAS 12.42—13.9 SALMOS 50.7-15
15 ☐ JOSUÉ 4.1—6.19 LUCAS 13.10-35 SALMOS 50.16-23	16 ☐ JOSUÉ 6.20—8.23 LUCAS 14.1-24 SALMOS 51.1-6	17 ☐ JOSUÉ 8.24—10.19 LUCAS 14.25—15.10 SALMOS 51.7-15	18 ☐ JOSUÉ 10.20—12.6 LUCAS 15.11-32 SALMOS 51.16-19	19 ☐ JOSUÉ 12.7—14.5 LUCAS 16.1-21 SALMOS 52.1-5	20 ☐ JOSUÉ 14.6—15.47 LUCAS 16.22—17.10 SALMOS 52.6-9	21 ☐ JOSUÉ 15.48—18.10 LUCAS 17.11-37 SALMOS 53.1-6
22 ☐ JOSUÉ 18.11—19.39 LUCAS 18.1-21 SALMOS 54.1-7	23 ☐ JOSUÉ 19.40—21.33 LUCAS 18.22-43 SALMOS 55.1-8	24 ☐ JOSUÉ 21.34—23.10 LUCAS 19.1-23 SALMOS 55.9-19	25 ☐ JOSUÉ 23.11—24.33 LUCAS 19.24-48 SALMOS 55.20-23	26 ☐ JUÍZES 1.1—2.23 LUCAS 20.1-26 SALMOS 56.1-7	27 ☐ JUÍZES 3.1—4.24 LUCAS 20.27-47 SALMOS 56.8-13	28 ☐ JUÍZES 5.1—6.26 LUCAS 21.1-24 SALMOS 57.1-6
29 ☐ JUÍZES 6.27—8.17 LUCAS 21.25—22.6 SALMOS 57.7-11	30 ☐ JUÍZES 8.18—9.41 LUCAS 22.7-26 SALMOS 58.1-11					

Notas

MAIO

1º ☐	2 ☐	3 ☐	4 ☐	5 ☐	6 ☐	7 ☐
JUÍZES 9.42—11.27 LUCAS 22.27-53 SALMOS 59.1-5	JUÍZES 11.28—13.25 LUCAS 22.54—23.5 SALMOS 59.6-13	JUÍZES 14.1—16.15 LUCAS 23.6-25 SALMOS 59.14-17	JUÍZES 16.16—18.26 LUCAS 23.26-49 SALMOS 60.1-5	JUÍZES 18.27—20.18 LUCAS 23.50—24.16 SALMOS 60.6-12	JUÍZES 20.19—21.25 LUCAS 24.17-35 SALMOS 61.1-8	RUTE 1.1—2.23 LUCAS 24.36-53 SALMOS 62.1-6
8 ☐	**9** ☐	**10** ☐	**11** ☐	**12** ☐	**13** ☐	**14** ☐
RUTE 3.1—4.22 JOÃO 1.1-28 SALMOS 62.7-12	1SAMUEL 1.1—2.26 JOÃO 1.29-51 SALMOS 63.1-4	1SAMUEL 2.27—4.22 JOÃO 2.1-22 SALMOS 63.5-11	1SAMUEL 5.1—8.5 JOÃO 2.23—3.21 SALMOS 64.1-6	1SAMUEL 8.6—10.12 JOÃO 3.22—4.8 SALMOS 64.7-10	1SAMUEL 10.13—12.25 JOÃO 4.9-30 SALMOS 65.1-8	1SAMUEL 13.1—14.32 JOÃO 4.31-54 SALMOS 65.9-13
15 ☐	**16** ☐	**17** ☐	**18** ☐	**19** ☐	**20** ☐	**21** ☐
1SAMUEL 14.33—15.35 JOÃO 5.1-20 SALMOS 66.1-7	1SAMUEL 16.1—17.33 JOÃO 5.20-40 SALMOS 66.8-15	1SAMUEL 17.34—18.30 JOÃO 5.41—6.21 SALMOS 66.16-20	1SAMUEL 19.1—20.31 JOÃO 6.22-46 SALMOS 67.1-7	1SAMUEL 20.32—23.6 JOÃO 6.47-65 SALMOS 68.1-6	1SAMUEL 23.7—25.11 JOÃO 6.66—7.15 SALMOS 68.7-16	1SAMUEL 25.12—26.25 JOÃO 7.16-36 SALMOS 68.17-23
22 ☐	**23** ☐	**24** ☐	**25** ☐	**26** ☐	**27** ☐	**28** ☐
1SAMUEL 27.1—29.11 JOÃO 7.37—8.6 SALMOS 68.24-31	1SAMUEL 30.1—31.13 JOÃO 8.6-38 SALMOS 68.32-35	2SAMUEL 1.1—2.32 JOÃO 8.39-59 SALMOS 69.1-8	2SAMUEL 3.1—5.8 JOÃO 9.1-23 SALMOS 69.9-15	2SAMUEL 5.9—7.17 JOÃO 9.24—10.5 SALMOS 69.16-23	2SAMUEL 7.18—10.14 JOÃO 10.6-30 SALMOS 69.24-30	2SAMUEL 10.15—12.25 JOÃO 10.31—11.10 SALMOS 69.31-36
29 ☐	**30** ☐	**31** ☐				
2SAMUEL 12.26—14.12 JOÃO 11.11-32 SALMOS 70.1-5	2SAMUEL 14.13—15.37 JOÃO 11.33-54 SALMOS 71.1-7	2SAMUEL 16.1—17.29 JOÃO 11.55—12.19 SALMOS 71.8-16				

Notas

JUNHO

1º ☐ 2SAMUEL 18.1—19.25 JOÃO 12.20-41 SALMOS 71.17-24	2 ☐ 2SAMUEL 19.26—21.14 JOÃO 12.42—13.12 SALMOS 72.1-8	3 ☐ 2SAMUEL 21.15—22.51 JOÃO 13.12-30 SALMOS 72.9-14	4 ☐ 2SAMUEL 23.1—24.25 JOÃO 13.31—14.10 SALMOS 72.15-20	5 ☐ 1REIS 1.1-53 JOÃO 14.11-31 SALMOS 73.1-10	6 ☐ 1REIS 2.1—3.9 JOÃO 15.1-20 SALMOS 73.11-14	7 ☐ 1REIS 3.10—4.34 JOÃO 15.21—16.16 SALMOS 73.15-25
8 ☐ 1REIS 5.1—6.38 JOÃO 16.17—17.5 SALMOS 73.25-28	9 ☐ 1REIS 7.1—8.5 JOÃO 17.6-26 SALMOS 74.1-8	10 ☐ 1REIS 8.6-66 JOÃO 18.1-21 SALMOS 74.9-17	11 ☐ 1REIS 9.1—10.29 JOÃO 18.22—19.3 SALMOS 74.18-23	12 ☐ 1REIS 11.1—12.11 JOÃO 19.4-27 SALMOS 75.1-6	13 ☐ 1REIS 12.12—13.34 JOÃO 19.28—20.10 SALMOS 75.7-10	14 ☐ 1REIS 14.1—15.24 JOÃO 20.11-31 SALMOS 76.1-6
15 ☐ 1REIS 15.25—17.6 JOÃO 21.1-25 SALMOS 76.7-12	16 ☐ 1REIS 17.7—18.35 ATOS 1.1-26 SALMOS 77.1-10	17 ☐ 1REIS 18.36—20.25 ATOS 2.1-21 SALMOS 77.11-15	18 ☐ 1REIS 20.26—22.5 ATOS 2.22-47 SALMOS 77.16-20	19 ☐ 1REIS 22.6-53 ATOS 3.1-26 SALMOS 78.1-4	20 ☐ 2REIS 1.1—3.13 ATOS 4.1-22 SALMOS 78.5-8	21 ☐ 2REIS 3.14—4.44 ATOS 4.23—5.6 SALMOS 78.9-16
22 ☐ 2REIS 5.1—6.31 ATOS 5.7-24 SALMOS 78.17-20	23 ☐ 2REIS 6.32—8.29 ATOS 5.25—6.4 SALMOS 78.21-31	24 ☐ 2REIS 9.1—10.17 ATOS 6.5—7.10 SALMOS 78.32-37	25 ☐ 2REIS 10.18—12.16 ATOS 7.11-29 SALMOS 78.38-55	26 ☐ 2REIS 12.17—14.29 ATOS 7.30-53 SALMOS 78.56-64	27 ☐ 2REIS 15.1—16.20 ATOS 7.54—8.17 SALMOS 78.65-72	28 ☐ 2REIS 17.1—18.16 ATOS 8.18-40 SALMOS 79.1-4
29 ☐ 2REIS 18.17—19.37 ATOS 9.1-22 SALMOS 79.5-10	30 ☐ 2REIS 20.1—22.7 ATOS 9.23-43 SALMOS 79.11-13					

Notas

JULHO

1º ☐ 2REIS 22.8—23.37 ATOS 10.1-23 SALMOS 80.1-6	**2** ☐ 2REIS 24.1—25.30 ATOS 10.23-43 SALMOS 80.7-18	**3** ☐ 1CRÔNICAS 1.1-54 ATOS 10.44—11.18 SALMOS 80.19	**4** ☐ 1CRÔNICAS 2.1-55 ATOS 11.19—12.9 SALMOS 81.1-5	**5** ☐ 1CRÔNICAS 3.1—4.33 ATOS 12.10—13.3 SALMOS 81.6-10	**6** ☐ 1CRÔNICAS 4.34—6.15 ATOS 13.4-22 SALMOS 81.11-16	**7** ☐ 1CRÔNICAS 6.16-81 ATOS 13.23-43 SALMOS 82.1-8
8 ☐ 1CRÔNICAS 7.1—8.12 ATOS 13.44—14.13 SALMOS 83.1-8	**9** ☐ 1CRÔNICAS 8.13—9.34 ATOS 14.14—15.5 SALMOS 83.9-12	**10** ☐ 1CRÔNICAS 9.35—11.25 ATOS 15.6-29 SALMOS 83.13-18	**11** ☐ 1CRÔNICAS 11.26—12.40 ATOS 15.30—16.10 SALMOS 84.1-4	**12** ☐ 1CRÔNICAS 13.1—15.24 ATOS 16.11-28 SALMOS 84.5-12	**13** ☐ 1CRÔNICAS 15.25—17.6 ATOS 16.29—17.9 SALMOS 85.1-7	**14** ☐ 1CRÔNICAS 17.7—19.19 ATOS 17.10-34 SALMOS 85.8-13
15 ☐ 1CRÔNICAS 20.1—22.19 ATOS 18.1-22 SALMOS 86.1-7	**16** ☐ 1CRÔNICAS 23.1—24.31 ATOS 18.23—19.16 SALMOS 86.8-10	**17** ☐ 1CRÔNICAS 25.1—26.22 ATOS 19.17-41 SALMOS 86.11-17	**18** ☐ 1CRÔNICAS 26.23—28.10 ATOS 20.1-24 SALMOS 87.1-7	**19** ☐ 1CRÔNICAS 28.11—29.30 ATOS 20.25—21.9 SALMOS 88.1-9A	**20** ☐ 2CRÔNICAS 1.1—3.17 ATOS 21.10-36 SALMOS 88.9-12	**21** ☐ 2CRÔNICAS 4.1—6.16 ATOS 21.37—22.16 SALMOS 88.13-18
22 ☐ 2CRÔNICAS 6.17—8.6 ATOS 22.17—23.6 SALMOS 89.1-4	**23** ☐ 2CRÔNICAS 8.7—10.11 ATOS 23.7-30 SALMOS 89.5-18A	**24** ☐ 2CRÔNICAS 10.12—13.7 ATOS 23.31—24.15 SALMOS 89.5-18B	**25** ☐ 2CRÔNICAS 13.8—16.6 ATOS 24.16—25.12 SALMOS 89.19-37A	**26** ☐ 2CRÔNICAS 16.7—18.29 ATOS 25.13—26.8 SALMOS 89.19-37B	**27** ☐ 2CRÔNICAS 18.30—20.37 ATOS 26.9-29 SALMOS 89.19-37C	**28** ☐ 2CRÔNICAS 21.1—23.21 ATOS 26.30—27.20 SALMOS 89.38-51A
29 ☐ 2CRÔNICAS 24.1—25.28 ATOS 27.21-41 SALMOS 89.38-51B	**30** ☐ 2CRÔNICAS 26.1—28.27 ATOS 27.42—28.16 SALMOS 90.1-11	**31** ☐ 2CRÔNICAS 29.1—30.27 ATOS 28.17-31 SALMOS 90.12-17				

Notas

AGOSTO

1º ☐ 2CRÔNICAS 31.1—32.33 ROMANOS 1.1-23 SALMOS 91.1-13	2 ☐ 2CRÔNICAS 33.1—34.33 ROMANOS 1.24—2.13 SALMOS 91.14-16	3 ☐ 2CRÔNICAS 35.1—36.23 ROMANOS 2.14—3.8 SALMOS 92.1-9	4 ☐ ESDRAS 1.1—2.70 ROMANOS 3.9-26 SALMOS 92.10-15	5 ☐ ESDRAS 3.1—5.17 ROMANOS 3.27—4.18 SALMOS 93.1-5	6 ☐ ESDRAS 6.1—7.28 ROMANOS 4.19—5.21 SALMOS 94.1-7	7 ☐ ESDRAS 8.1—9.15 ROMANOS 6.1-23 SALMOS 94.8-15
8 ☐ ESDRAS 10.1-44 ROMANOS 7.1-25 SALMOS 94.16-23	9 ☐ NEEMIAS 1.1—3.27 ROMANOS 8.1-25 SALMOS 95.1-5	10 ☐ NEEMIAS 3.28—6.9 ROMANOS 8.26—9.9 SALMOS 95.6-11	11 ☐ NEEMIAS 6.10—7.60 ROMANOS 9.10-33 SALMOS 96.1-6	12 ☐ NEEMIAS 7.61—9.6 ROMANOS 10.1-21 SALMOS 96.7-13	13 ☐ NEEMIAS 9.7—10.27 ROMANOS 11.1-24 SALMOS 97.1-6	14 ☐ NEEMIAS 10.28—12.22 ROMANOS 11.25—12.10 SALMOS 97.7-12
15 ☐ NEEMIAS 12.23—13.31 ROMANOS 12.11—13.14 SALMOS 98.1-9	16 ☐ ESTER 1.1—3.9 ROMANOS 14.1-23 SALMOS 99.1-9	17 ☐ ESTER 3.10—6.14 ROMANOS 15.1-21 SALMOS 100.1-5	18 ☐ ESTER 7.1—10.3 ROMANOS 15.22—16.9 SALMOS 101.1-8	19 ☐ JÓ 1.1—3.26 ROMANOS 16.10-27 SALMOS 102.1-11	20 ☐ JÓ 4.1—6.7 1CORÍNTIOS 1.1-25 SALMOS 102.12-17	21 ☐ JÓ 6.8—8.22 1CORÍNTIOS 1.26—2.13 SALMOS 102.18-22
22 ☐ JÓ 9.1—10.22 1CORÍNTIOS 2.14—3.23 SALMOS 102.23-28	23 ☐ JÓ 11.1—13.12 1CORÍNTIOS 4.1-21 SALMOS 103.1-5	24 ☐ JÓ 13.13—15.16 1CORÍNTIOS 5.1—6.8 SALMOS 103.6-18	25 ☐ JÓ 15.17—17.16 1CORÍNTIOS 6.9—7.7 SALMOS 103.19-22	26 ☐ JÓ 18.1—20.11 1CORÍNTIOS 7.8-28 SALMOS 104.1-14A	27 ☐ JÓ 20.12—21.34 1CORÍNTIOS 7.29—8.7 SALMOS 104.1-14B	28 ☐ JÓ 22.1—24.12 1CORÍNTIOS 8.8—9.18 SALMOS 104.14-23
29 ☐ JÓ 24.13—27.23 1CORÍNTIOS 9.19—10.10 SALMOS 104.24-30	30 ☐ JÓ 28.1—30.8 1CORÍNTIOS 10.11-33 SALMOS 104.31-32	31 ☐ JÓ 30.9—31.40 1CORÍNTIOS 11.1-22 SALMOS 104.33-35				

Notas

SETEMBRO

1º ☐ JÓ 32.1—33.33 1CORÍNTIOS 11.23—12.11 SALMOS 105.1-6	**2** ☐ JÓ 34.1—35.16 1CORÍNTIOS 12.12-31 SALMOS 105.7-15	**3** ☐ JÓ 36.1—37.24 1CORÍNTIOS 13.1—14.5 SALMOS 105.16-22	**4** ☐ JÓ 38.1—39.18 1CORÍNTIOS 14.6-25 SALMOS 105.23-42A	**5** ☐ JÓ 39.19—41.17 1CORÍNTIOS 14.26—15.9 SALMOS 105.23-42B	**6** ☐ JÓ 41.18—42.17 1CORÍNTIOS 15.10-28 SALMOS 105.43-45	**7** ☐ PROVÉRBIOS 1.1—2.22 1CORÍNTIOS 15.29-49 SALMOS 106.1-5
8 ☐ PROVÉRBIOS 3.1—4.22 1CORÍNTIOS 15.50—16.4 SALMOS 106.6-12	**9** ☐ PROVÉRBIOS 4.23—6.23 1CORÍNTIOS 16.5-24 SALMOS 106.13-18	**10** ☐ PROVÉRBIOS 6.24—8.21 2CORÍNTIOS 1.1-22 SALMOS 106.19-27	**11** ☐ PROVÉRBIOS 8.22—10.23 2CORÍNTIOS 1.23—2.17 SALMOS 106.28-33	**12** ☐ PROVÉRBIOS 10.24—12.17 2CORÍNTIOS 3.1-18 SALMOS 106.34-43	**13** ☐ PROVÉRBIOS 12.18—14.21 2CORÍNTIOS 4.1-18 SALMOS 106.44-48	**14** ☐ PROVÉRBIOS 14.22—16.11 2CORÍNTIOS 5.1-21 SALMOS 107.1-9
15 ☐ PROVÉRBIOS 16.12—18.7 2CORÍNTIOS 6.1-18 SALMOS 107.10-16	**16** ☐ PROVÉRBIOS 18.8—20.11 2CORÍNTIOS 7.1-16 SALMOS 107.17-22	**17** ☐ PROVÉRBIOS 20.12—22.8 2CORÍNTIOS 8.1-22 SALMOS 107.23-32	**18** ☐ PROVÉRBIOS 22.9—23.35 2CORÍNTIOS 8.23—9.15 SALMOS 107.33-41	**19** ☐ PROVÉRBIOS 24.1—25.24 2CORÍNTIOS 10.1-18 SALMOS 107.42-43	**20** ☐ PROVÉRBIOS 25.25—27.27 2CORÍNTIOS 11.1-23 SALMOS 108.1-6	**21** ☐ PROVÉRBIOS 28.1—30.4 2CORÍNTIOS 11.23—12.13 SALMOS 108.7-13
22 ☐ PROVÉRBIOS 30.5—31.31 2CORÍNTIOS 12.14—13.14 SALMOS 109.1-5	**23** ☐ ECLESIASTES 1.1—3.15 GÁLATAS 1.1-24 SALMOS 109.6-20	**24** ☐ ECLESIASTES 3.16—6.12 GÁLATAS 2.1-21 SALMOS 109.21-25	**25** ☐ ECLESIASTES 7.1—9.10 GÁLATAS 3.1-18 SALMOS 109.26-29	**26** ☐ ECLESIASTES 9.11—12.14 GÁLATAS 3.18—4.7 SALMOS 109.30-31	**27** ☐ CÂNTICO DOS CÂNTICOS 1.1—4.16 GÁLATAS 4.8-20 SALMOS 110.1-7	**28** ☐ CÂNTICO DOS CÂNTICOS 5.1—8.14 GÁLATAS 4.21—5.15 SALMOS 111.1-10A
29 ☐ ISAÍAS 1.1—3.7 GÁLATAS 5.16—6.5 SALMOS 111.1-10B	**30** ☐ ISAÍAS 3.8—5.30 GÁLATAS 6.6-18 SALMOS 112.1-10					

Notas

OUTUBRO

1º ☐ ISAÍAS 6.1—8.22 EFÉSIOS 1.1-23 SALMOS 113.1-9	**2** ☐ ISAÍAS 9.1—10.34 EFÉSIOS 2.1-18 SALMOS 114.1-8	**3** ☐ ISAÍAS 11.1—14.12 EFÉSIOS 2.19—3.13 SALMOS 115.1-8	**4** ☐ ISAÍAS 14.13—17.14 EFÉSIOS 3.14—4.13 SALMOS 115.9-11	**5** ☐ ISAÍAS 18.1—21.17 EFÉSIOS 4.14-32 SALMOS 115.12-18	**6** ☐ ISAÍAS 22.1—24.13 EFÉSIOS 5.1-17 SALMOS 116.1-6	**7** ☐ ISAÍAS 24.14—27.13 EFÉSIOS 5.18—6.4 SALMOS 116.7-11
8 ☐ ISAÍAS 28.1—30.5 EFÉSIOS 6.5-24 SALMOS 116.12-19	**9** ☐ ISAÍAS 30.6—32.20 FILIPENSES 1.1-17 SALMOS 117.1-2	**10** ☐ ISAÍAS 33.1—36.3 FILIPENSES 1.18—2.8 SALMOS 118.1-4	**11** ☐ ISAÍAS 36.4—37.38 FILIPENSES 2.9-30 SALMOS 118.5-16	**12** ☐ ISAÍAS 38.1—40.31 FILIPENSES 3.1-21 SALMOS 118.17-20	**13** ☐ ISAÍAS 41.1—42.25 FILIPENSES 4.1-23 SALMOS 118.21-29	**14** ☐ ISAÍAS 43.1—44.28 COLOSSENSES 1.1-25 SALMOS 119.1-8
15 ☐ ISAÍAS 45.1—47.15 COLOSSENSES 1.26—2.23 SALMOS 119.9-16	**16** ☐ ISAÍAS 48.1—50.11 COLOSSENSES 3.1-21 SALMOS 119.17-24	**17** ☐ ISAÍAS 51.1—54.8 COLOSSENSES 3.22—4.18 SALMOS 119.25-32	**18** ☐ ISAÍAS 54.9—57.21 1TESSALONI- CENSES 1.1—2.12 SALMOS 119.33-40	**19** ☐ ISAÍAS 58.1—60.22 1TESSALO- NICENSES 2.13—4.3 SALMOS 119.41-48	**20** ☐ ISAÍAS 61.1—64.12 1TESSALO- NICENSES 4.4—5.8 SALMOS 119.49-56	**21** ☐ ISAÍAS 65.1—66.24 1TESSALO- NICENSES 5.9-28 SALMOS 119.57-64
22 ☐ JEREMIAS 1.1—2.37 2TESSALO- NICENSES 1.1—2.12 SALMOS 119.65-72	**23** ☐ JEREMIAS 3.1—4.31 2TESSALO- NICENSES 2.13—3.18 SALMOS 119.73-80	**24** ☐ JEREMIAS 5.1—6.30 1TIMÓTEO 1.1—2.3 SALMOS 119.81-88	**25** ☐ JEREMIAS 7.1—8.22 1TIMÓTEO 2.4—3.13 SALMOS 119.89-96	**26** ☐ JEREMIAS 9.1—10.25 1TIMÓTEO 3.14—5.2 SALMOS 119.97-104	**27** ☐ JEREMIAS 11.1—13.14 1TIMÓTEO 5.3-23 SALMOS 119.105-112	**28** ☐ JEREMIAS 13.15—15.21 1TIMÓTEO 5.24—6.21 SALMOS 119.113-120
29 ☐ JEREMIAS 16.1—18.10 2TIMÓTEO 1.1—2.7 SALMOS 119.121-128	**29** ☐ JEREMIAS 16.1—18.10 2TIMÓTEO 1.1—2.7 SALMOS 119.121-128	**30** ☐ JEREMIAS 18.11—21.10 2TIMÓTEO 2.8-26 SALMOS 119.129-136	**31** ☐ JEREMIAS 21.11—23.22 2TIMÓTEO 3.1—4.2 SALMOS 119.137-144			

Notas

NOVEMBRO

1º ☐	2 ☐	3 ☐	4 ☐	5 ☐	6 ☐	7 ☐
JEREMIAS 23.23—25.29 2TIMÓTEO 4.3-22 SALMOS 119.145-152	JEREMIAS 25.30—27.22 TITO 1.1—2.8 SALMOS 119.153-160	JEREMIAS 28.1—30.3 TITO 2.9—3.15 SALMOS 119.161-168	JEREMIAS 30.4—31.40 FILEMOM 1.1-25 SALMOS 119.169-176	JEREMIAS 32.1—33.13 HEBREUS 1.1—2.4 SALMOS 120.1-7	JEREMIAS 33.14—35.19 HEBREUS 2.5—3.6 SALMOS 121.1-8	JEREMIAS 36.1—38.6 HEBREUS 3.6—4.3 SALMOS 122.1-9
8 ☐	**9 ☐**	**10 ☐**	**11 ☐**	**12 ☐**	**13 ☐**	**14 ☐**
JEREMIAS 38.7—40.16 HEBREUS 4.3—5.10 SALMOS 123.1-4	JEREMIAS 41.1—43.13 HEBREUS 5.11—6.12 SALMOS 124.1-8	JEREMIAS 44.1—46.28 HEBREUS 6.13—7.14 SALMOS 125.1-5	JEREMIAS 47.1—48.47 HEBREUS 7.15—8.5 SALMOS 126.1-6	JEREMIAS 49.1—50.21 HEBREUS 8.6—9.10 SALMOS 127.1-5	JEREMIAS 50.22—51.33 HEBREUS 9.11-28 SALMOS 128.1-6	JEREMIAS 51.34—52.34 HEBREUS 10.1-21 SALMOS 129.1-8
15 ☐	**16 ☐**	**17 ☐**	**18 ☐**	**19 ☐**	**20 ☐**	**21 ☐**
LAMENTAÇÕES 1.1—3.12 HEBREUS 10.22—11.3 SALMOS 130.1-8	LAMENTAÇÕES 3.13-66 HEBREUS 11.4-23 SALMOS 131.1-3	LAMENTAÇÕES 4.1—5.22 HEBREUS 11.24—12.3 SALMOS 132.1-7	EZEQUIEL 1.1—3.21 HEBREUS 12.4-29 SALMOS 132.8-10	EZEQUIEL 3.22—6.14 HEBREUS 13.1-25 SALMOS 132.11-18	EZEQUIEL 7.1—9.11 TIAGO 1.1-21 SALMOS 133.1-3	EZEQUIEL 10.1—12.10 TIAGO 1.22—2.18 SALMOS 134.1-3
22 ☐	**23 ☐**	**24 ☐**	**25 ☐**	**26 ☐**	**27 ☐**	**28 ☐**
EZEQUIEL 12.11—14.16 TIAGO 2.19—3.12 SALMOS 135.1-4	EZEQUIEL 14.17—16.43 TIAGO 3.13—4.17 SALMOS 135.5-12	EZEQUIEL 16.44—18.13 TIAGO 5.1-20 SALMOS 135.13-21	EZEQUIEL 18.14—20.29 1PEDRO 1.1-21 SALMOS 136.1-3	EZEQUIEL 20.30—22.5 1PEDRO 1.22—2.17 SALMOS 136.4-22	EZEQUIEL 22.6—23.30 1PEDRO 2.18—3.12 SALMOS 136.23-26	EZEQUIEL 23.31—25.14 1PEDRO 3.13—4.11 SALMOS 137.1-9
29 ☐	**30 ☐**					
EZEQUIEL 25.15—27.36 1PEDRO 4.12—5.14 SALMOS 138.1-8	EZEQUIEL 28.1—30.9 2PEDRO 1.1-21 SALMOS 139.1-6					

Notas

DEZEMBRO

1º ☐	2 ☐	3 ☐	4 ☐	5 ☐	6 ☐	7 ☐
EZEQUIEL 30.10—32.23 2PEDRO 2.1-22 SALMOS 139.7-16	EZEQUIEL 32.24—34.16 2PEDRO 3.1-18 SALMOS 139.17-24	EZEQUIEL 34.17—36.28 1JOÃO 1.1—2.11 SALMOS 140.1-5	EZEQUIEL 36.29—38.23 1JOÃO 2.12-29 SALMOS 140.6-13	EZEQUIEL 39.1—40.27 1JOÃO 3.1-24 SALMOS 141.1-7	EZEQUIEL 40.28—42.9 1JOÃO 4.1-21 SALMOS 141.8-10	EZEQUIEL 42.10—44.19 1JOÃO 5.1-21 SALMOS 142.1-7
8 ☐	9 ☐	10 ☐	11 ☐	12 ☐	13 ☐	14 ☐
EZEQUIEL 44.20—46.24 2JOÃO 1.1-13 SALMOS 143.1-6	EZEQUIEL 47.1—48.35 3JOÃO 1.1-14 SALMOS 143.7-12	DANIEL 1.1—2.36 JUDAS 1.1-25 SALMOS 144.1-4	DANIEL 2.36—4.12 APOCALIPSE 1.1-20 SALMOS 144.5-10	DANIEL 4.13—5.31 APOCALIPSE 2.1-19 SALMOS 144.11-15	DANIEL 6.1—7.28 APOCALIPSE 2.20—3.13 SALMOS 145.1-6	DANIEL 8.1—10.14 APOCALIPSE 3.14—4.11 SALMOS 145.7-11
15 ☐	16 ☐	17 ☐	18 ☐	19 ☐	20 ☐	21 ☐
DANIEL 10.15—12.13 APOCALIPSE 5.1—6.6 SALMOS 145.12-16	OSEIAS 1.1—5.9 APOCALIPSE 6.7—7.8 SALMOS 145.17-21	OSEIAS 5.10—9.17 APOCALIPSE 7.9—8.11 SALMOS 146.1-2	OSEIAS 10.1—14.9 APOCALIPSE 8.12—9.19 SALMOS 146.3-10	JOEL 1.1—3.21 APOCALIPSE 9.20—11.6 SALMOS 147.1-6	AMÓS 1.1—5.17 APOCALIPSE 11.7—12.6 SALMOS 147.7-11	AMÓS 5.18—9.15 APOCALIPSE 12.7—13.10 SALMOS 147.12-18
22 ☐	23 ☐	24 ☐	25 ☐	26 ☐	27 ☐	28 ☐
OBADIAS 1.1-21 JONAS 1.1—4.11 APOCALIPSE 13.11—14.13 SALMOS 147.19-20	MIQUEIAS 1.1—4.13 APOCALIPSE 14.14—15.8 SALMOS 148.1-5	MIQUEIAS 5.1—7.20 APOCALIPSE 16.1-21 SALMOS 148.6	NAUM 1.1—3.19 HABACUQUE 1.1—2.11 APOCALIPSE 17.1-18 SALMOS 148.7-12	HABACUQUE 2.12—3.19 SOFONIAS 1.1—3.20 APOCALIPSE 18.1-17 SALMOS 148.13-14	AGEU 1.1—2.23 ZACARIAS 1.1—2.5 APOCALIPSE 18.17—19.10 SALMOS 149.1-4	ZACARIAS 2.6—7.6 APOCALIPSE 19.11—20.6 SALMOS 149.5-7
29 ☐	30 ☐	31 ☐				
ZACARIAS 7.7—10.12 APOCALIPSE 20.7—21.8 SALMOS 149.8-9	ZACARIAS 11.1—14.21 APOCALIPSE 21.9-27 SALMOS 150.1-3	MALAQUIAS 1.1—4.6 APOCALIPSE 22.1-21 SALMOS 150.4-6				

Notas

Notas

Notas

Notas

Notas

Esta obra foi composta em *Tenez* e *Alfabet*
e impressa por Gráfica Expressão e Arte sobre papel
Offset 70 g/m² para Editora Vida.